ECONOMIA
FUNDAMENTOS E APLICAÇÕES

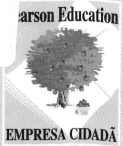

JUDAS TADEU GRASSI MENDES

ECONOMIA
FUNDAMENTOS E APLICAÇÕES
2ª EDIÇÃO

PEARSON

© 2009 by Judas Tadeu Grassi Mendes

Todos os direitos reservados. Nenhuma parte desta publicação poderá ser reproduzida ou transmitida de qualquer modo ou por qualquer outro meio, eletrônico ou mecânico, incluindo fotocópia, gravação ou qualquer outro tipo de sistema de armazenamento e transmissão de informação, sem prévia autorização, por escrito, da Pearson Education do Brasil.

Diretor editorial: Roger Trimer

Gerente editorial: Sabrina Cairo

Supervisor de produção editorial: Marcelo Françozo

Editora: Thelma Babaoka

Preparação: Sandra Scapin

Revisão: Maria Aiko Nishijima e Carmen Teresa Simões da Costa

Capa: Celso Blanes

Projeto gráfico e diagramação: Figurativa Editorial MM Ltda.

Dados Internacionais de Catalogação na Publicação (CIP)
(Câmara Brasileira do Livro, SP, Brasil)

Mendes, Judas Tadeu Grassi.
    Economia : fundamentos e aplicações / Judas Tadeu Grassi Mendes. -- 2. ed. -- São Paulo : Pearson Prentice Hall, 2009.

    ISBN 978-85-7605-366-8

    1. Economia 2. Economia - Estudo e ensino
I. Título

09-03258   CDD-330.07

Índice para catálogo sistemático:

1. Economia : Estudo e ensino   330.07

4ª reimpressão – setembro 2013

Direitos exclusivos para a língua portuguesa cedidos à

Pearson Education do Brasil Ltda.,

uma empresa do grupo Pearson Education

Rua Nelson Francisco, 26

CEP 02712-100 – São Paulo – SP – Brasil

Fone: 11 2178-8686 – Fax: 11 2178-8688

e-mail: vendas@pearson.com

Ao meu pai e grande amigo de sempre, Otacílio, com quem muito aprendi a lição da vida. Um homem simples, porém sábio.

À minha mãe, Julieta, em memória, a quem muito devo.

Aos meus queridos filhos, Luciana e Júnior, que me dão muita alegria, amor, esperança, felicidade e força. Obrigado por vocês existirem. Estendo esta dedicatória ao meu genro, Fernando, a quem desejo felicidades com a Luciana.

À Maria Anita, com quem compartilho diariamente muita felicidade, amor e alegria de viver feliz.

Às minhas irmãs, cunhados e sobrinhos, cujo apoio, amizade e estímulo muito têm contribuído na minha vida.

Aos meus amigos da Estação Business School, com quem divido o prazer de contribuir para a construção de uma instituição de ensino séria e formadora de gestores-líderes com consciência social.

Aos meus muitos amigos, de quem recebo muito apoio. Obrigado a todos.

Sumário

Capítulo 1   *Conceitos básicos em economia* 1

     1.1   O problema econômico 2
          1.1.1 Recursos ou fatores (ou meios) de produção............................. 3
          1.1.2 Necessidades humanas 5
          1.1.3 Bens e serviços... 5
          1.1.4 Setores econômicos 6
     1.2   O papel da tecnologia.. 7
     1.3   O sistema econômico capitalista 10
          1.3.1 Funções de um sistema econômico capitalista......................... 13
          1.3.2 Organização de um sistema econômico capitalista 14
          1.3.3 Um modelo mais completo 15
     1.4   Visão geral da economia 17
     1.5   Divisão da economia 17
     Resumo.. 19
     Atividades de fixação: teste sua aprendizagem...................................... 20

PARTE I   MICROECONOMIA 21

Capítulo 2   *Demanda de bens e serviços* 23

     2.1   Fundamentos da teoria do comportamento do consumidor..................... 24
          2.1.1 A utilidade marginal decrescente.. 24
     2.2   A curva de demanda 27
     2.3   Fatores determinantes da lei da procura 30
     2.4   Fatores deslocadores da demanda.. 31
          2.4.1 Demografia 33
          2.4.2 Renda do consumidor.. 35
          2.4.3 Preço dos produtos concorrentes 39
          2.4.4 Propaganda.. 39
     Resumo.. 40
     Atividades de fixação: teste sua aprendizagem...................................... 41

Capítulo 3   *Elasticidade: uma medida de resposta* 43

     3.1   Elasticidade-preço da demanda.. 45
          3.1.1 Elasticidade-ponto 45
          3.1.2 Elasticidade-arco 46
          3.1.3 Fatores que afetam a elasticidade-preço da demanda 49
          3.1.4 A importância da elasticidade para a empresa 51
     3.2   Elasticidade-cruzada 53

	3.3 Elasticidade-renda	54
	3.4 Flexibilidade-preço da demanda	57
	3.5 Projeção da demanda de um produto	58
	Resumo	59
	Atividades de fixação: teste sua aprendizagem	60

Capítulo 4   Produção, custos e lucro **63**

	4.1 Principais relações físicas na produção	64
	4.1.1 Lei dos rendimentos decrescentes	66
	4.2 Relações de custos	67
	4.2.1 Curvas de custo de curto prazo	69
	4.3 O nível ótimo de produção	73
	4.3.1 Ponto de nivelamento (ou de equilíbrio)	77
	4.4 Curvas de custo de longo prazo	78
	4.4.1 Economia de escala	79
	4.4.2 Economia de escopo	80
	4.4.3 Redução de custo pela curva de aprendizagem	81
	4.5 Derivação da curva de oferta da empresa em curto prazo	83
	Resumo	84
	Atividades de fixação: teste sua aprendizagem	85

Capítulo 5   *Oferta de bens e serviços* **87**

	5.1 Curva de oferta de mercado	88
	5.2 Elasticidade-preço da oferta	90
	5.2.1 Fatores que afetam a elasticidade-preço da oferta	92
	5.3 Fatores deslocadores da oferta	95
	5.3.1 Preços dos insumos	96
	5.3.2 Tecnologia	97
	5.3.3 Preço dos produtos competitivos	98
	Resumo	99
	Atividades de fixação: teste sua aprendizagem	99

Capítulo 6   *Análise de mercado* **101**

	6.1 Estrutura de mercado	103
	6.2 Formação de preço em concorrência pura ou perfeita	107
	6.2.1 O efeito de mudanças na oferta e/ou na demanda	110
	6.3 Oligopólio	114
	6.4 Outras estruturas (formas) de mercado	116
	6.4.1 Monopólio	116
	6.4.2 A competição monopolística	119
	6.4.3 Monopsônio	121
	6.4.4 Oligopsônio	122
	6.5 Concentração de mercado	122
	6.5.1 Índice de concentração das quatro maiores firmas	122
	6.5.2 Índice de Herfindahl-Hirschman	123
	6.6 Mercados contestáveis	124
	6.7 Estrutura, conduta e eficiência de mercado	124
	6.8 *Markup*	127
	6.9 Trinômio preço–custo–lucro	128
	6.10 Tripé custo–preço–valor	128
	Resumo	129
	Atividades de fixação: teste sua aprendizagem	130

viii   Economia: fundamentos e aplicações

PARTE II   MACROECONOMIA...**133**

Capítulo 7   *Fundamentos da macroeconomia*..135

- 7.1   Medindo o 'produto' do País 136
- 7.2   'Produto', 'renda' e 'dispêndio' de um país 137
- 7.3   PIB: Crescimento e distribuição 143
- 7.4   O modelo macroeconômico *keynesiano*.. 148
  - 7.4.1   A teoria clássica do emprego.. 148
  - 7.4.2   A teoria do emprego na versão *keynesiana*............................. 150
  - 7.4.3   As variáveis da abordagem *keynesiana*................................... 152
  - 7.4.4   O encadeamento lógico da análise *keynesiana* 158
  - 7.4.5   Políticas econômicas 160
  - 7.4.6   Principais relações macroeconômicas..................................... 164
- Resumo.. 166
- Atividades de fixação: teste sua aprendizagem....................................... 167

Capítulo 8   *Política fiscal* 169

- 8.1   Receita e gastos públicos... 170
- 8.2   Déficit público 174
- 8.3   A política fiscal no modelo *keynesiano* 175
  - 8.3.1   Efeitos da política fiscal sobre a economia 177
- 8.4   A política fiscal e a demanda agregada.. 178
- Resumo.. 181
- Atividades de fixação: teste sua aprendizagem....................................... 181

Capítulo 9   *Política monetária* 183

- 9.1   Demanda e oferta de moeda... 184
  - 9.1.1   Taxa de juros... 187
- 9.2   Os instrumentos de política monetária 189
  - 9.2.1   Operações de mercado aberto (*open market*) 189
  - 9.2.2   Recolhimentos compulsórios.. 191
  - 9.2.3   Operações de redesconto ou empréstimo de liquidez............... 192
- 9.3   Efeitos da política monetária sobre a economia 192
- Resumo.. 196
- Atividades de fixação: teste sua aprendizagem....................................... 196

Capítulo 10   *Política cambial*...199

- 10.1   Comércio exterior brasileiro 200
- 10.2   Instrumentos de política cambial... 201
- 10.3   Taxa de câmbio 202
- 10.4   Balanço de pagamentos 205
- 10.5   Efeitos da política cambial sobre a economia 207
- Resumo.. 207
- Atividades de fixação: teste sua aprendizagem....................................... 208

PARTE III   ECONOMIA MUNDIAL E BRASILEIRA..........................**209**

Capítulo 11   *Mundo: tendências e desafios* 211

- 11.1   Megatendências mundiais 212
  - 11.1.1   Megablocos econômicos... 212

11.1.2 A globalização	214
11.2 Desafios mundiais	219
Resumo	221
Atividades de fixação: teste sua aprendizagem	222

Capítulo 12 Brasil: economia e sociedade 223

12.1 Retrospectiva de quatro décadas	224
12.1.1 Ação do Estado	224
12.1.2 Condições favoráveis	225
12.1.3 Políticas de estabilização	226
12.1.4 Globalizados e pobres	226
12.2 Desenvolvimento econômico brasileiro	227
12.2.1 Período de 1961-1973	227
12.2.2 Período de 1973-1979	227
12.2.3 1980: a década perdida	228
12.2.4 1990: a década das mudanças	229
12.3 Os cinco processos na economia brasileira	231
12.3.1 Exemplos de mudanças	232
12.4 Problemas estruturais brasileiros	236
12.5 Indicadores da economia brasileira	238
12.5.1 Inflação	238
12.5.2 Produto Interno Bruto (PIB)	239
12.5.3 Déficit público	240
12.5.4 Dívida interna	241
12.5.5 Balança comercial	242
12.5.6 Balanço de pagamentos	242
12.5.7 Câmbio	242
12.5.8 Investimentos estrangeiros	243
12.5.9 Dívida externa	243
Resumo	244
Atividades de fixação: teste sua aprendizagem	244

Capítulo 13 Direito e economia 247

Glossário	251
Sugestões de bibliografia	259
Índice remissivo	261

Prefácio

O sucesso de uma empresa está ligado à sua interação bem-sucedida com o mercado, o qual é composto, de um lado, pela demanda, representada pelas necessidades e pelos desejos dos consumidores, e, de outro, pela oferta, que reflete o esforço dos produtores de bens e serviços, necessários para satisfazer as necessidades humanas. O conteúdo deste livro trata desse assunto e de algumas das mais importantes variáveis econômicas, tanto internas como externas às empresas. Na realidade, a maior parte dos fatores que influenciam as decisões empresariais situa-se fora de seus limites: decisões de política pública nas áreas fiscal, monetária, cambial e de renda, que influenciam e determinam as taxas de câmbio, de juros, o chamado "custo Brasil" e as condições de competitividade de cada empresa e até de sua sobrevivência e seu crescimento.

Em *Economia: fundamentos e aplicações*, estudantes e executivos encontram uma ferramenta indispensável para o desenvolvimento da capacidade de análise de fatores econômicos que influenciam o sucesso de uma empresa. Esta é uma obra oportuna e essencial para entender o momento econômico da economia brasileira, principalmente porque cinco processos estão ocorrendo: globalização, abertura da economia, estabilização dos preços (leia-se Plano Real), privatização e crescente conscientização dos consumidores nacionais, os quais vêm afetando o mundo dos negócios e resultando em uma maior competitividade, por meio do aumento da produtividade (pela tecnologia), da redução do custo unitário e da melhoria de qualidade dos bens e serviços gerados no país, em especial nos últimos 15 anos.

O livro é composto de treze capítulos organizados em três partes distintas. O Capítulo 1 é dedicado aos conceitos básicos de economia e, principalmente, à compreensão do chamado problema econômico e como uma sociedade pode resolvê-lo de maneira racional. Os cinco capítulos seguintes compõem a Parte I, que trata dos vários aspectos ligados à microeconomia, ou seja, à economia da empresa ou, mais precisamente, à formação dos preços de mercado e ao modo pelo qual a empresa procura alocar seus escassos recursos.

A Parte II, com quatro capítulos, é destinada à chamada macroeconomia, a qual procura explicar as relações entre os grandes agregados ou variáveis econômicas e suas conseqüências para as decisões empresariais. No Capítulo 7, há uma breve análise dos fundamentos da macroeconomia, com as principais relações, tais como: produto interno bruto, consumo, poupança, investimento, empregos, inflação, entre outras. Os capítulos 8, 9 e 10 tratam das políticas econômicas: fiscal, monetária e cambial, respectivamente.

A Parte III é destinada à economia mundial e brasileira, com dois capítulos. O Capítulo 11 aborda as transformações mundiais, com destaque para a formação de megablocos, a globalização e os desafios globais, representados pelos problemas demográficos, ambientais, de desemprego, repartição da riqueza e políticas econômicas dependentes entre os países.

No Capítulo 12, são analisados vários aspectos da economia e da sociedade brasileira, tais como: o desenvolvimento econômico do país, as mudanças ocorridas na década de 1990, os problemas estruturais e os principais indicadores da economia brasileira atual.

O último capítulo é uma colaboração do professor Fernando Muniz dos Santos, doutor em direito e professor da Estação Business School. O texto trata de alguns aspectos envolvendo o direito e a economia, possibilitando que este livro seja também destinado a profissionais do direito, que necessitam ter uma clara compreensão dos fatores que afetam o mundo dos negócios.

Para cada capítulo são apresentadas situações do mundo real, com o intuito de facilitar o entendimento e a aplicação do que será estudado; objetivos de aprendizagem a serem alcançados com o assunto; um resumo do respectivo tema, e atividades de fixação, a fim de testar a aprendizagem. Com isso, reflete-se uma nítida preocupação e um compromisso com o ensino–aprendizagem, possibilitado pelo uso de uma linguagem de fácil compreensão e pela exposição acessível e clara dos aspectos essenciais da economia aplicada ao mundo dos negócios, sem jamais esquecer o necessário rigor conceitual. Há também uma farta exposição visual por meio da utilização de algumas dezenas de gráficos, auxiliando a assimilação dos temas e consolidando os conhecimentos.

Além disso, ao longo dos capítulos estão dispostos os principais termos do glossário, em destaque, e a lista completa encontra-se ao final do livro.

Dessa maneira, este livro é leitura obrigatória para professores, estudantes de economia, administração e ciências contábeis, empresários, executivos e o público de modo geral, pois, afinal, somos todos praticantes de economia, que é a ciência da escassez. Vamos, juntos, discutir alguns aspectos importantes da economia, necessários à vida profissional de cada um de nós.

MATERIAL DE APOIO

Na Sala Virtual, professores e estudantes podem acessar materiais adicionais que auxiliarão a exposição das aulas e o aprendizado.

Para professores

- Apresentações em PowerPoint para utilização em sala de aula.
- Manual de soluções.

Esse material é de uso exclusivo para professores e está protegido por senha. Para ter acesso a eles, os professores que adotam o livro devem entrar em contato com seu representante Pearson ou enviar e-mail para universitarios@pearson.com.br.

Para estudantes

- Links úteis.

AGRADECIMENTOS

Agradeço a todos os amigos que contribuíram para a realização deste livro. Entre eles, meus alunos de pós-graduação (MBA, CBA e LL.M) da Estação Business School, parceira do Ibmec em Curitiba, que são um grande estímulo na minha vida profissional.

Agradeço também ao professor Marcos Antonio Biffe do IMES e diretor da Faculdade Tijucussu, ao professor Francisco Funcia, do IMES, e ao professor Aglas Watson Barrera, da Universidade São Judas Tadeu.

Agradeço ainda à professora Maria Anita dos Anjos, minha companheira, que teve uma participação direta no Capítulo 12, e também ao professor Fernando Muniz dos Santos, destacado advogado curitibano e autor do Capítulo 13.

Não posso me esquecer de agradecer a amizade, o carinho e o estímulo que recebo de todos os professores e funcionários da Estação Business School, com os quais podemos construir uma instituição diferenciada e que vai orgulhar muito Curitiba. Esse agradecimento se estende em particular ao prof. Manoel Knopholz, meu companheiro e sócio no grande projeto da Estação Business School.

Tenham todos uma proveitosa e agradável leitura.

capítulo 1

Conceitos básicos em economia

A ECONOMIA NO COTIDIANO

A economia faz parte do dia-a-dia, independentemente de sermos consumidores, trabalhadores, produtores ou cidadãos. As questões econômicas, sejam no âmbito nacional, regional ou local, sobre a formação de preços, o mercado de trabalho, o papel do governo e assim por diante, fazem parte do cotidiano tanto de pessoas como de empresas. Afinal, todos têm alguma limitação seja de recursos financeiros, físicos ou humanos. Há certa aversão ao entendimento dos conceitos econômicos, apesar de utilizarmos esses conceitos diariamente. Como veremos mais adiante, a economia é a ciência da escassez.

Leia com atenção as quatro seguintes pequenas histórias do dia-a-dia para relacioná-las com o chamado problema econômico, ou seja, com a economia.

Otacílio, quando se formou no início da década de 1970, recebeu a oferta de quatro diferentes oportunidades de emprego. Naquela época, a riqueza gerada no Brasil crescia a uma taxa média de 8% ao ano, ou seja, praticamente não havia desemprego. Hoje, seu filho JR, que se formou recentemente na faculdade, enfrenta sérias dificuldades para conseguir um trabalho, porque, nos últimos 15 anos, o país vem crescendo a taxas muito baixas, basicamente por três razões: muitos impostos (a partir de 2008, passamos a pagar mais de um trilhão de reais por ano); os juros mais elevados do mundo (a pretexto míope de ser a alternativa para controlar a inflação); infra-estrutura ineficiente e cara; e burocracia asfixiante. Otacílio se pergunta:

Por que a taxa de desemprego varia de um período para outro?

Maria, após terminar seu MBA, teve um aumento salarial e concluiu que está recebendo 50% a mais do que um colega que tem apenas a graduação na mesma área e 30% a mais do que outro, que também concluiu o MBA com ela, mas trabalha em uma região menos desenvolvida. Maria, então, questiona:

Por que um profissional com MBA ganha mais do que aquele que é apenas graduado? Por que os trabalhadores de uma região mais desenvolvida ganham mais do que os de uma região menos desenvolvida?

Manoel comprou uma geladeira e um aparelho de TV em 1995, ano em que se casou. Em meados de 2008, ele constatou que os preços desses eletrodomésticos estão mais baratos que há mais de 10 anos. Manoel se pergunta:

Por que os preços caem ou sobem de um ano para outro?

Luciana, ao ler um jornal especializado em economia e finanças, observou um gráfico mostrando a evolução das taxas de juros dos títulos públicos (Selic) e dos títulos privados (CDBs) e constatou que, apesar de ainda muito elevadas, essas taxas já foram quatro vezes mais altas alguns anos atrás. Ela fez a seguinte pergunta:

Por que os juros variam de um ano para outro?

OBJETIVOS

Ao final da leitura deste capítulo, você deverá ser capaz de:

1. Entender a origem do desafio econômico e por que a economia é uma ciência da escassez.

2. Conceituar economia e seus dois principais ramos de atividade.

3. Analisar a curva ou fronteira de possibilidades de produção na escolha da produção de bens e serviços.

4. Entender o conceito de custo de oportunidade como um dos princípios fundamentais da economia.

5. Explicar as três questões ou problemas fundamentais a que a economia procura responder.

6. Compreender a importância do fator 'recursos humanos' como principal elemento na solução dos problemas econômicos.

7. Reconhecer a importância do papel da tecnologia, seja no aumento da produção ou na economia de recursos escassos.

8. Entender por que os sistemas econômicos fazem a diferença na solução dos problemas econômicos.

9. Explicar os três elementos que tornam uma empresa competitiva.

10. Saber a diferença entre produção eficiente e ineficiente.

1.1 O PROBLEMA ECONÔMICO

As quatro pequenas histórias mencionadas têm algo em comum: todas tratam de economia. O grande economista Alfred Marshall (1842-1924) foi muito feliz quando afirmou: "A economia é o estudo do homem nos negócios diários de sua vida".

Estudar economia não é útil apenas para entender melhor o mundo que nos cerca, mas principalmente para tomar melhores decisões, pois, como veremos a seguir, a economia é o estudo das escolhas feitas pelas pessoas diante de situações de escassez.

O que é economia

A **economia** é uma ciência social, tanto quanto a ciência política, a psicologia e a sociologia. Ela pode ser definida como o estudo da alocação (utilização) dos recursos escassos na produção de bens e serviços para a satisfação das necessidades ou dos desejos humanos; sua principal tarefa, portanto, é descobrir como o mundo econômico funciona. Ou seja, ela analisa o funcionamento do sistema econômico. Em qualquer sociedade, o problema básico é alocar os recursos fixos e variáveis para atender aos desejos individuais e coletivos. Nos lugares em que esses recursos são abundantes, o problema de alocação é trivial; naqueles em que são escassos, a alocação assume importância preponderante. A economia trata do bem-estar do homem. Pode-se também conceituar economia como *a ciência da escassez ou das escolhas*. Os *elementos-chave da atividade econômica* são: (a) os recursos produtivos (**R**); (b) as técnicas de produção (que transformam os recursos em bens e serviços — **BS**); (c) as necessidades humanas (**NH**). Esquematicamente, tem-se:

> Economia é uma ciência social que trata do estudo da alocação dos recursos escassos na produção de bens e serviços para a satisfação das necessidades ou dos desejos humanos. É também conceituada como a 'ciência da escassez ou das escolhas'.

$$R \Rightarrow BS \Rightarrow NH.$$

O problema econômico está centralizado no fato de os recursos disponíveis ao homem para produzir bens e serviços serem limitados, escassos, mas a necessidade, ou o desejo, destes variar e ser insaciável. Para certos bens, como o ar, por exemplo (na ausência de poluição), cuja quantidade existente é maior que a necessidade, não há uma organização econômica para seu uso, uma vez que todos os desejos são satisfeitos sem esforço. Contudo, no mundo real, a maioria dos recursos é escassa relativamente à sua demanda, ou seja, não existe em quantidade suficiente para atender a todas as necessidades.

Por **escassez** entende-se a situação em que os recursos são limitados e podem ser utilizados de diferentes maneiras, de tal modo que devemos sacrificar uma coisa por outra. A seguir, apresentamos alguns exemplos de escassez que enfrentamos no dia-a-dia:

> Escassez refere-se à situação em que os recursos são limitados e podem ser utilizados de diferentes maneiras, de tal modo que devemos sacrificar uma coisa por outra.

- Você dispõe de uma quantidade limitada de dinheiro e decide ir ao supermercado. Lá, tem de escolher entre comprar algumas unidades a mais de um produto e a menos de outro.

- Seu tempo também é limitado. Se você decidir ler este livro por duas horas, terá duas horas a menos para se dedicar a outras atividades, como por exemplo assistir a um jogo de seu time preferido de futebol.

- No bairro em que você vive, a área geográfica é limitada. Se a prefeitura construir uma escola pública ou fizer um parque em uma determinada quadra, haverá uma quadra a menos para a construção de apartamentos, escritórios ou mesmo uma fábrica.

- O empresário que possui uma máquina importada capaz de produzir dois produtos diferentes tem de decidir qual deles produzirá a mais ou a menos.

2   Economia: fundamentos e aplicações

- No plano nacional, se o governo federal decidir aplicar mais recursos do Tesouro Nacional para a defesa do país (aviões-caça, porta-aviões, tanques bélicos etc.), restarão menos recursos para a educação e a saúde, por exemplo.

Por causa da escassez, as pessoas, as empresas e o governo enfrentam situações de escolhas difíceis: você deve decidir como gastar seu dinheiro ou tempo; a cidade, como utilizar seu espaço geográfico; o empresário, como obter melhor proveito de sua máquina; e o país, como aplicar seus recursos públicos escassos — se na defesa nacional, na saúde ou na educação.

Na verdade, duas realidades dominam a vida do ser humano: de um lado, os recursos limitados, e de outro, as necessidades ou os desejos ilimitados. Essas duas realidades definem escassez — condição em que os recursos disponíveis são insuficientes para satisfazer a todas as necessidades humanas. Por isso, economia é o estudo das escolhas que as pessoas têm de fazer em situações de escassez.

As escolhas feitas por indivíduos, empresas ou governo determinam as escolhas da sociedade, cuja essência deve responder a três questões fundamentais, que analisaremos a seguir:

1. Que bens e serviços devem ser produzidos?

2. Como eles devem ser produzidos?

3. Quem os consome?

1.1.1 Recursos ou fatores (ou meios) de produção

Para responder à primeira questão (que bens e serviços devem ser produzidos?), uma sociedade deve utilizar os recursos econômicos, também conhecidos como fatores ou meios de produção. Os **recursos econômicos**, que constituem a base de qualquer economia, são os meios utilizados pela sociedade para a produção de bens e serviços que satisfarão as necessidades humanas.

> Os recursos econômicos são escassos, versáteis e podem ser combinados em proporções variáveis.

São três as *características* dos recursos econômicos:

a) *Escassos* em sua quantidade, ou seja, *limitados*, representados por uma situação em que os recursos podem ser utilizados na produção de diferentes bens e serviços, de tal modo que é preciso sacrificar um bem ou serviço por outro.

b) *Versáteis*, isto é, podem ser aproveitados em diversos usos. Em outras palavras, um determinado recurso pode ser utilizado na produção de diferentes produtos. Por exemplo, a farinha de trigo pode produzir pão, mas também pode ser utilizada na produção de macarrão.

c) Podem ser *combinados em proporções variáveis* na produção de bens e serviços. Por exemplo, se um insumo importado (que nada mais é do que um recurso ou fator de produção) ficar muito caro (por causa da desvalorização do real, por exemplo), o empresário pode substituí-lo por um insumo nacional.

Quanto à *classificação*, os recursos podem ser agrupados em:

a) *Recursos naturais*. Consistem em todos os bens econômicos utilizados na produção obtidos diretamente da natureza, como os solos (urbanos e agrícolas), os minerais, as águas (dos rios, dos lagos, dos mares, dos oceanos e do subsolo), a fauna, a flora, o sol e o vento (como fontes de energia), entre outros. Esses recursos são um presente da natureza. Para se referir a todos os tipos de recursos naturais, alguns

Capítulo 1 – Conceitos básicos em economia **3**

economistas utilizam o termo 'terra'. Cabe aqui invocar o grande Olavo Bilac em seu poema "A pátria", quando escreveu: "Criança! não verás nenhum país como este". Realmente, em termos de recursos naturais — e de beleza da natureza, em particular — o Brasil é um país privilegiado.

b) *Recursos humanos.* Incluem toda atividade humana (esforço físico e/ou mental) utilizada na produção de bens e serviços, como os serviços técnicos do advogado, do médico, do economista, do engenheiro, ou a mão-de-obra do eletricista, do encanador e de outros profissionais. Há economistas que consideram o capital humano um quarto tipo de fator de produção. Capital humano é o conjunto de conhecimento e habilidades que as pessoas obtêm por meio da educação e da experiência em atividades produtivas. Sem dúvida, a valorização desse recurso econômico é um problema histórico do Brasil, que investe tão pouco em educação básica (fundamental e média) pública de qualidade e em tempo integral, ao contrário do que é feito nos países desenvolvidos. E, se isso não é feito em nosso país, não é por falta de dinheiro; afinal, nosso governo tem recursos para gastar mais de R$ 160 bilhões em juros por ano. O investimento em educação básica, entretanto, não chega a um quarto desse valor.

c) *Capital.* Abrange todos os bens materiais produzidos pelo homem e que são utilizados na produção. O fator capital inclui o conjunto de riquezas acumuladas por uma sociedade, riquezas com as quais um país desenvolve suas atividades de produção. Cabe ressaltar que, para haver capital, é fundamental a participação do ser humano, ou seja, não existe o fator capital sem o fator trabalho. Entre os principais grupos de riquezas acumuladas por uma sociedade estão os seguintes:

- *Infra-estrutura econômica*, como *transportes* (rodovias, ferrovias, hidrovias, portos e aeroportos), *telecomunicações* (equipamentos e satélites) e *energia* (hidrelétricas e termelétricas, linhas de transmissão e sistemas de distribuição). No Brasil, infelizmente, os investimentos públicos em infra-estrutura, em especial nos últimos 15 anos, têm sido pífios, representando menos de 0,5% do produto interno bruto (PIB).

- *Infra-estrutura social*, como sistemas de água e saneamento, educação, cultura, segurança, saúde, lazer e esportes. Segundo estudo do Instituto de Pesquisa Econômica Aplicada (Ipea), no Brasil, no período de 2000 a 2007, os investimentos em saúde, educação e infra-estrutura foram de R$ 554 bilhões contra gastos de R$ 1,267 trilhão com juros sobre a dívida pública.

- *Construções e edificações* em geral, sejam públicas ou privadas, como, por exemplo, um galpão ou armazém na indústria/comércio ou um aviário na agricultura.

- *Equipamentos de transporte*, como caminhões, ônibus, utilitários, locomotivas, vagões, embarcações e aeronaves.

- *Máquinas e equipamentos*, que são utilizados nas atividades de extração, transformação e prestação de serviços, na indústria de construção e nas atividades agrícolas.

- *Matérias-primas ou insumos*, como energia elétrica, óleo diesel, gás, corantes e matérias químicas para a indústria, ou sementes, fertilizantes, inseticidas, herbicidas, fungicidas, vacinas, rações e combustíveis para a agricultura, entre outros.

> Os recursos classificam-se em: naturais, humanos e capital.

Alguns autores consideram o *empreendedorismo* — esforço utilizado para coordenar a produção, a distribuição e a venda de bens e serviços, ou seja, esforço no sentido de organizar os recursos naturais, os humanos e o capital — como mais um tipo de recurso. Um empreendedor toma decisões de negócios, assume os riscos oriundos dessas decisões, compromete tempo e dinheiro com um negócio sem nenhuma garantia de lucro.

4   Economia: fundamentos e aplicações

1.1.2 Necessidades humanas

> Necessidades humanas constituem a razão de ser da atividade econômica e incluem: alimentação, vestuário, habitação, saúde, transporte, educação, segurança social, previdência social, comunicação, cultura, esporte e lazer, entre outros fatores.

O segundo elemento-chave da atividade econômica são as **necessidades humanas**, que constituem a razão de ser (ou seja, a força motivadora) da atividade econômica. Nossos desejos são ilimitados. Todos nós queremos nos alimentar, beber, vestir-nos, ter um local para morar, ter educação e ter saúde. Além dessas necessidades, desejamos ter outras coisas, como carros, livros, revistas, restaurantes, férias na praia ou no campo, música, poesia, Internet, CDs, teatros, aviões e assim por diante. Portanto, entre as principais necessidades humanas se destacam: alimentação (que é a mais vital de todas), vestuário, habitação, saúde, transporte, educação, segurança social, previdência social, comunicação, cultura, esporte e lazer. As quatro primeiras (alimentação, vestuário, habitação e saúde) compõem o grupo de necessidades *primárias*, enquanto as demais são chamadas de necessidades *secundárias*. Estas últimas variam no tempo e no espaço, uma vez que estão sujeitas às influências da tradição cultural (costumes) e às inovações tecnológicas (tanto no produto em si quanto na propaganda e no marketing). A propriedade ou capacidade que os bens de consumo têm de atender às necessidades humanas é conhecida como *utilidade*.

Novamente, a questão da escassez: devido ao fato de os nossos desejos excederem os nossos recursos, devemos fazer escolhas a fim de conseguirmos obter o máximo dos fatores de produção de que dispomos.

1.1.3 Bens e serviços

> Bens são os produtos (que são meios de satisfação das necessidades humanas) tangíveis provenientes das atividades produtivas (agropecuária, indústria de transformação e da construção civil).

> Serviços compreendem os produtos intangíveis, resultantes de atividades terciárias de produção.

Cabe-nos fazer uma observação sobre os *produtos*, que são os meios de satisfação das necessidades humanas. Os produtos podem ser classificados segundo a natureza e o destino. Segundo a *natureza*, os produtos gerados no processo produtivo se classificam em bens (**B**) e serviços (**S**), daí a sigla **BS**, utilizada anteriormente. Por **bens**, entendemos os produtos tangíveis provenientes das atividades agropecuárias (alimentos, por exemplo), da indústria de transformação (como eletrodomésticos) e da construção civil (por exemplo, apartamentos e casas). Por **serviços**, compreendemos os produtos intangíveis, resultantes de atividades terciárias de produção. Segundo o *destino*, os produtos podem ser classificados em: *bens e serviços de consumo* (duráveis ou de uso imediato); *bens e serviços intermediários* (matérias-primas ou insumos que reingressam no processo produtivo para serem transformados, na maioria das vezes, em bens e serviços de consumo); *bens e serviços de produção* (bens de capital que entrarão no processo de produção de outros bens e serviços). O Quadro 1.1, a seguir, esclarece melhor a classificação dos produtos quanto à natureza e ao destino.

QUADRO 1.1 Bens e serviços segundo a natureza e o destino

SEGUNDO A NATUREZA	PROVENIENTES	SEGUNDO A DESTINAÇÃO (BENS E SERVIÇOS)
Bens tangíveis	Setor primário	1 de consumo
	Ind. de transformação	2 intermediários
	Ind. da construção	3 de produção
Bens intangíveis (serviços)	Atividades terciárias	

Capítulo 1 – Conceitos básicos em economia **5**

1.1.4 Setores econômicos

Os recursos econômicos (naturais, humanos e capital) e as técnicas de produção estão presentes em todas as atividades de produção, embora variem em intensidade. Isso quer dizer que a proporção que cada um desses fatores e técnicas contribui na produção varia de setor para setor — há atividades intensivas no fator terra, assim como há aquelas que são intensivas no fator trabalho e as que o são no fator capital, além das que utilizam intensivamente a tecnologia. Assim, as atividades de produção (ou setores da economia) são classificadas de acordo com a intensidade de uso dos recursos. Desse modo, tem-se:

a) As atividades primárias: *agricultura* (lavouras permanentes, temporárias, horticultura, floricultura); *pecuária* (criação e abate de gado, de suínos e aves, pesca e caça); *extração vegetal* (produção florestal: silvicultura e reflorestamento).

b) As atividades secundárias de produção: *indústria extrativa mineral* (minerais metálicos e não-metálicos); *indústria de transformação* (produtos alimentícios, minerais não-metálicos, metalurgia, mobiliário, química, fiação e tecelagem, vestuário, calçados, material elétrico, de telecomunicações e de transporte, produtos de matérias plásticas, bebidas, fumo); *indústria da construção* (obras públicas, construções privadas).

c) As atividades terciárias de produção: *comércio* (atacadista e varejista); *transportes* (rodoviários, ferroviários, hidroviários e aeroviários); *comunicações* (telecomunicações, correios, radiodifusão e TV); *intermediação financeira* (bancos, seguradoras, distribuidoras e corretoras de valores e bolsas de valores); *imobiliárias* (comércio imobiliário, administração e locação); *hospedagem e alimentação* (hotéis, restaurantes, bares e lanchonetes); *reparação e manutenção* (máquinas, veículos e equipamentos); *serviços pessoais* (cabeleireiros, barbeiros); *outros serviços* (assistência à saúde, educação, cultura, lazer, culto religioso) e *governo* (federal, estaduais e municipais).

De modo geral, o setor *primário* utiliza mais intensivamente o fator *terra*; o setor *secundário* ou industrial utiliza o fator *capital*; e o setor *terciário*, o fator *trabalho*. A Figura 1.1 mostra a participação média desses setores econômicos no PIB brasileiro.

Em resumo, conforme já enfatizado, o problema fundamental de qualquer economia centraliza-se na seguinte questão: tendo em vista as necessidades humanas, que são variadas e insaciáveis, e os recursos, que são limitados e versáteis, como combiná-los de modo a satisfazer ao máximo as necessidades da sociedade? Em outras palavras, a questão é como harmonizar duas realidades antagônicas: de um lado, a escassez de recursos, e de outro, as ilimitadas aspirações da sociedade. O objetivo da atividade econômica, portanto, é atingir um determinado nível de satisfação de necessidade — um nível de vida tão elevado

FIGURA 1.1 Participação média dos setores econômicos (primário, secundário e terciário) no PIB brasileiro

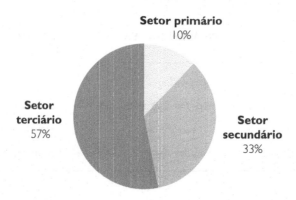

quanto a economia possa proporcionar. Para tanto, é preciso que as melhores técnicas de produção sejam empregadas e que os recursos econômicos sejam utilizados plenamente e distribuídos de modo adequado na produção dos bens mais necessários à população.

1.2 O PAPEL DA TECNOLOGIA

> Técnicas de produção consistem no know-how e nos meios físicos para transformar os recursos em bens e serviços que satisfarão as necessidades humanas

O terceiro elemento-chave da atividade econômica são as **técnicas de produção**, que consistem no know-how (conhecimentos técnicos, culturais e administrativos, capacidade empresarial e capacidade tecnológica) e nos meios físicos para transformar os recursos em bens e serviços que satisfarão as necessidades humanas.

As técnicas de produção, juntamente com as quantidades e a qualidade dos recursos disponíveis, limitam o nível de bem-estar de uma sociedade. A **produção** pode ser definida como o processo pelo qual um conjunto de fatores pode ser transformado em um produto. A **tecnologia** é um termo utilizado para englobar uma ampla variedade de mudanças nas técnicas e nos métodos de produção. Novas variedades de cultivo, como o do milho híbrido, novas e aprimoradas raças de animais, melhores equipamentos e máquinas, defensivos e fertilizantes são os exemplos mais evidentes. A tecnologia também se refere a métodos aperfeiçoados de combinar os fatores de produção. O aperfeiçoamento das técnicas administrativas é parte integrante da revolução tecnológica, visto que a falta de decisões administrativas apropriadas faz com que as mesmas máquinas, a mesma variedade e as mesmas matérias-primas sejam combinadas de modo incorreto, resultando em um não-aumento da produção.

> Produção pode ser definida como o processo pelo qual um conjunto de fatores pode ser transformado em um produto.

A inovação tecnológica é um importante fator de aumento de oferta de bens industriais e agrícolas, notadamente no longo prazo. No mundo moderno, a inovação é a chave para o sucesso, e a tecnologia está lentamente fazendo o mundo parecer menor. Uma melhoria na tecnologia é definida como um conjunto de condições que capacitam as empresas a: (a) gerar maior produção com a mesma quantidade anterior de insumos e/ou (b) obter o mesmo nível de produção anterior com uma quantidade menor de insumos.

> Tecnologia é um termo utilizado para englobar uma ampla variedade de mudanças nas técnicas e nos métodos de produção, tais como: novas variedades e aperfeiçoamento das técnicas administrativas e de combinações dos fatores de produção.

Uma tecnologia só será economicamente viável se provocar um aumento da produção proporcionalmente maior do que a elevação do custo total, de tal modo que resulte em uma redução do custo médio de produção. Em outras palavras, *uma boa tecnologia é aquela que resulta em processos de produção com custos médios (isto é, unitários) menores*. No ambiente econômico de abertura da economia e de globalização, que provocam maior competição, as empresas estão cada vez mais sendo 'tomadoras' de preços no mercado. Isso significa que a redução de custos unitários passa a ser, praticamente, o único caminho de sobrevivência para as empresas. E esse custo médio menor só será possível pela adoção (leia-se: investimento) de novas tecnologias nos processos produtivos.

> Uma boa tecnologia resulta em custos unitários menores.

Tecnologia no produto e no processo

Ao mencionarmos a palavra 'tecnologia', é importante destacar que uma empresa pode empregá-la com o foco somente no processo de produção ou somente no produto. No primeiro caso, a tecnologia contribui apenas para a redução de custos unitários de produção. Por exemplo: uma empresa adquire uma nova máquina para produzir determinado produto, em série, sem modificações na aparência deste — o objetivo, neste caso, é gerar uma produção maior por unidade de tempo (obter maior produtividade) e, com isso, conseguir redução no custo unitário de produção. Em outras palavras, é o caminho da produção em massa ao menor custo possível, o que pode resultar em preços menores para o consumidor, aspecto este que tem tudo a ver com a oferta. No segundo caso, a tecnologia é voltada apenas para alterar um determinado produto, mudando sua aparência ou suas características de modo a atrair os consumidores — o objetivo, neste caso, é tornar o produto diferenciado aos olhos

Capítulo 1 – Conceitos básicos em economia **7**

dos consumidores. A nova característica gerada no produto tem estreita relação com a demanda (lado do consumo). É por essa via que se busca incutir nos consumidores a idéia de que o produto é diferente, para, desse modo, obter a fidelidade de consumo. E uma vez que o produto é diferenciado na avaliação dos consumidores, tal caminho pode até resultar em aumento de preço do produto.

Com o uso de uma função de produção (quantidade física produzida na 'ordenada' e insumos, ou seja, fatores de produção, na 'abscissa'), fica mais fácil entender o efeito de uma mudança tecnológica, tanto em termos de aumento da produção como de redução de custos, pelo menor uso de insumos, que são escassos e caros.

Pela Figura 1.2, é possível perceber o efeito positivo da tecnologia. Admita na agricultura a substituição de semente comum por semente híbrida (que tem maior potencial de produção). Dada a quantidade de um insumo X (por exemplo, 300 quilos de fertilizantes), a produção por hectare, que antes era de apenas 4 mil quilos, pode aumentar para 7 mil quilos, ou seja, é possível elevar a produção com a mesma quantidade de um determinado insumo. Uma segunda maneira de visualizar o efeito da tecnologia é por meio da economia de recursos; afinal, como já vimos, um dos objetivos da ciência econômica é 'economizar' o que é escasso. Com o uso da semente híbrida, pode-se produzir a quantidade anterior (4 mil quilos por hectare) com uma menor quantidade de insumo (fertilizante: talvez, apenas 200 quilos).

Apesar de se saber da importância da tecnologia no aumento da produtividade e da competitividade das empresas, infelizmente, no Brasil, ainda se investe muito pouco nessa área (apenas cerca de US$ 50,00 por habitante por ano) em comparação com os investimentos feitos por países (mais de US$ 500,00 por habitante por ano) — a principal diferença entre países desenvolvidos e em desenvolvimento não está apenas no nível de renda, mas nos investimentos em educação e tecnologia.

FIGURA 1.2 Efeito da adoção tecnológica sobre a produção

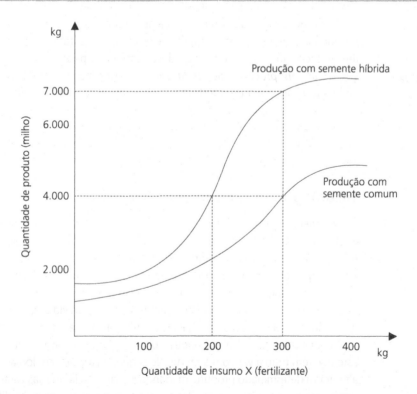

A empresa competitiva

No ambiente de maior abertura da economia brasileira, a partir da década de 1990, a competição nos processos produtivos tem aumentado e, em conseqüência, forçado as empresas a serem mais competitivas se quiserem sobreviver.

São três os elementos fundamentais para uma empresa ser competitiva:

a) *Maior produtividade dos fatores de produção*. Isso é possível somente pela adoção tecnológica, ou seja, com novas tecnologias no processo produtivo. Por 'produtividade' entende-se a produção por unidade de recurso.

b) *Menor custo unitário de produção*. A maior produtividade pode resultar na redução do custo médio de produção, como será visto em seguida.

c) *Qualidade dos produtos e serviços*. Com a adoção do Código de Defesa do Consumidor, a partir de 1991, é crescente a conscientização dos consumidores em termos de exigência da qualidade dos produtos que adquirem.

Com esses três elementos, a empresa se torna mais competitiva, porque consegue produzir um produto com melhor qualidade e mais barato. É importante lembrar que a adoção tecnológica é praticamente o único caminho capaz de possibilitar que a empresa se torne competitiva, visto que sem tecnologia é difícil obter maior produtividade dos fatores de produção, que é a condição para a redução dos custos unitários.

A relação entre tecnologia, maior produtividade dos recursos e redução dos custos unitários (ou custo médio) pode ser demonstrada da seguinte maneira:

$$\text{Custo médio} = \frac{\text{Custo total}}{\text{Produção}}$$

Admitindo-se, por simplicidade, que é possível produzir determinado produto com apenas um insumo (recurso), o custo total seria igual a: Px . X, ou seja, o preço unitário do insumo (Px) multiplicado pela quantidade utilizada do insumo (X). A produção, ou quantidade produzida, pode ser expressa pela letra Q, e o custo médio, por CMe. Assim, tem-se:

$$CMe = \frac{Px \cdot X}{Q} = \frac{Px}{Q/X}$$

Como a relação Q/X representa a produção obtida por unidade de insumo, ou seja, é a produtividade, conclui-se, então, que o custo médio mantém uma relação direta com os preços dos insumos e inversa com a produtividade. Desse modo, quanto mais caros os insumos para o empresário, maior o seu custo unitário. Por outro lado, quanto maior a produtividade dos fatores de produção, menor o custo médio.

Essa relação é importante para explicar por que, em países desenvolvidos, os trabalhadores ganham mais (é bom lembrar que o trabalho é um recurso econômico, e o salário está representado pelo Px), ou seja, o Px é maior. Mas isso não significa que os custos médios de produção sejam maiores, uma vez que a produtividade dos trabalhadores é maior (porque utilizam mais tecnologia), e isso compensa o salário mais alto. Já em países em desenvolvimento ou pouco desenvolvidos, apesar de os salários serem menores, os custos unitários são elevados por causa da baixa produtividade. A relação inversa entre custo unitário e produtividade pode ser observada na Figura 1.3.

FIGURA 1.3 Relação inversa entre custo médio de produção e produtividade

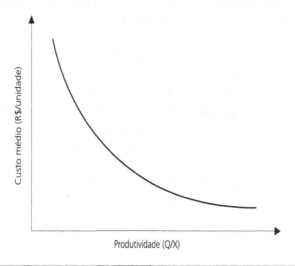

1.3 O SISTEMA ECONÔMICO CAPITALISTA

A expressão 'sistema econômico' engloba todos os métodos pelos quais os recursos são alocados e os bens e serviços são distribuídos. O sistema econômico é formado por um conjunto de organizações, cujo funcionamento faz com que os recursos escassos sejam utilizados para satisfazer as necessidades humanas. Assim, sistemas econômicos podem ser decompostos em três grupos de elementos básicos:

1. Estoque de recursos produtivos.
2. Complexo de unidades de produção (empresas).
3. Conjunto de instituições.

O *estoque de recursos produtivos*, que constitui a própria base da atividade econômica, inclui os recursos humanos (população economicamente ativa, capacidade empresarial e tecnológica) e patrimoniais (reservas naturais e capital).

Esses recursos só alcançam sua plena significação econômica quando mobilizados pelas *unidades de produção* (ou seja, as *empresas*) que integram o aparelho produtivo da sociedade, dando origem aos fluxos de produção e renda ao executarem as tarefas relacionadas à solução dos problemas econômicos: *o que, quanto, como* e *para quem produzir*.

As empresas são o *locus*, ou seja, o local onde os fatores de produção se transformam em bens e serviços. Assim, empresas e unidades de produção são aqui considerados sinônimos. Estima-se que o Brasil tem mais de 2 milhões de estabelecimentos empresariais, que respondem por mais de 30 milhões de trabalhadores formalmente contratados. Desse total, a esmagadora maioria, mais de 90%, se caracteriza como microempresa, categoria em que se enquadram as firmas com até 20 empregados.

O terceiro grupo de elementos básicos componentes de um sistema econômico é constituído por um *conjunto de instituições jurídicas, políticas, sociais* e *econômicas* que dá forma às atividades desenvolvidas pela sociedade. Por exemplo, os elementos jurídicos disciplinam as atividades individuais e coletivas, determinando as esferas de ação, os deveres e as obrigações dos proprietários dos recursos produtivos e das empresas que utilizarão esses recursos.

Cabe ressaltar que esses elementos básicos de um sistema econômico são fundamentais

> Os recursos, as empresas e as instituições são os elementos de um sistema econômico.

tanto para o 'crescimento econômico' como para o 'desenvolvimento econômico'[1] de um país, uma vez que ambos dependem da quantidade e da qualidade dos recursos humanos e patrimoniais, da maneira como operam as unidades de produção e de um conjunto de instituições que facilitem e não entravem os procedimentos econômicos do sistema.

A prosperidade nacional não é herdada, mas criada pela força das empresas em inovar e se aperfeiçoar. Muito mais que a disponibilidade abundante de recursos naturais ou humanos, *a competitividade de uma nação depende da capacidade de sua indústria em termos de inovação e aperfeiçoamento*. Fatores como pressão e desafios dos concorrentes, fornecedores agressivos e clientes exigentes formam a base para a competição global, em que redução nos custos de produção, economia de escala, taxa de câmbio, fusão, aliança, parcerias estratégicas, colaboração e globalização supranacional constituem palavras de ordem nas empresas.

Os dois principais tipos de sistemas econômicos são o capitalismo e o socialismo.[2] Cada sistema, na realidade, diz respeito a um ordenamento institucional que, por sua vez, trata dos modos de organização da vida econômica de uma sociedade.

O sistema econômico capitalista tem um método próprio de se regular, com pouco envolvimento do governo em decisões econômicas e dependendo das forças de mercado para determinar os preços, alocar os recursos e distribuir a renda e a produção. Tal sistema segue rigorosamente a economia ortodoxa de mercado, ou seja, quem 'comanda' a economia são as forças de demanda, que refletem o interesse dos consumidores, e de oferta, que devem expressar o desejo dos produtores.

Os fatores de produção são de propriedade privada e cada proprietário de recursos toma as decisões de produção motivado pelo desejo de alcançar um lucro. Tanto a produção quanto o consumo dependem, fundamentalmente, da liberdade de escolha dos indivíduos da sociedade. Os lucros obtidos ou os prejuízos incorridos são um resultado direto das decisões certas ou erradas de negócios. De um lado, o consumidor procura maximizar a satisfação, dado o seu nível de renda; de outro, o produtor procura maximizar seu lucro,[3] dados os seus recursos ou fatores de produção.

> O capitalismo é o melhor sistema econômico para a produção, mas o socialismo é o melhor na distribuição.

No capitalismo, os preços de livre mercado são os únicos guias para as decisões dos indivíduos e das firmas ao realizarem a produção, a troca e o consumo. A competição é acentuada em todos os tipos de atividades econômicas.

Alguns economistas, de maneira humorística, gostam de comparar sistemas econômicos e regimes políticos desta maneira:

Socialismo	Você tem duas vacas: o Estado toma uma e a dá a alguém.
Comunismo	Você tem duas vacas: o Estado toma as duas e lhe dá o leite.
Fascismo	Você tem duas vacas: o Estado toma as duas e lhe vende o leite.
Nazismo	Você tem duas vacas: o Estado toma as duas e mata você.
Capitalismo	Você tem duas vacas: você vende uma e compra um touro.

---

1 O 'crescimento' tem sido definido como um processo pelo qual a renda ou o produto interno bruto (PIB) por habitante aumenta durante um determinado período, por meio de ganhos contínuos na produtividade dos fatores produtivos. Isso não significa necessariamente melhoria no bem-estar geral de uma sociedade, uma vez que ele nada revela sobre a distribuição da renda dentro da sociedade. Por outro lado, o conceito de 'desenvolvimento econômico' se vincula mais com a distribuição do produto e com o grau de utilização da capacidade produtiva de um país. Em geral, são objetivos do desenvolvimento econômico: (a) o crescimento do produto interno *per capita*; (b) a geração de empregos; (c) a maior igualdade na distribuição de renda.

2 A base do socialismo, como um sistema econômico, é a propriedade coletiva ou estatal dos recursos produtivos, sendo que o Estado toma as decisões. As indústrias são de propriedade da sociedade como um todo. O controle da propriedade é mantido pelo Estado (supostamente!) para o mútuo benefício da população. As três características básicas do socialismo são: (a) a coordenação de toda ou quase toda atividade produtiva diretamente pelo governo; (b) a propriedade governamental ou coletiva dos fatores de produção, exceto os seres humanos; (c) a falta de incentivos (leia-se: obter lucros é quase um pecado) para a ação dos agentes econômicos. O resultado geral é que há uma baixa eficiência econômica.

3 A teoria econômica reconhece que nem todas as empresas tentam maximizar o lucro sempre, uma vez que há também outros objetivos, entre os quais se destacam a participação no mercado (o chamado *market share*) e o nível de produção, mas ele é certamente um dos seus objetivos. Afinal, uma empresa não pode existir, em longo prazo, se não tiver um razoável retorno para os seus fatores de produção.

Capítulo 1 – Conceitos básicos em economia **11**

> Capitalismo é um tipo de sistema econômico que depende das forças de mercado para determinar os preços, alocar os recursos e distribuir a renda e a produção. No capitalismo, quem comanda a economia são as forças de demanda e de oferta. A propriedade privada dos fatores, a competição e o lucro fazem parte do capitalismo.

Em suma, as principais características do **capitalismo** podem ser descritas desta maneira:

a) Os fatores de produção (terras, máquinas, equipamentos, entre outros), os bens de consumo (casas, carros, arroz, milho, entre outros) e o dinheiro (para que as empresas adquiram os recursos e os consumidores comprem os produtos) constituem *propriedade privada*.

b) O controle do funcionamento da economia é realizado pelo *sistema de preços*, que determina: a seleção dos bens a serem produzidos e suas respectivas quantidades; a combinação e a distribuição dos fatores de produção dos vários bens e serviços; a seleção de técnicas de produção e os métodos de organização das unidades produtoras; e a distribuição dos bens entre os vários membros da sociedade. Detalharemos a função dos preços mais adiante, neste capítulo.

c) O incentivo para produzir é o desejo de as empresas obterem *lucro*, que é a diferença entre a receita e o custo total que estas têm para produzir. Desse modo, o lucro, no sistema capitalista, é o grande impulsionador para a ação dos agentes econômicos.

d) É grande a importância da *competição* entre empresas e proprietários de recursos, apesar da crescente presença de oligopólios e monopólios nos mercados. Cabe ressaltar que o capitalismo adotado no Brasil, especialmente no período compreendido entre a década de 1930 até início da de 1990, ignorou essa característica fundamental do regime ao manter a economia brasileira fechada para o mundo, fosse por meio da proibição da importação de alguns produtos, fosse por meio de impostos de importação muito elevados. Assim, a competitividade muito pequena entre as empresas possibilitou a formação de conluios ou cartéis[4] e o aumento dos preços dos produtos e serviços de maneira absurda, resultando na exploração dos consumidores, que nada podiam fazer. Era essa economia sem competição que criava as condições para a inflação, que não era de demanda, mas de oferta. Por isso era chamado de capitalismo 'selvagem'. Felizmente, a partir de meados da década de 1990 deu-se início a uma maior abertura econômica, que tem sido a principal sustentação do Plano Real, um plano de sucesso no combate à inflação.

e) O *papel do governo* é limitado, apesar da participação ainda elevada do setor público nas atividades econômicas nos dias atuais. O indicador correto da participação do governo nas atividades econômicas é dado pela relação entre o gasto público (**G**) e a renda nacional ou o PIB (**Y**). No caso brasileiro, a participação do setor público nas atividades econômicas diminuiu nos anos 90, com a implementação do Programa Nacional de Desestatização (leia-se: privatização), em que foram transferidas ao setor privado algumas dezenas de empresas e participações acionárias estatais e federais, a maioria delas nos setores siderúrgico, químico e petroquímico, de fertilizantes e elétrico, além da concessão de vários trechos da Rede Ferroviária Federal. Com o processo de privatização, pretendeu-se limitar o papel do governo como estado-empresário.

A economia dos Estados Unidos é um dos melhores exemplos de economia de mercado (capitalismo). Afinal, a participação do produto agregado gerado por empresas privadas é de 98%, ou seja, as empresas estatais contribuem com apenas 2% do PIB (produto interno bruto) norte-americano. Em países europeus, como França, Áustria, Itália, Alemanha e Reino

---

4 São formas de união de interesses entre diversas empresas do mesmo ramo com o intuito de aumentar os preços ou impedir sua baixa pela supressão da concorrência. Essas empresas continuam, contudo, independentes.

12 Economia: fundamentos e aplicações

Unido, o percentual das empresas privadas varia entre 80% e 90% do PIB de seus países, o que indica que as empresas estatais têm um papel significativamente maior que nos Estados Unidos.

Com a recente crise financeira surgida em 2008, alguns poucos comunistas históricos tentam denegrir o capitalismo, profetizando seu fim, mas isso é uma total insensatez. Na produção de bens e serviços, não se inventou nada melhor que a via capitalista, desde que desenvolvida em um ambiente de concorrência. O problema da crise foi no sistema financeiro, este sim necessitando de uma melhor regulação por causa da ganância, de um lado, e da criatividade de executivos financeiros, de outro.

Defeitos e virtudes do capitalismo

Apesar das severas críticas dirigidas ao funcionamento do sistema capitalista ou da empresa privada, esse tipo de sistema econômico, com seus defeitos e virtudes, ainda tem se mostrado a melhor alternativa para a organização da atividade econômica. Como os maiores *defeitos do capitalismo*, os críticos citam: o antagonismo entre o capital e o trabalho, que resulta na exploração da mão-de-obra pelo capital; a presença de elementos monopolísticos, com distorção do correto funcionamento do sistema de preços; e a não-solução da justiça social (a diferença entre as classes sociais é acentuada). A principal *virtude* da economia de mercado é a eficiência na alocação dos recursos, com o conseqüente aumento da produção e a melhoria do bem-estar (nível de vida) da sociedade — a maior eficiência é resultado da competição que costuma existir e do estímulo ao lucro.

Cabe destacar que o *ambiente determinante para que as empresas de uma nação aprendam a competir* é constituído essencialmente por quatro atributos: (a) *fatores de produção*; (b) *condições de demanda* (a natureza da demanda do mercado interno pelo produto ou serviço); (c) *fornecedores* (a presença ou a ausência, na nação, de indústrias fornecedoras e outras correlacionadas que sejam competitivas em termos internacionais); (d) *ambiente empresarial* (condições nacionais que determinem como são criadas, organizadas e administradas as empresas, assim como a natureza da rivalidade interna). Uma vez conseguida, *a vantagem competitiva tem de ser sempre aperfeiçoada, porque toda vantagem pode ser imitada*.

Este livro toma por base o mecanismo de preços, ou a economia de mercado, por acreditar ser este o sistema mais adequado para a maximização da satisfação das necessidades humanas, apesar de se saber que tal sistema não é perfeito e que tem falhas.

1.3.1 Funções de um sistema econômico capitalista

Independentemente do tipo de sistema econômico e das tradições culturais e políticas, qualquer economia, ao alocar os recursos escassos, deve considerar três questões ou problemas fundamentais, que constituem as *funções de um sistema econômico*:

a) **O que produzir?**

Aqui, a questão é saber que bens e serviços devem ser produzidos, uma vez que, sendo os recursos escassos, nenhuma economia poderá produzir todas as quantidades de todos os produtos. A maior produção de um produto, em geral, significa a menor produção de outros; portanto, cada sociedade deve escolher exatamente que bens e serviços produzirá. Em essência, essa escolha é feita pelos consumidores, quando despendem suas rendas, por meio dos preços que estão dispostos a pagar pelos produtos. Quanto mais acentuado o desejo por certos bens, maiores os preços. As empresas, por sua vez, produzirão aqueles bens que possibilitem maiores lucros.

b) **Como produzir bens e serviços?**

Esta segunda questão trata da combinação apropriada dos fatores produtivos para a obtenção de um certo nível de produção ao menor custo disponível (ou um máximo de produção com dado nível de custos). O preço dos fatores tem um papel fundamental nesse processo, indicando quais os recursos mais escassos (o preço de um fator normalmente reflete sua relativa escassez) e, portanto, quais fatores devem ser economizados. A questão de 'como produzir' envolve problemas com a seleção da combinação de recursos e de técnicas a serem empregados no processo produtivo. A escolha das técnicas, por sua vez, depende dos preços relativos dos recursos e do nível de produção.

c) **Para quem produzir?**

Trata-se de uma questão que diz respeito à *distribuição do produto*, que depende do nível e da distribuição da renda pessoal. Quanto maior a renda de um indivíduo (a qual depende da quantidade e dos preços dos recursos que ele possui e emprega no processo produtivo), maior a parcela de produto da economia que ele pode adquirir.

Podemos incluir uma quarta função para um sistema econômico (capitalista), que é: *o que reservar para as futuras gerações?* Esse é um problema de manutenção e ampliação da capacidade produtiva da economia, que implica não apenas conservar intacta a força produtiva por meio de uma provisão para depreciação, como também aumentar a quantidade dos recursos da economia e melhorar as técnicas de produção. Em outras palavras, um bom sistema econômico não deve se preocupar apenas com o nível de bem-estar atual da população, mas também com o das futuras gerações, até porque a demanda, em razão do crescimento populacional e da elevação da renda no longo prazo, é crescente. Talvez esse seja o maior desafio atual das economias: o famoso desenvolvimento sustentável, ou seja, fazer a economia crescer, gerar novos produtos e empregos, mas respeitar o meio ambiente, para que as futuras gerações não sejam prejudicadas.

Essas questões se situam em três diferentes níveis: econômico, tecnológico e social. No nível *econômico*, decide-se sobre 'o que produzir' e 'o que reservar às futuras gerações'; no *tecnológico*, sobre 'como produzir'; e no *social*, sobre 'para quem produzir', ou seja, 'como repartir' o produto.

1.3.2 Organização de um sistema econômico capitalista

A organização de um sistema econômico pode ser mais bem visualizada por meio de um modelo simples de uma economia de mercado, sem considerar as relações com o exterior (economia fechada) e a participação do governo.

As duas principais unidades econômicas envolvidas em um sistema econômico de livre empresa são as *famílias* e as *empresas*. As famílias englobam todas as pessoas e unidades familiares da economia, constituindo, na realidade, os consumidores dos bens e serviços produzidos na economia. As empresas, por outro lado, são as unidades econômicas que produzem os bens e serviços de uma nação e, para realizar esse processo, devem comprar ou alugar recursos econômicos.

As empresas são constituídas por proprietários individuais, corporações, cooperativas, enfim, por sociedades, em todos os níveis do processo produtivo. Famílias e empresas interagem em dois tipos de mercado: o de *bens de consumo e serviços* (**BS**) e o de *recursos ou fatores de produção* (**R**). Assim, famílias, empresas, BS e R (os dois tipos de mercado) compõem uma economia de livre empresa e formam o centro em torno do qual se desenvolve a economia.

Para ilustrar como as famílias e as empresas interagem em uma economia, utilizaremos um diagrama de *fluxo circular* (Figura 1.4). A *metade superior* do diagrama mostra o fluxo

FIGURA 1.4 — Fluxo da integração entre famílias e empresas

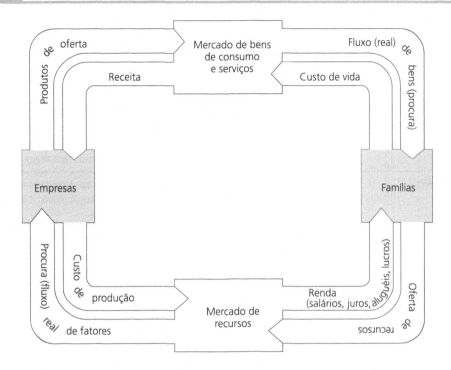

(real) de bens (finais) de consumo e serviços das empresas para os consumidores e um fluxo oposto (monetário) de moeda dos consumidores para as empresas. Os preços dos bens e serviços interligam os dois fluxos, ou seja, o mercado de produtos para bens e serviços estabelece preços que regulam a quantidade e a qualidade de bens produzidos e consumidos. O valor do fluxo real, que é a *receita* auferida pelas empresas pela venda dos produtos, deve ser igual ao valor do fluxo monetário, que se constitui no *custo de vida* dos consumidores.

A *metade inferior* do diagrama de fluxo circular mostra o movimento de recursos econômicos (terra, trabalho e capital) das famílias para as empresas (fluxo real), que interagem no mercado de recursos. O fluxo oposto (monetário) ocorre quando as empresas pagam às famílias pelo uso dos recursos por meio de salários (do trabalho), dividendos, juros e lucros (do capital) e aluguel (da terra e dos imóveis). Esse mercado determina os preços dos fatores que regulam o fluxo de recursos das famílias para as empresas. Em termos monetários, os dois fluxos também se igualam, ou seja, o valor do fluxo real, que é a **renda** auferida pelos consumidores pela venda de seus recursos, é igual ao valor do fluxo monetário, que representa o *custo de produção* para as empresas.

> Renda é a remuneração pelo uso dos fatores de produção. Entre as formas de renda estão: salário, aluguel, arrendamento, juros, lucros, dividendos etc.

As transações entre famílias e empresas são limitadas pela escassez. Os consumidores têm rendas limitadas, mas desejos ilimitados. E as empresas têm restrições na produção, devido aos recursos limitados para produzir os bens e serviços.

Uma síntese de todos esses movimentos ou fluxos, com suas respectivas características, encontra-se no Quadro 1.2.

1.3.3 Um modelo mais completo

O modelo apresentado na Figura 1.4 não incluiu as relações com o exterior nem a participação do governo e a dos mercados de capitais, financeiros e de bens de capital. Já o diagrama da Figura 1.5 representa um **sistema econômico** *mais completo* de uma economia de mercado. Nesse modelo estão incluídas as grandes unidades econômicas (as

QUADRO 1.2 — Características dos fluxos real e monetário entre famílias e empresas nos mercados de produtos e de fatores

ATIVIDADE	MERCADO DE BENS E SERVIÇOS	MERCADO DE RECURSOS
FLUXO REAL	Produtos das empresas para satisfazer às necessidades dos consumidores, divididas em: • Básicas: alimentação; habitação; vestuário; saúde. • Secundárias: educação; transporte; comunicação; cultura; segurança social; esporte; previdência social; lazer.	Os principais fatores de produção são: • recursos naturais • recursos humanos • capital • capacidade empresarial • capacidade tecnológica
FLUXO MONETÁRIO	As famílias transferem parte de suas rendas às empresas, ao adquirirem seus produtos.	As empresas remuneram as famílias pelo uso dos recursos, por meio de: • salários • lucros • juros • dividendos • aluguéis
OFERTA	Exercida pelas empresas.	Exercida pelas famílias.
DEMANDA OU PROCURA	Exercida pelas famílias.	Exercida pelas empresas.
INTERAÇÃO	Por meio dos preços dos produtos.	Por meio dos preços dos recursos.

FIGURA 1.5 — Sistema econômico mostrando a interação entre famílias, empresas e governo nos mercados de produtos, de recursos, financeiro, de capitais e externo

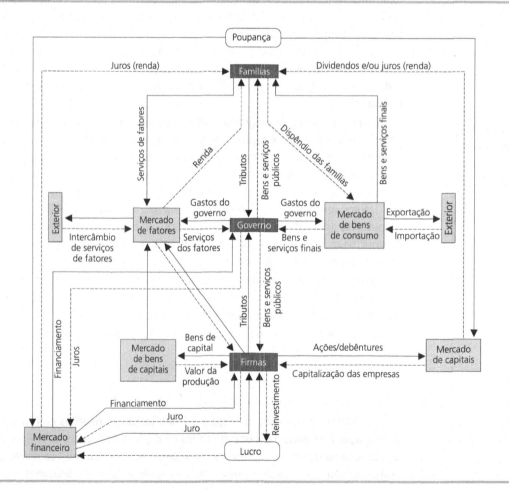

> Sistema econômico engloba todos os métodos pelos quais os recursos são alocados e os bens e serviços são distribuídos. Os dois sistemas mais conhecidos são: capitalismo e socialismo.

famílias, as empresas e o governo) que *interagem* nos *seis mercados* (de bens de consumo, de bens de capital, de fatores, financeiro, de capitais e externo).

A produção das empresas segue dois fluxos distintos: o fluxo de bens de consumo (são aqueles que satisfazem diretamente as necessidades humanas ou do governo) e o de bens de capital (que satisfazem indiretamente as necessidades humanas, uma vez que tais bens são utilizados na produção de bens de consumo e de novos bens de capital). Estes últimos têm dois destinos: parte vai para os investimentos de reposição (necessários para repor aquelas unidades de capital que se desgastam ou se tornam obsoletas) e parte será empregada em novos empreendimentos (investimento líquido, o que implica aumentar o estoque de capital). A soma dos investimentos de reposição e líquidos resulta no investimento bruto.

Poupança é a parcela da renda não consumida pela comunidade na satisfação de suas necessidades imediatas, ou seja, fundamentalmente, é o excesso de renda global em relação ao consumo agregado da coletividade.

Como fluxo, a poupança chega às empresas por meio do mercado financeiro (rendendo juros aos poupadores) ou pelo mercado de capitais e, nesse caso, pode ser por meio da compra de ações (rendendo dividendos) ou pelo empréstimo para atender às necessidades de capital circulante e de giro, pela emissão de debêntures (rendendo juros e correção monetária).

1.4 VISÃO GERAL DA ECONOMIA

A Figura 1.6 vem complementar a visão global da economia, mostrando a interligação dos elementos-chave da atividade econômica. De um lado, com base nas necessidades, nos desejos e na renda dos consumidores, tem-se a curva de demanda (**D**) para bens e serviços. De outro, os produtores, para atenderem aos consumidores, combinam os recursos escassos para a produção desses bens e serviços, que serão ofertados no mercado (**S**).

1.5 DIVISÃO DA ECONOMIA

O campo da economia pode ser dividido em dois principais ramos de atividade: a microeconomia e a macroeconomia.

Microeconomia

> Microeconomia estuda as unidades (consumidores, empresas, trabalhadores e proprietários dos recursos) componentes da economia e o modo como suas decisões e ações são inter-relacionadas. Ela é também chamada 'teoria dos preços' porque, nas economias liberais, é o funcionamento do livre mecanismo do sistema de preços que articula e coordena as ações dos produtores e consumidores.

A **microeconomia** estuda as unidades (consumidores, firmas, trabalhadores, proprietários dos recursos etc.) componentes da economia e o modo como suas decisões e ações se inter-relacionam. Dito de outro modo, ela cuida, individualmente, do comportamento de consumidores e produtores, com vistas à compreensão do funcionamento geral do sistema econômico, ou seja, a microeconomia está ligada ao exame das ações dos agentes econômicos privados em suas atividades de produção e de consumo e, assim, procura investigar as possibilidades de eficiência e equilíbrio do sistema econômico como um todo. A análise microeconômica é também chamada 'teoria dos preços', porque, nas economias liberais, é o funcionamento do livre mecanismo do sistema de preços que articula e coordena as ações dos produtores e consumidores. Um exemplo típico de problema microeconômico é um (ou mais) produtor prestes a decidir qual dos muitos possíveis produtos (leia-se: bens e serviços) diferentes será mais lucrativo produzir com seus escassos recursos. Em suma, a microeconomia está centrada nos seguintes aspectos:

a) unidades individuais da economia (consumidor e empresa);

Capítulo 1 – Conceitos básicos em economia **17**

FIGURA 1.6 — Como a economia interliga a produção e o consumo

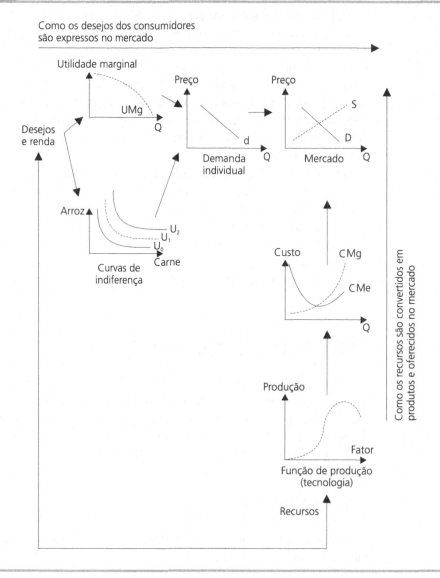

b) comportamento do consumidor (que objetiva maximizar sua satisfação) e da empresa (que busca maximizar o lucro);

c) formação dos preços de bens e serviços, com base nas forças de oferta e demanda, considerando-se as várias estruturas de mercado (é com o uso das curvas de oferta e de demanda de mercado que se analisa o mercado de automóveis, de televisores, de aço, de soja, de milho, de boi gordo, numa região, no país e até no mundo).

Os cinco capítulos seguintes tratam de alguns importantes aspectos da microeconomia.

Macroeconomia

Por outro lado, o sistema econômico como um todo pode ser um ponto de interesse. Nesse caso, estamos falando de **macroeconomia**. A macroeconomia tenta explicar as relações entre os *grandes agregados (ou variáveis) econômicos*, a saber: consumo, poupança, investimento, produto e renda nacionais, níveis de emprego nacional, nível geral de preços, controle da inflação, oferta e demanda monetárias e desequilíbrio externo (balança comercial, de

> Macroeconomia tenta explicar as relações entre os grandes agregados econômicos, a saber: consumo, poupança, investimento, produto e renda nacionais, níveis de emprego nacional, nível geral de preços, controle da inflação, oferta e demanda monetárias e o desequilíbrio externo.

serviços e de capital). Por exemplo, se estivermos estudando as variações na oferta de dinheiro, suas causas e seus efeitos no fluxo de bens e serviços, emprego e desemprego ou renda nacional, estamos utilizando o instrumento analítico da macroeconomia. Portanto, a macroeconomia está centrada nos seguintes aspectos:

a) *comportamento da economia em seu conjunto*, ou seja, no seu agregado ou no seu todo;

b) *desempenho dos agregados econômicos*, como o PIB, a renda nacional, o emprego, a inflação;

c) *inter-relações entre os agregados*, como o efeito do nível de investimentos sobre o nível de empregos (é de se esperar que o baixo nível de investimentos esteja diretamente relacionado ao nível elevado de desemprego) ou o déficit público e as taxas de juros no mercado (é provável que, quanto maior for o déficit público, maiores sejam as taxas de juros no mercado);

d) *contas do setor público* e suas relações com o restante da economia;

e) *desenvolvimento socioeconômico* do país;

f) *balanço de pagamentos*, que mede as trocas internacionais de bens e serviços.

Toda a Parte 1 deste livro será dedicada aos vários aspectos da microeconomia; já a Parte 2 tratará da macroeconomia.

Comparando-se a economia com uma floresta, pode-se dizer que a microeconomia, em que a visão dos agentes econômicos é microscópica, concentra-se em analisar cada árvore (no caso, a empresa ou o consumidor), enquanto a macroeconomia, cuja visão é telescópica, estuda a floresta como um todo, sem se preocupar com cada árvore. Resumidamente, temos: a microeconomia enxerga (preocupa-se com) a árvore (por exemplo, o consumidor, a empresa) e a macroeconomia enxerga a floresta (por exemplo, o produto nacional).

RESUMO

Os principais pontos a serem destacados neste capítulo são:

1. A *economia* é comumente definida como o estudo da alocação (utilização) dos recursos escassos (econômicos) na produção de bens e serviços para a satisfação das necessidades (desejos) humanas. A economia é também chamada de 'a ciência da escassez' ou 'a ciência das escolhas'. Os *elementos-chave da atividade econômica* são: (a) os *recursos produtivos*, (b) as *técnicas de produção* (tecnologia) e (c) as *necessidades humanas*.

2. O *problema econômico* está centrado no fato de os recursos disponíveis ao homem para produzir bens e serviços serem escassos, mas a necessidade e o desejo por esses bens e serviços serem variados e insaciáveis. Felizmente, os recursos econômicos são, de modo geral, versáteis e podem ser combinados em propor-

ções variáveis para produzir determinados bens. O problema está em duas realidades antagônicas: a escassez de recursos e a ilimitada necessidade humana.

3. Segundo o *destino*, os produtos podem ser classificados em: bens e serviços de consumo, bens e serviços intermediários e bens e serviços de produção.

4. As atividades econômicas (de produção) podem ser classificadas em *primárias* (agricultura, pecuária e extração vegetal); *secundárias* (indústria extrativa mineral, indústria de transformação e indústria da construção); e *terciárias* (comércio e serviços em geral).

5. O *sistema econômico*, que engloba todos os métodos pelos quais os recursos são alocados e os bens e serviços são distribuídos, é formado por um conjunto de

Capítulo 1 – Conceitos básicos em economia **19**

organizações cujo funcionamento faz com que os recursos escassos sejam utilizados para satisfazer as necessidades humanas.

6. Quanto à *classificação*, os sistemas econômicos podem ser agrupados de acordo com duas características básicas: os métodos utilizados para a coordenação das decisões econômicas das unidades individuais na sociedade e a natureza dos proprietários dos recursos produtivos. Assim, de país para país, os sistemas econômicos diferem notadamente com base em considerações sociais e políticas. Em alguns países, o sistema é o *capitalista*; em outros, é o *socialista*; e em outros, ainda, há um misto de socialismo e capitalismo (socialismo liberal ou social-capitalismo).

7. Independentemente do tipo de sistema econômico e das tradições culturais ou políticas, qualquer economia, ao alocar os recursos escassos, deve considerar pelo menos três questões (problemas) fundamentais, que constituem as funções de um sistema econômico: *o que produzir*, *como produzir* e *para quem produzir* (que é um problema de distribuição).

8. Esquematicamente, foi apresentada a *organização de um sistema econômico* do tipo capitalista, considerando apenas as famílias e as empresas que interagem em dois mercados — o de bens de consumo e serviços e o de recursos — e que formam, em conseqüência, *dois fluxos*: um fluxo real e um fluxo monetário. Posteriormente, discutiu-se um sistema econômico mais completo, englobando as famílias, as empresas e o governo, que interagem em *seis mercados* (de bens de consumo, de bens de capital, de fatores, financeiro, de capitais e externo).

ATIVIDADES DE FIXAÇÃO: TESTE SUA APRENDIZAGEM

Caro leitor, procure desenvolver as seguintes questões, pois assim você estará fazendo uma revisão de sua aprendizagem:

1. Por que a economia é a 'ciência da escassez'?

2. Quais as características dos recursos econômicos?

3. Por que a via tecnológica é a melhor alternativa para resolver o problema econômico, considerando principalmente que os recursos são escassos?

4. Quando uma nova tecnologia é considerada 'boa'?

5. Cite os três elementos necessários para uma empresa ser competitiva.

6. Mostre gráfica e matematicamente a relação entre custo unitário e produtividade.

7. Quais as principais diferenças entre capitalismo, socialismo e economia social de mercado?

8. Cite as virtudes e os defeitos dos sistemas econômicos capitalista e socialista.

9. A decisão de 'o que produzir' e 'como produzir' é feita com base em que parâmetros?

10. Em um ambiente de maior competição entre as empresas, mostre por que a inovação tecnológica é o melhor caminho para a sobrevivência de uma empresa (*dica: oriente-se pela fórmula do lucro unitário, que incorpora preço do produto e custo médio*).

11. Qual é a diferença entre 'bens' e 'serviços'? Dê exemplos.

12. Faça a classificação do fator capital.

13. Quais são os fluxos entre empresas e famílias (consumidores)? Nesses fluxos, como surgem a renda, os custos (de produção e de vida) e a receita?

14. Comente a seguinte frase: "sem recursos humanos não há capital".

parte

1

MICROECONOMIA

CAPÍTULO 2 DEMANDA DE BENS E SERVIÇOS

CAPÍTULO 3 ELASTICIDADE:
UMA MEDIDA DE RESPOSTA

CAPÍTULO 4 PRODUÇÃO, CUSTOS E LUCRO

CAPÍTULO 5 OFERTA DE BENS E SERVIÇOS

CAPÍTULO 6 ANÁLISE DE MERCADO

capítulo

2 / Demanda de bens e serviços

A ECONOMIA NO COTIDIANO

Como sempre acontece nos primeiros dias de janeiro de cada ano, os principais jornais do país apresentam matérias sobre as liquidações que algumas grandes lojas de departamento promovem com vários tipos de eletrodomésticos. Algumas delas fazem descontos de até 70% e estimam vender alguns milhões em apenas um ou dois dias. De madrugada, já há filas de clientes à espera da abertura das lojas que fazem as tais liquidações. O gerente da loja, ao ser entrevistado, afirma: *os consumidores são muito sensíveis a preços.* O economista diria: *a demanda por eletrodomésticos é elástica.*

Outro exemplo: quando a Organização dos Países Exportadores de Petróleo (Opep) decide restringir a extração de óleo (leia-se: diminuir a oferta), o preço do petróleo quase sempre sobe substancialmente (como, por exemplo, ocorreu em 1973, quando o preço do barril passou de US$ 2,50 para US$ 12,50 em poucos dias), mas seu consumo continua a ser praticamente o mesmo. O economista diria: *a demanda por petróleo é inelástica.*

Um último exemplo: quando o CD player foi introduzido no mercado, em 1983, custava mais de US$ 1.000,00, e foram poucos os consumidores que decidiram comprá-lo. Desde então, o preço vem caindo muito e, como conseqüência disso, as vendas aumentaram drasticamente. O economista diria: *a demanda por CD players é elástica com relação ao preço.*

Desse modo, o que faz a demanda por alguns bens e serviços ser elástica (sensível a preço) e a demanda por outros ser inelástica (o preço pode cair muito e, mesmo assim, as pessoas são pouco sensíveis, isto é, compram muito pouco a mais)? Exemplos do mundo real como esses serão mais bem entendidos após o estudo deste capítulo, que trata fundamentalmente do comportamento do consumidor, ou seja, aborda os principais aspectos relacionados com a demanda (a qual deve refletir as necessidades dos consumidores).

OBJETIVOS

Ao final da leitura deste capítulo, você deverá ser capaz de:

1. Entender a famosa lei da demanda.

2. Explicar a relação inversa entre preços e quantidade demandada.

3. Compreender o que está 'por trás' da curva de demanda, ou seja, os fundamentos da teoria do consumidor.

4. Analisar o comportamento do consumidor diante dos preços dos produtos e de sua renda.

5. Relacionar os fatores que afetam economicamente as decisões dos consumidores.

6. Compreender o efeito da propaganda sobre o deslocamento da curva de demanda.

7. Aprender por que a abertura da economia está fazendo com que os consumidores fiquem mais sensíveis aos preços.

2.1 FUNDAMENTOS DA TEORIA DO COMPORTAMENTO DO CONSUMIDOR

No Capítulo 1, enfatizamos que as famílias e as empresas são as principais unidades econômicas em um sistema econômico. Neste, trataremos especificamente das famílias, que são os consumidores, e do comportamento delas em relação às decisões que procuram tomar para satisfazer seus desejos por bens e serviços. As atitudes dos consumidores quanto aos produtos que adquirem têm um importante papel na operação do complexo sistema de indústrias inter-relacionadas, que compõem os setores de produtos alimentares, têxteis e industrializados, de modo geral, da economia brasileira. Os economistas colocam o estudo do comportamento dos indivíduos no centro de seus modelos porque, em uma economia de livre empresa, são os desejos dos consumidores que, fundamentalmente,[1] ditam o tipo e a quantidade de produtos a serem produzidos, ou seja, o sistema competitivo deve responder aos desejos dos consumidores. Essa prevalência é denominada *soberania do consumidor*. Para que entendamos o mecanismo pelo qual o comportamento do consumidor gera um conjunto de sinais capazes de influenciar os produtores em suas decisões sobre 'o que' e 'como' produzir, precisamos, ainda que de maneira sucinta, conhecer a base conceitual da teoria da demanda.[2] O resultado final da fabricação e distribuição de todos os insumos ou matérias-primas utilizados na produção de alimentos *in natura* ou processados, de bens industrializados em geral e de processos de coleta, estocagem, transporte, processamento, manufatura e do comércio de atacadistas e varejistas é o **consumo**.

> Consumo é o resultado final da fabricação e distribuição de todos os insumos ou matérias-primas utilizados na produção de alimentos, de bens industrializados em geral e de processos de coleta, estocagem, transporte, processamento, manufatura e do comércio de atacadistas e varejistas.

Porém, antes de analisarmos a demanda e para melhor compreensão de seu conceito, faremos um breve comentário sobre a origem das curvas de demanda (ou procura), cuja derivação se baseia na teoria do comportamento do consumidor individual. Para tanto, dispomos de duas aproximações: a da *teoria de utilidade* e a das *curvas de indiferença*. Ambas as alternativas chegam ao mesmo resultado, ou seja, normalmente, as curvas de procura são inclinadas para baixo.

No estudo do comportamento do consumidor, certas características são notadas, tais como:

a) Excetuando-se a poupança, os consumidores gastam tudo que recebem em bens e serviços.

b) Os consumidores não gastam toda a renda em apenas um bem.

c) Os consumidores (quase) nunca adquirem o suficiente da maioria dos produtos (os desejos humanos são insaciáveis, e mais é preferível a menos).

d) Os consumidores procuram maximizar a satisfação total, sujeita a uma restrição (limite) de renda e dos preços dos bens disponíveis.

2.1.1 A utilidade marginal decrescente

A teoria de utilidade se baseia na constatação de que o consumidor obtém utilidade ou satisfação pelo consumo de bens e serviços. Pelo termo **utilidade**, entende-se o

---

1 A palavra 'fundamentalmente' é empregada porque diversos autores argumentam que os consumidores, em vez de orientarem as decisões de produção, são, ao contrário, manipulados pelas grandes empresas, que utilizam propagandas maciças. Uma visão desse argumento pode ser encontrada em John Kenneth Galbraith, *The affluent society*. Boston: Hougton Mifflin, 1958, e em *The new industrial state*. Boston: Hougton Mifflin, 1967.

2 Embora o conceito de demanda seja apresentado mais adiante, é fundamental que o leitor-aluno, a *priori*, saiba que as palavras 'demanda' e 'procura' são rigorosamente sinônimas. Apenas por hábito utiliza-se mais freqüentemente o termo 'demanda'.

> Utilidade é o benefício ou a satisfação (psicológica) que uma pessoa consegue ter, resultante do consumo de uma ou mais unidades de um produto ou serviço.

benefício ou a satisfação (psicológica) que uma pessoa consegue ter, resultante do consumo de uma ou mais unidades de um produto ou serviço. A utilidade total se refere à satisfação completa derivada de todas as unidades consumidas de um bem, sendo, portanto, um termo aplicado a *cada* produto ou serviço consumido por um indivíduo e *não* uma medida do total de satisfação que um indivíduo obtém pelo consumo de todos os bens. Apesar da dificuldade de se mensurar a utilidade, por causa do caráter subjetivo do consumidor, este tem condições de distinguir entre níveis maiores e menores de satisfação ao consumir determinado bem ou serviço. Assim, quanto mais o indivíduo consumir um bem por unidade de tempo, maior será a sua satisfação ou utilidade total, até um certo ponto. Em algum nível de consumo, a utilidade total do produto alcançará um máximo (ponto de saturação); portanto, a utilidade total cresce a taxas decrescentes, atinge um máximo e pode até decrescer.

Uma característica importante do comportamento do consumidor é que sua renda não é gasta em apenas um produto, mas em uma variedade de produtos e serviços. A razão para esse comportamento está contida na chamada lei da *utilidade marginal decrescente*. Essa lei significa que, quando um indivíduo consome unidades adicionais de um produto, mantido constante o consumo de outros produtos e serviços, a quantidade de satisfação obtida de cada unidade adicional daquele produto decresce (lembremo-nos de que, em economia, o termo 'marginal' significa 'adicional').

Um exemplo da utilidade marginal decrescente é o seguinte: consideremos um viajante sedento em um deserto, sem água. Admitamos que esse indivíduo tenha dinheiro e encontre alguém com água para vender. Para o primeiro copo de água, esse viajante possivelmente estaria disposto a pagar um valor elevado, porque a utilidade derivada desse primeiro copo é muito grande. Um segundo copo de água também terá utilidade, mas em uma quantidade menor que o primeiro, de modo que o viajante estaria interessado em pagar menos por esse segundo copo de água, uma vez que este lhe seria menos útil que o primeiro. Seguindo esse raciocínio, o viajante não estaria disposto a pagar nada pelo, digamos, décimo copo de água, porque já estaria totalmente satisfeito.

Outro exemplo: você, com certeza, já foi a uma churrascaria do tipo 'rodízio', em que se paga um preço fixo (R$ 15,00 por pessoa, por exemplo) e se pode comer tanto quanto puder. Depois de saciado, quase ao final da refeição, o garçom chega à sua mesa com uma suculenta picanha e você rejeita a oferta, porque já está saturado. Isso significa que uma fatia adicional de picanha não lhe traz mais nenhuma satisfação, porque você já 'está no limite', ou seja, sua satisfação total está no máximo. Entretanto, nas primeiras vezes em que o garçom passou, você, com muito prazer, aceitou a oferta.

A Tabela 2.1 mostra a utilidade total e marginal, para Luciana, derivada do consumo de água no deserto, de modo semelhante ao que foi descrito anteriormente. Se ela não tomar nenhum litro de água por mês, não obterá nenhuma utilidade derivada da água. Se ela tomar um copo de água, conseguirá 70 unidades de utilidade. Com o aumento do número de copos de água que ela tomar, sua utilidade total aumenta. Se ela tomar cinco copos de água, sua utilidade total será de 210 unidades. Observando melhor os dados dessa tabela, que estão representados na Figura 2.1, constata-se algo muito importante: à medida que o número de copos de água consumidos aumenta, a utilidade total para Luciana cresce, mas o aumento de utilidade para cada copo de água a mais é cada vez menor. Como esse aumento nada mais é que a utilidade marginal, é possível perceber que esta é decrescente.[3]

Uma das grandes aplicações decorrentes do fato de a utilidade marginal ser decrescente acontece na explicação da inclinação 'para baixo' da curva de demanda do consumidor, conforme discutiremos mais adiante. A idéia básica é a seguinte: se cada unidade adicional

---

3 A utilidade marginal do quarto para o quinto copo é 20, e esse valor advém da diferença entre a satisfação total de tomar cinco copos (210 unidades de utilidade) e a de tomar quatro copos (190), dividindo-se pela diferença na quantidade de copos de água ingeridos, que é um (ou seja, 5 menos 4). A fórmula da utilidade marginal é a diferença na utilidade dividida pela diferença na quantidade consumida do bem.

consumida acrescentar cada vez menos satisfação para o consumidor, então é esperado que ele se disponha a pagar um preço cada vez menor para unidades adicionais.

A *teoria da utilidade marginal* baseia-se em quatro pressuposições, a saber:

a) O consumidor obtém utilidade (satisfação) oriunda dos bens que consome.

b) Cada unidade adicional de consumo resulta em utilidade total adicional.

c) À medida que aumenta a quantidade consumida de um bem ou serviço, a utilidade marginal decresce.

d) O objetivo do consumidor é maximizar a utilidade total.

TABELA 2.1 Utilidades total e marginal do consumo (hipotético) de copos de água por Luciana

QUANTIDADE CONSUMIDA DE COPOS DE ÁGUA	(EM UNIDADES)	
	Utilidade total	Utilidade marginal
0	0	–
1	70	70
2	120	50
3	165	45
4	190	25
5	210	20
6	225	15
7	235	10
8	240	5
9	242	2
10	243	1

FIGURA 2.1 Utilidades total e marginal

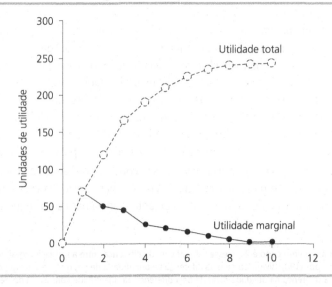

Uma das maneiras de o consumidor maximizar sua utilidade total é tornar a utilidade marginal por real gasto com cada produto igual para todos os demais produtos. A *utilidade marginal por real gasto* é a utilidade marginal obtida da última unidade de um bem consumido, dividida pelo preço unitário desse bem. Tomemos o exemplo da água no deserto (um bem escasso que, portanto, não deve ser de graça), em que Luciana, ao ingerir cinco copos, obteve deste último copo uma utilidade marginal de 20 unidades (veja a Tabela 2.1). Admitindo-se que ela tenha pago R$ 2,00 por copo, a utilidade marginal por real gasto é dez, ou seja, dez unidades de utilidade por real. Ela só estará maximizando a utilidade total se gastar com qualquer outro bem e obtiver a relação de dez unidades de utilidade por real.

Em outras palavras, a teoria da utilidade marginal implica a seguinte situação: a utilidade total é maximizada quando toda a renda disponível do consumidor é gasta e quando a utilidade marginal por real gasto é igual para todos os bens e serviços consumidos. Com base nisso, algumas previsões podem ser feitas, as quais aparecem mais adiante na análise da demanda, que são:

a) Quanto maior o preço de um bem, menor é a quantidade demandada desse bem.

b) Quanto maior o preço de um bem, maior é a demanda por bens substitutos desse bem.

c) Quanto maior a renda do consumidor, maior é a demanda por bens considerados normais (por bem 'normal' entende-se aquele cujo consumo aumenta com a elevação da renda).

Além do uso da curva de utilidade, uma segunda maneira de derivar a curva de demanda de um bem ou serviço, conforme já foi referido, é por meio das *curvas de indiferença*, cuja teoria não será apresentada aqui, porque este livro pretende ser apenas um texto introdutório. A derivação da curva de demanda pelas curvas de indiferença é um pouco trabalhosa e é necessária apenas para estudantes de economia que precisam de um maior aprofundamento em seus estudos. Faremos apenas uma breve consideração sobre essa teoria, sem nos aprofundarmos na parte gráfica, que combina, de um lado, as curvas de indiferença (as quais mostram o que o consumidor gostaria de adquirir) e, de outro lado, a linha de orçamento (que é o que o consumidor pode adquirir, considerando sua renda e os preços dos bens e serviços que ele deseja obter); afinal, as escolhas de consumo são limitadas pela renda do consumidor e pelos preços das mercadorias. As curvas de indiferença são úteis para explicar, por exemplo, por que os nossos padrões de consumo se alteram substancialmente ao longo do tempo. Nos países ricos (cujo nível de renda é elevado), os consumidores gastam, atualmente, um percentual menor com alimentos e roupas do que gastavam na década de 1950. Por outro lado, o percentual de suas rendas gasto com turismo e cuidados médicos tem aumentado significativamente. Por que o consumo muda ao longo do tempo? A resposta, na essência, está na variação dos preços relativos dos (novos) bens e serviços e na variação do nível de renda dos consumidores e do grau de utilidade (necessidade) dos novos bens e serviços. Vamos, agora, discutir propriamente os vários aspectos ligados à demanda.

2.2 A CURVA DE DEMANDA

Conforme foi visto no Capítulo 1, as famílias e as empresas são as principais unidades em um sistema econômico. A abordagem da presente seção será especificamente sobre as famílias ou os consumidores e o comportamento das pessoas com relação às suas decisões, ao procurarem satisfazer seus desejos por bens e serviços.

> Curva de demanda resulta da soma horizontal de todas as curvas de demanda individuais para um determinado produto.

A **curva de demanda** de mercado resulta da soma horizontal de todas as curvas de demanda individuais para um determinado produto. A cada preço, a quantidade demandada no mercado é a soma das quantidades de cada indivíduo.

A teoria da utilidade marginal explica como um indivíduo gasta sua renda e nos permite derivar a curva de demanda individual. A partir daí, podemos derivar a curva de demanda de mercado, que é, na verdade, a soma das curvas de demanda de cada consumidor. A relação entre a quantidade demandada de um bem por um consumidor e o preço desse bem é chamada de demanda individual. A Tabela 2.2 e a Figura 2.2 ilustram a relação entre a demanda individual e a demanda de mercado. Nesse exemplo (hipotético), Luciana e Júnior são os dois únicos consumidores que demandam ingresso de cinema e respondem ao preço do ingresso. Justamente a soma horizontal da demanda individual de Luciana e Júnior (ou seja, a soma das quantidades demandadas de cada um deles), para cada nível de preço, representa a demanda de mercado.

TABELA 2.2 Curvas de demanda individual e de mercado para cinema, admitindo-se apenas dois consumidores

PREÇO DO INGRESSO (R$/filme)	QUANTIDADE DE INGRESSOS DEMANDADA POR MÊS		
	Luciana	Júnior	Mercado
15,00	1	0	1
12,00	2	0	2
10,00	3	1	4
7,00	4	2	6
5,00	5	3	8

FIGURA 2.2 Curvas de demanda individual e de mercado

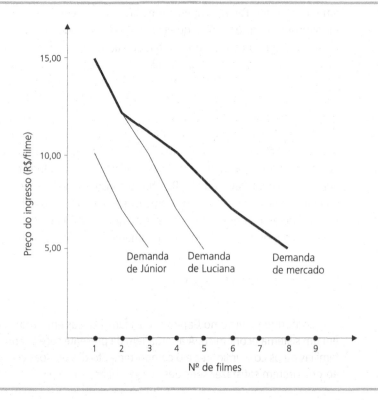

Ao preço do ingresso de R$ 10,00 por filme, Luciana demanda três filmes por mês e Júnior apenas um, de tal maneira que a quantidade demandada pelo mercado (admitindo-se apenas esses dois 'consumidores') seria de quatro filmes por mês.

A curva de demanda de mercado é uma relação que descreve *quanto (ou seja, a quantidade) de um bem os consumidores estão dispostos a adquirir, a diferentes níveis de preços*, em um determinado período, dado um conjunto de condições. Assim, no conceito de demanda há duas variáveis fundamentais: *preços* e *quantidades*. A expressão 'dado um conjunto de condições' significa que algumas variáveis, como população, renda, preços dos produtos substitutos e complementares, gostos e preferências dos consumidores, propaganda, entre outras, podem ser mantidas constantes (*ceteris paribus*, como preferem dizer os economistas) em um dado período.

Na determinação de uma curva de demanda há várias forças (ou fatores) importantes *determinantes da quantidade* demandada de um produto específico. A primeira é o próprio *preço do produto*, e as demais, também chamadas *fatores deslocadores da curva de demanda*, são: a renda do consumidor, a população (leia-se: número de consumidores), os preços dos produtos substitutos e complementares, os gostos e as preferências do consumidor, a propaganda, entre outras.

A Tabela 2.3 mostra as combinações hipotéticas de preços e quantidades demandadas de CD players por mês em uma determinada região (que pode ser um estado ou país) e a Figura 2.3 ilustra essas combinações na forma de uma curva de demanda. Por exemplo, ao preço de R$ 250,00 cada CD player, a quantidade demandada é de 1 milhão de unidades por mês. Se o preço for de R$ 500,00, a quantidade demandada será de 200 mil unidades.

TABELA 2.3 Combinações de preços e de quantidades demandadas de CD players por mês no Brasil (exemplo hipotético)

PREÇO (R$/unidade)	QUANTIDADE (mil unidades)	PONTO
500,00	200	a
400,00	400	b
300,00	750	c
250,00	1.000	d
200,00	1.200	e

FIGURA 2.3 Curva hipotética de demanda de CD players

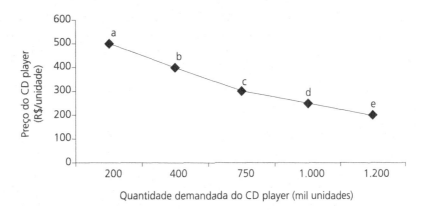

O preço do produto estabelece a quantidade demandada, dado o nível (ou a posição) da curva de demanda, enquanto as outras forças determinam o nível da demanda em si. Para fazer a diferenciação entre o efeito do preço do produto e o dos demais fatores (chamados de deslocadores da demanda), dizemos que:

a) Variações (aumento ou diminuição) nos preços do produto, cuja demanda está sendo analisada, provocam variações (redução ou aumento) nas *quantidades demandadas* (a posição da curva de demanda se mantém inalterada).

b) Variações nos fatores deslocadores da demanda provocam o aumento ou a redução da *demanda* (neste caso, é a curva de demanda como um todo que muda de posição).

Desse modo, a curva de demanda em uma determinada posição mostra uma relação entre preços e quantidades demandadas de um produto por unidade de tempo. Essa relação, exposta pelo economista Alfred Marshall, é conhecida como **lei da demanda**, cujo enunciado é o seguinte: tende a haver uma relação inversa entre os preços de um produto e as quantidades que os consumidores estarão dispostos a comprar desse produto, por unidade de tempo, em condições *ceteris paribus*.

> A lei da demanda mostra uma relação inversa entre preço e quantidade.

2.3 FATORES DETERMINANTES DA LEI DA PROCURA

As principais razões pelas quais os consumidores compram uma maior quantidade de um produto quando os preços caem (e vice-versa) são as seguintes:

a) A preços mais baixos, novos consumidores passam a ter condições de comprar o produto. É o chamado *efeito-novo comprador*.

b) Devido à queda do preço do produto, a renda real (ou o poder de compra) do consumidor aumenta (embora sua renda monetária permaneça inalterada) e, conseqüentemente, ele pode comprar mais dos produtos normais ou superiores. Esse é o *efeito-renda*, que, matematicamente, pode ser mostrado da seguinte maneira:

$$Y = P_1 Q_1 + \sum_{i=2}^{n} P_i Q_i$$

A renda (**Y**) de um consumidor pode ser gasta no produto **1** e em diversos outros produtos (**i**), onde **P** e **Q** são, respectivamente, os preços e as quantidades de cada produto. A expressão mostrada anteriormente pode ser rearranjada em função da quantidade do produto 1 (Q_1), como segue:

$$\uparrow Q_1 = \frac{Y - \sum_{i=2}^{n} P_i Q_i}{\downarrow P_1}.$$

Uma queda no preço 1 (P_1), mantendo-se constantes a renda nominal (Y) e os preços dos demais produtos (P_i), permite ao consumidor comprar mais de Q_1. Portanto, o efeito-renda ocorre porque a variação no preço do produto, em condições *ceteris paribus*, altera a renda real ou o poder aquisitivo do consumidor. Esse efeito é, geralmente, inverso. O efeito-renda provém tanto do decréscimo como do aumento do preço de um produto. No caso de um declínio do preço, a renda real aumenta, ou seja, o consumidor passa a ter condições de comprar mais de ambos os produtos, mesmo que sua renda monetária (nominal) não tenha se alterado.

c) A terceira razão pela qual o consumidor tende a comprar mais quando o preço cai se deve ao fato de que sua satisfação aumenta quando ele compra mais de um produto de preço baixo, comparativamente com um produto de preço alto. É o chamado *efeito-substituição*, que é sempre negativo. No caso de um aumento de preço, o efeito-substituição faz com que o consumidor substitua os bens relativamente mais caros (quando seus preços aumentam) por produtos relativamente mais baratos (mesmo que seus preços não tenham variado). Por exemplo, um aumento no preço da carne de frango leva os consumidores a substituí-la por carne bovina (ou outro tipo de carne). Um decréscimo de preço provoca o efeito contrário.

d) A curva de demanda é inclinada para baixo porque a utilidade marginal é decrescente, ou seja, cada unidade adicional de produto acrescenta menos à satisfação do consumidor e, desse modo, ele só estará disposto a comprar mais a preços menores. Alguns exemplos de utilidade marginal decrescente: o quinto copo de chope traz menos satisfação ao consumidor que os primeiros; o terceiro aparelho de televisão em uma casa é menos útil que o primeiro ou o segundo; ou, para quem está com sede, o primeiro copo de água traz mais satisfação que o terceiro.

> A lei da demanda pode ser explicada pelos efeitos: novo consumidor, renda, substituição e utilidade marginal decrescente.

Ao longo deste e dos demais capítulos, apresentaremos algumas dicas que facilitarão muito as análises de mercado. A primeira diz respeito ao fato de que um aumento ou uma diminuição no preço de um produto reduz ou aumenta a quantidade demandada desse produto, mas a curva de demanda deste se mantém inalterada, ou seja, é um deslocamento ao longo de sua curva de demanda. Então: variação no preço não desloca a sua curva de demanda.

2.4 FATORES DESLOCADORES DA DEMANDA

A *curva de demanda* em uma determinada posição mostra as quantidades máximas procuradas a todos os possíveis preços alternativos. Nessa situação, variações nas quantidades demandadas para um produto decorrem exclusivamente de alterações no preço do próprio bem, permanecendo constantes todos os outros fatores que influenciam a quantidade adquirida. Assim, não há um deslocamento da procura, mas apenas um deslocamento ao longo da curva de demanda. Em outras palavras, *variações de preços não deslocam a curva de demanda, mas apenas se deslocam ao longo da própria curva* (este é o Macete 1).

Além do preço, há muitos outros fatores que afetam a demanda, ou seja, que deslocam a curva de demanda. Até aqui, esses fatores foram considerados como se se mantivessem constantes, mas no mundo real eles variam e, portanto, podem afetar a demanda. Dentre esses fatores, podemos citar:

- a demografia, ou seja, o número de consumidores
- o nível e a distribuição da renda dos consumidores
- os preços dos produtos substitutos e complementares
- os processos de urbanização
- as mudanças nos gostos e nas preferências dos consumidores
- o marketing (leia-se: a propaganda)
- a expectativa de variação de preços do produto no futuro
- o nível de educação e a idade dos consumidores
- a disponibilidade de mercadorias

Capítulo 2 – Demanda de bens e serviços **31**

- a moda
- a geografia e o clima
- o sexo
- a ocupação
- as estações do ano
- a religião
- a origem étnica

Assim, a curva de demanda para um determinado produto pode se deslocar para a direita (para cima), ou seja, de D_0 para D_1 (Figura 2.4), se uma ou mais de uma das seguintes alterações ocorrerem: crescimento da população; aumento da renda do consumidor; elevação nos preços de produtos substitutos desse produto; diminuição no preço de um produto complementar a esse produto; e aumento da preferência por esse produto, que pode ser decorrente de propaganda, mudanças nos hábitos de consumo etc. Do mesmo modo, a curva de procura pode se deslocar para a esquerda (para baixo), ou seja, de D_0 para D_2, por diminuição da população, da renda e do preço de produtos substitutos e pelo aumento no preço de produtos complementares, entre outros motivos.

Uma mudança na demanda significa que, a um determinado preço, uma maior ou menor quantidade poderá ser adquirida. Observe que, na curva de demanda original D_0, ao preço de, por exemplo, R$ 4,00 por unidade (quilo, por exemplo), os consumidores brasileiros estão dispostos a adquirir 150 mil unidades por mês. Depois que a demanda se desloca para D_1, os consumidores se dispõem a comprar 200 mil unidades por mês, em vez de 150 mil, mesmo que o preço se mantenha em R$ 4,00 por unidade. Então, quando a demanda aumentar, mais unidades de um produto serão compradas a cada preço, ou seja, os consumidores estarão dispostos a pagar preços mais elevados pela mesma quantidade de produto.

Por outro lado, se a procura diminuir (se a curva se deslocar para a esquerda), menos unidades de um produto serão demandadas a cada preço, conforme D_2 (veja a Figura 2.4). Se os consumidores, originalmente, estavam comprando 150 mil unidades por mês ao preço de R$ 4,00 por unidade, um decréscimo na demanda para D_2 faz com que eles adquiram somente 100 mil unidades por mês ao mesmo preço.

Das variáveis capazes de deslocar a curva de demanda de bens e serviços, há quatro principais: demografia, renda do consumidor, preços de produtos substitutos ou concorrentes e propaganda. Estas serão abordadas a seguir, por meio de comentários que incluem informações adicionais sobre seu comportamento em âmbito nacional.

> A curva de demanda se desloca por variações na renda, nos preços dos outros produtos e/ou no crescimento da população, entre outros fatores.

FIGURA 2.4 Deslocamentos da curva hipotética de demanda

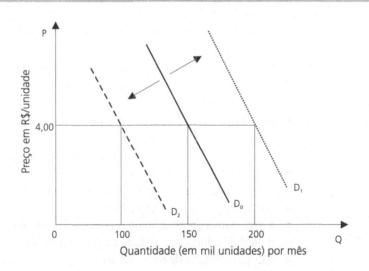

2.4.1 Demografia

> Demografia é o estudo das populações no que tange ao número de pessoas, onde elas vivem e como vivem.

Demografia é o estudo das populações no que tange ao número de pessoas, onde elas vivem e como vivem. O resultado desses três fatores reflete tendências que influenciam a logística e a distribuição de produtos por afetarem o número de pessoas a ser atendido, a localização dos produtos a serem vendidos e a maneira pela qual as pessoas adquirirão esses produtos.

Com relação a essa variável, é importante analisar os seguintes aspectos: tamanho e crescimento populacional, distribuição geográfica, composição (idade), mobilidade e educação da população.

À medida que o número de pessoas aumenta, mais habitações, alimentos, roupas e serviços são necessários. Portanto, o crescimento da população implica o aumento da demanda por esses produtos e serviços, e a curva original D_0 se desloca na direção de D_1 (Figura 2.4). Em outras palavras, quanto maior for a população, maior será a demanda por todos os bens e serviços. Por exemplo, no Paraná, a demanda por estacionamento de automóveis é maior em Curitiba (cuja população é de cerca de 1,8 milhão de habitantes) do que em Andirá, que tem apenas 25 mil habitantes.

Estima-se que a população brasileira, no início de 2009, seja de aproximadamente 190 milhões de habitantes, distribuídos em 5.564 municípios, sendo que mais de 80% dessa população se concentra em áreas urbanas, em comparação com 45% em 1960. Isso significa que a atual taxa de urbanização posiciona o Brasil ao lado de países mais desenvolvidos, como Japão, Alemanha, França, Canadá e Estados Unidos, entre outros. A população brasileira, que já teve um ritmo de crescimento muito grande (2,4% ao ano na década de 70), tem atualmente uma taxa de crescimento em torno de 1,1% ao ano. Ou seja, anualmente, a população brasileira está aumentando em mais de 2,0 milhões de pessoas. Essa taxa média atual decorre da desaceleração do crescimento em todas as cinco regiões do país nos anos recentes.

Cabe ressaltar que essa taxa de crescimento populacional, apesar de declinante, ainda é considerada muito elevada se comparada à de países desenvolvidos, cuja taxa é inferior a 0,6%. É por isso que muitos autores a consideram uma das principais causas dos problemas econômicos internos, dado que, socialmente, há um desequilíbrio entre a massa populacional e a potencialidade da economia, tendo em vista que o desenvolvimento socioeconômico só pode ser alcançado quando perfeitamente equacionado o binômio população–crescimento.

Dada uma taxa de crescimento do produto nacional, é evidente que a renda *per capita* duplicará mais rapidamente quanto menor for a taxa de crescimento populacional. Por exemplo, o produto interno bruto (PIB) *per capita* (leia-se: renda *per capita*) no Brasil cresceu muito pouco ao longo das duas últimas décadas — em termos reais, cresceu de cerca de R$ 11 mil em 1980 para R$ 14 mil em 2008, indicando que, em média, houve um aumento em torno de R$ 100,00 por habitante a cada ano. Desse modo, devido apenas ao *efeito-população*, a demanda por bens e serviços está se deslocando anualmente para a direita, a uma taxa atual de 1,1%. Esse aumento relativo (1,1%) do consumo igual à variação percentual da população se deve ao fato de que uma pessoa a mais significa um consumidor a mais, com um provável padrão de consumo próximo ao da média populacional.[4] A expansão demográfica, considerada isoladamente, tende, de modo geral, a causar uma expansão uniforme na procura de bens e serviços.

Com relação à *distribuição geográfica*, a densidade demográfica é de 22 pessoas por quilômetro quadrado, variando de 4, na região Norte, para mais de 300, no Estado do Rio de Janeiro. As regiões Sudeste (que compreende os estados de São Paulo, Rio de Janeiro, Minas Gerais e Espírito Santo) e Sul (Paraná, Santa Catarina e Rio Grande do Sul) concentram cerca

---

4 Podemos dizer que a elasticidade-população, ou seja, o acréscimo relativo no consumo devido ao aumento percentual da população, é igual à unidade. O conceito de elasticidade será abordado no próximo capítulo.

de 60% da população total brasileira e respondem, em conjunto, por dois terços da produção agropecuária e por cerca de 80% tanto da produção industrial como da renda nacional.

O poder de compra em uma região depende do contingente populacional e da renda dos consumidores. Em cada estado ou região brasileira há áreas com grandes diferenças em renda e em densidade populacional. Por exemplo, a região Sudeste, com cerca de 80,5 milhões de habitantes em 2008, possui 42,3% da população brasileira e contribui com 60% da renda nacional, o que a torna o grande mercado de bens e serviços. Por outro lado, o Nordeste, com aproximadamente 54 milhões de habitantes em 2008 (28,4% da população do Brasil), tem ainda um baixo poder aquisitivo (em torno de um sétimo da renda nacional). É importante ressaltar que, atualmente, um terço da população brasileira se concentra em apenas 11 regiões metropolitanas, destacando-se as regiões metropolitanas de São Paulo (com mais de 17 milhões de habitantes), Rio de Janeiro (com 11 milhões), Belo Horizonte (mais de 4 milhões), Porto Alegre (3,4 milhões), Recife (3,3 milhões), Salvador e Fortaleza (cada uma com cerca de 2,8 milhões), Curitiba (2,6 milhões), Brasília (2 milhões) e Goiânia e Belém (cada uma com cerca de 1 milhão de habitantes).

A distribuição geográfica da população influencia a eficiência do comércio de bens e serviços porque, normalmente, é mais econômico fornecer produtos em áreas de maior concentração populacional do que em áreas em que os consumidores estão dispersos. Assim, o sistema de logística e distribuição de bens e serviços enfrenta o desafio de distribuir uma grande variedade de produtos a essas diferentes áreas do país. Veja na Tabela 2.4 a distribuição regional da população e renda no Brasil em 2008.

Quanto à *composição da população*, deve haver uma relação inversa entre essa variável e o consumo *per capita* de alimentos. Isso explica por que a capacidade de consumo das crianças é menor que a dos adultos para a maioria dos produtos. Para um produto como o leite, por exemplo, a relação entre composição populacional e consumo *per capita* tende a ser direta, uma vez que esse produto, no Brasil, é consumido principalmente por crianças. No Brasil, observa-se uma queda relativa da população com menos de 15 anos (41,7% em 1950, 36,4% em 1985 e 31,5% em 1997, devendo cair para 25% em 2020) e um aumento do contingente populacional com mais de 60 anos (4,4% em 1950, 6,5% em 1985, 7,7% em 1998, e estima-se 14% em 2020). A faixa etária de 60 anos ou mais é a que mais cresce em termos proporcionais no país. Em outras palavras, menos crianças e mais idosos. O envelhecimento populacional é um fenômeno mundial; no entanto, em países desenvolvidos, o processo se deu ao longo de um século, enquanto no Brasil está ocorrendo de uma geração para outra. Isso significa que a população do país, até há pouco caracterizada como jovem, está ficando mais velha e de maneira muito rápida. A mudança do perfil da

TABELA 2.4	Distribuição regional da população e renda no Brasil — 2008					
REGIÕES BRASILEIRAS	**POPULAÇÃO TOTAL**		**% NA RENDA NACIONAL**	**POTENCIAL DE CONSUMO**		**CONSUMO PER CAPITA (R$/hab./ano)**
	Milhões de habitantes	**%**		**R$ bilhões**	**%**	
SUDESTE	80,5	42,3	60,0	916	58,0	11.378,00
SUL	28,0	14,8	16,0	252	16,0	9.000,00
NORDESTE	54,0	28,4	13,0	205	13,0	3.796,00
CENTRO-OESTE	13,5	7,1	7,0	127	8,0	9.408,00
NORTE	14,0	7,4	4,0	80	5,0	5.714,00
BRASIL	190	100	100	1.580	100	8.315,00

Fonte: Dados brutos do IBGE e do Florenzano Marketing.
Cálculos do autor, ajustando para 2008.

população brasileira é explicada pela combinação de dois fatores: queda da taxa de fecundidade das mulheres e aumento da expectativa de vida. Basta dizer que, em 1940, a expectativa de vida era de 39 anos, enquanto, atualmente, já é de 69 anos. Melhores condições nutricionais, de trabalho, de saneamento e de moradia, ao lado de novas descobertas da medicina (como antibióticos e vacinas), estão entre os principais responsáveis pelo aumento da expectativa de vida. Jovens e idosos apresentam um padrão de consumo diferente do de outros consumidores. Ou seja, por causa da alteração na composição populacional brasileira, tende a haver mudanças na demanda de alguns produtos.

A mobilidade da população também influencia o sistema de comercialização de alimentos. Aproximadamente 15% dos brasileiros não residem em seus estados de origem, e a cada ano um número significativo se muda de um estado para outro, expondo-se, portanto, a padrões de consumo de novos alimentos. Como resultado dessa migração, na década de 1990, a exemplo da década anterior, a população cresceu mais rapidamente nas regiões Norte e Centro-Oeste (2,44% e 2,22% ao ano, respectivamente), enquanto alguns estados tiveram crescimento populacional inferior a 1% ao ano. Já a população rural tem decrescido (era de 38,5 milhões de pessoas em 1980 e passou para menos de 30 milhões em 2002). Esse cenário de mobilidade altera a rede de distribuição de bens e serviços (em especial a de alimentos), uma vez que a produção, além do crescente volume, tem de percorrer uma distância maior para chegar aos mercados.

Uma das características históricas da demografia nacional está no fato de os brasileiros se concentrarem na região costeira. Contudo, está havendo uma mudança de tendência. Há, atualmente, cerca de 200 cidades de porte médio, com população entre 100 mil e 500 mil habitantes, localizadas no interior do país, cujo contingente estava crescendo a uma taxa de 2,2%, bem acima da média nacional. Esse aspecto contrasta com outra tendência, que é a *sensível redução nas taxas médias de crescimento das regiões metropolitanas*, que, de 3,8% ao ano na década de 1970, ficou em 2,3% ao ano no decênio seguinte e em 1,3% ao ano ao longo da última década. A região metropolitana do Rio de Janeiro, por exemplo, cresceu apenas 0,75% ao ano ao longo do último decênio. A *distribuição por tamanho de cidades* da atual população brasileira, em torno de 190 milhões de habitantes, é a seguinte:

- Cidades pequenas (até 100 mil habitantes): 93 milhões de pessoas.

- Cidades médias (de 100 mil a 500 mil habitantes): 45 milhões de pessoas.

- Cidades grandes (acima de 500 mil habitantes): 52 milhões de pessoas.

Quanto à educação da população, espera-se que o nível educacional do consumidor esteja diretamente relacionado com o nível de consumo de produtos de maior valor nutritivo e, inversamente, com o de produtos de menor valor nutricional.

2.4.2 Renda do consumidor

Além do tamanho e do crescimento da população, a demanda de bens e serviços depende mais ainda da capacidade de compra (leia-se: nível de renda ou poder aquisitivo) da população. Por exemplo, um país como a Suíça, que tem pouco mais de 7 milhões de habitantes e renda *per capita* acima de US$ 35 mil por ano, constitui um mercado de compra de alimentos muito superior ao de um país da América Latina, com 30 milhões de habitantes e renda *per capita* de US$ 3,0 mil por ano. No entanto, não se pode dizer que as famílias suíças gastem a maior parte de sua renda na aquisição de alimentos, até porque elas destinam a alimentos apenas 20% de sua renda. O fato é que esses 20% sobre os mais de US$ 35 mil resultam em mais de US$ 7 mil por pessoa, valor que, considerado para o país como um todo, corresponde a quase US$ 50 bilhões destinados à alimentação. Já em um país da

América Latina, embora haja elevada proporção da renda (40%) despendida com a compra de alimentos, o total disponível para gastos com alimentação é de apenas US$ 36 bilhões.

Com relação à variável renda no Brasil, serão abordados dois aspectos: o nível e a evolução da renda *per capita* e a estrutura da repartição individual da renda da população economicamente ativa.

No tocante à renda (ou PIB) *per capita*, estima-se que, a preços de final de 2008, era de aproximadamente R$ 15.200,00 por ano. Na evolução do PIB *per capita*, em dólares, pode-se dizer que houve um aumento muito acentuado no período que vai de logo após a Segunda Guerra Mundial (em torno de US$ 750,00 por ano, no triênio 1947-1949) até 1980 (quando chegou a US$ 3 mil por ano). Desse período ao atual, praticamente não houve aumento (em dólares). Vale ressaltar que essa renda é baixa, ainda levemente inferior à média mundial (um pouco mais de US$ 8 mil por ano), e mais ainda quando comparada à dos Estados Unidos (mais de US$ 40 mil), do Japão (US$ 37 mil) e de países da Europa Ocidental.

Além de a renda *per capita* ser baixa, sua repartição é extremamente desigual. De acordo com os dados disponíveis, no Brasil, ocorreu um inequívoco processo de concentração de renda nas mãos das classes mais ricas, em detrimento do percentual de participação das classes mais pobres, até os primeiros anos da década de 1990. Historicamente, pode-se dizer que o rico ficou mais rico, enquanto o pobre, mais pobre. De fato, com base no rendimento da população economicamente ativa do Brasil, aos 10% mais ricos dessa população cabiam, em 1960, 39,7% do total da renda agregada e, atualmente, essa participação se aproxima de 50%. Por outro lado, os 10% mais pobres, que detinham 1,9% da renda agregada em 1960, viram sua participação cair para 0,9% em 1985 e para 0,7% em 1993. Felizmente, com a estabilização econômica nos últimos anos, houve uma melhora dessa participação, que já está em torno de 1%. Destaque-se que a parcela da renda agregada (17%) pelo 1% mais rico da população economicamente ativa é superior à parcela apropriada pelos 50% mais pobres (13%). Isso significa que o 1% dos mais bem remunerados fica com uma parte da renda social superior à que é destinada aos 50% mais mal remunerados. Nos capítulos da macroeconomia falaremos um pouco mais sobre a distribuição de renda no Brasil.

Um sistema informal de classificar pessoas de acordo com critérios de renda, ocupação, educação e residência é o de classes sociais. No Brasil, existe o conhecido sistema 'Critério Brasil', adotado na maioria das pesquisas de mercado, que se vale de variáveis, como nível de renda, ocupação e grau de instrução do chefe de família, nível de conforto doméstico e posse de determinados bens duráveis, para a classificação em classes sociais, conforme apresenta a Tabela 2.5. Por haver uma péssima distribuição de renda no país, a considerada

> Os 50% mais pobres detêm apenas 13% da renda agregada.
>
> O 1% mais rico detém mais renda do que os 50% mais pobres.
>
> Os 10% mais ricos controlam aproximadamente metade da renda agregada.

TABELA 2.5	Principais classes sociais no Brasil — 2008		
CLASSE SOCIAL	**RENDA MÉDIA MENSAL[1] (R$)**	**BRASIL[2] (R$)**	**POTENCIAL ESTIMADO DE CONSUMO URBANO EM BILHÕES DE DÓLARES**
A1	16.000,00	1	42,0
A2	8.000,00	4	102,0
B1	5.000,00	7	96,0
B2	3.500,00	12	112,0
C	1.700,00	31	156,0
D	900,00	33	60,0
E	500,00	12	32,0
TOTAL	—	100	600,0

Fonte: Revista ABOUT.
[1] Valores ajustados pelo autor para dezembro de 2008.
[2] Participação percentual de cada classe social no Brasil.

> As famílias das grandes regiões metropolitanas gastam, em média, quase R$ 4.000,00 por mês, enquanto a média da família brasileira gasta um pouco mais de R$ 3.200,00 por mês.

classe A, que ganha, *grosso modo*, acima de R$ 7 mil por mês, concentra apenas 5% da população, enquanto as classes C e D abrigam cerca de um terço cada uma.

As 11 regiões metropolitanas (Belém, Belo Horizonte, Brasília, Curitiba, Fortaleza, Goiânia, Porto Alegre, Recife, Rio de Janeiro, Salvador e São Paulo), segundo os dados da Pesquisa de Orçamentos Familiares (POF) do IBGE, têm quase 15 milhões de famílias, com um gasto mensal médio de R$ 4 mil por família, o que representa um dispêndio global anual acima de R$ 600 bilhões, considerando todas as famílias residentes nessas regiões. Estima-se em 46 milhões o número de domicílios no Brasil que somam despesas globais de R$ 1,8 trilhão por ano, o que corresponde a cerca de R$ 3.260,00 por família/mês.

Curva de Engel: relação consumo–renda

> Curva de Engel mostra as quantidades de um produto que o consumidor adquirirá por unidade de tempo com relação aos vários níveis de renda. Ela mostra uma relação entre o consumo e a renda do consumidor.

Retornando à parte teórica, analisaremos a relação entre a renda e o consumo. Para tanto, será introduzido o conceito da chamada **curva de Engel**, que mostra as quantidades de um produto que o consumidor adquirirá por unidade de tempo e os vários níveis de renda, com outros fatores permanecendo constantes.

Dos inúmeros estudos que relacionam o consumo com a renda, destaca-se o do estatístico alemão Ernst Engel, de 1857, que pode ser resumido, em especial, no conceito de que "quanto mais pobre é uma família, maior é a proporção de sua renda gasta com alimentos". Os princípios da lei de Engel são os seguintes:

a) Quanto maior é o nível de renda de uma família, menor é a proporção relativa gasta com alimentos.

b) Para qualquer nível de renda, a família gasta aproximadamente a mesma percentagem com vestuário.

c) O percentual da renda destinada à habitação e energia (gás, eletricidade) é invariavelmente o mesmo.

d) À medida que aumenta a renda, a percentagem de gastos com produtos e serviços extras (educação, saúde, lazer etc.) é cada vez maior.

As curvas de Engel proporcionam valiosas informações relativas aos níveis de consumo dos diversos bens por diferentes indivíduos (Figura 2.5). À medida que a renda cresce, o consumidor pode adquirir mais ou menos de um produto. Um bem dito normal ou superior é aquele que os consumidores compram mais com o aumento de renda. Um bem dito inferior é aquele que os consumidores compram menos à medida que a renda aumenta.

Para cada produto e para cada indivíduo há uma diferente curva de Engel. Para a grande maioria dos produtos, notadamente os alimentares, o aumento da renda resulta em expansão do consumo, porém, geralmente, esse crescimento do consumo é menos do que proporcional à elevação da renda, pelo menos para níveis maiores de renda. Em outras palavras, no caso de um bem normal, o consumo (**C**) aumenta com a elevação da renda (**Y**), mas seu crescimento se dá a taxas decrescentes. Portanto, a proporção da renda gasta com esse produto decresce com o aumento da renda (Figura 2.5a).

Há também alguns produtos alimentares cujo consumo diminui com o aumento da renda (Figura 2.5b). Esses produtos, ditos inferiores, têm características e propriedades que não são muito desejáveis, razão pela qual os consumidores procuram reduzir o consumo à medida que sua renda cresce. Nesse caso, eles passam a adquirir outros bens com qualidade superior. Um bom exemplo é a carne de segunda, que o consumidor, quando a renda aumenta para níveis relativamente mais elevados, passa a substituir por carne de primeira. No tocante a outros bens, como roupas, imóveis, eletrodomésticos, automóveis, alimentos processados, carnes mais nobres e muitos outros, à medida que a renda aumenta, o consumo deve se expandir mais rapidamente do que o aumento de renda (Figura 2.5c).

Provavelmente, a curva apropriada que relaciona a quantidade consumida de alimentos *in natura* em uma ampla faixa de renda seria a da Figura 2.5d. A faixa de renda mais baixa (a camada pobre da população) estaria no segmento AB; a faixa intermediária (classe média, por exemplo), no segmento BF, e a faixa mais rica, no segmento FG. Em outras palavras, para a camada da população de baixa renda, devido ao baixo consumo do produto, à medida que a renda aumenta, as pessoas nessa faixa de renda têm alta propensão marginal a consumir, ou seja, o acréscimo no consumo do produto é proporcionalmente maior ao aumento da renda. Para as pessoas com renda intermediária, cujo consumo *per capita* do produto provavelmente é maior que o das de baixa renda, os acréscimos de renda provocam aumentos proporcionalmente menores no consumo. Por outro lado, para a população de alta renda, os aumentos de renda podem até resultar em decréscimo no consumo, devido ao efeito-substituição, ou seja, ela passa a consumir produtos substitutos de melhor qualidade.

Os dados da POF mostram que os princípios da lei de Engel, enunciados há mais de um século, estão relativamente corretos. Por exemplo, no caso dos gastos com *alimentação*, o percentual cai com o aumento da renda, como é de se esperar: as famílias com renda de até três salários mínimos despendem mais da metade dela com alimentos, enquanto as que recebem 20 ou mais salários destinam parcela inferior a 20% a alimentos; esse percentual é de apenas 10% para as famílias que têm salários acima de 30 mínimos.

O item *habitação* tem um percentual muito elevado (um quinto dos desembolsos totais), porque engloba despesas como: aluguel, artigos de limpeza, mobiliário, eletrodomésticos e equipamentos do lar, os quais, cada vez mais, estão fazendo parte dos lares brasileiros, em especial após o início do Plano Real.

> Em condições normais, à medida que a renda aumenta, o consumo cresce, mas não na mesma proporção.

> O aumento da renda do consumidor desloca a curva de demanda para a direita.

FIGURA 2.5 Diferentes relações entre consumo (C) e renda (Y)

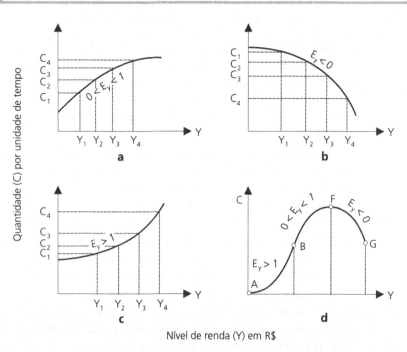

Nível de renda (Y) em R$

38   Economia: fundamentos e aplicações

2.4.3 Preço dos produtos concorrentes

Com a abertura da economia brasileira e a globalização da produção, o número de produtos substitutos tem aumentado muito, o que sugere que os consumidores passaram a ter mais opções (alternativas), ou seja, tornaram-se mais sensíveis a preços. Assim, se um novo produto (bom substituto) surge no mercado e com preço menor, é provável que o produto já estabelecido venha a perder mercado (há um deslocamento para a esquerda na curva de demanda desse produto). Para não perder mercado (ou perder menos), a empresa responsável pelo produto já estabelecido é forçada a baixar um pouco o preço.

É possível afirmar que, com o crescimento populacional e o pequeno aumento na renda dos brasileiros, a curva de demanda para a maioria dos bens e serviços tenha se deslocado para a direita; mas, com a maior abertura da economia (ou seja, com maior número de bons produtos substitutos), essa curva se tornou mais elástica. Em outras palavras, antes da década de 1990, com a economia brasileira mais fechada, a curva de demanda era mais inelástica (consumidor menos sensível a preços, porque havia menos opções); agora, porém, o consumidor está menos fiel à marca, isto é, ele substitui mais facilmente os produtos cujos preços aumentaram. Este é um grande desafio para os empresários, porque, de um lado, a empresa de sucesso tem de ter custos baixos e consumidores fidelizados, e, de outro, as muitas boas opções que os consumidores passam a ter fazem com que a curva de demanda se torne menos inelástica, ou seja, que os consumidores sejam mais 'traidores'. Por isso, a diferenciação de produtos e serviços será sempre uma estratégia para o sucesso.

Na Figura 2.6, uma elevação no preço da carne de boi provoca mais facilmente um aumento na demanda de carne de frango, que é um bom substituto da carne de boi. Quanto mais a carne de frango for um bom substituto da carne de boi, maior será o deslocamento para a direita na curva da carne de frango.

2.4.4 Propaganda

Um marketing (em especial, a propaganda) bem-feito pode provocar dois efeitos sobre a curva de demanda de um produto, deslocando-a. Primeiro, levando um maior número de consumidores para o produto (nesse caso, há apenas um deslocamento da curva de demanda

FIGURA 2.6 Efeito do aumento no preço da carne de boi sobre a curva de demanda da carne de frango

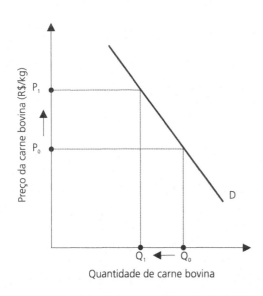
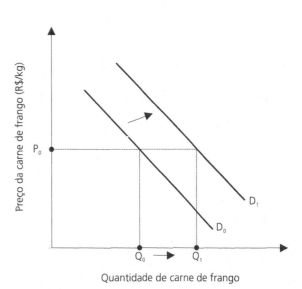

> O marketing não só desloca a curva de demanda para a direita, mas a torna mais inelástica.

para a direita) é provável que ocorra um movimento paralelo à curva de demanda original, ou seja, antes da ação do marketing. Segundo, e mais importante, o marketing cria nas pessoas necessidades quanto ao consumo daquele produto específico — seu objetivo é incutir na mente do consumidor que 'aquele é o produto' e 'o resto é o resto' (veja a Figura 2.7).

Como veremos no próximo capítulo, quanto mais necessário um produto, mais inelástica é sua curva de demanda relativa a preço. Em outras palavras, o efeito do marketing sobre a curva de demanda é duplo: não apenas a desloca para a direita como também a torna mais inelástica com relação a preço. Desse modo, a empresa não precisa baixar tanto os preços para se manter competitiva e, mesmo assim, pode conseguir aumentar seu *market share* (sua participação no mercado). Esse é o marketing de sucesso.

FIGURA 2.7 Efeito da propaganda sobre a curva de demanda

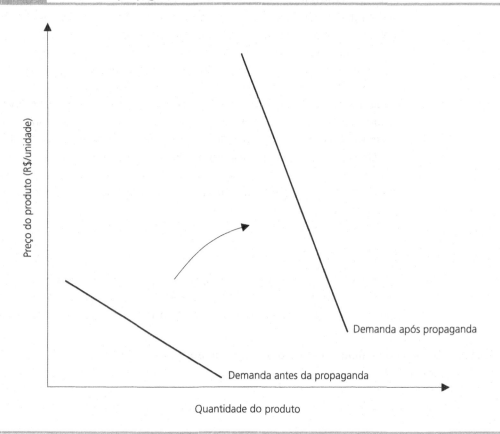

RESUMO

Os principais pontos a serem destacados neste capítulo são:

1. As duas maneiras mais conhecidas de mostrar que a curva de demanda apresenta a relação inversa entre preço e quantidade são: por meio da aproximação utilitária (utilidade marginal decrescente) e pelo emprego das curvas de indiferença. A relação inversa entre preço e quantidade pode ser explicada por quatro razões: efeito-novo consumidor, efeito-renda, efeito-substituição e utilidade marginal decrescente.

2. A curva de demanda é uma relação que descreve quanto de um bem os consumidores estão dispostos a adquirir a diferentes preços em determinado período, dado um conjunto de condições (renda, população, preços de outros produtos, gosto e preferência do consumidor, propaganda, entre outros). Variações no preço do produto provocam variações nas quantidades demandadas e esse é um movimento ao longo da curva de procura.

3. Além do preço, os principais fatores que afetam a demanda (também chamados de fatores deslocadores da demanda) de bens e serviços são: demografia (leia-se: crescimento populacional), nível e crescimento da renda do consumidor, preços de produtos substitutos, gosto e preferência do consumidor, propaganda. Quanto à demografia, a população brasileira, que está crescendo a uma taxa anual de 1,1%, é de aproximadamente 190 milhões de habitantes, dos quais mais de 80% se concentram em áreas urbanas, sendo que em 11 regiões metropolitanas vivem mais de 50 milhões de pessoas aglutinadas em 15 milhões de domicílios. Além do tamanho e do crescimento populacionais, outros aspectos demográficos afetam o consumo, como distribuição geográfica, composição, mobilidade e educação da população.

4. No tocante à renda dos consumidores, foram abordados os seguintes aspectos: o nível e a evolução da renda *per capita* e a estrutura da repartição individual da renda. A renda *per capita* do povo brasileiro cresceu muito pouco ao longo dos últimos 20 anos, e, ao final de 2008, estava ao redor de R$ 14.000,00. O atual patamar é inferior à média mundial. Além de a renda *per capita* ser baixa, a repartição dessa renda é extremamente desigual, destacando-se que a parcela de renda agregada pelo 1% mais rico da população economicamente ativa ultrapassa a parcela apropriada pelos 50% mais pobres.

5. As relações entre consumo e renda são analisadas com o auxílio das curvas de Engel, que mostram o efeito da variação da renda do consumidor sobre o consumo de bens e serviços. Para os bens normais, o aumento de renda resulta em aumento no consumo, mas não na mesma proporção da elevação da renda (alimentos *in natura*, de modo geral, estão incluídos nessa categoria). Para os bens inferiores (aqueles de qualidade inferior), o aumento de renda pode resultar em redução de consumo (a carne de segunda é um bom exemplo). Para bens como eletrodomésticos em geral, o consumo aumenta mais que proporcionalmente com o aumento da renda.

6. Por causa da abertura da economia brasileira, nos anos mais recentes, tem havido uma variedade maior de produtos à disposição dos consumidores, dando-lhes, assim, maior opção (número maior de bons substitutos).

7. A propaganda pode ter um efeito duplo sobre a curva de demanda de um produto: deslocá-la para a direita (um maior número de consumidores) e torná-la mais inelástica (consumidores mais fiéis e, portanto, menos sensíveis a preço). Novamente: a elasticidade será tratada no próximo capítulo

ATIVIDADES DE FIXAÇÃO: TESTE SUA APRENDIZAGEM

Caro leitor, procure desenvolver as seguintes questões, pois assim você estará fazendo uma revisão de sua aprendizagem:

1. Descreva os efeitos de variações na renda e nos preços de produtos substitutos sobre a demanda de um determinado produto. Mostre graficamente, explique e, se possível, analise a situação de dois produtos distintos, como arroz e aparelhos de TV, que estão se tornando *commodities*.

2. Qual é a diferença entre uma mudança na demanda e uma mudança na quantidade demandada?

3. Escreva sobre as razões ou os fatores que explicam por que a curva de demanda (normal) é inclinada para baixo.

4. Um famoso psicólogo afirmou que os fatores econômicos (preços e renda) não são tão importantes para explicar o comportamento do consumidor como as influências culturais e sociais e os fatores psicológicos. Você concorda ou discorda? Explique.

5. A curva de Engel estabelece relação entre quais elementos? Por que ela é importante para um empresário?

6. Complete a frase: "A curva de demanda mostra uma relação entre _____ e _____."

7. Relacione as variáveis que são mantidas constantes quando se representa uma curva de demanda.

8. Quais dos seguintes itens estão associados entre si?

a) Mudança na demanda.

b) Mudança na quantidade demandada.

c) Mudança no preço.

d) Movimento ao longo da curva de demanda.

e) Mudança da curva de demanda.

f) Mudança na renda do consumidor.

Capítulo 2 — Demanda de bens e serviços **41**

capítulo

3

Elasticidade: uma medida de resposta

A ECONOMIA NO COTIDIANO

Suponha que você tem um restaurante e seu negócio está indo bem. Mas outro restaurante está abrindo as portas em um local muito próximo ao seu, o que vai aumentar a concorrência, e, ao saber disso, você ficou preocupado. Como você está tendo um lucro razoável, estaria disposto a baixar um pouco o preço das refeições de seu restaurante, mas a intrigante pergunta que você faz é a seguinte: seu eu baixar o preço em 10%, qual será o aumento no número de fregueses? Em outras palavras, você quer saber a resposta dos consumidores (seus clientes) a uma queda no preço das refeições. Ou seja, você precisa estimar quão sensíveis são os clientes à variação no preço.

Um segundo exemplo poderia ser este: a empresa aérea Voecomigo decidiu baixar em 30% o preço de suas passagens e a empresa Voeconosco está interessada em estimar o impacto da redução de preço de sua concorrente sobre o número de seus passageiros.

Um último exemplo: a economia de seu país está em franca expansão e a renda da população está crescendo a uma taxa de 5% ao ano. Você sabe que, com uma maior renda para gastar, as pessoas irão mais vezes a restaurantes, mas a questão é saber quanto a mais será gasto com refeições fora de casa. Então, você pergunta: maior renda resultará em grande aumento nas minhas vendas de refeições ou terá pouco efeito?

Para responder a questões como essas, você necessita de uma medida de resposta da demanda, seja em relação ao preço do produto, em relação ao preço do outro produto (concorrente) ou em relação à renda. A maneira de medir a resposta do consumidor a variações de preços ou de renda é por meio da elasticidade, que mede a sensibilidade do consumidor a algumas variáveis, tais como: o preço do bem ou serviço, o preço do bem substituto, a renda. É este o objetivo deste capítulo.

OBJETIVOS

Ao final da leitura deste capítulo, você deverá ser capaz de:

1. Entender o significado e a aplicação da elasticidade-preço da demanda, ou seja, compreender a sensibilidade dos consumidores à variação de preços.

2. Definir e calcular a elasticidade-preço da demanda.

3. Estimar o efeito da elasticidade-preço sobre a receita da empresa.

4. Explicar os fatores que exercem influência na elasticidade-preço da demanda.

5. Compreender por que, quando uma loja de departamentos promove uma liquidação de roupas ou eletrodomésticos, pode ocorrer um verdadeiro tumulto de pessoas dirigindo-se a ela.

6. Definir e calcular a elasticidade-cruzada da demanda.

7. Definir e calcular a elasticidade-renda da demanda.

8. Definir e calcular a flexibilidade-preço da demanda.

9. Estimar a taxa de crescimento anual na demanda de um produto e sua projeção de consumo para os próximos anos, com base no crescimento populacional, na variação da renda e da elasticidade-renda.

> Elasticidade é uma medida de resposta, que compara a mudança percentual em uma variável dependente (Y) devido a uma mudança percentual em uma variável explicativa (X).

Fórmula geral da elasticidade

Genericamente, o termo **elasticidade** é uma medida de resposta, que compara a mudança percentual em uma variável dependente (**Y**) devido a uma mudança percentual em uma variável explicativa (**X**). Em outras palavras, sempre que houver duas variáveis relacionadas entre si, é possível calcular a elasticidade:[1]

$$E = \frac{\frac{\Delta Y}{Y}}{\frac{\Delta X}{X}} = \frac{\text{variação percentual em Y}}{\text{variação percentual em X}},$$

onde o símbolo Δ significa 'mudança em'. Assim, sempre que houver duas variáveis inter-relacionadas, a elasticidade pode ser calculada.

Entre as principais variáveis que determinam a quantidade (**Q**) de um produto que os consumidores vão adquirir se destacam: o *preço do produto* em análise (**P**), a *renda* dos consumidores (**Y**), o *número de consumidores* (**N**), os *preços dos produtos substitutos* (**P$_s$**), os *preços dos produtos complementares* (**P$_c$**), os *gostos e preferências* dos consumidores (**G**) e a *propaganda* (**A**). Assim, mudanças em uma ou mais dessas variáveis afetam o nível de consumo de um produto. A curva de demanda pode ser expressa como:

$$Q_d = f\ (P/Y,\ N,\ P_s,\ P_c,\ G,\ A),$$

> Elasticidade-preço mostra uma variação percentual na quantidade, devido à variação percentual nos preços, que tanto pode ser usada na demanda quanto na oferta. Ela mostra o grau de sensibilidade do consumidor (no caso da demanda) e do produtor (no caso da oferta) a variações nos preços dos produtos.

onde a barra '/' significa que as variáveis que ficam à sua direita se mantêm constantes, ou seja, pelo menos no momento em que se está fazendo a análise, elas não podem variar.

Para medir a variação na quantidade devido à variação em uma dessas variáveis, utiliza-se o conceito de *elasticidade*.

A fórmula da elasticidade, assim expressa, é extremamente útil em economia, em especial porque ela contorna dois tipos de problemas oriundos das diferentes unidades com que os bens são medidos: (a) o mesmo produto medido em unidades diferentes, como grama, quilo, tonelada, saca(o) de 60 kg, arroba, e (b) produtos diferentes medidos em unidades diferentes (feijão em sacos de 60 kg, ovos em dúzias, carros em unidades, soja em milhões de toneladas), além de outras medidas, como, por exemplo, o *bushel*, a libra-peso e o galão.[2] Assim, dependendo da unidade de medida, a inclinação da curva pode ser maior ou menor, razão pela qual a comparação da declividade da demanda de um produto (por exemplo, feijão) com a de outro produto (aparelho de TV) não tem muito sentido, não constituindo um indicador adequado da sensibilidade, por exemplo, da quantidade procurada em relação às mudanças no preço do produto. A elasticidade contorna o problema, porque, em sua fórmula, ela compara apenas a variação relativa (ou percentual) entre duas variáveis.

> Elasticidade-cruzada é uma medida da variação na quantidade demandada de um produto resultante da variação no preço do produto substituto.

No estudo da demanda, os três mais importantes tipos de elasticidade são: (a) **elasticidade-preço** da demanda; (b) **elasticidade-cruzada** da procura; (c) **elasticidade-renda**.

> Elasticidade-renda mostra uma variação percentual no consumo, devido à variação percentual na renda do consumidor. Ela mede o grau de sensibilidade do consumo a variações no poder aquisitivo do consumidor.

---

1 O leitor que tiver familiaridade com cálculo pode expressar a elasticidade como: E = (dY/dX) . (X/Y).

2 Um *bushel* é igual a 0,035239 metros cúbicos ou 35,23 litros. Por exemplo, o *bushel* de soja ou de trigo equivale a 27,22 quilos, e o de milho, a 25,40 quilos. A libra-peso equivale a 453,6 gramas, e o galão norte-americano, a 3,785 litros.

3.1 ELASTICIDADE-PREÇO DA DEMANDA

Uma das questões fundamentais sobre o comportamento dos consumidores diz respeito à resposta destes a mudanças nos preços dos produtos. De acordo com o que vimos, quando o preço de um bem diminui, os consumidores devem comprar mais desse bem, mas a pergunta é: quanto mais eles comprarão? A elasticidade-preço da demanda (E_d) mede a sensibilidade de resposta dos consumidores a alterações nos preços. Ela é definida como a mudança percentual na quantidade procurada dividida pela mudança percentual no preço.

A elasticidade pode ser calculada de duas maneiras: a *elasticidade-ponto* e a *elasticidade-arco*. A primeira mede o valor da elasticidade em um dado ponto da curva de demanda, enquanto a segunda mede a elasticidade média entre dois pontos sobre a curva de demanda.

3.1.1 Elasticidade-ponto

A elasticidade em um determinado ponto da curva de demanda pode ser medida geométrica e matematicamente. *Geometricamente*, a inclinação da curva de procura linear (Figura 3.1a) é ML/MT. Portanto, $\Delta P/\Delta Q$ = ML/MT ou, invertendo-se: $\Delta Q/\Delta P$ = MT/ML. No ponto P, o preço é ML e a quantidade é OM. Assim, em L, a elasticidade é:

$$E_p = \frac{MT}{ML} \cdot \frac{ML}{OM} = \frac{MT}{OM}.$$

Mesmo para uma curva de demanda não-linear (Figura 3.1b), pode-se medir a elasticidade no ponto L, traçando-se uma tangente naquele ponto e prolongando-a até o ponto T.

Matematicamente, tem-se que Q = f(P), onde Q = quantidade demandada e P = preço do produto.

$$E_p = \frac{\frac{dQ}{Q}}{\frac{dP}{P}} = \frac{dQ}{dP} \cdot \frac{P}{Q}.$$

Devido ao fato de a curva de demanda ser (quase sempre) inclinada para baixo, a mudança na quantidade tem sinal oposto à mudança no preço, o que significa que a E_p tem

FIGURA 3.1 Determinação da elasticidade pelo método geométrico

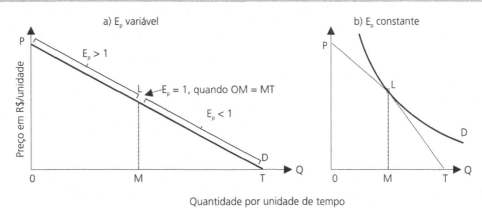

Quantidade por unidade de tempo

sinal negativo. Por conveniência, será ignorado o sinal negativo, considerando-se apenas seu valor absoluto.

Suponhamos que um economista tenha estimado (matematicamente) a curva de demanda para um determinado produto e chegado à seguinte equação:

$$Qd = 1.000 - 1,25\ P\ .$$

Ele deseja calcular a elasticidade-preço da demanda para o nível de preço de R$ 400,00 por unidade. A esse preço, pode-se calcular que a quantidade demandada é de 500 unidades (basta substituir o preço P por 400 na equação mostrada anteriormente). Uma vez que a derivada dQ/dP (reveja a fórmula anterior) é –1,25, basta substituir os valores de $P = 400$ e de $Q_d = 500$ na fórmula para concluir que a elasticidade é igual a –1.

3.1.2 Elasticidade-arco

Geralmente, não se dispõe de uma função de procura (ou de oferta) devidamente estimada, mas apenas de algumas observações de preços e respectivas quantidades adquiridas. Suponhamos que se tenham disponíveis as duas seguintes combinações de preços e quantidades: ao preço de R$ 2,00 por unidade, os consumidores adquirem 4 mil unidades de um determinado produto (ponto A). Havendo queda no preço para R$ 1,25 por unidade, os consumidores passam a comprar 5 mil unidades (ponto B). Nesse caso, se for calculada a elasticidade entre os pontos A e B, movendo-se no sentido de A para B, o resultado é o seguinte:

$$E_p = \frac{\frac{\Delta Q}{Q}}{\frac{\Delta P}{P}} = \frac{\frac{5-4}{4}}{\frac{1,25-2,00}{2,00}} = \frac{\frac{1}{4}}{\frac{-0,75}{2}} = \frac{0,25}{-0,375} = -0,66.$$

Por outro lado, se for determinada a elasticidade do ponto B para A, obtém-se:

$$E_p = \frac{\frac{4-5}{5}}{\frac{2-1,25}{1,25}} = \frac{\frac{-1}{5}}{\frac{0,75}{1,25}} = \frac{-0,20}{0,60} = -0,33.$$

Devido à diferença nos resultados da elasticidade, adota-se uma fórmula mais precisa, que é a da *elasticidade-arco*. Essa fórmula estima uma elasticidade no ponto médio entre as duas observações e envolve o uso de uma média das quantidades e dos preços. Algebricamente, a fórmula da elasticidade-arco é a seguinte:[3]

$$E_p = \frac{\frac{Q_2 - Q_1}{\frac{Q_2 + Q_1}{2}}}{\frac{P_2 - P_1}{\frac{P_2 + P_1}{2}}}\ .$$

---

3 Por simplificação, $E_p = \dfrac{\dfrac{Q_2 - Q_1}{Q_2 + Q_1}}{\dfrac{P_2 - P_1}{P_2 + P_1}}$.

46 Economia: fundamentos e aplicações

Portanto, a elasticidade média entre os pontos A e B é de –0,48, significando que um decréscimo de 1% no preço deve provocar um aumento na quantidade demandada de (apenas) 0,48%. Vale ressaltar que, nesse caso, os gastos dos consumidores cairiam de R$ 8.000,00 para R$ 6.250,00, porque a demanda é inelástica.

Em relação ao preço, a demanda é classificada como *elástica*, de *elasticidade unitária* ou *inelástica*, dependendo dos valores de E_d. O coeficiente de elasticidade-preço da procura terá sinal negativo, porque o preço e a quantidade variam em sentidos opostos. Entretanto, quando se trata da magnitude da E_d, ignora-se o sinal negativo. Assim, a E_d de –1 é maior do que a de –0,5, e a de –2 é maior do que a de –1.

Valor da E_d	A demanda é:
> l (ou < –l)	Elástica
= l (ou = –l)	De elasticidade unitária
< l (ou > –l)	Inelástica

Por exemplo, se a E_p para a carne bovina é estimada em 1,2 (o que, na realidade, é –1,2), isso significa que a porcentagem de mudança na quantidade demandada é maior que a porcentagem de mudança em seu preço ou, mais especificamente, um aumento de 1% no preço da carne deve resultar na redução de 1,2% na quantidade adquirida de carne, e vice-versa. Se a E_p para a carne fosse 1,0 (–1,0), então uma redução no preço provocaria um aumento de mesma magnitude na quantidade. Novamente, utilizando o exemplo da E_p para carne, se o valor for 0,7 (–0,7), uma elevação no preço de 1% resultará na diminuição de apenas 0,7% na quantidade demandada.

Conhecer o valor da elasticidade da curva de procura é fundamental para produtores, consumidores e governo, uma vez que uma política de mercado recomendável para uma demanda elástica provavelmente será desastrosa se a procura for inelástica. De modo geral, tem-se o seguinte:

a) *Os produtos agrícolas têm demanda inelástica a preços*, ou seja, os preços podem variar muito, mas as quantidades demandadas variam muito pouco. Em geral, o valor da elasticidade-preço da demanda de alimentos *in natura* varia entre –0,10 e –0,50.

b) *Os produtos industrializados* (eletrodomésticos, automóveis e alimentos processados) são, quase sempre, muito sensíveis a variações de preços (elásticos a preços), isto é, uma 'liquidação' (por exemplo, uma redução de 40% nos preços) pode provocar uma 'explosão' nas vendas. De modo geral, o turismo também é elástico a preços. A elasticidade-preço da demanda para esses produtos é acima de –1 (geralmente, entre –1,20 e –2,5).

A Figura 3.2 ilustra a situação de duas curvas de demanda para dois produtos distintos: um com demanda inelástica (curva A mais inclinada) e um com demanda mais elástica (curva B menos inclinada). Na curva A, o consumidor responde menos à variação de preços, já para o produto da curva B ele é muito sensível a um aumento ou diminuição de preços.

É importante destacar que, mesmo que a curva de demanda seja linear, a elasticidade-preço da demanda não é a mesma em todos os pontos da curva de demanda. A declividade é constante (isto é, igual), mas a elasticidade-preço varia ao longo da curva (que é linear), sendo que a elasticidade diminui com a queda de preço. Para perceber melhor isso, o leitor deve rever a fórmula da elasticidade, na qual a relação dQ/dP é constante, mas o que varia é a relação P/Q, onde o P cai e a Q aumenta, de tal modo que a relação como um todo diminui, e vice-versa. A Figura 3.3 ilustra a variação da elasticidade-preço ao longo da curva de demanda, de tal modo que, na parte superior da curva, a elasticidade é maior (elástica), e na parte inferior, é menor (inelástica).

FIGURA 3.2 Curva de demanda inelástica (A) e elástica (B)

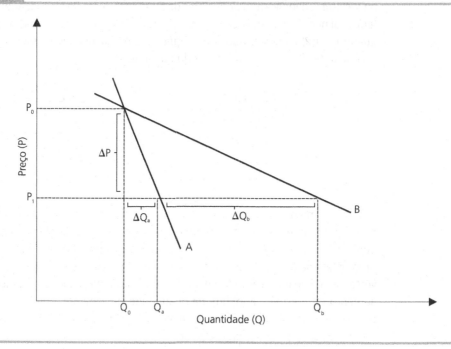

FIGURA 3.3 Elasticidade-preço da demanda ao longo da curva de demanda linear

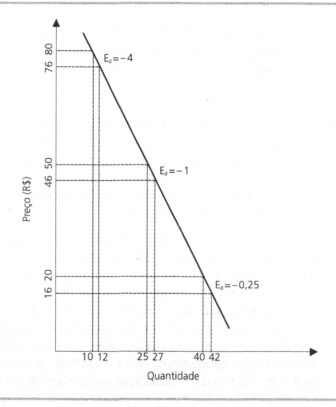

3.1.3 Fatores que afetam a elasticidade-preço da demanda

Dos fatores que determinam que um produto tenha alta elasticidade e que outro apresente baixa elasticidade (inelástico), podem-se citar os seguintes:

a) **Grau de essencialidade do produto**. Quanto mais essencial ou necessário for um produto para os consumidores (a água, por exemplo), tanto mais a demanda será inelástica a preços, ou seja, os consumidores serão 'forçados' a ser menos sensíveis às variações de preços. Em outras palavras, os preços dos produtos muito essenciais podem subir, por exemplo, 20% e, mesmo assim, a quantidade consumida cair muito pouco (talvez uns 3%).

b) **Disponibilidade de produtos substitutos para o bem considerado**. Um produto com bons substitutos terá maior elasticidade-preço do que outro que não disponha deles, porque, quando os preços de um produto se elevam e os preços de seus substitutos se mantêm constantes, o consumidor tende a demandar os substitutos, a fim de maximizar a satisfação com sua renda. Do mesmo modo, se o preço de um produto cai, os consumidores tendem a adquirir menos dos produtos substitutos (porque, evidentemente, passam a consumir mais do produto cujo preço baixou). Portanto, quanto maior for a quantidade e melhor a qualidade dos substitutos para um bem específico, maior será sua elasticidade-preço. Cabe ressaltar que tanto o avanço tecnológico na fabricação de novos produtos quanto o emprego massivo da propaganda procuram diferenciar os produtos, isto é, reduzir o número de substitutos e, assim, tornar a curva de demanda mais inelástica.

c) **Número de utilizações que se pode dar ao produto**. Suponhamos que a soja pudesse ser utilizada apenas na fabricação de óleo. Nesse caso, não haveria muitas possibilidades de mudança na quantidade de soja em grãos ao variar o preço da soja. Se isso ocorresse, provavelmente a curva de demanda de soja seria inelástica. Na realidade, a soja em grãos tem uma centena de empregos, entre os quais se destacam: óleo, farelo, leite, proteína texturizada, farinha, margarina, aditivo de alimentos, queijo, molho, enzimas, ingrediente para diversos produtos, pão, massas, soja torrada e outros usos industriais. Assim, a variação possível na quantidade demandada é bem maior. Aumentos ou diminuições no preço da soja em grãos reduzem ou ampliam a lista de seus usos economicamente desejáveis. Portanto, quanto maior for o número de possíveis usos de um produto, maior será sua elasticidade-preço.

d) **Proporção da renda gasta com produtos**. A demanda de produtos que absorvem grande parcela da renda dos consumidores deve ser mais elástica que a de bens cujos dispêndios apresentam baixa porcentagem da renda. A demanda por bens de preços elevados, que respondem por uma grande proporção da renda, será relativamente sensível a preço, como é o caso de automóveis, casas, geladeiras, aparelhos de TV, videocassetes e móveis, entre outros. Por outro lado, para a procura por bens muito baratos, nos quais os consumidores investem uma baixa porcentagem dos gastos, a elasticidade deve ser muito baixa (provavelmente, inferior a –0,1 ou até próxima de 0). Entre os produtos com essa característica estão, por exemplo, o sal, os condimentos e o fósforo, pois as pessoas não diminuem a compra desses itens quando seus preços aumentam, uma vez que as elevações de preço não afetam substancialmente a proporção da renda gasta do consumidor, mesmo que este tenha baixo nível de renda. Por exemplo, suponhamos que um consumidor com renda mensal de R$ 2.000,00 deseje adquirir um novo televisor em cores e cinco quilos de arroz, que custam R$ 400,00 e R$ 6,50, respectivamente. Ao ir comprar esses dois produtos, ele constata que seus preços haviam sido majorados em 20%. Se optar por adquiri-los, ele gastará 24% de sua renda (em vez de 20%) com o televisor, mas apenas 0,39% com o arroz (que antes correspondia a 0,32%). Nesse caso, provavelmente muitos (novos) consumidores não comprarão o televisor, mas poucos (ou nenhum deles) deixarão de adquirir o arroz. Desse modo, também se explica por que a demanda de um produto é menos elástica entre as pessoas de alta renda do que entre as de baixa renda.

Em outras palavras, quanto maior for a proporção da renda do consumidor gasta com um bem, mais elástica será a curva de demanda desse produto. Ou seja, os consumidores passam a ser mais sensíveis a preço porque já comprometem uma parcela maior de sua renda com esse bem. A Figura 3.4 mostra a relação entre a proporção da renda gasta com alimentos e a elasticidade-preço (média) da demanda para alimentos em dez países, que comprova o que foi afirmado anteriormente. Por exemplo, na Tanzânia, cuja população compromete 62% de sua renda com alimentos, a elasticidade-preço da demanda para alimentos é de –0,77. No Brasil, cujos consumidores gastam, em média, 35% de sua renda com alimentos, a elasticidade-preço da demanda para alimentos é de –0,5. Em contrapartida, nos Estados Unidos, onde os consumidores destinam apenas 12% de sua renda a alimentos, a elasticidade-preço da demanda para alimentos é de –0,12.

Em resumo: (a) quanto mais essencial for um produto para os consumidores, (b) quanto menor o número de substitutos e (c) quanto mais baixa a proporção da renda gasta com este produto, mais inelástica será sua demanda, ou seja, menor será a resposta do consumidor a variações de preços.

> Se o preço da batata *in natura* 'despencar', os consumidores comprarão apenas um pouco mais, mas, se houver 'liquidação' de batatas crocantes (industrializadas), o volume de vendas aumentará muito.

Isso ilustra o princípio de que não há substitutos para alimentos *in natura* em geral, o que ajuda a explicar a baixa elasticidade-preço para alimentos, coletivamente. É essa baixa elasticidade-preço da demanda para alimentos que explica por que um aumento relativamente pequeno na produção em um determinado ano tende a reduzir substancialmente os preços para os produtos agrícolas e, por outro lado, pequenas frustrações de safra tendem a aumentar drasticamente os preços dos alimentos. Em contrapartida, os alimentos processados, por terem muitos substitutos (afinal, são muitas marcas) e também por terem

FIGURA 3.4 Elasticidade-preço da demanda para dez países

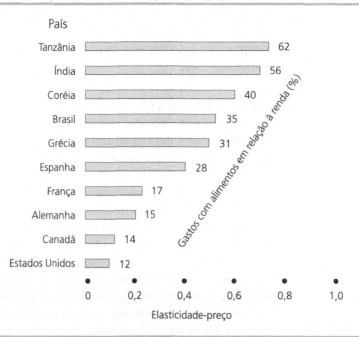

um 'peso' maior nos gastos (custam mais caro e, portanto, a proporção da renda gasta com esses produtos é maior), têm elasticidade-preço maior, ou seja, são mais elásticos a preços. Em outras palavras, os consumidores são mais sensíveis a preços para os alimentos processados do que para alimentos *in natura*. Por exemplo, o consumidor é pouco sensível ao preço da batata-inglesa *in natura* (ou seja, mesmo barata, ela não induz o consumidor a comprar muito), ao contrário do que ocorre com as batatas industrializadas (padrão *chips*), quando uma queda nos preços pode resultar em grande aumento de vendas. O leite tipo C e o longa vida podem ser um outro exemplo. Uma promoção no preço do leite tipo C não vai aumentar muito as vendas, ao contrário do leite longa vida, por ter um prazo de validade em torno de quatro meses (ou seja, é menos perecível). As cervejas, que têm um grande número de marcas (afinal, já são mais de 50 disponíveis no mercado), também são elásticas a preço, ou seja, uma 'liquidação' (queda de 20% no preço) promovida pela marca X pode resultar em um aumento de vendas de mais de 30% nas quantidades dessa marca. Quanto maior for o grau de substituição, mais elástica será a curva de demanda.

3.1.4 A importância da elasticidade para a empresa

O conhecimento do valor da elasticidade-preço da demanda para um determinado produto se reveste da mais alta importância para as empresas que o produzem, devido à sua relação com a receita total (**R**) oriunda da venda desse produto no mercado. A receita das empresas pode ser considerada como despesa ou gasto dos consumidores e resulta da multiplicação da quantidade vendida (**Q**) pelo preço da venda (**P**). Portanto:

$$R = P \cdot Q$$

Uma vez que a receita é uma função do preço e da quantidade, e que a elasticidade-preço da procura mede a relação entre a variação relativa na quantidade e no preço, há, conseqüentemente, uma nítida relação entre elasticidade e preço, conforme pode ser observado na Figura 3.5.

FIGURA 3.5 Relação entre procura, receita e elasticidade-preço

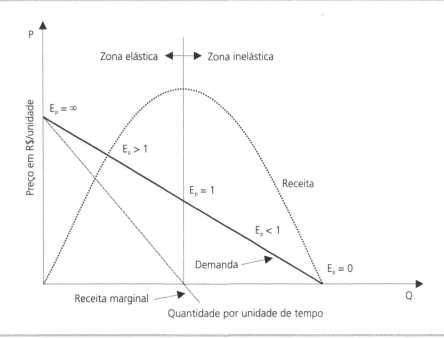

Por exemplo, se a curva de demanda for inelástica, um decréscimo relativamente grande no preço estará associado a apenas um pequeno aumento na quantidade procurada. Em conseqüência, a receita total (preço vezes quantidade) se reduz com um decréscimo no preço. Do mesmo modo, se a procura for elástica, para uma pequena diminuição de preço, a porcentagem de aumento na quantidade vendida será maior que a porcentagem de redução no preço e, portanto, a receita aumentará. Em outras palavras, no caso de redução de preço de um produto, a receita da empresa aumentará enquanto a curva de demanda for elástica, atingirá um valor máximo quando a elasticidade for igual a um e diminuirá quando a curva de demanda for inelástica.

No caso dos produtos agrícolas, cujas demandas são relativamente inelásticas, a relação entre elasticidade e receita dos produtores pode ser mais bem visualizada na Figura 3.6. Ao preço original (P_0), por exemplo, de R$ 230,00 por tonelada, os produtores são capazes de vender 3,5 milhões de toneladas (Q_0) aos consumidores, totalizando uma receita de R$ 805 milhões. Ao preço (P_1) de R$ 150,00 a tonelada, eles são capazes de vender uma maior quantidade de arroz (Q_1 = 4,3 milhões de toneladas). Tendo em vista que o aumento percentual na quantidade é menor que a redução percentual no preço, a receita dos rizicultores cai para R$ 645 milhões. Portanto, por causa da demanda inelástica, um aumento na quantidade e um decréscimo no preço estão associados a uma receita menor (e, possivelmente, a uma renda também menor, uma vez que a colheita e os custos já ocorreram) para os produtores.

O leitor deve observar que uma avaliação superficial da elasticidade pode ser feita pela comparação entre os retângulos na Figura 3.6. Quando o preço cai, os rizicultores perdem uma receita igual à área do retângulo **A** e ganham uma receita igual à área do retângulo **B**. Se a área **A** for maior do que a área **B**, a demanda será inelástica. Se a área **A** for menor do que a área **B**, a demanda será elástica. Se as áreas forem exatamente iguais, a elasticidade será igual a 1 (demanda unitária, pelo menos naquela porção da curva). Nesse último caso, naturalmente, um aumento ou uma diminuição no preço ou na quantidade não terá efeito sobre a receita dos produtores.

FIGURA 3.6   Efeito da demanda inelástica sobre a receita

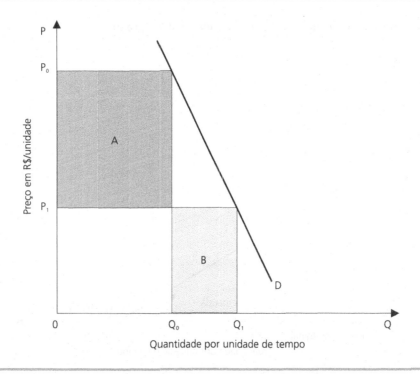

FIGURA 3.7 Impacto da mudança de 10% no preço sobre as receitas para curvas de demanda elástica, unitária e inelástica

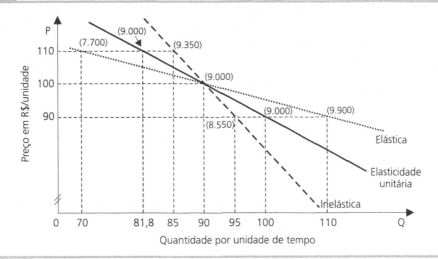

TABELA 3.1 Relação entre a elasticidade-preço e a receita total

TIPO DE DEMANDA	VALOR DA E_d	MUDANÇA NA QUANTIDADE VERSUS MUDANÇA NO PREÇO	EFEITO DO AUMENTO NO PREÇO SOBRE A RECEITA TOTAL	EFEITO DA QUEDA NO PREÇO SOBRE A RECEITA TOTAL
Elástica	Maior do que 1	> % de mudança na Q_d	Receita diminui	Receita aumenta
Inelástica	Menor do que 1	< % de mudança na Q_d	Receita aumenta	Receita diminui
E_d unitária	Igual a 1	= % na Q_d e no P	Receita mantém-se igual	Receita mantém-se igual

Outra maneira de visualizar o efeito da elasticidade-preço da demanda sobre os gastos dos consumidores com alimentos (e a receita das firmas ao venderem diferentes quantidades a diferentes preços) é mostrada na Figura 3.7, que analisa os resultados de uma variação (aumento ou diminuição) de 10% nos preços de três produtos hipotéticos de diferentes elasticidades. Para uma queda no preço de um produto com uma demanda de elasticidade unitária, a quantidade adquirida aumentaria em 10% e a receita total (preço de venda multiplicado pela quantidade vendida) seria exatamente a mesma antes da queda do preço. Para uma mercadoria com demanda elástica, a quantidade aumentaria em mais de 10% e a nova receita total das vendas seria maior que a anterior. Contudo, para um produto com demanda inelástica, uma redução de preço provocaria um aumento menor que 10% na quantidade comprada e a receita seria menor. Os valores da receita (ou gastos dos consumidores) são apresentados entre parênteses na Figura 3.7.

A Tabela 3.1 resume os efeitos que mudanças nos preços para diferentes tipos de bens e serviços têm sobre a receita.

3.2 ELASTICIDADE-CRUZADA

No ambiente de crescente concorrência, em que o número de bons substitutos é maior, é importante para o empresário conhecer o impacto da variação no preço do produto concorrente sobre a curva de demanda de seu produto. A **elasticidade cruzada**

> Elasticidade cruzada da demanda é uma medida da sensibilidade de resposta na quantidade demandada do produto X em razão da mudança no preço do produto Y (concorrente).

da demanda é uma medida da sensibilidade de resposta na quantidade demandada do produto X em razão da mudança no preço do produto Y (concorrente).

O coeficiente da elasticidade-cruzada mede a extensão da relação de demanda entre dois produtos diferentes. Considerando-se dois produtos X e Y, a *elasticidade cruzada* (E_{xy}) é uma medida da variação percentual na quantidade procurada de um produto X em razão de uma mudança relativa no preço de Y (com a renda e todos os outros preços mantidos constantes).

$$E_{xy} = \frac{\frac{\Delta Q_x}{Q_x}}{\frac{\Delta P_y}{P_y}} = \frac{\frac{Q'_x - Q^0_x}{Q'_x + Q^0_x}}{\frac{P'_y - P^0_y}{P'_y + P^0_y}},$$

onde:
Q'_x = quantidade de X após a mudança de preço em Y.
Q^0_x = quantidade de X antes da mudança de preço em Y.
P'_y = preço de Y após a mudança.
P^0_y = preço de Y antes da mudança.

De outra maneira, pode-se escrever assim:

$$E_{xy} = \frac{\text{Percentagem de mudança na quantidade de demanda de X}}{\text{Percentagem de mudança no preço de Y}}.$$

Se o coeficiente da elasticidade-cruzada for positivo e relativamente grande, os produtos serão substitutos e competirão pela (limitada) renda do consumidor a ser gasta com alimentos — por exemplo, um aumento no preço da maçã pode aumentar a demanda por pêssego, pois os consumidores substituem maçã (que ficou mais cara) por pêssego (que, mesmo sem reduzir o preço, ficou relativamente mais barato). Se o coeficiente for negativo, os produtos serão complementares e, portanto, tendem a ser 'consumidos' juntos — por exemplo, um aumento no preço do sorvete aumenta o custo da torta de maçã com sorvete, causando uma redução na demanda por maçã. Se a elasticidade for igual a zero, diz-se que os produtos são independentes. Os produtos, em sua maioria, tendem a ser substitutos.

3.3 ELASTICIDADE-RENDA

No capítulo anterior, analisamos o efeito da renda sobre o consumo (curva de Engel). Geralmente, à medida que a renda aumenta, o consumo dos bens e serviços também aumenta. A elasticidade-renda da demanda é uma medida da sensibilidade de resposta no consumo, devido à mudança na renda do consumidor.

Os coeficientes de elasticidade-renda são bons indicadores da resposta do consumidor a variações em sua renda. A elasticidade-renda (E_y) da demanda é expressa como a porcentagem de mudança na quantidade adquirida (ou seja, no consumo) dividida pela variação relativa na renda, a qualquer ponto ao longo da curva de Engel.

Matematicamente, tem-se:

$$E_y = \frac{\frac{\Delta C}{C}}{\frac{\Delta Y}{Y}} = \frac{\frac{C_2 - C_1}{C_1 + C_2}}{\frac{Y_2 - Y_1}{Y_1 + Y_2}},$$

onde: C_2 = quantidade adquirida após o aumento de renda.

C_1 = quantidade adquirida antes do aumento de renda.

Y_2 = nível de renda após o aumento de renda.

Y_1 = nível de renda antes do aumento de renda.

De outra maneira, pode-se escrever assim:

$$E_y = \frac{\text{Percentagem de mudança no consumo de um bem}}{\text{Percentagem de mudança na renda do consumidor}}.$$

Exemplo: admita que, com uma renda mensal de R\$ 1.000,00, o consumidor adquiria 2 unidades de um determinado produto por mês. Quando sua renda aumentou para R\$ 1.500,00, ele passou a comprar 2,5 unidades desse produto por mês, ao mesmo preço unitário anterior. Nesse caso, a elasticidade-renda é de 0,55, ou seja:

$$E_y = \frac{[(2,5 - 2,0)] / [(2,0 + 2,5)] / 2}{[(1.500 - 1.000)] / [(1.000 + 1.500)] / 2} = 0,55.$$

Isso significa que, nesse caso e nesse segmento da curva de Engel, um acréscimo de 1% na renda deve resultar em 0,55% de aumento na quantidade adquirida desse produto.

Se a elasticidade-renda é menor que uma unidade e maior que zero, diz-se que o bem é normal; se é maior que a unidade, diz-se que é superior, e se é menor que zero (relação inversa), diz-se que é inferior.

De modo geral, tem-se:

a) Baixa elasticidade-renda (entre 0,1 e 0,5) para os alimentos *in natura*.

b) Alta elasticidade-renda (acima de 1,0) para alimentos processados, eletrodomésticos, carnes mais nobres, automóveis, turismo, roupas, frutas e verduras selecionadas, entre outros.

A elasticidade-renda é, algumas vezes, relacionada ao nível de renda *per capita* do país e às respectivas taxas de crescimento populacional. De modo geral, para países com baixo nível de renda por habitante, o efeito da renda na taxa de crescimento da demanda é equivalente ao efeito do crescimento da população. Em países com nível médio de renda *per capita*, o efeito da renda é maior que o efeito do crescimento populacional. Para um país como os Estados Unidos, com elevado nível de renda *per capita*, o efeito da renda sobre a demanda de alimentos é menor que o efeito do crescimento populacional.

Concluindo, o aumento de renda dos consumidores provoca um deslocamento da curva de demanda para a direita, se a elasticidade-renda for positiva, e para a esquerda, se for negativa (para o caso de bens inferiores ou de qualidade inferior). Por exemplo, uma elevação média de 10% na renda de todos os consumidores pode resultar em aumento de 3% para alimentos *in natura* (admitindo-se uma elasticidade-renda de 0,3), ou seja, um deslocamento da curva de demanda de D_0 para D_1; ou de D_0 para D_2, se for um produto com alta elasticidade-renda (expansão de 15%, se a elasticidade-renda for de 1,5); ou diminuição de demanda de D_0 para D_3, se se tratar de um produto de qualidade inferior (uma elasticidade-renda, por exemplo, de –0,5 reduziria o consumo em 5%), conforme pode ser visto na Figura 3.8.

FIGURA 3.8 Efeitos do aumento de renda sobre a curva de demanda para diferentes valores de elasticidade-renda

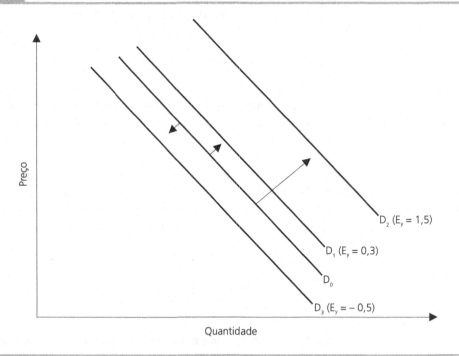

FIGURA 3.9 Elasticidade-renda para alimentos em dez países

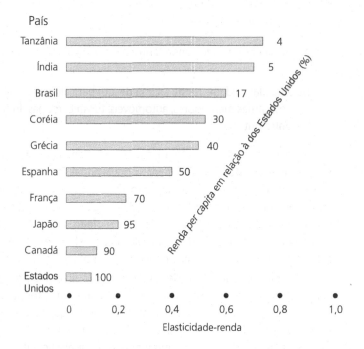

Os dados da Figura 3.9, que contêm a elasticidade-renda da demanda para dez países, evidenciam o que já foi afirmado: quanto maior for a renda do consumidor, menor será a elasticidade-renda, e vice-versa. Por exemplo, em países de baixo nível de renda, como a Tanzânia e a Índia, cujas respectivas rendas correspondem a 3,3% e 5,2% da renda média dos norte-americanos, a elasticidade-renda da demanda para alimentos é elevada (acima de 0,8). Para o Brasil, cuja renda média é de aproximadamente um sexto da renda dos norte-americanos, a elasticidade-renda para alimentos é de 0,6. Isso significa que um aumento de 10% na renda dos consumidores brasileiros deve resultar em um aumento de cerca de 6% no consumo de alimentos. Para os norte-americanos, a elasticidade-renda média para alimentos é de 0,18, ou seja, um aumento de renda de 5% provoca uma expansão na demanda por alimentos de quase 1%.

3.4 FLEXIBILIDADE-PREÇO DA DEMANDA

Na elasticidade-preço da demanda, a preocupação é medir o grau de sensibilidade do consumidor à variação de preços. Muitas vezes, as quantidades variam antes e, como conseqüência, os preços também variam. Nesse caso, estamos interessados em medir a variação nos preços como conseqüência das variações nas quantidades. Assim, estamos diante do conceito de flexibilidade-preço da demanda. O coeficiente de flexibilidade-preço da demanda indica a *variação relativa no preço associada à variação de 1% na quantidade procurada*, mantendo-se os demais fatores constantes. É comum encontrar afirmações de que o coeficiente da flexibilidade-preço é o recíproco (ou seja, o inverso) do da elasticidade-preço de demanda. Essa afirmação é verdadeira apenas sob certas condições, como, por exemplo, no caso da inexistência de produtos substitutos, em que os efeitos cruzados seriam iguais a zero. A *flexibilidade-preço da procura implica que o preço do produto depende da quantidade desse produto*, das quantidades dos substitutos e da renda do consumidor. Por outro lado, como foi visto anteriormente, a demanda de um produto é função do próprio preço, dos preços dos substitutos e da renda do consumidor, além de outros fatores. Tendo em vista que diferentes variáveis são mantidas constantes nas duas funções, o inverso da flexibilidade não necessariamente resulta no valor da elasticidade.

Matematicamente, o coeficiente de flexibilidade de preço (F_P) é o inverso da fórmula da elasticidade e é definido como:

$$F_p = \frac{\dfrac{\Delta P}{P}}{\dfrac{\Delta Q}{Q}} = \frac{\Delta P}{\Delta Q} \cdot \frac{Q}{P},$$

onde:
P = preço do produto.
ΔP = variação no preço.
Q = quantidade demandada do produto.
ΔQ = variação na quantidade.

Como na elasticidade-preço, o valor do coeficiente da flexibilidade-preço deve ser negativo. Um coeficiente de flexibilidade de preço igual a –4,0 significa que o preço desse produto deve aumentar (ou diminuir) em 4%, se houver uma redução (ou um aumento) de 1% na quantidade procurada (ou ofertada, caso se esteja em equilíbrio de mercado). Considerando-se que a maioria dos produtos agrícolas tem procura inelástica a preço, o coeficiente de flexibilidade-preço, provavelmente, será maior que um, em valor absoluto. Isso significa que uma pequena variação na quantidade tem um impacto relativamente alto no preço. Um bom exemplo é o que ocorreu com a boa safra agrícola de 1995, quando um aumento de aproximadamente 7% na produção (leia-se: oferta) de grãos foi suficiente para provocar uma drástica queda de preços, superior a 25%, fazendo com que a receita e a renda agrícolas caíssem substancialmente, ou seja, houve uma grande descapitalização do produtor agrícola naquele ano.

Capítulo 3 – Elasticidade: uma medida de resposta **57**

> Flexibilidade-preço é importante para a comercialização de produtos agrícolas em virtude das características próprias desses produtos, como sazonalidade na produção e perecibilidade.

O conceito de **flexibilidade-preço** *é importante para a comercialização de produtos agrícolas* em virtude das características próprias desses produtos, tais como sazonalidade na produção (oferta fixa entre o período de suas safras, ou seja, o nível de produção não pode ser alterado) e perecibilidade (dificuldade de estocagem por longos períodos). Por causa dessas características, a quantidade disponível para o consumo é fixa e depende do volume de produção, a qual deve ser consumida em um período que poderá se estender até a safra seguinte. Assim, considerando-se que a curva de demanda é relativamente fixa, o preço de mercado depende fundamentalmente da quantidade produzida no período.

Já os produtos industrializados, como aparelhos de TV, automóveis e alimentos processados, entre outros, por serem elásticos a preços, têm um coeficiente baixo de flexibilidade-preço, geralmente inferior a um (isto é, –1).

3.5 PROJEÇÃO DA DEMANDA DE UM PRODUTO

Conforme analisado neste capítulo e também no anterior, o consumo de alimentos depende de uma série de fatores, muitos deles difíceis de serem estimados. Dada essa dificuldade de estimativa de muitas variáveis que afetam a demanda, considera-se, como simplificação, que o crescimento da demanda de um produto depende fundamentalmente de variações na população e na renda dos consumidores, sendo que essa última é ponderada pelo coeficiente de elasticidade-renda. A expressão matemática seguinte procura captar as variações no consumo de um produto, em que se pressupõe que a elasticidade de população é igual à unidade.

$$d = p + E_y . Y,$$

onde:

d = taxa de crescimento da procura ou do consumo.

p = taxa de crescimento demográfico.

E_y = elasticidade-renda da procura pelo produto.

Y = taxa de crescimento da renda real *per capita*.

O consumo de alimentos tende a se elevar consideravelmente quando as economias se encontram nas etapas iniciais do desenvolvimento, quando o crescimento populacional se faz a taxas elevadas e o coeficiente de elasticidade-renda da procura é relativamente elevado. Isso quer dizer que, para um aumento de 1% na renda real dos consumidores, a maior parte desse acréscimo será destinada à compra de produtos.

Com o intuito de avaliar melhor o efeito-população e o efeito-renda, considere os seguintes exemplos:

Exemplo 1 Suponha que a população de um determinado país está crescendo a uma taxa anual de 1,1% (como é o caso do Brasil), que a renda real *per capita* cresce 4% ao ano, e que a elasticidade-renda da demanda de um determinado produto (alimentos, por exemplo) para a média da população é de 0,4. Portanto, a taxa de crescimento da demanda é de 2,7% ao ano, ou seja:

$$d = 1,1 + 0,4 (4) = 2,7\% \text{ ao ano.}$$

Isso significa que, se em 2008 a procura por esse produto no país tiver sido de 1 milhão de toneladas, por exemplo, no ano seguinte deverá ser em torno de 1,027 milhão de toneladas. Nesse caso, a oferta deve crescer, no mínimo, com esse mesmo ritmo, para que não haja problemas de suprimento. Vale ressaltar que a contribuição do crescimento populacional foi menor (1,1/2,7, ou seja, 40%) que a do efeito-renda, que respondeu por quase 60% (isto é, 1,6/2,7). Esse é um típico exemplo de um país em desenvolvimento, cujo crescimento populacional é elevado.

Exemplo 2 Suponha uma população e sua renda crescendo a taxas de 0,5% e 5% ao ano, respectivamente, e uma elasticidade-renda de 0,2. Nesse caso, a demanda cresce anualmente 1,5%. Esse é um exemplo para países desenvolvidos ou para o estrato de população rica de países em desenvolvimento.

Uma vez determinado o valor da taxa de crescimento da demanda de alimentos (**d**), pode-se calcular a quantidade (Q_n) que será demandada em um determinado ano (**n**), projetando-se para esse ano a demanda de alimentos (Q_0) de um ano qualquer, considerado como base. Para essa projeção, utiliza-se a mesma expressão empregada no cálculo de taxas de crescimento, ou seja:

$$Q_n = Q_0 (1 + r)^n, \text{ sendo } r = d/_{100}.$$

Exemplo 3 Considerando-se que a população brasileira está crescendo a uma taxa anual de 1,1% e estimando-se que a renda real *per capita* deverá expandir a um ritmo de 5% ao ano ao longo dos próximos anos, pretende-se estimar o consumo de um determinado produto para o ano 2012, considerando-se que: (a) o coeficiente de elasticidade-renda da procura desse produto é de 0,10; (b) o volume consumido em 2008 foi de 100 mil unidades. Nesse caso, a demanda do produto, que deve apresentar um crescimento anual de 1,6%, provavelmente será em torno de 106,55 mil unidades no ano 2012. Ou seja:

$$Q_{2012} = 100.000 (1 + 0,016)^4.$$

Portanto:

$$Q_{2012} = 106.555 \text{ t.}$$

Conclui-se assim que, mantido o ritmo de expansão de 1,6% ao ano, a demanda por esse produto, no Brasil, deverá ter uma expansão de cerca de 6,5% entre os anos de 2008 e 2012.

RESUMO

Os principais pontos a serem destacados neste capítulo são:

1. A quantidade adquirida de um bem ou serviço depende de vários fatores, entre os quais o preço desse bem ou serviço, os preços dos produtos substitutos e complementares, a renda dos consumidores e a propaganda, entre outros. O grande desafio para os economistas é estimar o impacto na variação de cada um desses fatores sobre a quantidade demandada. A elasticidade é uma medida da sensibilidade de resposta à variação nesses fatores. Daí, há três tipos de elastici-

dade da demanda: elasticidade em relação ao preço, em relação à renda e elasticidade-cruzada.

2. O conceito de elasticidade-preço da demanda (E_d) mede as variações relativas na quantidade devido a variações relativas no preço. De modo geral, os alimentos *in natura* são inelásticos a preços, ou seja, as variações percentuais na quantidade são menores que as mudanças percentuais no preço do produto. Para

Capítulo 3 – Elasticidade: uma medida de resposta **59**

produtos como eletrodomésticos, automóveis e alimentos processados, os consumidores são mais sensíveis a preços (demanda elástica).

3. O conceito de elasticidade-renda mede as variações relativas no consumo devido a variações relativas na renda do consumidor. Geralmente, os alimentos *in natura* são inelásticos à renda, ou seja, o aumento de renda resulta em expansão do consumo. Porém, esse crescimento é menos do que proporcional à elevação da renda. Para produtos como eletrodomésticos, automóveis, turismo e alimentos processados, a elevação de renda dos consumidores provoca grandes aumentos no consumo (esses produtos são elásticos à renda).

4. Por causa da abertura da economia brasileira, nos anos mais recentes, tem havido uma variedade maior de produtos à disposição dos consumidores, dando-lhes, assim, mais opções de compra (número maior de bons substitutos). Isso tem feito com que a curva de demanda se torne cada vez mais elástica; pode-se afirmar que os consumidores estão ficando menos fiéis às marcas, ou seja, mais sensíveis às variações nos preços. A elasticidade-cruzada é uma medida da variação na quantidade demandada de um produto resultante da variação no preço do produto substituto.

5. Dos principais fatores que afetam o valor da elasticidade-preço da demanda estão: o grau de essencialidade do produto, a disponibilidade de produtos substitutos para o bem considerado, o número de utilizações que se pode dar ao produto e a proporção da renda gasta com o produto.

6. A elasticidade-preço da demanda é um importante indicador dos gastos dos consumidores com relação à variação de preços. Assim, há uma estreita relação entre a E_d e a receita da empresa. É uma péssima decisão reduzir o preço de um produto que é inelástico a preço, porque o impacto na quantidade demandada é inferior à queda no preço, de tal modo que a receita cai. Só se deve fazer 'liquidação' (de preço) de produtos que são sensíveis a preço, pois, nesse caso, o faturamento aumenta.

7. Utilizando-se a taxa de crescimento populacional e da renda, juntamente com a elasticidade-renda, é possível estimar a taxa de crescimento no consumo de um determinado produto ou serviço.

ATIVIDADES DE FIXAÇÃO: TESTE SUA APRENDIZAGEM

Caro leitor, procure desenvolver as seguintes questões, pois assim você estará fazendo uma revisão de sua aprendizagem:

1. Explique com suas próprias palavras por que alguns alimentos são mais elásticos a preço (ou menos inelásticos) do que outros, como os *in natura*, por exemplo.

2. Ajude um empresário a determinar a elasticidade da demanda para seu produto, considerando que as vendas dele se comportam da seguinte maneira:

Variação de preço	As vendas	Elasticidade
R$ 40,00 a R$ 30,00	aumentam	?
R$ 30,00 a R$ 20,00	não variam	?
R$ 20,00 a R$ 10,00	diminuem	?

3. A elasticidade-renda da demanda para alimentos aumenta ou diminui à medida que a renda aumenta? Apresente as razões para a sua resposta. O que você entende por 'elasticidade-renda' (E_y)? Interprete uma $E_y = 0,4$.

4. Se a elasticidade-renda da demanda para um produto for maior que 1, o preço relativo desse produto aumentará à medida que a renda *per capita* aumentar, isto é, aumentará relativamente aos bens cuja elasticidade-renda for menor do que 1.

    Essa afirmativa é 'verdadeira', 'falsa' ou 'imprecisa'? Justifique sua resposta.

5. Suponha que você seja um assessor econômico do governo, que lhe solicita um parecer sobre taxação (imposto: ICMS, por exemplo) para apenas um de dois produtos, os quais têm as seguintes características: o produto A é insensível às variações de preço, enquanto o produto B tem alta elasticidade-preço da demanda. O que você diria?

6. Antes de decidir sobre a expansão de sua capacidade de produção, uma usina está analisando a demanda para o açúcar que produz. Preliminarmente, os resultados indicam que a demanda média diária, em toneladas (Q), é uma função do preço (P), dada pela equação: $Q = f(P) = 1000 - 1,20 P$.

a) Suponha que essa empresa planeja vender 400 toneladas por dia. Que preço ela deve cobrar?

b) Quantas toneladas por dia a usina pode vender ao preço de R$ 300,00/t?

c) A que preço as vendas serão iguais a zero?

d) Qual será a demanda para o açúcar se a usina oferecer o produto a preço zero?

e) Represente as curvas de demanda, de receita marginal e de receita total.

f) Determine a elasticidade-preço da demanda (no ponto) para o preço de R$ 300,00/t.

g) Determine a elasticidade-preço da demanda entre os preços de R$ 300,00 e R$ 350,00/t (elasticidade-arco).

h) A que preço a usina maximizaria sua receita?

7. A empresa JTGM estima que a relação consumo-renda para o seu produto é dada pela função $Q = 10Y^{0,12}$, onde Y = renda *per capita* do consumidor.

a) Determine as quantidades demandadas em cada um dos seguintes níveis de renda: R$ 500,00; R$ 1.000,00; R$ 2.000,00 e R$ 3.000,00.

b) Determine a elasticidade-renda da demanda (no ponto) para os níveis de renda de R$ 1.000,00 e de R$ 2.000,00.

c) Determine a elasticidade-renda da demanda entre os intervalos de renda de R$ 1.000,0 e de R$ 2.000,00 (elasticidade-arco).

8. O que indica o sinal positivo da elasticidade-renda da demanda para um produto? E o sinal negativo?

9. Interprete o valor da elasticidade-preço de −0,65 para o produto A e a elasticidade-renda de 1,35 para o produto B.

10. Calcule o valor médio da sensibilidade a preço na demanda para os jogos de um clube de futebol, considerando que, quando se cobrava R$ 5,00 pelo ingresso, o público médio era de 30 mil pessoas, mas, quando começou a se cobrar R$ 15,00, o público passou a ser de apenas 5 mil pagantes (dica: utilize a fórmula da elasticidade-arco).

11. Complete a frase: "Para calcular a elasticidade-preço da demanda, dividimos o percentual de mudança no(a) _____ pela porcentagem de mudança no(a) _____ ".

12. Complete a frase: "Se um aumento de 15% no preço de um produto provoca uma diminuição de 10% na quantidade demandada, a elasticidade-preço da demanda é _____ ".

13. Suponha que a elasticidade-preço da demanda para o seu curso universitário seja de 1,3 (isto é, −1,3). Se as mensalidades aumentarem em 10%, qual será o resultado no número de alunos matriculados? Do ponto de vista econômico, essa seria uma boa decisão?

capítulo 4

Produção, custos e lucro

A ECONOMIA NO COTIDIANO

Pequenas ou grandes, todas as empresas têm de, diariamente, tomar decisões sobre a produção, que envolve custos, podendo resultar em lucro ou prejuízo. Não é novidade que metade das pequenas novas empresas não chega a completar o primeiro ano de existência e, mesmo entre as grandes, muitas não sobrevivem. Basta dar dois exemplos: das 100 maiores empresas norte-americanas existentes em 1917, apenas 18 ainda estão em atividade; no Brasil, das 500 maiores empresas em 1975, apenas 140 continuam com seus negócios atualmente. Todas as empresas, independentemente de tamanho, têm de decidir o que produzir, quanto produzir, como produzir e, também, como distribuir (logística, canais de distribuição, estratégia mercadológica e assim por diante). No presente capítulo, discutiremos as principais relações de produção (físicas e monetárias) e mostraremos o nível econômico ótimo para produzir.

Suponhamos que uma prefeitura municipal pretenda colocar uma estrutura hospitalar de 500 leitos à disposição da cidade, mas tenha dúvidas a respeito da conveniência de fazer isso construindo dois hospitais de 250 leitos ou apenas um de 500 leitos. Um assessor econômico fez a seguinte avaliação: "um grande hospital é muito mais eficiente que um pequeno, de modo que não seria recomendável construir dois de 250 leitos, em vez de um de 500 leitos. De fato, o custo por leito em um hospital de 500 leitos é cerca de 40% menor que o custo por leito em um hospital de 250 leitos".

De modo semelhante, um empresário, antes de construir uma fábrica, deve analisar os custos de produzir seu produto em diferentes tamanhos de planta industrial. Se o custo de produção for menor em uma grande fábrica, quanto menor ele será? Uma vez construída a fábrica, a firma deve decidir quanto do produto deve produzir na planta industrial, e essa decisão é tomada com base nos custos para produzir quantidades diferentes do produto.

Falaremos aqui, portanto, a respeito de custo de produção e de como ele varia conforme o tamanho da planta industrial e a quantidade produzida em uma determinada fábrica. Explicaremos os formatos das curvas de custos da firma e as relações que elas têm com a curva de oferta, que será abordada no próximo capítulo. Se entendermos melhor as relações de produção e de custos, poderemos responder a perguntas práticas, como:

a) Se, ao privatizar uma empresa estatal, o governo subdivide uma grande siderúrgica em duas empresas menores, qual será o aumento no custo médio para produzir aço?

b) As grandes empresas de transporte são mais eficientes que as pequenas? Em caso positivo, quanto elas são mais eficientes?

c) Suponha que uma empresa de energia elétrica tenha duas vezes mais consumidores que a empresa concorrente. Qual firma tem um maior custo unitário de energia e qual é a diferença nos custos?

OBJETIVOS

Ao final da leitura deste capítulo, você deverá ser capaz de:

1. Identificar a diferença entre curto prazo e longo prazo no processo produtivo.

2. Explicar a lei dos rendimentos decrescentes e por que esse princípio é um dos mais importantes para a análise econômica.

3. Compreender a relação entre a produção e os recursos econômicos utilizados.

4. Explicar a relação entre produção e custos, distinguindo os vários conceitos de custos, principalmente o médio e o marginal.

5. Determinar o nível ótimo de produção, que permita à empresa maximizar seu lucro.

4.1 PRINCIPAIS RELAÇÕES FÍSICAS NA PRODUÇÃO

Após a análise das principais características da demanda (que é o lado do consumidor), abordaremos alguns aspectos ligados à produção, que é a precondição para se chegar à oferta. Desse modo, antes de analisarmos propriamente a oferta (no próximo capítulo), dedicaremos este capítulo a uma melhor compreensão dos aspectos relacionados tanto com a parte física quanto com a parte monetária da produção. Afinal, a oferta nada mais é que a produção que vai para o mercado, ou seja, a produção só se torna oferta quando chega ao mercado ou quando passa a estar disponível para o consumidor final.

A oferta de um produto está relacionada com a produção em si (lado físico, incluindo a tecnologia) e com os custos para produzir (lado monetário). Em curto prazo (período em que um ou mais dos fatores de produção não podem variar), a análise de custos baseia-se nos princípios da teoria da produção, enquanto em longo prazo (período em que todos os recursos são variáveis), a análise de custo se baseia nos ajustes do tamanho da firma (com economias ou 'deseconomias' de escala). Para determinar a curva de oferta de um produto em curto prazo, é importante que o leitor-estudante tenha alguns conhecimentos sobre a *teoria da produção*, principalmente no tocante à lei dos rendimentos decrescentes, a qual afetará os custos de produção, notadamente o variável médio e o marginal. Para tanto, neste capítulo, abordaremos tanto as relações físicas da produção (incluindo a tecnologia) quanto as relações monetárias (custos, receita e lucro), porque o lucro pode não ser um objetivo de curto prazo, mas, certamente, o é em longo prazo, já que sem ele é difícil imaginar a sobrevivência de uma empresa.

Convém ressaltar que esta seção está centrada em uma parte do processo de decisão dos fabricantes com relação às suas atividades de produção, o que envolve responder a duas das três questões básicas (discutidas no Capítulo 1): *que produtos* produzir e *como* produzi-los. Para tanto, uma das questões a serem respondidas diz respeito a *quanto* produzir. Se a empresa sabe o que vai produzir, a decisão a ser tomada sobre *quanto* produzir dependerá, fundamentalmente, de seu objetivo: maximização de lucro? expansão da atividade? apenas diversificação? Como ponto de partida, deve-se admitir que, nos sistemas econômicos baseados na propriedade privada dos meios de produção e na liberdade de iniciativa (decisão) empresarial, um dos objetivos econômicos essenciais da empresa é a *maximização do lucro*, expressa pela máxima diferença possível entre a receita total e o custo total. Para decidir o nível de produção que maximiza o lucro, é necessário que, antes, se conheça um pouco sobre produção, custo e receita, pois a oferta é derivada dos custos e estes, por sua vez, são derivados do sistema de produção, enquanto a receita advém da produção avaliada ao preço de mercado.

Na teoria, a função de oferta pode ser derivada das relações de insumo-produto ou das funções de custo, de maneira análoga à curva de demanda, a qual, por sua vez, é derivada da função de utilidade ou das curvas de indiferença. A teoria da demanda, como vimos, pressupõe que o consumidor deseja maximizar a utilidade. A derivação de uma curva de oferta baseia-se na pressuposição de que os produtores procuram maximizar a renda líquida. Assim, o que analisaremos aqui é precondição para entender a oferta propriamente dita.

> Função de produção é uma relação física entre as quantidades utilizadas de certo conjunto de insumos e as quantidades físicas máximas que se pode obter de produto (ou de produção) para uma dada tecnologia conhecida. Ela mostra a transformação dos recursos em produtos.

A **função de produção** ou função de resposta é uma relação física entre as quantidades utilizadas de certo conjunto de insumos e as quantidades físicas máximas que se podem obter de um produto (ou de uma produção) para uma dada tecnologia conhecida. Por relações físicas, entendem-se todas as transformações que ocorrem durante o processo de produção.

A produção efetuada por uma empresa é uma função dos recursos que ela mobiliza. O volume de produção será maior ou menor, e esse nível de produção dependerá basicamente da combinação dos seguintes fatores:

64 Economia: fundamentos e aplicações

a) *Qualidade e quantidade dos recursos* (leia-se: fatores de produção) utilizados pela firma.

b) Técnicas de produção ou *tecnologia* (know-how).

c) *Meios físicos* para transformar os recursos utilizados.

Outro aspecto importante a ser registrado é o seguinte: há *recursos que variam com a produção e outros que não dependem do nível de produção.* Uma parte dos recursos necessários para a produção varia diretamente com o volume de produção. Outra parte, contudo, não varia em curto prazo, ou seja, trata-se de um conjunto de recursos capazes de aceitar volumes diferentes de produção. Assim, em curto prazo há recursos fixos e variáveis: os fixos são os que não variam em função das variações de produção, enquanto os variáveis são os que, necessariamente, se alteram com as variações de produção. Por exemplo, em uma fábrica de papel, se o gerente decidir aumentar a produção de um determinado tipo de papel, ele poderá utilizar mais matéria-prima (pasta de madeira), mais horas/máquinas, aumentar a quantidade de mão-de-obra, mas dificilmente poderá variar o tamanho da fábrica, pelo menos em curto prazo. Do mesmo modo, se um fazendeiro decidir aumentar a produção de soja, ele poderá aumentar a quantidade de trabalho, o número de hectares de terra destinados à soja, a quantidade de fertilizantes, sementes, máquinas ou alguma combinação desses recursos, mas dificilmente variará a quantidade de todos os recursos, como a área total da propriedade e as edificações, que devem se manter inalterados. Conclui-se, assim, que alguns recursos são variáveis e outros são constantes ou fixos.

A relação entre os recursos e o produto, expressa pela função de produção, pode ser matematicamente representada pela seguinte função:

$$q = f(X_1 \ / \ X_2, X_3, \dots X_n),$$

onde **q** representa a quantidade física do produto; o símbolo **f**() significa 'resulta de', 'depende de' ou 'é uma função de'; os **X** identificam os diferentes recursos (insumos) utilizados para produzir **q**, e a barra semivertical (**/**) é utilizada para indicar que os recursos à sua esquerda são variáveis e aqueles à sua direita são constantes ou fixos. Cabe ressaltar que o fato de os fatores $X_2, X_3, \dots X_n$ serem considerados fixos não implica a inexistência de um custo associado a eles, mas quer dizer apenas que eles não serão relevantes dentro da extensão do prazo considerado, visto que, em curto prazo, por exemplo, são constantes e não se alteram com o nível de produção.

> Produto físico marginal mede a variação no produto físico total resultante de uma unidade adicional no uso do fator variável.

Duas importantes relações físicas podem ser extraídas da função de produção, que são: o produto físico marginal e o produto físico médio. O **produto físico marginal** (**PFMg**) mede a variação no produto físico total resultante de uma unidade adicional no uso do fator variável (X_1). Em conseqüência da lei dos rendimentos decrescentes, o produto total aumenta a uma taxa crescente quando o PFMg está aumentando; aumenta a uma taxa decrescente quando o PFMg está diminuindo; alcança o máximo quando o PFMg é zero, e diminui quando o PFMg é negativo. A fórmula para o cálculo do PFMg é a seguinte:

> Produto físico médio ou produtividade física média: mede a relação entre a quantidade produzida e a quantidade correspondente de insumo utilizada. É uma relação entre a quantidade de produção e a quantidade de recursos usados.

$$PFMg = \frac{\text{mudança na produção}}{\text{mudança no insumo}} = \frac{\Delta q}{\Delta X_1}.$$

O **produto físico médio (PFMe)** ou produtividade física média mede a relação entre a quantidade produzida e a quantidade correspondente de insumo (X_1) utilizada. Em outras

Capítulo 4 – Produção, custos e lucro **65**

palavras, ele nos diz quão produtivo o recurso variável é, em média ou por unidade de X_1 (Figura 4.1b). Matematicamente, o PFMe é igual a:

$$PFMe = \frac{produto}{insumo} = \frac{q}{X_1}.$$

Utilizando dados hipotéticos (Tabela 4.1), é possível mostrar o fator mão-de-obra como um recurso variável e, sobre ele, calcular o produto físico médio e o produto marginal do fator trabalho. O fator capital é mantido constante, em um valor simulado de 1.000 unidades (que pode ser hora/máquina, por exemplo).

O produto físico médio é a quantidade de produção adicional resultante do acréscimo de uma unidade de mão-de-obra, ou seja, uma unidade adicional do fator trabalho proporciona uma produção adicional. Por exemplo, com o capital fixo em 1.000 unidades, quando a quantidade de mão-de-obra aumenta de cinco para seis trabalhadores, o produto total aumenta de 950 para 1.080 unidades, isto é, a produção adicional é de 130 unidades. Recomenda-se que o aluno represente os dados acima em um gráfico para melhor perceber as relações físicas na produção.

4.1.1 Lei dos rendimentos decrescentes

O princípio dos rendimentos decrescentes[1] revela uma importante característica do processo de produção de bens e serviços, notadamente daqueles produtos que têm a ver com os processos biológicos, a exemplo das atividades agropecuárias. Nos processos industriais, ele já é relativamente menos evidente, a não ser quando se está relacionando a produção com níveis diferentes de mão-de-obra. Por exemplo, quando tentamos expandir a produção em uma planta industrial já existente (uma fábrica, uma loja, um escritório ou uma fazenda) aumentando apenas o número de trabalhadores e 'dividindo' o mesmo tamanho

---

TABELA 4.1	Produção com o fator variável mão-de-obra e relações físicas com esse recurso

QUANTIDADE DE MÃO-DE-OBRA (T)	QUANTIDADE DE CAPITAL (K)	PRODUTO TOTAL (Q)	PRODUTO FÍSICO MÉDIO (Q/T)	PRODUTO FÍSICO MARGINAL (ΔQ/ΔT)
0	1.000	0	–	–
1	1.000	100	100	100
2	1.000	250	125	150
3	1.000	555	185	305
4	1.000	800	200	245
5	1.000	950	190	150
6	1.000	1.080	180	130
7	1.000	1.155	165	75
8	1.000	1.160	145	5
9	1.000	1.125	125	−35
10	1.000	1.000	100	−125

---

1 É também conhecido como lei das proporções variáveis.

da planta, cada trabalhador adicional se torna menos produtivo porque passa a utilizar uma parte menor da planta, uma vez que há mais trabalhadores compartilhando as máquinas, os equipamentos e os espaços da planta industrial. Assim, à medida que mais e mais trabalhadores são adicionados ao processo, a produção aumenta, mas a uma taxa decrescente. Na agricultura, esse 'fenômeno' é mais fácil de ser percebido: por exemplo, analisando-se a resposta da produção de milho para diferentes níveis de nitrogênio, deve-se esperar que, à medida que aumenta a quantidade de nitrogênio (insumo), a produção do cereal por hectare aumenta, em princípio, a uma taxa elevada, passando, em seguida, a aumentos proporcionalmente menores, chegando a um máximo e podendo até decrescer. A quantidade excessiva de nitrogênio pode resultar em um perfilhamento exagerado, dificultando a insolação e favorecendo o acamamento, com conseqüências adversas à produção.

Na indústria, a lei dos rendimentos decrescentes é relevante em curto prazo, que é o período em que um ou mais dos fatores de produção são fixos, como, por exemplo, o tamanho da planta industrial. Daí que o período de curto prazo varia de indústria para indústria, variação essa que pode ser de um ano, se nesse período for possível expandir o tamanho da fábrica ou construir uma nova. Já em longo prazo, o princípio dos rendimentos decrescentes não é relevante, pois, se a firma expandir sua planta, mais trabalhadores terão mais horas/máquinas disponíveis e mais espaço, de modo que a produção poderá duplicar.

A forma ou a curvatura da curva do produto total (**q**) indica o que acontece quando se mudam as proporções do insumo variável[2] (X_1) relativamente aos recursos fixos (X_2, X_3,... X_n), deixando claras, quase sempre, as evidências da chamada **lei dos rendimentos decrescentes**.[3] Essa célebre lei estabelece que, se a quantidade de apenas um recurso for aumentada, enquanto a de outros recursos permanecer constante, a quantidade total de produção aumentará; mas, além de certo ponto, o acréscimo resultante do produto se tornará cada vez menor, podendo o produto total alcançar um máximo e, finalmente, diminuir (Figura 4.1a). Na Tabela 4.1, é também possível perceber o princípio dos rendimentos decrescentes, com os valores do produto físico marginal (última coluna).

> De acordo com a lei dos rendimentos decrescentes, a produção não cresce linearmente, mas tem limites, quando se expande o uso de um fator e são mantidos constantes os demais.

4.2 RELAÇÕES DE CUSTOS

Na análise de custos empresariais, dois conceitos devem ser considerados: um, que diz respeito à diferença entre custos contábeis e custos econômicos, e outro, que se refere à diferença entre curto prazo e longo prazo.

Custos contábeis e econômicos

A discussão sobre os custos de uma empresa se baseia na noção de custo econômico, que é diferente do custo calculado pelos contadores, conforme pode ser visto nos dados da Tabela 4.2. Os contadores consideram apenas os custos explícitos, que são aqueles desembolsos (ou os pagamentos) que a empresa tem com os seus fatores de produção. Por exemplo, se uma firma gasta um total de R$ 200.000,00 por ano com mão-de-obra, matérias-primas, aluguel e máquinas, seu custo explícito será de R$ 200.000,00, e esse é o custo contábil total da empresa.

Para os economistas, o princípio fundamental no cômputo do custo econômico é o custo de oportunidade (já discutido no Capítulo 1), que considera o custo implícito, ou seja, o custo de oportunidade de recursos não utilizados (não comprados), tais como o tempo do empreendedor e o seu capital financeiro aplicado na atividade.

---

2 O fato de ter sido considerado apenas um fator variável se deu apenas para facilitar a análise. Na verdade, o fabricante necessariamente utiliza muitos fatores variáveis para produzir: matérias-primas (insumos), energia elétrica, mão-de-obra, combustível etc.

3 O que ocorre (na produção) com a lei dos rendimentos decrescentes (ou lei das proporções variáveis) é semelhante ao que foi discutido no capítulo anterior, com a utilidade marginal decrescente (no consumo).

FIGURA 4.1 Relações entre produção e custos

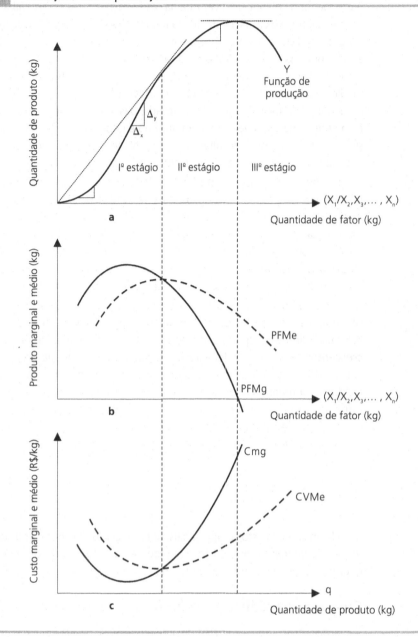

Custo de oportunidade do tempo do empreendedor

Por exemplo, um empreendedor que administra uma empresa própria tem menos oportunidades de exercer outras atividades. Se ele pudesse ganhar um salário líquido de R$ 5.000,00 por mês em outro emprego, o custo de oportunidade de seu tempo seria de R$ 5.000,00 por mês, o que corresponderia a R$ 65.000,00 por ano (incluindo o décimo terceiro salário).

Custo de oportunidade do capital do empreendedor

Muitos empresários utilizam seus próprios recursos financeiros para 'tocar' seu negócio, e esses recursos devem ser considerados como custo de oportunidade. Se um empreendedor retira R$ 50.000,00 de sua conta bancária e aplica em sua empresa, pode-se calcular como custo de oportunidade a taxa de juros que ele poderia obter na poupança (que, apesar de não ser a melhor aplicação, é a mais segura). Assim, ele teria a oportunidade de receber juros de R$ 3.000,00 por ano (admitindo-se os juros de 6% ao ano).

TABELA 4.2 Custos contábeis e econômicos de produção (dados hipotéticos)

(em reais)

CUSTOS EXPLÍCITOS E IMPLÍCITOS	CUSTO CONTÁBIL	CUSTO ECONÔMICO
Custo explícito (gastos com os insumos)	200.000,00	200.000,00
Custos implícitos		
• Custo de oportunidade do tempo do empresário	—	65.000,00
• Custo de oportunidade do capital do empresário	—	3.000,00
CUSTO TOTAL	200.000,00	268.000,00

Nesse caso, o custo implícito é de R$ 68.000,00 (R$ 65.000,00 + R$ 3.000,00) e o custo econômico, que é a soma dos custos explícitos e implícitos, é de R$ 268.000,00. O custo econômico é maior porque os economistas incluem os custos implícitos, enquanto os contadores não os incluem. Quando nos referimos ao custo de produção de uma firma, estamos tratando do custo econômico de produção, incluindo ambos: os custos explícitos e os implícitos.

Decisões em curto e em longo prazo

Como mencionado, quando se analisam os custos de produção, existe diferença entre curto e longo prazo, porque as curvas de custo de uma firma ajudam-na a tomar dois tipos de decisão. A primeira, para a firma que já tem uma planta industrial ou comercial, diz respeito a quanto produzir e como produzir naquela planta — essa é uma decisão de curto prazo, porque um dos fatores de produção (no caso, a planta industrial ou comercial) é dado (fixo). A segunda trata do tipo ou tamanho da planta industrial ou comercial que deve ser construída (ou adquirida) — essa é uma decisão de longo prazo, porque nenhum dos fatores de produção é fixo, nem mesmo o tamanho da empresa. Falaremos sobre as curvas de custo de longo prazo na Seção 4.4. Agora, nos dedicaremos a entender as relações de custo em curto prazo.

4.2.1 Curvas de custo de curto prazo

Para aumentar sua produção em curto prazo, a firma deve adicionar um ou mais de seus fatores de produção (matéria-prima, mão-de-obra ou hora/máquina, entre outros) à sua planta existente. Resulta daí sua curva de produção de curto prazo, que é importante para a decisão de quanto produzir, conforme veremos mais adiante, neste capítulo.

É fácil perceber que existe uma estreita relação entre as funções de produção e de custo, afinal, a produção de qualquer bem ou serviço envolve um custo. A *função de produção* é uma relação técnica entre insumos e produto (ou seja, uma relação eminentemente *física*), enquanto a *função de custo* resulta das quantidades dos fatores utilizados (ou seja, depende da natureza da função de produção), multiplicadas pelos seus preços (ou seja, é uma relação *monetária*). Conhecendo-se os fatores fixos e variáveis, bem como os preços desses fatores, torna-se possível determinar os custos para qualquer nível de produção.

A natureza diferente dessas duas categorias de recursos conduz à ocorrência de custos de natureza também diferentes. Os recursos fixos e os variáveis conduzem, respectivamente, a custos também fixos e variáveis. Assim, os *custos fixos* incluem todos os meios de remuneração ou ônus decorrentes da manutenção dos recursos correspondentes, de modo que esses custos existem, mesmo que a empresa não esteja produzindo. Em curto prazo, eles não se alteram, e entre esses custos podem-se citar os encargos representados por aluguéis, depreciação de benfeitorias e juros sobre capital investido. Embora o custo fixo total (**CFT**) se

Capítulo 4 – Produção, custos e lucro **69**

mantenha constante para qualquer nível de produção, o *custo fixo médio* (que é o custo fixo total dividido pela quantidade produzida, ou seja, **CFT/q**) diminui à medida que a produção (**q**) aumenta. Quanto aos *custos variáveis*, eles decorrem de todos os pagamentos dirigidos aos recursos que variam diretamente com a produção. Assim, como as quantidades produzidas variam diretamente com o volume dos fatores variáveis, os custos variáveis se alteram com o nível de produção. Devido à lei dos rendimentos decrescentes, as mudanças nos *custos variáveis totais* (**CVT**) acompanham a resposta ou as variações na produção. Desse modo, surgem dois importantes conceitos de custo: o *custo marginal* e o *custo variável médio*.

O *custo marginal* (**CMg**) é definido como a variação no custo variável total (ou mesmo no custo total) devido à produção de uma unidade adicional de produto. Por exemplo, suponha que um agricultor queira aumentar em uma tonelada a produção de um determinado produto por hectare e, para tanto, utilize um pouco mais de um ou de alguns insumos. Nesse caso, o custo marginal de uma tonelada a mais de produto é medido pelo acréscimo no custo variável total (ou custo total).[4]

Matematicamente, o CMg pode ser calculado por:

$$CMg = \frac{\text{variação no custo variável total}}{\text{variação na produção}} = \frac{\Delta CVT}{\Delta q}. \qquad (4.1)$$

O *custo variável médio* (**CVMe**) é o valor gasto com o(s) insumo(s) variável(is) por unidade de produto, ou seja:

$$CVMe = \frac{\text{custo variável total}}{\text{produção}} = \frac{CVT}{q}. \qquad (4.2)$$

A inter-relação entre as curvas do CMg e PFMg, e CVMe e PFMe pode ser mostrada matemática e graficamente (Figura 4.1b e c).

$$CMg = \frac{\Delta CVT}{\Delta q} = \frac{Px_1 \Delta X_1}{\Delta q} = \frac{Px_1}{PFMg} \qquad \text{(porque } \Delta X_1/\Delta q = 1/PFMg) \qquad (4.3)$$

$$CVMe = \frac{CVT}{q} = \frac{Px_1 X_1}{q} = \frac{Px_1}{PFMe} \qquad \text{(porque } X_1/q = 1/PFMe) \qquad (4.4)$$

É fácil perceber que, quando o PFMg está aumentando, o CMg está diminuindo, e que, quando o PFMg atinge o máximo, o CMg está em seu ponto mínimo. Da mesma maneira, o CVMe atinge o mínimo quando o PFMe alcança seu máximo e passa a aumentar quando o PFMe diminui. Assim, o CMg e o CVMe estão intimamente ligados à lei dos rendimentos decrescentes; portanto, após certo nível de produção, eles passam a aumentar. Em outras palavras, as curvas de CMg e de CVMe são os recíprocos das curvas de PFMg e PFMe, respectivamente.

Cabe ressaltar que o *custo total* (**CT**) é a soma do custo fixo total (**CFT**) e do custo variável total (**CVT**), e, portanto, o *custo total médio* (**CTMe**) é a soma do custo fixo médio (**CFMe**) e do custo variável médio (**CVMe**).

---

4 Como, em curto prazo, parte dos custos é considerada fixa, somente os custos variáveis totais dão origem aos custos marginais.

Um exemplo

Suponha uma empresa com investimentos em instalações, máquinas e equipamentos no valor de R$ 1.000.000,00, que geram um custo fixo anual de R$ 110.000,00,[5] o que corresponde a R$ 440,00 por dia útil (utilizando-se 250 dias úteis por ano, já descontados sábados, domingos e feriados), e que o aumento da produção depende apenas do número de trabalhadores empregados e de matérias-primas, e também que a produção e os custos variáveis se comportam conforme os dados da Tabela 4.3 (duas primeiras colunas). Com base no nível de produção, nos custos variáveis totais e fixos, podem-se calcular os custos médios e o custo marginal. Por exemplo, o custo marginal de R$ 8,18 por unidade/dia advém da diferença nos custos variáveis totais entre o nível de produção de 180 unidades e 235 unidades, que é de R$ 450,00, dividido pela diferença na produção, que é de 55 unidades. O custo marginal também pode ser calculado com base na diferença do custo total, e o resultado é o mesmo, pois o custo fixo não interfere no cálculo do custo marginal. O custo marginal aumenta à medida que a quantidade produzida se expande, refletindo a lei dos rendimentos decrescentes.

Com base nesses dados, é possível 'desenhar' o gráfico da Figura 4.2 subdividido em duas partes: parte *a* (referente aos custos totais: variáveis e fixos) e parte *b* (com as relações de custos médio e marginal).

Mudanças nas curvas de custos

Dois fatores podem alterar a posição das curvas de custo: a tecnologia (que também muda a posição da curva de produção, conforme visto no Capítulo 1) e os preços dos fatores de produção (recursos econômicos).

A tecnologia, ao aumentar a produtividade (leia-se: o produto físico médio), desloca para cima a curva de produção e, conseqüentemente, as curvas de produto físico marginal e médio. Considerando que, com uma melhor tecnologia, os mesmos insumos podem produzir mais produtos, a mudança tecnológica reduz os custos e muda para baixo as curvas de custos, influenciando a curva de oferta (deslocando-a para a direita), conforme veremos no próximo capítulo.

Quanto aos *preços dos fatores de produção*, um aumento nos preços dos insumos pagos pelo empresário eleva os custos totais e médios de produção (obviamente!) e muda as

---

TABELA 4.3 — Custos hipotéticos de produção e principais relações

(em reais/dia)

PRODUÇÃO (Q)	CUSTOS TOTAIS VARIÁVEIS (CVT)	CUSTOS FIXOS TOTAIS (CFT)	CUSTOS TOTAIS (CT) = (CVT + CFT)	CUSTOS MÉDIOS (R$/unid./dia)			CUSTO MARGINAL (R$/unid./dia)
				Variável (CVMe)	Fixo (CFMe)	Total (CTME) = (CVMe + CFMe)	
0	0	440	440	0	—	—	—
72	450	440	890	6,25	6,11	12,36	6,25
180	900	440	1.340	5,00	2,45	7,45	4,17
235	1.350	440	1.790	5,75	1,87	7,62	8,18
270	1.800	440	2.240	6,67	1,63	8,30	12,86
290	2.250	440	2.690	7,76	1,52	9,28	22,50

---

5 Por uma questão de simplicidade, digamos que esses custos fixos se referem apenas à depreciação (admitindo-se a vida média útil de 20 anos, isso corresponde a R$ 50 mil) e aos juros sobre o capital investido, que é o custo de oportunidade do dinheiro (que seria de R$ 60.000,00, ou seja, 6% sobre R$ 1.000.000,00).

FIGURA 4.2 Curvas de custos totais (parte a)

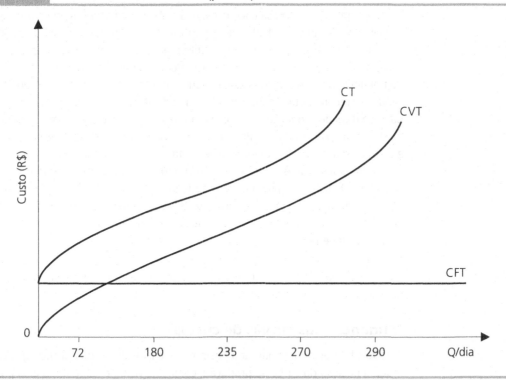

FIGURA 4.2 Curvas de custos médio e marginal (parte b)

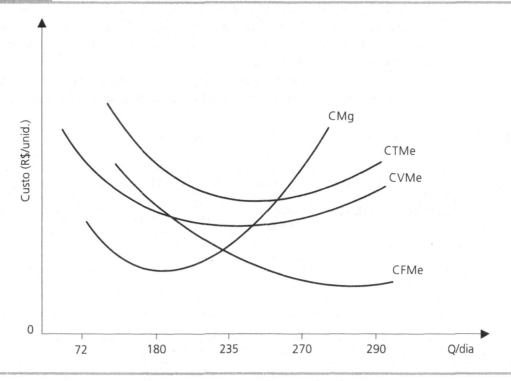

curvas de custos para cima, ou seja, cada unidade produzida fica mais cara. Para que o leitor-estudante perceba melhor os efeitos da tecnologia e dos preços dos insumos sobre os custos, sugerimos que reveja as fórmulas 4.3 e 4.4, demonstradas neste capítulo.

4.3 O NÍVEL ÓTIMO DE PRODUÇÃO

Qualquer estudante familiarizado com os princípios da teoria da produção pode, intuitivamente, identificar e estabelecer o nível ótimo de uso eficiente de um recurso ou o nível ótimo de produção. A rigor, não é preciso ser economista para saber que, à medida que o valor da produção adicional (leia-se: receita marginal) for maior do que o preço pago ou o custo para obtê-la, vale a pena não só produzir como também aumentar a produção. Por outro lado, não vale a pena produzir (ou deve-se reduzir a produção) caso o valor do produto marginal (adicional ou extra) seja menor do que o custo (preço) para produzi-lo. Conclui-se, assim, que o ponto ideal — o que maximiza o lucro — é aquele em que *o valor do produto extra, ou seja, adicional, é exatamente igual ao custo (preço) do recurso* utilizado na sua produção.

O problema, portanto, é determinar o nível de produto em que os aumentos nos custos e na receita sejam iguais. Para tanto, necessita-se do conceito de *receita marginal* (**RMg**), a qual é definida como o valor adicionado à receita total (RT = P_q . q) quando uma unidade adicional de produto é produzida e vendida.

Para simplificar o raciocínio sobre a otimização do produto, adota-se o pressuposto de que *as decisões do produtor individual não afetam o preço do produto*.[6] Desse modo, na visão do produtor, o preço do produto, sem considerar a inflação, pode ser admitido como constante; portanto, se o produtor decidir não produzir ou expandir a produção ao máximo, o preço de mercado pode ser representado como uma linha horizontal (Figura 4.3). Matematicamente, tem-se:

$$RMg = \frac{\Delta RT}{\Delta q} = \frac{P_q \Delta q}{\Delta q} = P_q \, .$$

Há duas regras que o produtor pode seguir para decidir o nível ótimo de produção.

A primeira regra, estabelecida a partir do custo do fator utilizado, enuncia que o nível ótimo de uso de um fator variável pode ser determinado pela igualdade entre o produto físico marginal desse fator (**PFMg**) e a relação entre o preço do fator (P_x) e o preço do produto (P_q). Algebricamente, tem-se:[7]

> Curva de oferta pode ser derivada por meio de alterações nos preços do produto, computando-se o uso ótimo dos fatores e, então, substituindo-se esses insumos na função de produção, a fim de estimar a produção, ou seja, a oferta.

$$PFMg = (P_x/P_q).$$

Se o preço real do produto (P_q) aumenta, a razão preço do fator/preço do produto diminui, implicando um maior uso do fator a fim de alcançar seu uso ótimo, pressupondo-se que P_x seja constante. Enquanto o PFMg do fator for positivo, a produção aumentará com o maior emprego do fator. Uma **curva de oferta**[8] pode ser derivada por meio de alterações

---

6 Essa pressuposição de mercado não é irrealista; simplesmente diz que a produção de um produtor individual, por maior que seja, é tão pequena relativamente à oferta total no mercado que sua decisão de aumentar ou diminuir a produção não será percebida no mercado; isto é, o preço de mercado não variará como resultado das decisões dessa empresa. A quase totalidade dos produtos agrícolas produzidos no Brasil tem essa característica, uma vez que o número de produtores é muito grande, variando de alguns mil para certos produtos, como cacau, por exemplo, a mais de um milhão para outros, como milho, feijão, mandioca e arroz. Na agricultura, sem dúvida, essa suposição é realmente válida, como também pode ser no setor industrial, quando a empresa (um fabricante) for pequena perante o mercado (seu *market share* for baixo). Encontramo-nos, nesse caso, em uma situação de mercado em competição pura, conforme será visto no Capítulo 6.

7 Outra maneira de apresentar essa relação é por meio do valor do produto marginal (VPMg), em que VPMg é igual a P_q . PFMg, ou seja, P_q . PFMg = P_x.

8 Como será apresentado no próximo capítulo, a curva de oferta mostra quanto os produtores estarão dispostos a produzir e ofertar — colocar no mercado —, dependendo do nível de preço. Quanto maior for o preço que o produtor espera receber, maior será a quantidade que ele deseja produzir.

nos preços do produto, computando-se o uso ótimo dos fatores e, então, substituindo-se esses insumos na função de produção, a fim de estimar a produção, ou seja, a oferta. O uso ótimo de um fator não mudará se os preços do fator (P_x) e do produto (P_q) aumentarem ou diminuírem pelo mesmo percentual. Se o preço de um insumo, como farinha de trigo para fabricar pão, aumentar em 10%, mas, ao mesmo tempo, o preço do pão também aumentar em 10%, a razão preço do fator/produto não se alterará e, conseqüentemente, a solução para o uso ótimo do fator ou o nível de produção não mudará.

A segunda regra para decidir o nível ótimo de produção, estabelecida a partir do produto, é a seguinte: os lucros são maximizados no nível de produção em que a receita marginal (**RMg**) se iguala ao custo marginal (**CMg**). Algebricamente, tem-se:

$$RMg = CMg \quad \text{ou} \quad P_q = CMg \quad (\text{porque } RMg = P_q)$$

Assim, essa regra de otimização (RMg = CMg) força os ajustes na produção por causa das desigualdades em custos e retornos, na margem. Se a RMg para qualquer nível de produção excede o CMg (**RMg > CMg**), essa desigualdade simplesmente quer dizer ao produtor que, uma vez que o lucro é a diferença entre receita e custos, este poderá obter um lucro adicional se aumentar a produção. Por outro lado, se o **CMg** exceder a **RMg** (**CMg > RMg**), o produtor deve entender que a produção tem de ser reduzida, pois, nessas circunstâncias, a contribuição monetária de uma unidade adicional de produto, ou o seu preço de mercado, é menor que seu custo. Desse modo, tem-se:

RMg > CMg: o produtor aumenta seu lucro se produzir mais.
RMg < CMg: o produtor deve reduzir sua produção.
RMg = CMg: o nível de produção é que maximiza o lucro.

Ao preço P_q o nível ótimo de produção é a quantidade q*, que maximiza o lucro, dado pela área retangular $P_q$abc. Ao produzir a quantidade q*, o produtor recebe o preço unitário de venda (P_q), mas o custo unitário é dado em reais pelo segmento '0a'. A diferença entre a receita unitária (P_q) e o custo unitário é o lucro por unidade produzida (P_q – segmento '0a'), que, multiplicado pela quantidade q*, resulta no lucro total [(P_q – segmento '0a')q*], Figura 4.3.

FIGURA 4.3 Custos, receita e lucro de uma firma em curto prazo

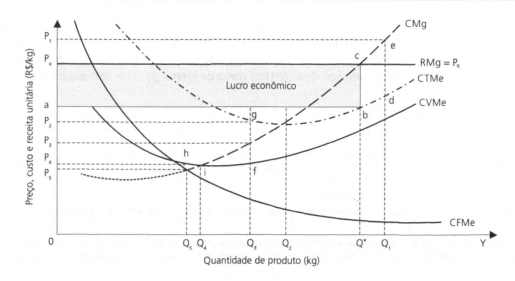

Por lucro (**L**), entende-se a diferença entre a receita total (**RT**) e o custo total (**CT**), ressaltando-se que o custo total inclui o custo fixo total e o custo variável total, ou seja:

L = RT − CT.

Análise de uma empresa com prejuízo

Um caso particular, mas muito comum no mundo real, é a situação de uma empresa que está dando prejuízo, isto é, está perdendo dinheiro. Pense em uma firma cujo preço de mercado esteja tão baixo que a receita (preço multiplicado pela quantidade) seja inferior ao custo total, apesar de ela ter utilizado corretamente o princípio do custo marginal igual ao preço do produto para determinar a quantidade produzida de produto. A pergunta para uma empresa que está deficitária é: ela deve continuar a operar, mesmo com prejuízo, ou deve fechar? À primeira vista, essa pergunta parece ser 'pouco inteligente'; afinal, por que uma empresa deveria continuar a operar se está dando prejuízo? Porém, como veremos, se com o fechamento a empresa puder perder ainda mais dinheiro, será sensato operar com prejuízo.

A Figura 4.4 mostra a situação enfrentada por uma firma com prejuízo. Suponha que o preço de mercado desse produto caia para R$ 18,00. Se a firma continuar a operar, produzirá, digamos, 17 unidades por hora, ou seja, sua produção estará no ponto **z**, aquele em que o preço (que é a receita marginal, já que se supõe que essa empresa está operando em um ambiente de concorrência pura, no qual o produtor não consegue determinar o preço) é igual ao custo marginal. O problema é que o custo médio total de produzir essas 17 unidades é R$ 26,00 (mostrado no ponto **t**), o que excede o preço de mercado do produto, que é R$ 18,00. Como o custo médio excede o preço em R$ 8,00 por unidade, a firma está tendo um prejuízo de R$ 136,00 (R$ 8,00 vezes 17 unidades). Voltamos então à pergunta: a firma deve continuar a operar ou encerrar o seu negócio?

Como sabemos, o prejuízo acontece porque a receita total não está cobrindo o custo total (custo variável + custo fixo). Se a receita total estivesse cobrindo o custo variável, mas

FIGURA 4.4 A decisão de continuar operando ou fechar a empresa

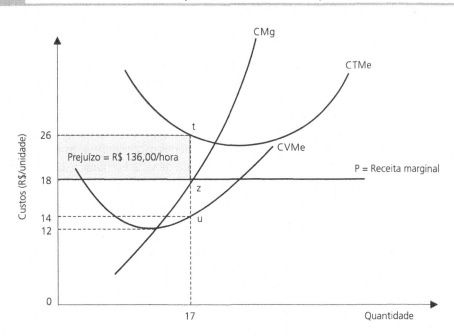

não o suficiente para cobrir também o custo fixo, a empresa deveria continuar a operar, porque o prejuízo seria menor do que se ela fosse fechada. Na Figura 4.4, constata-se que a firma pode vender as 17 unidades ao preço de R$ 18,00 por unidade, o que geraria uma receita de R$ 306,00. O custo variável médio — o desembolso efetivo representado pelo custo de mão-de-obra e de matérias-primas — para manter a empresa operando é R$ 14,00, o que dá um custo variável total de R$ 238,00 — R$ 14,00 multiplicado por 17 unidades. Tendo em vista que a receita total, que é R$ 306,00, excede o custo variável total, que é R$ 238,00, a decisão mais sensata é continuar a operar, pois pelo menos uma parte do custo fixo estará sendo recuperado. Em outras palavras, o critério é o seguinte:

- se o preço de venda for maior que o custo variável médio, a empresa deverá operar;
- se o preço de venda for menor que o custo variável médio, a empresa deverá fechar.

Um pouco sobre custo marginal

O custo marginal é um dos mais importantes conceitos em economia e é fundamental na decisão do volume de produção de um bem. O custo marginal (**CMg**) é definido como a variação no custo variável total (ou mesmo no custo total, uma vez que o custo fixo total não tem influência sobre o CMg) devido à produção de uma unidade adicional de produto, o que equivale a dizer quanto vai custar para a empresa produzir uma unidade a mais de um produto ou mesmo fornecer uma unidade a mais de um serviço.

Para melhor compreensão, apresentaremos três exemplos.

Primeiro exemplo: para uma companhia aérea que já tenha um vôo programado entre Curitiba e Brasília, por exemplo, e que tenha lugares vagos, qual o custo marginal de transportar um passageiro a mais? A resposta é simples: praticamente zero, pois os principais custos, como combustível, depreciação, juros, salários da tripulação, são os mesmos, com ou sem esse passageiro. No máximo, seria o custo de um 'lanchinho' a mais. É por isso que em alguns aeroportos dos Estados Unidos existe a fila de espera — o famoso *standby* —, na qual alguns passageiros em potencial se sujeitam a ficar, com chance até de não embarcar, e só compram a passagem na última hora por um preço bem baixo. É claro que um executivo ou um passageiro com nível de renda elevado não se sujeita a uma situação como essa, preferindo pagar mais caro, mas sabendo antecipadamente que embarcará. Entretanto, para um passageiro de baixa renda, o *standby* não deixa de ser uma ótima alternativa, que favorece também a empresa aérea, que não teria essa renda adicional se o vôo saísse com lugares vagos.

O segundo exemplo é o de uma escola de pós-graduação que já tenha definida a oferta de uma disciplina em que há 40 vagas na sala, mas somente 30 matriculados. Qual o custo de permitir que um aluno a mais venha a se matricular? A resposta é a mesma: próximo a zero, uma vez que o valor a ser pago ao professor será o mesmo e as despesas com luz, entre outras, serão as mesmas. Assim, se essa escola oferecer um desconto para estimular a matrícula de um maior número de alunos para completar os 40 lugares, essa decisão será perfeitamente compreensível do ponto de vista econômico, dado o baixo custo marginal de cada aluno adicional.

O terceiro exemplo é o seguinte: suponha que, para uma empresa produzir 1.000 unidades de um produto, o custo total seja de R$ 10.000,00, mas para produzir 1.050 unidades esse custo seja de R$ 10.020,00. Qual o custo marginal de cada unidade adicional entre 1.000 e 1.050 unidades desse produto? A resposta seria R$ 0,40, ou seja, um custo bem baixo, apesar de o custo médio ser de R$ 10,00 para produzir as 1.000 unidades e de R$ 9,54 para produzir as 1.050 unidades.

> O custo marginal mostra quanto custa produzir uma unidade a mais de um produto.

4.3.1 Ponto de nivelamento (ou de equilíbrio)

> *Breakeven point* é conceituado como o nível de produção e vendas (q) em que o custo total (incluindo os custos fixos e variáveis) se iguala à receita total, ou seja, é o ponto de lucro zero.

> O ponto de nivelamento (ou de equilíbrio) mostra o nível de produção e vendas em que o custo total se iguala à receita.

Um conceito muito útil para a determinação do nível de produção é o do chamado ponto de nivelamento, também conhecido como ponto de equilíbrio, ou, ainda, ***breakeven point***. Ele é conceituado como o nível de produção e vendas (**q**) em que o custo total (incluindo os custos fixos e variáveis) se iguala à receita total, ou seja, é o ponto de lucro zero. Ele é importante porque mostra o nível mínimo de produção para uma empresa sem que ela tenha prejuízo. Em outras palavras, produzir abaixo desse nível significa ter prejuízo e, acima dessa produção, significa ter lucro.

O ponto de nivelamento pode ser determinado tanto algébrica como graficamente.

Algebricamente: suponha que o empresário conheça seus custos fixos (**CFT**) e variáveis totais (**CVT**) e também o custo total (**CT**), que é a soma de CFT e CVT. A CVT, por sua vez, é o custo variável médio (**CVMe**) multiplicado pela quantidade (**q**), ou seja, CVT = CVMe . q.

A receita (**RT**) da empresa, por sua vez, corresponde ao preço (**P**) de venda do produto multiplicado pela quantidade (**q**) vendida desse produto, isto é, RT = P . q.

Como no *breakeven point* RT = CT, pode-se dizer que:

$$P . q = CFT + CVMe . q,$$

ou seja:

$$q = \frac{CFT}{P - CVMe}.$$

Em outras palavras, o objetivo do ponto de nivelamento é determinar a quantidade que uma empresa deve produzir de um determinado produto de modo que sua receita — aquela advinda da venda dessa produção — cubra exatamente os custos totais (fixos e variáveis), ou seja: a empresa não terá prejuízo nem lucro. Isso é importante porque, a partir desse nível de produção, a empresa sabe que já passará a ter lucro e que, produzindo menos, terá prejuízo.

Exercício suponha que uma empresa tenha custo fixo total de R$ 50.000,00, custo variável médio (isto é, o desembolso efetivo de recursos por unidade produzida) de R$ 30,00 e preço de venda do produto de R$ 55,00. Considere que 2 mil unidades constituem o nível de produção em que RT = CT. Se essa empresa produzir mais de 2 mil unidades, ela passará a obter lucros, ao passo que, se produzir abaixo desse nível, terá prejuízo.

A Figura 4.5 mostra a determinação do ponto de nivelamento graficamente. Com base nos dados mostrados, tem-se que CT = 50.000 + 30 . q, enquanto RT = 55 . q.

Mudanças no ponto de nivelamento

Com base na fórmula que determina a quantidade (**q**) no ponto de nivelamento, pode-se perceber que alterações nos custos fixos totais e/ou no custo variável médio e/ou no preço de venda do produto podem provocar mudanças no *breakeven point*. Isso significa, por exemplo, que aumentos nos CFT forçam a empresa a ter de produzir mais para poder igualar a RT ao CT, e vice-versa. Por outro lado, uma diminuição no custo variável médio ou um aumento no preço do produto permite que a empresa possa ter um volume de produção menor e, mesmo assim, ter equilíbrio entre receita e custo.

Suponha, no exemplo anterior, que a referida empresa, por meio da terceirização de parte de suas atividades (contratação de serviços de transporte, por exemplo), conseguiu

FIGURA 4.5 Determinação do ponto de nivelamento

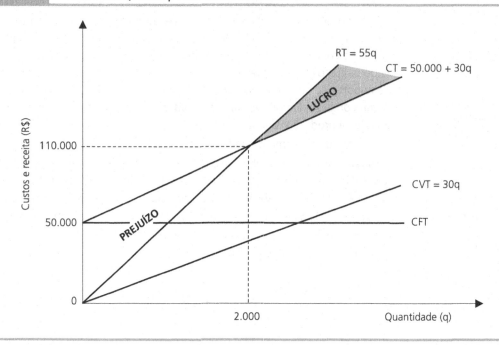

reduzir seus custos fixos de R$ 50.000,00 para R$ 35.000,00,[9] mas seu custo variável médio aumentou de R$ 30,00 para R$ 35,00 (lembre-se de que, agora, a parte referente ao transporte passou a ter custo variável e será paga a terceiros). Qual é o novo ponto de nivelamento? O estudante deve calcular, mas a resposta é: q = 1.750 unidades. Isso significa que a terceirização, nesse caso, foi uma boa opção, pois, se a empresa vier a produzir as 2 mil unidades anteriores, já conseguirá ter lucro (**L**),[10] o que não conseguia antes.

4.4 CURVAS DE CUSTO DE LONGO PRAZO

Até aqui, analisamos apenas as curvas de custo de curto prazo, que mostram o custo de produzir diferentes quantidades de produtos em uma determinada planta industrial, rural ou comercial, ou seja, o tamanho da empresa é dado e, portanto, não muda. Agora, vamos discutir, embora sucintamente, a curva de custo de longo prazo, que mostra o custo de produzir diferentes quantidades de produtos em plantas de tamanhos diferentes. O longo prazo, conforme foi mencionado, é definido como um período durante o qual a empresa tem total flexibilidade na combinação de seus fatores de produção. Em longo prazo, a firma pode construir uma nova planta industrial ou comercial (fábrica, armazém, escritório ou restaurante) ou ampliar a planta existente, contratar mão-de-obra e comprar matérias-primas brutas. A curva de custo médio de produção de longo prazo é definida como o custo total dividido pela quantidade de produto, em uma situação em que a empresa pode escolher uma planta de qualquer tamanho.

A curva de custo médio de longo prazo tem uma característica básica, que é ser negativamente inclinada para um determinado intervalo em que o nível de produção é ainda relativamente pequeno. Depois disso, pode ser relativamente horizontal, em um intervalo grande de produção, ou até continuar a cair, à medida que o nível de produção aumenta. Em muitos casos, a curva pode passar a ser positivamente inclinada para grandes quantidades

---

9 Isso é possível porque ela deixou de ter um ou mais caminhões próprios, reduzindo, assim, os custos fixos, por meio de menor depreciação e menos juros sobre o capital investido (menor custo de oportunidade).

10 O lucro será de R$ 5.000,00 e advém de: L = RT − CT = 55 × 2.000 − (35.000 + 35 × 2.000).

de produto. Em longo prazo, a capacidade que a firma tem de variar a quantidade do capital possibilita que ela consiga reduzir seus custos. A Figura 4.6 mostra quatro diferentes tipos de curvas de custo médio de longo prazo, e esses formatos de curvas resultam de estudos detalhados, feitos nos Estados Unidos, para alguns tipos de empresas que produzem bens e serviços, tais como: geração de energia elétrica, produção de alumínio, transportes e serviços hospitalares.

4.4.1 Economia de escala

A análise de custo médio em longo prazo baseia-se nos ajustes do tamanho da firma, com as chamadas economias e deseconomias de escala. Diz-se que há **economia de escala** quando o custo médio de produção (**CMe**) diminui, com um maior volume produzido (**q**) pela empresa. À medida que o tamanho ou a escala de operação de um

FIGURA 4.6 Curvas de custo médio de longo prazo para quatro diferentes tipos de empresas nos Estados Unidos

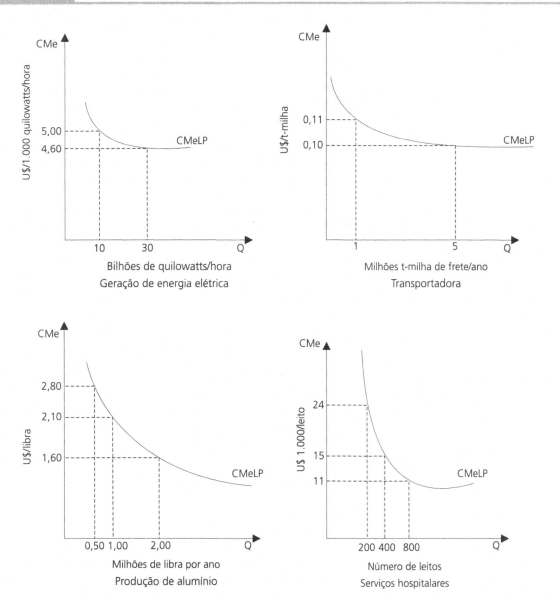

> Economia de escala
> mostra a relação entre o
> custo médio de produção
> e a quantidade
> produzida. Nesse caso, o
> custo unitário cai, à
> medida que o tamanho
> ou a escala de operação
> de um empreendimento
> se torna maior.

empreendimento se torna maior, em geral, os custos médios tendem a cair, atingindo um mínimo, e depois podem até voltar a subir, chegando, nesse último caso, à chamada deseconomia de escala.

Em outras palavras, quando o CMe diminui com a expansão da quantidade, diz-se que há economias de escala — esta se caracteriza pela relação inversa entre o custo médio (de longo prazo) e o volume produzido de um determinado bem ou serviço. Se o aumento de **q** resultar em elevação do CMe, estará havendo, então, uma deseconomia de escala.

As economias de escala têm origem na especialização e divisão do trabalho, que pode ser obtida mais efetivamente sob coordenação da firma, em vez de sob a coordenação do mercado. Ou seja, são as condições tecnológicas que permitem à firma reduzir o seu CMe ao expandir sua produção.

Entre os fatores que podem levar à economia de escala, ou seja, à redução de custo médio à medida que o volume produzido aumenta, estão:

a) **Divisão e especialização do trabalho**. Em uma firma pequena, com poucos funcionários, cada um executa várias tarefas no processo de produção, enquanto em uma empresa maior, em geral, cada trabalhador se especializa em uma tarefa, trazendo vantagens econômicas, porque ele pode adquirir maior habilidade ou destreza e, assim, reduzir o tempo de execução de cada atividade, além de eliminar a perda de tempo de passar de uma tarefa a outra.

b) **Preços dos insumos**. Uma empresa que adquire um volume grande de matérias-primas pode obter descontos maiores e, assim, conseguir fazer economia.

c) **Indivisibilidade de operações financeiras**. A facilidade de obtenção de empréstimos com os bancos, e até de juros menores, é maior para empresas grandes do que para pequenas.

> A economia de escala
> mostra que o custo médio
> diminui com um maior
> volume de produção.

d) **Indivisibilidade de equipamento**. Algumas máquinas e certos equipamentos só são viáveis economicamente se forem utilizados intensivamente, ou seja, em dois ou três turnos. É por isso que não é econômico para uma pequena fábrica adquirir uma máquina de grande porte, pois o custo fixo médio (juros sobre o capital investido e depreciação dessa máquina) seria muito elevado para a pequena produção que teria.

Em suma, a economia de escala diz respeito à redução nos custos médios — custos por unidade produzida —, redução essa que resulta do maior tamanho de uma planta (ou unidade) de uma empresa. A diminuição do CMe baseia-se fundamentalmente na distribuição dos custos fixos (em especial, a depreciação e os juros sobre o capital investido) em uma quantidade maior de produção. Como os custos fixos não dependem do nível de produção — para produzir 100 ou 500 unidades, o custo fixo total é o mesmo —, então, para o nível de produção de 500 unidades, o custo fixo médio (aquele de cada unidade) vai diminuindo à medida que o número de unidades produzidas aumenta. Em outras palavras, a economia de escala guarda estreita relação com o volume de produção de um determinado bem.

4.4.2 Economia de escopo

Tendo em vista que a maior concorrência tem levado a uma queda nos preços dos produtos industriais, a redução no custo médio passa a ser o melhor caminho para manter a competitividade de uma empresa.[11] E a redução do custo unitário (que é o mesmo que

---

11 Cabe lembrar que o lucro unitário resulta da diferença entre o preço de venda do produto e o custo unitário de produção.

80 Economia: fundamentos e aplicações

> Economia de escopo mostra a relação entre o custo médio e a produção conjunta de uma variedade de produtos, isto é, uma mesma planta industrial produzindo vários produtos simultaneamente.

> A economia de escala e a de escopo são caminhos para a redução do custo unitário.

custo médio) depende, além da economia de escala (que tem a ver com o volume de produção), da tecnologia e da chamada economia de escopo. Se a economia de escala depende do volume de produção de um produto — produção em massa —, a **economia de escopo** depende da variedade de produtos — uma mesma planta industrial produzindo vários produtos simultaneamente ou não.

Muitas empresas produzem mais de um produto, os quais podem estar intimamente interligados, como uma fazenda que cria carneiros, gerando carne e lã; uma indústria automobilística, que produz vários tipos de carros e até caminhões e tratores; uma faculdade que oferece cursos de graduação e de pós-graduação, ou nem ser fisicamente relacionados. Qualquer que seja a situação, é possível que a empresa venha a ter vantagens de produção ou de custo ao produzir dois ou mais bens ou serviços, em vez de apenas um. A redução de custos resulta de uma combinação de fatores, que pode ser o uso mais racional de recursos (insumos), instalações e marketing, ou a utilização da mesma administração, o que resultaria em economia nos custos.

Uma empresa experimenta a economia de escopo quando, em curto prazo, um aumento no número de produtos produzidos resulta na redução de custo total médio. Economias de escopo ocorrem quando insumos técnicos altamente especializados — em geral, caros — podem ser 'repartidos' por diferentes produtos. Por exemplo, a Sadia e a Perdigão podem abater e industrializar carnes de frango e de suínos em um mesmo frigorífico a um custo médio total menor do que se as operações fossem realizadas em dois frigoríficos separados, um para cada tipo de carne. A indústria automobilística, que produz automóveis e tratores, é outro bom exemplo.

A economia de escopo resulta em redução nos custos unitários, redução essa que é proveniente da utilização, em uma mesma planta industrial, de instalações e processos para produzir mais de um produto. Trata-se, portanto, de uma produção conjunta — dois ou mais produtos sendo produzidos em uma mesma instalação —, que possibilita a obtenção de redução de custos por unidade produzida.

A economia de escala e de escopo são observadas não apenas na indústria, mas também no comércio, quando uma loja vende vários tipos de produtos diferentes. Um hipermercado, com mais de 40 mil itens, na verdade, está praticando simultaneamente a economia de escala e a de escopo. Parece desnecessário afirmar que uma cuidadosa e bem estudada integração entre o volume (economia de escala) e a variedade (produção e comércio de vários produtos em conjunto) pode ser o caminho do sucesso para uma empresa — os executivos precisam estar atentos a essa integração.

4.4.3 Redução de custo pela curva de aprendizagem

Os economistas, ao explicarem por que em longo prazo uma empresa grande tem custos médios mais baixos que uma empresa menor, são tentados a atribuir essa vantagem aos *rendimentos crescentes de escala* de produção. Os rendimentos de escala de produção podem ser explicados da seguinte maneira: para produzir, uma empresa emprega vários insumos ou fatores de produção. O maior nível de produção, associado com aumentos de cada um dos insumos utilizados, facilita a compreensão da natureza em longo prazo do processo produtivo das empresas. Aqui, a pergunta relevante é: de que maneira a produção de uma empresa aumenta à medida que a quantidade utilizada de seus fatores de produção aumenta? A resposta é: se a produção aumentar mais que o dobro quando houver uma duplicação na quantidade dos insumos, a empresa estará obtendo rendimentos crescentes de escala.[12] Isso pode ocorrer, em grande parte, por causa de dois fatores que contribuem

---

12 Há duas outras possibilidades relacionadas à escala de produção: rendimentos constantes de escala, quando a produção dobra, com a duplicação dos insumos, e rendimentos decrescentes de escala, quando a produção aumenta menos que o dobro, se houver duplicação na quantidade utilizada dos fatores de produção.

> Curva de aprendizagem mostra a redução do custo médio à medida que os fabricantes ganham experiência e maior domínio das novas tecnologias, aumentando, assim, a produção de bens. O custo médio de longo prazo cai à medida que a produção acumulada aumenta.

positivamente para o aumento da produtividade dos fatores de produção: a especialização e a divisão do trabalho.

Contudo, não é necessariamente verdade que a redução no custo médio de longo prazo decorra unicamente dos rendimentos crescentes da escala de produção. A redução dos custos médios de produção em longo prazo pode ter origem no que se chama **curva de aprendizagem**, que tem a ver com o fato de administradores e mão-de-obra, à medida que vão adquirindo mais experiência em suas tarefas diárias, passarem, aos poucos, a absorver as novas tecnologias.

Eis algumas das razões pelas quais os custos médio e marginal podem se tornar menores à medida que trabalhadores e gestores ganhem maior prática com as novas informações tecnológicas:

a) Na fase inicial de aprendizagem de uma nova tecnologia, os funcionários demoram mais para realizar uma determinada atividade produtiva, mas com o tempo vão se tornando mais hábeis e rápidos.

b) Os gestores também levam algum tempo para aprender a programar o processo produtivo com maior eficácia, em todas as suas fases: do fluxo de materiais até a organização de todo o processo de fabricação.

c) Os engenheiros que desenvolveram os projetos acabam adquirindo maior experiência e melhorando o que já haviam criado, sem contar as novas ferramentas e a reorganização fabril de melhor qualidade, as quais podem resultar na redução dos custos.

d) Até mesmo os fornecedores de materiais podem contribuir, à medida que aprendem maneiras diferentes e mais eficazes de processar os materiais exigidos pela empresa.

Uma empresa 'aprende' ao longo do tempo, conforme a produção acumulada vai ocorrendo. É um processo longo de conhecimento, ao qual se dá o nome de curva de aprendizagem; afinal, o reconhecimento dos erros e a correção deles é uma das tarefas mais difíceis e úteis para uma empresa. Uma vez avaliados os erros com cuidado, é preciso tomar providências para eliminá-los, se isso for possível, ou pelo menos para reduzi-los. A curva de aprendizagem (Figura 4.7) mostra a redução de custos à medida que fabricantes ganham

FIGURA 4.7 Curva de aprendizagem: o custo médio de longo prazo cai à medida que a produção acumulada aumenta

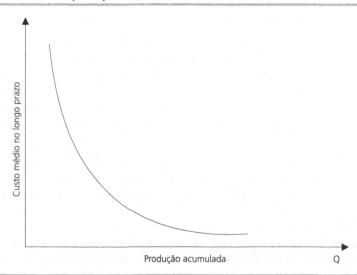

experiência e domínio de novas tecnologias, aumentando, assim, a produção de bens, como automóveis, videocassetes, aeronaves, aparelhos de TV. Os aumentos de produção cumulativos possibilitam a diminuição dos custos marginais e médios de produção.

A curva de aprendizagem, tão importante nos dias atuais em que a inovação tecnológica vem acontecendo a uma velocidade impressionante, pode resultar no seguinte círculo virtuoso:

a) Os custos de cada unidade produzida caem com o aumento da produção.

b) Com custos unitários menores, as empresas podem reduzir os preços de seus produtos sem comprometer seus resultados financeiros.

c) Com preços menores, as vendas se expandem e aumenta a participação da empresa no mercado (*market share*).[13]

d) Vendendo mais, as empresas podem produzir mais (economia de escala) e aumentar os lucros, o que lhes permitirá investir mais em novas máquinas e equipamentos e em pesquisa de mercado e tecnologia, que mais tarde resultarão em custos unitários menores.

e) Com custos unitários menores, as empresas podem reduzir os preços de seus produtos sem comprometer seus resultados financeiros.

4.5 DERIVAÇÃO DA CURVA DE OFERTA DA EMPRESA EM CURTO PRAZO

Para concluir este capítulo e fazer a interligação entre a produção, os custos e a curva de oferta de uma empresa, em curto prazo, vamos rever a Figura 4.3. A *curva de oferta de uma firma individual* é derivada das funções de custos; mais precisamente, ela é a própria curva de custo marginal na porção ou acima do ponto mínimo da curva de custo variável médio (CVMe) para o curto prazo, ou acima da curva de custo total médio (CTMe) em longo prazo.

Como vimos, ao preço P_q, o produtor maximiza o lucro, produzindo a quantidade q^*. O que deveria fazer o produtor se o preço de mercado aumentasse para P_1? Aplicando a regra, ou seja, produzindo quando CMg = RMg ou CMg = P_q, ele encontraria o novo nível ótimo de produção em q_1. Para tanto, empregaria uma maior quantidade do fator variável para produzir mais q (quando CMg = P_1), porque essa quantidade (q_1) seria mais lucrativa (o lucro unitário, dado pelo segmento 'de', é maior do que o do segmento 'bc') do que apenas manter o nível anterior de produção. Assim, um aumento de preço do produto resultaria em uma maior produção (Figura 4.3).

O que aconteceria se o preço caísse para P_2? Nesse caso, o produtor deveria diminuir a produção para q_2, quando CMg = P_2. O lucro econômico para produzir q_2 seria zero, uma vez que o preço recebido P_2 apenas cobriria o custo médio de produção — vale ressaltar que, nessa situação, mesmo em médio prazo, o produtor continuaria produzindo, pois os custos de oportunidade sobre os recursos fixos também estariam cobertos (é bom lembrar que a curva CTMe inclui os custos variáveis médios e os fixos médios).

---

13 É importante lembrar, dos capítulos 2 e 3, que as curvas de demanda estão se tornando mais elásticas (consumidores mais sensíveis a preço) por causa da maior competição entre as empresas. Isso significa que a queda de preço pode resultar em uma quantidade vendida relativamente maior.

Considerando agora uma queda de preço para P_3, deve-se encontrar o nível de produto em que CMg seja igual a P_3, que é q_3; assim, uma redução de preço resultaria em uma diminuição da quantidade produzida. Contudo, o custo total médio para produzir q_3 (ponto g) é maior que o preço que o produtor receberá no mercado; então, ele estará tendo um prejuízo de $(g - P_3)$ por unidade de produto. Nesse caso, o produtor deve deixar de produzir? Não; nesse nível de produção (q_3), a receita total ($P_3 \times q_3$) é maior que o custo variável total ($f \times q_3$) e, em curto prazo, ele ainda deve continuar produzindo.

Entretanto, se o preço caísse para P_5, a regra $P_q = $ CMg indicaria que a produção deveria ser de q_5. Como o custo variável médio seria maior que o preço P_5, o produtor teria um prejuízo menor se parasse de produzir.

Convém observar que, para a produção q_4, o custo variável médio é de **i** reais. Se o preço do produto for menor que esse valor (**i**), os custos variáveis não poderão ser cobertos pela receita. Assim, encontra-se um preço (P_4) mínimo, abaixo do qual a empresa não teria condições de produzir. Para todos os preços acima de (P_4), a produção será determinada a um nível em que $P_q = $ CMg. Desse modo, tem-se as combinações de preço e quantidade a serem produzidas, as quais correspondem à curva de oferta da empresa em curto prazo, ou seja, a curva de custo marginal acima do mínimo da curva de custo variável médio é a curva de oferta da firma, que mostra quanto de **q** será produzido a todos os possíveis preços para esse produto. Cabe destacar que, em longo prazo, o produtor continuará a produzir somente se todos os custos — os fixos e os variáveis — forem cobertos.

RESUMO

Os principais pontos a serem destacados neste capítulo são:

1. A curva de oferta, em curto prazo, pode ser derivada das relações insumo–produto (função de produto) ou das funções de custo (curva de custo marginal), de maneira análoga à curva de demanda, que é derivada da função de utilidade ou das curvas de indiferença.

2. A função de produção é uma relação física entre as quantidades utilizadas de certo conjunto de insumos e as quantidades físicas máximas que se podem obter do produto para dada tecnologia. A partir da função de produção, obtém-se duas relações importantes: o produto físico marginal e o produto físico médio. O primeiro mede a variação no produto físico total devido a uma unidade adicional no uso do fator variável, enquanto o segundo mede a relação entre a quantidade produzida correspondente do insumo utilizado. Em razão da lei dos rendimentos decrescentes, os valores do produto físico marginal e do médio, após determinado nível de uso do fator variável, decrescem à medida que mais unidades do fator são empregadas.

3. Há uma estreita relação entre as funções de produção e de custo, a qual mostra que o custo marginal (variação no custo total devido a uma unidade adicional de produto) depende diretamente do preço do insumo e, inversamente, do produto físico marginal. Do mesmo modo, o custo variável médio (custo variável total dividido pela produção) é uma relação entre o preço do insumo e o produto físico médio.

4. O nível econômico ótimo de emprego de um fator variável é aquele em que seu produto físico marginal se iguala à relação entre o preço do fator e o do bem produzido com esse fator. Dado o preço do insumo, um aumento no preço do produto implica um maior emprego do fator e, conseqüentemente, um aumento da produção.

5. O nível ótimo de produção pode, também, ser determinado no ponto em que a receita marginal (que é igual ao preço do produto, em um mercado de concorrência) se iguala ao custo marginal.

6. A curva de oferta de uma empresa é a própria curva de custo marginal situada na porção acima do ponto mínimo da curva de custo variável médio, em curto prazo.

7. As curvas de custo médio e marginal podem se deslocar para baixo (reduzindo os custos unitários) tanto pela adoção de uma melhor tecnologia quanto pela diminuição no preço dos insumos.

8. O ponto de nivelamento ou de equilíbrio — *breakeven point* — mostra a quantidade de produto que uma empresa deve produzir (ou comercializar) para que a

receita gerada por essa produção seja igual aos custos totais (fixos e variáveis). Em outras palavras, no ponto de nivelamento o lucro é zero.

9. Em longo prazo, o custo médio de produção pode diminuir por várias razões, tais como economia de escala, economia de escopo, curva de aprendizagem, entre outras.

10. A economia de escala relaciona o custo médio com o tamanho da empresa. Em geral, mas não necessariamente, o custo médio diminui com o aumento da produção (embora não necessariamente).

11. Uma empresa experimenta a economia de escopo quando utiliza um conjunto de fatores de produção, como máquinas e instalações, para produzir dois ou mais bens e serviços, inter-relacionados ou não, em uma mesma planta industrial ou comercial.

12. A curva de aprendizagem mostra que é possível obter redução de custos unitários em longo prazo à medida que a produção acumulada aumenta. Isso ocorre porque a experiência e o domínio das novas tecnologias, seja pelos trabalhadores, seja pelos administradores e engenheiros de desenvolvimento tecnológico, levam algum tempo para acontecer.

ATIVIDADES DE FIXAÇÃO: TESTE SUA APRENDIZAGEM

Caro leitor, procure desenvolver as seguintes questões, pois assim você estará fazendo uma revisão de sua aprendizagem:

1. Discuta o significado de uma função de produção e da lei dos rendimentos decrescentes.

2. De acordo com a lei dos rendimentos decrescentes, quando um fabricante de carteiras escolares contrata seu vigésimo trabalhador, a produção aumenta em cinco carteiras por dia. Se ele empregar dois novos trabalhadores, você espera que a produção dele aumente em dez carteiras?

3. Indique se a seguinte afirmação é falsa ou verdadeira e comente: "De acordo com a lei dos rendimentos decrescentes, um trabalhador adicional decresce a produção total".

4. Explique por que o princípio dos rendimentos decrescentes não ocorre em longo prazo.

5. Uma firma fotocopiadora tem apenas uma máquina de copiar. Se contratar mais e mais trabalhadores, você espera que a produção — número de páginas copiadas por hora — aumente a uma taxa constante? Por quê?

6. Que princípio ou lei explica por que a curva de custo marginal, em curto prazo, é positivamente inclinada?

7. Indique se a seguinte afirmação é falsa ou verdadeira e comente: "Se o custo da mão-de-obra por bicicleta produzida for de R$ 20,00 e o da matéria-prima for de R$ 30,00, o custo médio total, em curto prazo, será de R$ 50,00".

8. Complete a frase: "A curva de custo marginal intercepta a curva de custo _____ em seu ponto de mínimo".

9. O que a lei dos rendimentos decrescentes provoca no formato da curva de custo marginal?

10. Qual é o formato da curva de custo fixo médio? Mostre-o gráfica e matematicamente e explique por que tem esse formato.

11. Suponha que você seja o administrador de uma empresa que tem a seguinte estrutura de custos:

PRODUÇÃO (em unidades)	CUSTO TOTAL (R$)
0	10.000
1.000	15.000
2.000	25.000
3.000	40.000
4.000	60.000
5.000	85.000
6.000	120.000

a) Determine: o custo fixo total, os custos variáveis totais, os custos variáveis médios, os custos totais médios e os custos marginais.

b) Quanto desse produto você deveria produzir se o preço de mercado fosse de R$ 20,00 por unidade?

c) Que lucro você obteria em b?

d) Mostre graficamente as relações de custos unitários, de preços e o lucro.

12. O que são economias de escala, como surgem e qual sua implicação para o formato da curva de custo médio, em longo prazo?

13. O que você entende por economia de escopo? Dê um exemplo do mundo real.

Capítulo 4 – Produção, custos e lucro **85**

14. Calcule o ponto de nivelamento com as seguintes informações: um restaurante consegue fazer uma refeição por um custo variável médio de R$ 7,00 e cobra de seus clientes o preço de R$ 15,00 por pessoa. Tradicionalmente, ele abre à noite, mas deseja saber se vale a pena abrir também ao meio-dia, considerando que o custo fixo total para abrir para o almoço é de R$ 112,00 (gastos com cozinheira, garçom, gás e depreciação dos equipamentos). Em outras palavras, ele quer saber qual é o número mínimo de fregueses que deve ter no almoço para justificar a abertura do restaurante ao meio-dia.

15. Explique por que uma empresa em concorrência pura (ou perfeita) toma o preço do mercado como dado, isto é, como tomadora de preço, como acontece com a agricultura, por exemplo.

16. Complete a frase: "Uma empresa em concorrência pura deve produzir a quantidade de produto que seja igual a _____ ".

17. Complete a frase com 'operar' (isto é, funcionar) ou 'fechar': "Considere uma firma com receita total igual a R$ 1.000,00, custo total de R$ 1.200,00 e custo variável total de R$ 800,00. Essa firma deve _____ sua planta industrial ou comercial".

18. Complete a frase: "Uma firma deve continuar a operar uma planta industrial ou comercial, mesmo que esteja dando prejuízo, se o preço de mercado exceder _____ ".

19. Complete a afirmação: "A curva de oferta da firma, em curto prazo, mostra a relação entre _____ e _____ ".

20. Complete a frase com um número:

"Suponhamos que em uma indústria que opera em concorrência pura haja 50 empresas idênticas. Se a empresa típica oferece 1.000 unidades do produto ao preço de R$ 20,00, a quantidade ofertada dessa indústria é _____ ".

capítulo

5

Oferta de bens e serviços

A ECONOMIA NO COTIDIANO

Nos capítulos 2 e 3, tratamos de vários aspectos ligados à demanda (preços, renda e outros fatores), ou seja, tratamos do lado do consumidor. No Capítulo 4, discutimos alguns tópicos relacionados com a produção e os custos, em que, até mesmo, derivamos a curva de oferta de uma firma individual, já que ela se origina das relações de custos. No presente capítulo, abordaremos os principais aspectos relacionados à oferta de mercado, isto é, o lado do produtor, que oferta um bem ou serviço no mercado.

O que analisaremos aqui diz respeito à resposta do produtor aos incentivos do mercado; ao modo como ele reage, produzindo e colocando no mercado um determinado produto. Para alguns produtos, a capacidade de resposta de uma indústria é muito grande, isto é, a produção aumenta rapidamente. Em outros setores, menos competitivos, a produção não cresce muito, forçando o país a importar.

Por exemplo, a indústria automobilística brasileira teve capacidade para responder a um aumento na demanda, expandindo-se, como ocorreu no período de 1993 a 1997, quando a produção total (incluindo veículos leves, caminhões e ônibus) saltou de 1.391 mil unidades para mais de 2 milhões de unidades. No início dos anos 2000, essa produção caiu um pouco, fechando o ano de 2002 com 1.775 mil unidades, mas voltou a crescer, devendo chegar a quase 3 milhões de unidades em 2007 e a mais de 3,5 milhões em 2008.

A oferta de frango no Brasil é outro bom exemplo. Ela tem crescido significativamente nos últimos 15 anos, tanto para atender a demanda interna (cujo consumo *per capita* mais que duplicou) quanto como a externa (as exportações triplicaram em quantidade). De uma produção de 2 milhões de toneladas, no início da década de 1990, a oferta em 2008 ultrapassou 11 milhões de toneladas, das quais cerca de 7,2 milhões de toneladas foram destinadas ao mercado interno. O mercado externo absorveu 3,8 milhões de toneladas. A avicultura brasileira vem mantendo um crescimento médio próximo a 10% ao ano, ao longo da última década. O aumento das exportações reflete a competitividade do produto brasileiro, que já é comercializado para quase cem países, em que respondemos por quase um terço do comércio internacional de frangos.

A soja brasileira é mais um exemplo de sucesso de oferta, destinada principalmente ao mercado externo. Os produtos do complexo soja (grão, farelo e óleo) se mantêm entre os mais importantes na pauta de exportações brasileiras. A produção (leia-se: a oferta) saltou de 27,3 milhões de toneladas, em 1997, para mais de 60 milhões em 2008.

Apesar da expansão rápida na oferta de frango e de soja, que era de 120 mil toneladas e de 1 milhão de toneladas, respectivamente, como média do período de 1965-1970, até os dias atuais, os preços, em termos reais, não cresceram muito. Isso significa que há outros fatores importantes que explicam o comportamento da oferta de produtos. É exatamente para tratar do preço e de outros fatores que afetam a oferta que dedicamos o presente capítulo.

OBJETIVOS

Ao final da leitura deste capítulo, você deverá ser capaz de:

1. Entender a famosa lei da oferta.

2. Explicar a relação positiva entre preços e quantidade produzida e ofertada.

3. Relacionar os fatores que afetam economicamente as decisões dos produtores.

4. Compreender o efeito da tecnologia sobre a curva de oferta.

5. Apreender o significado e a aplicação da elasticidade-preço da oferta, ou seja, a sensibilidade dos consumidores à variação de preços.

6. Compreender por que, para alguns produtos, mesmo quando o preço aumenta significativamente, a resposta na produção é pequena, enquanto para outros bens pequenos aumentos nos preços provocam 'explosão' na produção.

5.1 CURVA DE OFERTA DE MERCADO

> Curva de oferta de mercado é uma relação que descreve quanto de um bem os produtores (todas as firmas) estão dispostos a ofertar, a diferentes níveis de preços, em um determinado período de tempo, dado um conjunto de condições.

O conceito de oferta da firma é importante porque procura refletir as relações de produção e de custos no nível de cada empresa, individualmente, mas é apenas um componente de um conceito ainda mais importante, que é a curva de oferta de mercado (ou da indústria). A **curva de oferta de mercado** é uma relação que descreve quanto de um bem os produtores (todas as firmas) estão dispostos a ofertar, a diferentes níveis de preços, em um determinado período de tempo, dado um conjunto de condições. Essas condições, que podem ser mantidas constantes (*ceteris paribus*) em um dado período, são:

- número de produtores

- preços dos fatores de produção (insumos)

- mudança na tecnologia

- preços dos produtos competitivos

- restrições institucionais, tais como a disponibilidade de crédito e a política governamental (impostos, juros, câmbio etc.) e as condições climáticas (para o caso da agricultura), entre outras.

> Oferta total de mercado é obtida pela soma das quantidades de todas as firmas individuais que produzem o produto.

Esse conceito deixa claro que **a oferta total de mercado** é obtida pela soma das quantidades de todas as firmas individuais que produzem o produto. Convém ressaltar a importância do período de tempo em razão de seu impacto sobre a escala de produção e o número de firmas no mercado. Em curto prazo, tanto a escala quanto o número de firmas são fixos. Em um período mais longo, as empresas existentes podem mudar suas escalas (conforme vimos no capítulo anterior) e entrar ou sair da indústria.

O *curto prazo* é definido como um período curto demais para que novas firmas comecem a produzir; portanto, o número de empresas no mercado é fixo e a oferta da indústria é a soma das quantidades ofertadas pelas firmas individuais existentes. Admitindo, por simplicidade, que há somente quatro firmas que produzem um determinado produto, pode-se observar que a oferta agregada desse produto, em um dado momento, resulta da soma das quantidades que todas as quatro empresas estariam dispostas a produzir e ofertar no mercado, para cada nível de preço. A **indústria** é o conjunto de firmas que produzem um certo produto. No caso da agricultura, a 'indústria' seria a soma da produção de um determinado produto por todas as propriedades rurais. Considerando que a curva de oferta de uma firma é a própria curva de custo marginal (acima da curva de custo variável médio), a curva de oferta agregada de um produto é a soma horizontal de todas as curvas de custo marginal das firmas que estarão produzindo a mercadoria, em curto prazo. A Tabela 5.1 e a Figura 5.1 ilustram um exemplo hipotético da oferta agregada de um produto produzido por quatro empresas.

> Indústria é o conjunto de firmas que produzem um certo produto.

Para cada uma das quatro firmas, os dados representam a curva de oferta da firma individual, acima da curva de CVMe. A firma **A** é a de baixo custo e seu CVMe mínimo é de R\$ 4,00 por unidade para 20 unidades de produto — qualquer preço unitário abaixo de R\$ 4,00 faz com que essa firma deixe de produzir, de modo que ela só estará produzindo quando os preços forem iguais ou superiores a R\$ 4,00. Um aumento de preço para R\$ 6,00 por unidade estimula a firma **B** a produzir 30 unidades, e a firma **A** produzirá 38 unidades, resultando, a esse nível de preço, em uma quantidade ofertada (indústria) de 68 unidades. Com o aumento de preço do produto para R\$ 10,00 e R\$ 12,00, respectivamente, as firmas **C** e **D** começarão a ofertar o produto. Conseqüentemente, o preço mínimo pelo qual as quatro firmas estarão produzindo é R\$ 12,00. A esse preço, a oferta de mercado será de 230 unidades.

TABELA 5.1 Derivação da curva de oferta de mercado com base nas curvas de oferta de quatro firmas hipotéticas

PRODUÇÃO (R$/UNIDADE)	Firma A	Firma B	Firma C	Firma D	Mercado
0,00	0	0	0	0	0
2,00	0	0	0	0	0
4,00	20	0	0	0	20 (a)
6,00	38	30	0	0	68 (b)
8,00	50	50	0	0	100 (c)
10,00	58	65	30	0	153 (d)
12,00	65	75	60	30	230 (e)
14,00	70	83	80	60	293 (f)
16,00	75	87	90	80	332 (g)
18,00	80	90	95	90	355 (h)
20,00	83	92	100	95	370 (i)

FIGURA 5.1 Derivação da oferta de mercado em uma situação hipotética de quatro firmas

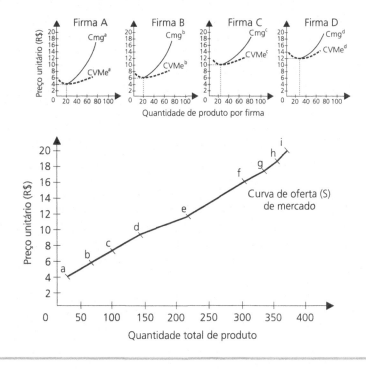

A firma **D** é a que tem custo mais elevado no mercado (ela pode não estar adotando as melhores tecnologias). Muitas vezes, ela é denominada firma marginal, uma vez que é a última a entrar no mercado quando os preços sobem e é a primeira a deixar de produzir quando os preços caem. Ao preço de R$ 12,00, a firma marginal está conseguindo um retorno suficiente apenas para cobrir os custos de oportunidades (lucro zero), enquanto as outras três estão obtendo lucros, porque seus custos unitários de produção são inferiores ao preço recebido.

Somando as curvas de custo marginal das firmas individuais, obtém-se a curva de oferta de mercado. Com o aumento de preço para R$ 6,00, a firma **A** expandirá sua produção ao longo de sua curva de custo marginal (CMg^a). Conseqüentemente, do ponto **a** ao ponto **b** (Figura 5.1), a curva de oferta de mercado é simplesmente a curva de custo marginal da firma **A**. Ao preço de R$ 6,00, a firma **B** entra no mercado, e sua produção é acrescentada à da firma **A**.

Assim que o preço aumenta de R$ 6,00 para R$ 10,00, cresce a produção de ambas as firmas, uma vez que elas maximizam seus lucros, expandindo a produção ao longo de suas respectivas curvas de custo marginal. Desse modo, o segmento **bc** da curva de oferta de mercado é composto das curvas de custo marginal das firmas **A** e **B**. No ponto **d**, a firma **C** entra no mercado, e, no ponto **e**, é a vez de a firma **D** entrar no mercado. Ao preço de R$ 18,00 por unidade, a curva de oferta agregada indica que 355 unidades de produto serão ofertadas pelas quatro firmas: 80 pela firma **A**, 90 pela firma **B**, 95 pela firma **C** e 90 pela firma **D**. Portanto, a curva de oferta de mercado, para todos os níveis de preço, é representada pelo segmento **abcdefghi**.

5.2 ELASTICIDADE-PREÇO DA OFERTA

> A lei da oferta mostra uma relação positiva (direta) entre preço e quantidade ofertada.

A curva de oferta, como foi visto, mostra a relação entre os preços de um produto e as quantidades que os produtores estão dispostos a ofertar por unidade de tempo. Ao contrário da demanda, *na oferta, os preços se correlacionam positivamente com as quantidades*, ou seja, à medida que o preço de um produto aumenta, maior é a quantidade que os produtores desejarão produzir e vender. Essa é a famosa **lei da oferta**, cujo enunciado é o seguinte: existe uma relação positiva entre o preço de um bem e sua quantidade ofertada.

Essa relação positiva entre preço e quantidade ocorre por duas razões:

a) A expansão da produção de cada firma segue ao longo de sua curva de custo marginal, a qual, devido à lei dos rendimentos decrescentes, aumenta com a produção.

b) O aumento de preço estimula outras firmas a entrarem no mercado, aumentando a produção.

A resposta do produtor às variações nos preços do produto pode ser medida por meio da elasticidade-preço da oferta, a qual é conceituada de modo análogo à elasticidade-preço da demanda. A elasticidade-preço da oferta (**E$_s$**) expressa a mudança percentual na quantidade ofertada de um produto em resposta a uma variação relativa no preço, com outros fatores mantidos constantes. Em termos algébricos, tem-se:

$$E_s = \frac{\Delta Q/Q}{\Delta P/P} = \frac{\Delta Q}{\Delta P} \cdot \frac{P}{Q} \qquad (5.1)$$

Ou seja:
$$E_s = \frac{\text{Variação percentual na quantidade ofertada}}{\text{Variação percentual no preço}}.$$

Considerando-se que um aumento na quantidade ofertada está, normalmente, associado a um aumento no preço, o sinal do coeficiente da **E$_s$** é quase sempre *positivo*.

A exemplo da demanda, há três tipos de elasticidade-preço da oferta: *elástica*, *inelástica* e *elasticidade unitária*. Uma oferta elástica tem um coeficiente E_s maior que um, ou seja, a variação relativa na quantidade é maior que a correspondente mudança percentual no preço. Uma oferta *inelástica* ($0 < E_s < 1$) tem um coeficiente entre zero e um, ou seja, a quantidade ofertada varia relativamente pouco em comparação com as mudanças no preço. Uma elasticidade igual a zero significa que a oferta é fixa, não havendo nenhuma variação na quantidade ofertada em resposta às variações no preço do produto. Nesse caso, a oferta é perfeitamente inelástica. Essa situação reflete a realidade de muitos produtos agrícolas, cuja produção é sazonal e, entre uma safra e outra, não há possibilidade de aumentar a quantidade ofertada no mercado (supondo-se que não haja estoques e não será possível importar em curtíssimo prazo), mesmo que os preços tenham se elevado. Uma curva de oferta tem *elasticidade unitária* ($E_s = 1$) quando a mudança relativa na quantidade ofertada é exatamente igual à variação percentual no preço.

Pode-se inferir a elasticidade para curvas de oferta lineares com base nos eixos que elas interceptam (Figura 5.2). Uma curva de oferta que corta a origem tem elasticidade *unitária*. Qualquer curva de oferta que corta o eixo horizontal (**Q**) é *inelástica*, mas, se cortar o eixo vertical (**P**), será *elástica*. Convém observar, entretanto, que, na parte **b** da Figura 5.2, a curva de oferta S_2 é mais elástica do que a S_1, embora ambas sejam elásticas. Do mesmo modo, na parte **c**, a curva de oferta S_1 é mais inelástica que S_2, embora as duas sejam inelásticas.

A expressão algébrica da elasticidade da oferta, mostrada em (5.1), também utilizada para estimar a elasticidade no *ponto* (ou seja, em um determinado ponto sobre a curva de oferta), é útil quando se conhece a relação matemática entre preço e quantidade. Contudo, muitas vezes, não se dispõe da equação matemática entre P e Q, mas se conhecem duas combinações de preço e quantidade (como na Figura 5.3) e, nesse caso, pode-se calcular a elasticidade-preço da oferta a partir da fórmula da *elasticidade-arco*:

$$E_s = \frac{[(Q_2 - Q_1)] / [(Q_2 + Q_1)] / 2}{[(P_2 - P_1)] / [(P_2 + P_1)] / 2}.$$

Considere que, em 2002, ao preço de R$ 11,00 por unidade, os fabricantes ofertaram 10 mil unidades de um produto e, no ano seguinte, o preço subiu para R$ 14,00 por unidade, sendo produzidas e vendidas 11 mil unidades. Nesse caso, a elasticidade-preço da oferta entre os pontos **A** e **B** (Figura 5.3) é de:

$$E_s = \frac{(11 - 10) / (11 + 10) / 2}{(14 - 11) / (14 + 11) / 2} = \frac{1/10,5}{3/12,5} = \frac{0,0952}{0,24} = 0,4.$$

FIGURA 5.2 Elasticidade da oferta para curvas de ofertas lineares

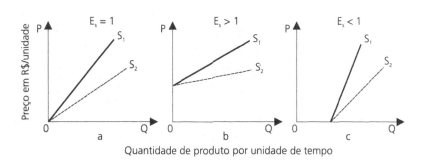

FIGURA 5.3   Curva hipotética de oferta de um produto

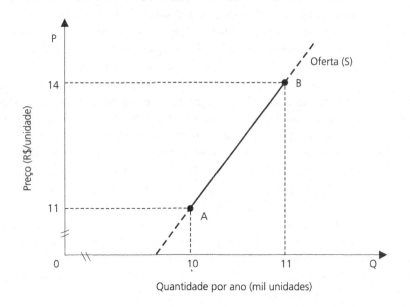

> Variação no preço não desloca a sua curva de oferta.

Isso significa que, nessa porção da curva de oferta, um aumento de 10% no preço do produto deve contribuir para que a quantidade ofertada aumente em torno de 4%.

As curvas de oferta dos bens e serviços exibem diferentes elasticidades, e mesmo determinado produto pode ter coeficientes diferentes de elasticidade entre regiões e entre períodos de tempo (curto e longo prazo). Alguns produtos são altamente *elásticos*, ou seja, uma pequena mudança no preço resulta em grande variação na quantidade ofertada. Para outros, a oferta é muito *inelástica*, significando que uma variação relativa no preço tem pouco efeito sobre a quantidade ofertada.

5.2.1 Fatores que afetam a elasticidade-preço da oferta

A questão que naturalmente surge é: que fatores afetam a magnitude da elasticidade da oferta? Entre os principais estão:

O formato da curva de custo marginal das firmas

De modo geral, se as firmas existentes no mercado puderem expandir a produção apenas com pequenos aumentos no custo marginal, a curva de oferta de mercado será mais elástica que no caso em que o CMg aumenta rapidamente com a expansão da produção. Em outras palavras, se a função de custo marginal para todas as firmas que produzem um determinado produto for relativamente plana (pouco inclinada, como ocorre com a firma **D**, na Figura 5.1), então a curva de oferta de mercado será relativamente elástica.

Se, por outro lado, as firmas tiverem curvas de CMg similares à da firma **A** (Figura 5.1), o custo de produzir uma unidade adicional aumentará rapidamente e a curva de oferta de mercado, composta por tais empresas, será relativamente inelástica. Esse fator é importante para explicar as diferenças nos coeficientes de elasticidade de oferta entre os produtos. Por exemplo, a curva de oferta para um produto com baixo uso tecnológico parece ser mais inelástica que a de um produto que utiliza intensivamente tecnologia. É de se esperar que, quanto maior for a produtividade para cada real gasto na produção de um produto, mais elástica seja a curva de oferta desse produto.

Diferenças na estrutura de custos entre as firmas existentes e as potenciais

Se a diferença de custos unitários entre as firmas potenciais (que desejam entrar no mercado) e as existentes for pequena, a curva de oferta de mercado será mais elástica do que no caso em que as curvas de custos das firmas potenciais forem mais elevadas do que as das existentes. Se todas as firmas potenciais tiverem curvas de custo apenas levemente acima do nível de preço de mercado para o produto, pequenos aumentos no preço estimularão um grande número de novas empresas a entrar no mercado, expandindo, conseqüentemente, a produção. Esse fator explica, em parte, por que a elasticidade da oferta para muitos produtos é relativamente elevada, uma vez que há um grande número de produtores potenciais. Um aumento no preço do produto A, em comparação ao preço do produto B, faz com que os fabricantes reduzam a produção do produto B e passem a produzir mais do produto A, aumentando a oferta desse produto. Quanto mais versáteis forem os recursos (de modo que possam ser utilizados na produção tanto de um quanto de outro produto) e quanto menor for a diferença entre os custos das firmas que já produzem o produto e o das firmas em potencial, mais elástica será a curva de oferta desse produto.

Período de tempo para ajustes na produção

Considerando-se que a oferta é definida como as quantidades que os produtores estão dispostos a colocar no mercado, por unidade de tempo, o período de duração de tempo implícito no conceito terá um impacto sobre a capacidade de resposta dos produtores. Quanto maior for o período, mais elástica tenderá a ser a curva de oferta, porque haverá mais tempo para ajustes na produção.

De modo geral, podem-se diferenciar *quatro períodos de tempo*: curtíssimo prazo, curto prazo, médio prazo e longo prazo.

O **curtíssimo prazo** é um período tão curto que não há possibilidade de mudança nem nos fatores variáveis; normalmente, é um período de um ou poucos dias e, nesse caso, a oferta será limitada à quantidade disponível em estoque. O período em que não se pode mais alterar uma produção (oferta relativamente inelástica ou até perfeitamente inelástica, como a curva de oferta S_{mc}, da Figura 5.4) difere de um produto para outro. No setor primário, é mais fácil ilustrar essa situação. O curtíssimo prazo na oferta de leite, por exemplo, pode ser de apenas um dia, pois um aumento de preço do leite no dia (t_0) pode resultar no aumento da quantidade ofertada no dia seguinte (t_1), uma vez que, estimulados pelo maior preço, os pecuaristas podem decidir ordenhar mais suas vacas ou a usina pode

> Curtíssimo prazo é um período tão curto que não há possibilidade de mudança nem nos fatores variáveis; normalmente, é um período de um ou poucos dias e, nesse caso, a oferta será limitada à quantidade disponível em estoque.

FIGURA 5.4 Diferentes curvas de oferta, segundo o período de tempo

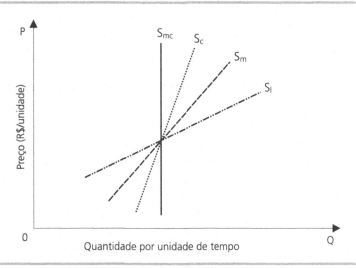

destinar menos leite para fins industriais. Para um produto como a carne suína, o curtíssimo prazo pode ser um período de algumas semanas. Um aumento repentino no preço da carne pode estimular os suinocultores a abaterem seus animais uma ou mais semanas depois. Por outro lado, uma vez colhida a safra de feijão no período 'das águas', em janeiro, o curtíssimo prazo é, no mínimo, de quatro meses (colheita da safra da seca).

> **Curto prazo** é um período definido como longo o suficiente para que a oferta de um produto possa ser alterada, mas apenas devido a ajustes nos fatores variáveis, sem a possibilidade de mudanças nos fatores fixos (como equipamentos e economias de escala).

O **curto prazo** é um período definido como longo o suficiente para que a oferta de um produto possa ser alterada, mas apenas devido a ajustes nos fatores variáveis, sem a possibilidade de mudanças nos fatores fixos (como equipamentos e economias de escala). No caso da pecuária leiteira, em razão da elevação no preço do produto, o produtor pode aumentar a suplementação de ração e, em poucos dias, conseguir um aumento na produção. Já o suinocultor, mesmo que forneça uma maior quantidade de ração (milho + concentrado protéico), só terá sua produção de carne aumentada após algumas semanas (curva de oferta S_c da Figura 5.4).

O **médio prazo** é um período de tempo suficiente não apenas para alterar as quantidades utilizadas dos fatores variáveis, mas também para ajustar alguns fatores fixos. Por exemplo, no caso de um pecuarista, admitindo-se que sua área de pastagem ainda permita uma maior capacidade de suporte, ele pode adquirir novas matrizes; ou, no caso do suinocultor, admitindo-se ociosidade em suas pocilgas, ele poderia comprar mais algumas matrizes (curva de oferta S_m da Figura 5.4).

> **Médio prazo** é um período de tempo suficiente não apenas para alterar as quantidades utilizadas dos fatores variáveis, mas também para ajustar alguns fatores fixos.

O **longo prazo** é um período de tempo longo o suficiente para permitir à empresa ajustar a escala de produção, os equipamentos e as benfeitorias em resposta a mudanças no preço; um período associado às curvas de custo de longo prazo. Em longo prazo, o produtor de leite poderia construir novos estábulos, aumentar a área de pastagem, adquirir mais matrizes e, assim, aumentar a produção. O suinocultor, nesse prazo, poderia ampliar a área das pocilgas, plantar mais milho e adquirir mais matrizes. Portanto, trata-se de um período suficientemente longo, no qual: (1) o número de produtores pode mudar; (2) o tamanho de cada unidade de produção (cada propriedade) pode variar; (3) cada unidade de produção pode alterar todos os fatores de produção; (4) a partir de variações no tamanho da unidade de produção (2) e/ou de alterações nos fatores de produção (3) pode haver mudança tecnológica. A curva de oferta nesse período é a mais elástica de todas (curva S_l da Figura 5.4). Na indústria, o empresário pode construir uma nova fábrica ou ampliar a capacidade da planta existente, ou até mesmo fazer uma completa mudança tecnológica, adquirindo novas máquinas e novos equipamentos.

> **Longo prazo** é um período de tempo longo o suficiente para permitir à empresa ajustar a escala de produção, os equipamentos e as benfeitorias em resposta a mudanças no preço; um período associado às curvas de custo de longo prazo.

Concluindo, ao associarmos o fator **b** (estrutura de custo) com o fator **c** (período de tempo), podemos afirmar que, de modo geral, os produtos com elevada proporção dos custos fixos (instalações em áreas urbanas caras, edificações, máquinas e equipamentos caros), relativamente aos custos totais, têm curva de oferta mais inelástica (que os produtos com maior proporção dos custos variáveis) e o tempo de ajuste ou resposta é maior, ou seja, produtores rurais necessitam de um período de tempo maior para poderem responder às variações em preço.

Grau de estabilidade das expectativas dos empresários

As expectativas dos produtores desempenham um importante papel na resposta da quantidade ofertada, devido às mudanças no preço do produto. Se os fabricantes de um produto, por exemplo, tiverem razões para esperar que as mudanças de preço sejam estritamente temporárias, eles estarão menos inclinados a realizar mudanças em sua produção do que se sentissem que as alterações de preços fossem de caráter permanente. Portanto, uma pequena mudança de preço esperada pelos produtores e aliada a um elevado grau de certeza fará a produção aumentar mais do que se a elevação de preço fosse grande, mas os produtores não acreditassem que seria mantida no futuro. A razão para isso é que a maioria dos processos de produção requer um longo período e, uma vez iniciado o processo, poucos recursos podem ser realocados. Esse é um aspecto importante que os responsáveis pela elaboração das políticas econômicas devem ter em mente, uma vez que mudanças constantes nas regras, como tem acontecido nos últimos anos, geram intranqüilidade e incerteza e não contribuem para o aumento da produção. Quanto maior for a certeza nos preços esperados, maior será a resposta da produção às mudanças de preço e mais elástica será a curva de oferta.

> Elasticidade da oferta é uma função das oportunidades alternativas de usos para os fatores utilizados na produção de uma mercadoria.

Facilidade de realocação dos recursos

A **elasticidade da oferta** é uma função das oportunidades alternativas de usos para os fatores utilizados na produção de uma mercadoria. Se os insumos não tiverem usos alternativos (ou seja, o valor do produto marginal na melhor alternativa seguinte for próximo a zero), a oferta tenderá a ser inelástica e os produtores não serão capazes de responder muito a mudanças no preço.

5.3 FATORES DESLOCADORES DA OFERTA

Conforme foi dito, a curva de oferta de mercado para um determinado produto relaciona apenas o preço do produto com as quantidades produzidas e ofertadas, admitindo-se, portanto, a famosa situação de *ceteris paribus*, isto é, que se mantêm constantes todos os outros fatores que também afetam a oferta, tais como: preços dos insumos (P_x), preços dos outros produtos que podem ser produzidos com os mesmos recursos (P_o), tecnologia (T_e), número de firmas ou produtores (**N**), expectativas quanto ao futuro (**E**), clima (**C**), principalmente para a agricultura, e capacidade da planta industrial ou número de hectares (T_a). Pode-se expressar essa relação por meio da seguinte função:

$$Qs = f (P_x \ / \ P_o, T_e, N, E, C, T_a).$$

Desse modo, além do preço do produto (**P**), que já foi abordado detalhadamente, faremos, em seguida, algumas considerações a respeito de três (preços dos insumos, tecnologia e preços dos produtos competitivos) dos 'outros fatores' (P_x, P_o, T_e, N, E, C, T_a) que afetam a oferta de bens e serviços. Em termos didáticos, esses fatores poderiam ser reagrupados em: econômicos, ecológicos, tecnológicos, institucionais e de incertezas. Eles podem atuar em conjunto ou isoladamente e, dependendo das forças de cada um, podem deslocar a curva de oferta para a direita ou para a esquerda, motivo pelo qual também são conhecidos como *fatores deslocadores da oferta*. A curva de oferta pode se deslocar para a direita (de S_0 para S_1, na Figura 5.5), por exemplo, se ocorrer uma ou mais das seguintes alterações: *queda nos preços dos insumos, redução nos preços dos produtos competitivos, melhoria tecnológica* (introdução de um novo produto), *aumento do número de fabricantes, clima favorável* e *aumento da área cultivada*, entre outros.

Como foi feito no caso da demanda, é importante diferenciar uma *mudança na quantidade ofertada* (que é um movimento ao longo de uma curva de oferta, por exemplo de **A** para **B**, na Figura 5.5, e decorre apenas de variações no preço do produto) de uma *mudança na curva de oferta* (que é um deslocamento da curva e resulta de variações em um ou mais dos fatores mencionados anteriormente). Uma mudança da curva de oferta (de S_0 para S_1 ou S_2) significa que mais ou menos de um produto será oferecido no mercado no mesmo nível de preço P_0, por exemplo. Com o preço P_0, diz-se que houve um aumento da oferta de Q_0 para Q_1, ou uma diminuição para Q_2, e se deve a outros fatores que não o preço do produto, uma vez que este foi mantido constante em P_0. Por outro lado, um movimento de A para B sobre a curva de oferta S_0 constitui uma mudança, não na oferta, mas na

Capítulo 5 – Oferta de bens e serviços **95**

FIGURA 5.5 Mudança na quantidade ofertada *versus* mudança na oferta

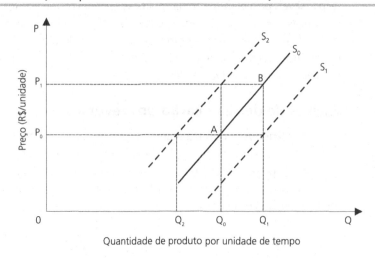

quantidade ofertada, como resultado da variação de preço de P_0 para P_1 (sendo mantidos os outros fatores).

Como mencionamos, analisaremos apenas três dos vários fatores deslocadores da curva de oferta — preços dos insumos, tecnologia e preço dos produtos competitivos —, os quais, sem dúvida, são os mais importantes e responsáveis pelas principais mudanças da oferta.

5.3.1 Preços dos insumos

Mudanças nos preços dos insumos (P_x) usados para produzir um determinado produto têm um impacto direto sobre a oferta. Já foi demonstrado, no Capítulo 4, que tanto o custo marginal (**CMg**) como o custo variável médio (**CVMe**) e o custo total médio (**CTMe**) têm uma relação direta com os preços dos insumos, de modo que um aumento no preço de um fator de produção aumenta o custo marginal de CMg_0 para CMg_1 e o custo variável médio de $CVMe_0$ para $CVMe_1$, ou seja, desloca para a esquerda a curva de CMg e para cima as curvas de CVMe e CTMe (Figura 5.6).

> Uma elevação na taxa de câmbio pode aumentar os custos de insumos importados, desestimulando a produção (oferta) interna.

Isso significa que, se o preço de um insumo aumentar, mantendo-se tudo o mais constante, o custo por unidade de produção também aumentará. Esse aumento em P_x será refletido na curva de oferta, de modo que os produtores estarão dispostos a ofertar uma determinada quantidade (Q_0, por exemplo) somente a um preço maior (P_2). O impacto do

FIGURA 5.6 Efeito do aumento dos preços dos insumos sobre as curvas de custos de uma firma e a oferta de mercado

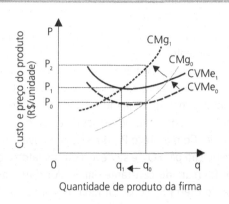
Quantidade de produto da firma

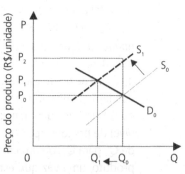
Quantidade de produto de mercado

aumento nos preços do insumo é um deslocamento para a esquerda na curva de oferta, de S_0 para S_1 (Figura 5.6).

5.3.2 Tecnologia

A inovação tecnológica é um importante fator de mudança na oferta de bens e serviços, notadamente em longo prazo. **Melhoria na tecnologia**, conforme mencionado no Capítulo 1, é um conjunto de condições que capacitam as firmas a: (1) gerar maior produção com a mesma quantidade de insumos anterior e/ou (2) obter o mesmo nível de produção anterior com uma menor quantidade de insumos.

Isso significa um deslocamento para cima da função de produção e, portanto, das curvas de produto físico marginal (PFMg) e de produto físico médio (PFMe). Dadas as relações inversas entre PFMg e custo marginal (CMg), e entre PFMe e custo variável médio (CVMe), e também com o custo total médio, mostradas anteriormente, a curva de CMg desloca-se para a direita (de CMg_0 para CMg_1), a de CVMe desloca-se para baixo (de $CVMe_0$ para $CVMe_1$) e, conseqüentemente, a curva de oferta de mercado desloca-se para a direita (de S_0 para S_1), conforme fica evidenciado na Figura 5.7.

As primeiras firmas a adotarem a nova tecnologia conseguem reduzir custos e obter lucros, o que induz outras firmas a também adotar a nova tecnologia. Contudo, à medida que um maior número de firmas adota a nova tecnologia, a curva de oferta se desloca para a direita. Como conseqüência disso, o resultado final da inovação tecnológica é uma redução dos custos unitários de produção e do preço do produto (de P_0 para P_1) e um aumento da oferta de mercado de Q_0 para Q_1. O leitor deve ter em mente que a adoção de uma nova tecnologia quase sempre está associada ao aumento dos custos totais. Entretanto, essa tecnologia só será considerada economicamente viável se provocar um aumento da produção proporcionalmente maior que a elevação do custo total, a tal ponto que *resulte em uma redução dos custos unitários* (CMg, CVMe e CTMe). Em outras palavras, uma boa tecnologia é aquela que faz com que os custos médios (ou seja, por unidade: quilo, tonelada etc.) sejam menores.

Crença desfeita

Durante muitos anos, foi mais ou menos generalizada a *crença* de que a oferta de produtos agrícolas nos países em desenvolvimento não responderia ou responderia muito pouco aos estímulos dos preços. A razão para essa pequena resposta, como se acreditava, estaria na forma da divisão estrutural das propriedades, dominadas, de um lado, por vastos latifúndios não interessados na maximização de lucros, ou, de outro lado, por milhares de

> Melhoria na tecnologia é um conjunto de condições que capacitam as firmas a gerar maior produção com a mesma quantidade de insumos anterior e/ou obter o mesmo nível de produção anterior com uma menor quantidade de insumos.

FIGURA 5.7 Efeito da adoção de tecnologia sobre as curvas de custos das firmas e a oferta de mercado

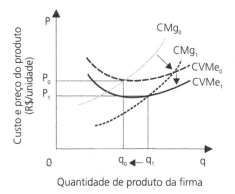
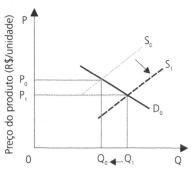

> A tecnologia não apenas desloca a curva de oferta de um produto para a direita, mas a torna mais elástica. Ou seja, com um pequeno aumento de preço, o produtor tem grande capacidade de elevar em muito sua produção.

minifúndios não integrados à economia de mercado. Os resultados de pesquisas, contudo, mostram que não existem razões para acreditar que a oferta de produtos agrícolas no Brasil responda menos aos preços do que nos Estados Unidos, por exemplo. Os casos relacionados à soja e à carne de frango ilustram que a oferta desses dois produtos tem grau de elasticidade-preço muito próximo entre ambos os países. Na realidade, essa crença se respalda na não-adoção tecnológica; entretanto, se um país em desenvolvimento, como o Brasil, adotar pacotes tecnológicos avançados, como ocorre com os sistemas produtivos de soja e frango, pode ter uma curva de oferta com resposta tão rápida quanto a de um país desenvolvido. Em outras palavras, é a tecnologia que faz a diferença.

5.3.3 Preço dos produtos competitivos

Outro fator importante no deslocamento da curva de oferta é a competitividade de dois produtos por um ou mais dos fatores de produção, de modo que o aumento na produção de um leva à redução na produção do outro. Uma empresa produz os produtos A e B, que competem pela mesma máquina; isso quer dizer que para produzir A em determinado momento a empresa deixa de produzir B, naquele mesmo momento. Na agricultura, há um excelente exemplo, que é a disputa entre a produção de milho e de soja — ambos competem pela mesma terra e são produzidos na mesma época. Se o preço do milho está bom, há um estímulo à produção de milho, com conseqüência negativa para a produção de soja, porque uma área maior será destinada para o milho e vice-versa. O melhor preço para a soja reduz a área de plantio de milho, ou seja, a curva de oferta de milho se desloca para a esquerda — nesse caso, diz-se que houve aumento na quantidade ofertada de soja (por causa do preço) e diminuição na oferta de milho (porque o 'causador' foi o melhor preço da soja, e não a redução no preço do milho, conforme Figura 5.8).

FIGURA 5.8 Efeito do aumento no preço da soja sobre a curva de oferta de milho

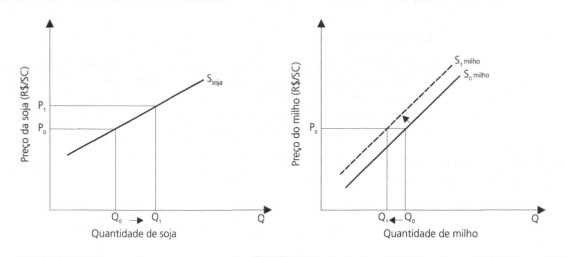

RESUMO

Os principais pontos a serem destacados neste capítulo são:

1. A curva de oferta de mercado é uma relação que descreve quanto de um bem os produtores estão dispostos a ofertar, a diferentes níveis de preços, em um determinado período de tempo, mantendo-se constantes outros fatores, como: tecnologia, preços dos fatores de produção, clima, entre outros. A curva de oferta de mercado resulta da soma das curvas de custo marginal de cada uma das firmas existentes no mercado.

2. Como a curva de oferta mede uma relação entre quantidade e preço, a resposta do produtor às variações em preço pode ser medida por meio da elasticidade-preço da oferta, a qual expressa a mudança percentual na quantidade ofertada de um produto devido a uma variação relativa no preço. Entre os fatores que afetam a elasticidade-preço, estão: formato da curva de custo marginal das firmas, período de tempo para ajuste na produção, diferenças na estrutura de custos entre as firmas existentes e as potenciais, grau de estabilidade das expectativas dos empresários e a facilidade de realocação dos recursos.

3. Além do preço, os principais fatores que afetam (deslocam) a oferta de produtos agrícolas são: preços dos insumos, preços dos outros produtos (competitivos), número de produtores, mudanças tecnológicas, expectativas, clima e capacidade da planta industrial ou número de hectares. Sem dúvida, os fatores deslocadores da oferta, considerados de maior relevância, são: condições climáticas, preços dos insumos e tecnologia. Um aumento no custo unitário de um fator aumenta os custos marginal, variável médio e total médio, tudo o mais permanecendo constante.

ATIVIDADES DE FIXAÇÃO: TESTE SUA APRENDIZAGEM

Caro leitor, procure desenvolver as seguintes questões, pois assim você estará fazendo uma revisão de sua aprendizagem:

1. Descreva os efeitos de aumentos nos preços dos insumos (por exemplo, matéria-prima importada quando há elevação na taxa de câmbio) e de mudanças tecnológicas sobre a oferta de um produto.

2. Descreva as razões ou os fatores que explicam por que a curva de oferta, em curto prazo, é positivamente inclinada, ou seja, há uma relação direta entre preços e quantidades ofertadas.

3. Por que, em geral, a curva de oferta de um produto é muito inelástica no curto prazo e mais ou menos elástica no longo prazo? Justifique sua resposta.

4. Qual é a elasticidade da oferta de uma curva de oferta perfeitamente vertical (linear)? E de uma curva perfeitamente horizontal (linear)?

5. Explique por que, se um insumo importado de grande participação no custo de produção de determinado produto tiver um aumento no preço, decorrente de uma desvalorização cambial do real, pode haver um deslocamento para a esquerda na curva de oferta desse produto.

6. Explique por que um aumento no preço do produto A pode reduzir a oferta do produto B e mostre isso graficamente.

7. Mostre graficamente que a adoção tecnológica não apenas desloca a curva de oferta para a direita como a torna mais elástica, ou seja, a empresa se torna mais competitiva.

Capítulo 5 – Oferta de bens e serviços **99**

capítulo

6

Análise de mercado

A ECONOMIA NO COTIDIANO

Os preços dos automóveis no Brasil, em dólares, na década de 1980, subiram substancialmente, a ponto de, ao final daquela década, serem dos mais caros do mundo. A partir da abertura da economia brasileira, em especial após 1995, houve uma tendência de queda nos preços desses bens no mercado brasileiro, em grande parte por causa da maior concorrência com produtos importados. Atualmente, o número de marcas produzidas no Brasil passa de 60, com mais de 200 modelos, sem contar os mais de 100 modelos importados. Por que os preços subiram e depois baixaram?

Os preços dos eletrodomésticos também caíram nos últimos anos. Por quê?

Os agricultores, em alguns (poucos) momentos, festejam o bom preço, mas, na maioria das vezes, 'choram' por causa da acentuada queda nos preços de seus produtos. Por que isso ocorre?

A manchete de um jornal estampava: "Reunião da Opep faz o preço subir".

Todas essas questões dizem respeito ao mercado, que é o *locus* em que a demanda e a oferta se juntam para formar o preço dos bens e serviços. Portanto, o presente capítulo se destina a tratar de 'como os mercados funcionam'.

OBJETIVOS

Ao final da leitura deste capítulo, você deverá ser capaz de:

1. Explicar como preços e quantidades, tanto compradas quanto vendidas, são determinados pela demanda e pela oferta.

2. Explicar por que alguns preços caem, outros sobem e outros ainda se mantêm constantes, durante pelo menos um determinado período.

3. Entender as influências da demanda sobre os preços e as quantidades.

4. Entender as influências da oferta sobre os preços e as quantidades.

5. Identificar as características da estrutura de um mercado perfeitamente competitivo.

6. Compreender o funcionamento de outras estruturas de mercado, tais como: oligopólio e monopólio, entre outras.

7. Entender a importância da diferenciação de produtos como uma das estratégias competitivas.

8. Calcular o grau de concentração do mercado, por meio de dois diferentes procedimentos.

Nos capítulos 2 e 3, foram discutidos os vários aspectos relacionados com a demanda de bens e serviços, os quais satisfazem as necessidades humanas. Nos dois últimos capítulos, foram apresentados os conceitos de oferta da firma e de mercado e as principais relações físicas (produção) e monetárias (custos). No presente capítulo, serão abordados os vários aspectos do mercado, ou seja, as forças de oferta e de demanda atuando conjunta e simultaneamente, com o objetivo de determinar o preço de mercado e, portanto, a quantidade de um produto que será negociado. *A formação de preço de mercado é resultado direto das condições de oferta e demanda*. A oferta está relacionada, de um lado, com as condições técnicas e os custos de produção de um bem ou serviço, e, de outro, com a receita, a qual depende das condições da demanda. A demanda de um produto expressa a quantidade dele que as firmas podem vender para cada nível de preço ou o preço que elas podem obter para cada quantidade que decidem vender. Portanto, este capítulo trata da interação da receita e dos custos para cada firma ou da demanda e da oferta para o mercado, tendo como resultado a determinação do preço do produto, que, por sua vez, servirá de base para a decisão sobre 'o que' e 'quanto' produzir. Afinal, nenhuma variável é parte mais importante do mercado que o preço.

> O preço é a principal variável do mercado.

Três pressuposições

A análise da interação entre a oferta e a demanda se fundamenta em três pressuposições básicas: livre mercado, maximização de lucro por parte das empresas e maximização da satisfação por parte dos consumidores.

Por **livre mercado**, a primeira pressuposição, entende-se que cada mercado opera livremente, ou seja, que não há forças externas influenciando-o nem estabelecendo condições artificiais, às quais uma empresa deva se ajustar. Um meio de controle externo é a intervenção governamental, feita mediante tarifas, preços mínimos, tabelamentos de preços, controle de preços e preços administrados, entre outros. Esses meios de intervenção, se comparados a uma economia livre de todas essas restrições, resultam na alocação ineficiente de recursos. Felizmente, no Brasil, após muitos anos de fortes intervenções governamentais na economia, o governo brasileiro passou a entender que, intervindo menos, melhoraria o funcionamento dos mercados. Até o início da década de 1990, por exemplo, o governo era, por lei, o único comprador de trigo no país e todo moinho era proibido de realizar diretamente a aquisição do produto de outro modo que não fosse pelo Banco do Brasil, que operacionalizava a atividade por intermédio da Comissão do Trigo (CTRIN). Porém, após 23 anos de regulamentação oficial, os moinhos brasileiros de trigo passaram a conviver com a concorrência e a abertura do mercado.

> Livre mercado significa que cada mercado opera livremente, ou seja, que não há forças externas influenciando-o nem estabelecendo condições artificiais, às quais uma empresa deva se ajustar.

A segunda pressuposição é de que os empresários objetivam a *maximização do lucro*. Obviamente, nem todas as empresas tentam maximizar lucro sempre, uma vez que há também outros objetivos, como a participação no mercado e o nível de produção, mas esse é, certamente, um de seus objetivos. Uma empresa não pode existir, em longo prazo, se não houver um razoável retorno para seus fatores de produção.

A terceira pressuposição nessa análise é que os consumidores procuram *maximizar a satisfação* total ao alocar suas rendas entre diversos produtos cujos preços são diferentes. Assim, eles levam em consideração duas variáveis: preço e qualidade. Os consumidores terão maior satisfação se puderem comprar produtos de alta qualidade por preços baixos; porém, em razão da restrição de renda, muitas vezes eles são 'forçados' a adquirir produtos de qualidade inferior, por serem mais baratos.

Com base nessas três pressuposições, definiremos agora o conceito de mercado.

Por **mercado** deve-se entender uma área geográfica dentro da qual vendedores e compradores realizam a transferência de propriedade de bens e serviços. Em análise econômica, o termo mercado envolve um espaço em que as decisões dos compradores (consumidores) podem afetar sensivelmente as decisões dos vendedores (produtores), e vice-versa.

> Mercado é uma área geográfica dentro da qual vendedores e compradores realizam a transferência de propriedade de bens e serviços.

> O mercado é um 'arranjo' que aproxima compradores e vendedores, em que há trocas de bens e serviços por dinheiro.

Assim, tanto os compradores quanto os vendedores devem ser capazes de se comunicar, de trocar produtos e de se expor aos sinais de um preço similar. Normalmente, pensa-se em mercados como áreas geográficas, mas na realidade existem três tipos de mercado: (a) os mercados *geográficos*, que incorporam a utilidade de lugar (por exemplo, o mercado de São Paulo); (b) os mercados de um *produto*, que incorporam a utilidade de forma (por exemplo, o mercado de automóveis); (c) os mercados *temporais*, que incorporam a utilidade de tempo (por exemplo, o mercado de soja em maio). A escolha da definição de mercado depende do problema a ser analisado — por exemplo, às vezes tem-se de estudar o preço recebido pelo produtor de milho no Oeste do Paraná e outras vezes tem-se de analisar o preço do milho no mercado internacional; então, para cada tipo de análise se adota um tipo de definição.

As principais características de um mercado são os processos de troca e de formação de preços. Os limites de um mercado são definidos pelo grau de interdependência de compradores e vendedores em relação a tempo, forma e espaço, e essa interdependência é medida pela sensibilidade a preço. Os mercados geográficos podem ser locais, regionais, nacionais ou internacionais. Produtos volumosos, como bagaço de cana-de-açúcar, por exemplo, têm uma área geográfica relativamente pequena, devido aos elevados custos de transporte. Outros produtos, porém, podem ser transportados de maneira mais econômica e, assim, têm mercados nacionais e internacionais. Com a melhoria nas comunicações e nos transportes, as áreas de mercado se expandem. Até há poucos anos, por exemplo, o mercado de leite *in natura* era praticamente local, ou seja, a produção se localizava muito próxima do mercado consumidor. Contudo, principalmente com a entrada de grandes empresas multinacionais, como Parmalat, Nestlé, Yakult, Danone, entre outras, esse mercado está totalmente modificado e ampliado. Basta dizer que, atualmente, já são mais de duas dezenas de empresas produtoras de leite longa vida, o qual, por não ser perecível em curto prazo (tem validade de cinco meses), permite que seu mercado abranja uma área geográfica bastante grande, ultrapassando até os limites do país.

6.1 ESTRUTURA DE MERCADO

> Estrutura de mercado se refere às características organizacionais de um mercado, ou seja: grau de concentração, grau de diferenciação do produto, grau de dificuldade ou barreiras para entrada. Ela determina como as empresas se comportam no mercado.

A interação entre a oferta e a demanda, que vai resultar na determinação de preço, objeto de estudo deste capítulo, é abordada sob diferentes estruturas de mercado. O termo **estrutura de mercado** refere-se às características organizacionais de um mercado, as quais determinam as relações entre:

- vendedores no mercado

- compradores no mercado

- vendedores e compradores

- vendedores estabelecidos e novos vendedores

A estrutura de mercado engloba as características que influenciam no tipo de concorrência e na formação de preços. Essas características são:

a) *Grau de concentração* de vendedores e compradores, isto é, número e tamanho de cada um no mercado. Acredita-se que uma indústria é altamente concentrada quando apenas quatro firmas que a integram detêm 75% ou mais da produção e do mercado de determinado produto. Nesse caso, tende a haver um grau de eficiência aquém do desejado, porque as empresas procuram alocar os recursos de modo ineficiente, por meio da interferência direta no funcionamento do sistema de preços.

b) *Grau de diferenciação do produto*, ou seja, grau em que um produto vendido no mercado é considerado diferente ou não-homogêneo pelos compradores. Sob o ponto de vista econômico, a diferenciação do produto visa a tornar a curva de demanda mais inelástica (veja a Figura 6.1), reduzindo assim o número de bens substitutos para esse produto. Costuma-se dizer que a empresa de sucesso é aquela que consegue produzir barato algo diferenciado.

A *diferenciação do produto* pode ser obtida por meio de:
- serviços especiais aos compradores, como a entrega do produto na residência do comprador
- incorporação de ingredientes de qualidade superior ao produto
- oferta de prêmios aos adquirentes do produto
- embalagens especiais do produto

Em geral, um produto agrícola in natura é muito homogêneo — o milho do produtor Silva, por exemplo, é, essencialmente, um substituto perfeito do milho do produtor Silveira —, mas pode-se mais facilmente conseguir alguma diferenciação por meio do processamento do produto — a maisena, por exemplo, constituída de amido de milho, é um produto diferenciado, para o qual, até há pouco tempo, não havia substituto no mercado brasileiro.[1]

A diferenciação de produtos é uma das estratégias mais importantes das empresas, principalmente nos anos recentes, com o acirramento da competitividade. Concentrando-se na fixação de marcas, em embalagens e em inovações, a ela se equipara as estratégias de diversificação de produtos e de mercado, produtos de maior valor agregado, *joint-ventures*, fusões e aquisições, entre outras.

Os mercados consumidores valorizam comercialmente alguns atributos ou quesitos, que são elementos identificadores de um produto, tais como: (a) ingredientes básicos (teor de açúcar no produto); (b) método de preparação; (c) aspecto e cor; (d) propriedades organolépticas; (e) sabor; (f) embalagem; (g) tempo de manufatura; (h) características dietéticas; (i) tipo de consumidor (idade, estrato de renda, perfil de vida, entre outros); (j) ocasião (refeição, hora, atividade).

Quanto aos meios de diferenciação de produtos, os aspectos comerciais têm sido os mais relevantes e ocorrem mediante a: (a) *extensão de linhas produtivas*

FIGURA 6.1 Curvas de demanda, segundo a diferenciação do produto

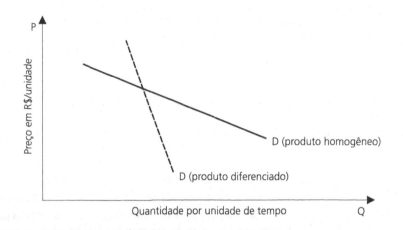

[1] A Maizena, um produto da Refinações de Milho Brasil, só passou a ter um concorrente no mercado em meados da década de 1990, com o lançamento do produto Amido de Milho, da Arisco.

(introdução de uma nova variedade, como, por exemplo, a cenoura *baby carrots*; formato, tamanho ou embalagem de um produto ou de marcas já existentes); (b) *criação de novas marcas* (produto introduzido sob um nome novo ou parcialmente novo); (c) *extensão de marcas* (introdução de um produto e uma marca já existentes em outra categoria de produtos); (d) *diferenciação efetiva* (produtos com inovação que promove mudanças importantes 'aos olhos' do consumidor) por meio de: formulação (adição de novos ingredientes), novo mercado (criação de uma nova categoria de produtos que não compete com os existentes), embalagem (que facilita o consumo, o transporte, a estocagem), posicionamento (novos produtos criados para novos usuários), tecnologia (novo produto resultante de novas tecnologias).

Para ilustrar, podemos citar a indústria de alimentos nos Estados Unidos, que tem sido muito dinâmica em inovações e diferenciação de produtos; basta dizer que, nos últimos 20 anos, as empresas processadoras de alimentos naquele país 'introduziram' mais de 50 mil novos produtos. Sem dúvida, desde 1994, algo semelhante vem ocorrendo no Brasil, com a presença de novas empresas multinacionais, que têm 'forçado' as empresas já estabelecidas aqui a inovar constantemente. Um bom exemplo dessa situação é o suco Del Valle, de origem mexicana, que conquistou o mercado brasileiro por apresentar produtos diferenciados, apesar de mais caros. É um caso de sucesso, com pouca propaganda, mas com uma logística de distribuição muito bem-feita. A partir do início dos anos 2000 outros fabricantes brasileiros também passaram a produzir sucos de excelente qualidade, aumentando a competição com o suco Del Valle, que, até então, tinha demandas relativamente inelásticas e utilizava uma estratégia de preços totalmente diferente da que utiliza agora, quando os consumidores, por terem boas opções, se tornaram menos fidelizados. Isso significa que, apesar de o produto continuar sendo o mesmo e diferenciado, a maior competição com os novos fabricantes fez a Del Valle mudar sua estratégia de preços, uma vez que ficou mais difícil aumentar os preços para o consumidor final.

c) *Grau de dificuldade ou barreiras para entrada* de novas firmas no mercado. As condições de entrada são definidas como aquelas situações de mercado que afetam a oferta potencial de empresas rivais desejosas de entrar na indústria, e a facilidade de entrada é outro importante fator que influencia a competição. Em princípio, as barreiras de entrada podem ser medidas pelo preço mais elevado acima do custo que a empresa pode cobrar, sem que haja o ingresso de novas firmas no mercado. Entre as principais barreiras estão:

- *Economias de escala*, em que os custos médios da firma, em longo prazo, decrescem à medida que o nível de produção e o tamanho da empresa aumentam. Conforme mencionado no Capítulo 4, essa redução no custo advém das possibilidades crescentes de: (a) divisão e especialização da mão-de-obra; (b) utilização de tecnologia mais eficiente; (c) aquisição de fatores de produção a preços menores, devido ao maior volume.
- *Desvantagens em custos*, devido a: (a) pouca ou nenhuma experiência; (b) pouco domínio tecnológico; (c) necessidade de gastos elevados com propaganda para tornar o produto conhecido.
- *Patente de invenção*. A lentidão na aprovação de uma Lei de Patentes no Brasil (que finalmente foi aprovada e entrou em vigor em 1997) explica o atraso brasileiro na geração de produtos oriundos da biotecnologia. Houve muita demora e burocracia governamental na regulamentação e normatização dos produtos manipulados geneticamente. Somente no final da década de 1990 é que duas

grandes empresas conseguiram a autorização da Comissão Técnica Nacional de Biossegurança (CNTBio) para testar alguns de seus produtos no país.

- *Controle de um fator estratégico.* Por exemplo, uma firma de fertilizantes ter o controle da exploração de rochas fosfáticas pode ser um fator impeditivo para que novas empresas ingressem no mercado.

Estruturas de mercado quanto à competitividade

Com base nos elementos essenciais da estrutura de mercado, notadamente o número de firmas e a diferenciação do produto, os mercados podem ser classificados como:

> Oligopólio é um tipo de estrutura de mercado em que há poucas, mas grandes, empresas produzindo e ofertando um determinado produto, sendo que a decisão de uma empresa provoca reações nas demais concorrentes.

a) *competitivos* (concorrência pura, monopolística e monopsônica)

b) *pouco competitivos* (oligopólios e oligopsônios)

c) *sem competição* (monopólios e monopsônios)

A Tabela 6.1 ilustra as formas alternativas de mercado, levando em consideração a atividade da firma (venda ou compra). A agricultura em si é perfeitamente competitiva, uma vez que qualquer produto agrícola, além de ser homogêneo, é produzido por um grande número de produtores. Contudo, os agricultores, ao se relacionarem com o setor não-agrícola, isto é, agroindustrial, enfrentam situações de oligopólios e oligopsônios, e até de monopólios e monopsônios. Por exemplo, quando os agricultores vão adquirir os insumos de que necessitam para produzir um determinado produto, eles encontram poucas firmas vendendo os insumos (**oligopólio**), mas quando vão vender seus produtos agrícolas, normalmente surgem poucos compradores (**oligopsônio**). Nós, consumidores, quando vamos adquirir um aparelho de TV, enfrentamos, na verdade, uma situação de oligopólio, ou seja, há poucas grandes empresas fabricantes. Já, quando vamos ligar a luz em nosso apartamento e casa, em geral deparamos com uma situação de **monopólio**, pois há uma única empresa que oferece energia elétrica na região. O fator agravante, nesse caso, é que energia elétrica nas residências é necessária e não tem um bom substituto, ou seja, tem demanda inelástica.

> Oligopsônio é um tipo de estrutura de mercado caracterizado pela existência de poucos compradores, de modo que as ações de um ou mais podem ter efeito significativo sobre o preço de mercado dos outros compradores.

> Monopólio é um tipo de estrutura de mercado oposto ao da competição (concorrência) pura, em que há apenas uma empresa produzindo e vendendo um determinado produto ou serviço.

Estruturas de mercado quanto à venda do produto

Outra maneira de apresentar os diferentes tipos (estruturas) de mercado, pelo lado da venda do produto, com suas respectivas características, pode ser vista na Tabela 6.2.

Como não se pretende produzir um texto aprofundado em microeconomia, uma vez que este livro é introdutório à economia, abordaremos com mais detalhes apenas duas formas de mercado: a concorrência (ou competição) pura (e perfeita) e os oligopólios, por serem as duas formas mais comuns que consumidores e produtores enfrentam no dia-a-dia. Ao final, porém, apresentaremos apenas as características fundamentais das outras formas de mercado.

TABELA 6.1 Classificação dos mercados

NÚMERO DE FIRMAS	TIPO DE PRODUTO	ATIVIDADE DA FIRMA	
		Venda	Compra
Muitas	Homogêneo	Competição pura	Competição pura
Muitas	Diferenciado	Competição monopolista	Competição monopsonística
Poucas	Homogêneo ou não	Oligopólio	Oligopsônio
Uma	Único	Monopólio	Monopsônio

| **TABELA 6.2** | Características de quatro diferentes tipos de mercado pelo lado da venda |

NÚMERO DE FIRMAS	TIPOS DE MERCADO			
	Competição perfeita	Competição monopolística	Oligopólio	Monopólio
Nº de empresas	Muito grande	Muitas	Poucas	Uma
Tipo de produto	Padronizado	Diferenciado	Padroniz. e dif.	Único
Controle sobre os preços	Nenhum	Pequeno	Considerável	Muito
Condições de entrada	Sem barreiras	Sem barreiras	Com barreiras	Com barreiras
Exemplos	Produtos agrícolas	Restaurantes, lojas de varejo, magazines	Automóveis, companhias aéreas	Energia elétrica, água

6.2 FORMAÇÃO DE PREÇO EM CONCORRÊNCIA PURA OU PERFEITA

Um mercado puramente competitivo apresenta as seguintes condições ou características:

a) *Grande número de compradores e vendedores*, de tal modo que nenhum deles, individualmente, possa influenciar o preço ao decidir vender ou comprar um produto. Essa condição, que se denomina competição atomística, é uma das principais características da agricultura, devido ao grande número de produtores.

b) *Produto homogêneo*, de tal modo que o produto de uma firma seja, essencialmente, um substituto perfeito do produto de outra firma. A facilidade de 'cópia' de produtos está levando à homogeneidade dos bens e serviços. Um bom exemplo são os aparelhos de TV, que estão muito semelhantes, ao contrário de 20 anos atrás, quando havia um fabricante que produzia aparelhos muito diferenciados. Ou seja, hoje está tudo muito igual. No caso da agricultura, os produtos *in natura* são realmente muito homogêneos; como já mencionado, o milho do produtor Silva é essencialmente um substituto perfeito do milho do produtor Silveira.

c) *Ausência de restrições artificiais* à procura, à oferta e aos preços de qualquer produto que estiver sendo negociado. Ou seja, o governo não deve intervir no mercado com recursos como tabelamento e racionamento, entre outros.

d) *Mobilidade dos produtos e dos recursos*, de tal modo que novas empresas possam entrar no mercado e os recursos possam ser transferidos para usos mais econômicos, isto é, para aqueles em que seus preços são mais elevados.

e) *Perfeito conhecimento* de todas as informações necessárias sobre os preços, processos de produção e ação dos outros produtos, apesar de um aspecto não exercer influência sobre o outro.

As quatro primeiras condições caracterizam a concorrência pura, ao passo que a concorrência perfeita exige também a condição de perfeito conhecimento das informações.

Com as características mencionadas anteriormente, estamos agora em condições de analisar a formação de preço (equilíbrio de mercado) em concorrência perfeita. O leitor, com certeza, já ouviu a familiar frase "o preço é determinado pela oferta e pela demanda". Explicaremos, então, como esse processo ocorre.

Considere as curvas de demanda e de oferta para um determinado produto (Figura 6.2) e suponha que essa figura representa a situação de oferta e demanda para esse produto, vendido diariamente em um mercado central de uma grande cidade. A curva **D** representa a demanda, que mostra quanto os compradores desse produto estão dispostos a adquirir e são capazes de fazê-lo a cada nível de preço, enquanto a curva **S** representa a oferta, ou seja, o que os produtores de arroz estão dispostos a oferecer e são capazes de fazê-lo a cada nível de preço. Uma vez que os compradores demandam quantidades maiores a preços mais baixos do que a preços mais elevados, e que os produtores oferecem mais a preços maiores do que a preços menores, as curvas de demanda e de oferta desse produto nesse mercado vão se interceptar.

No ponto em que a curva de demanda (**D**) intercepta a curva de oferta (**S**) de mercado, a quantidade demandada (400 unidades) pelos consumidores é igual à quantidade ofertada pelos produtores. Isso ocorre ao preço de equilíbrio P_0 (R$ 0,70 por unidade). Em equilíbrio, todos os compradores desse produto dispostos a pagar o preço P_0 podem comprar a quantidade que desejarem (**Q_0**), e todos os produtores que ofertam a quantidade Q_0 podem vender seu produto ao preço P_0. Nessa situação, não há escassez ou excesso desse produto no mercado, ou seja, o mercado está em equilíbrio.

Ao preço de R$ 1,00 por quilo não há equilíbrio,[2] ocorrendo um excedente de produto no mercado. A esse preço, os produtores desejarão vender a quantidade de 700 unidades diariamente, mas os consumidores estarão dispostos a comprar apenas 300 unidades por dia, surgindo um excesso de 400 unidades por dia no mercado, a esse nível de preço. Os produtores, ao desejarem vender o excedente, devem passar a ofertar o produto por um preço menor. Apenas quando o preço cair ao nível do equilíbrio P_0 (= R$ 0,70 por kg) os consumidores comprarão tudo o que os produtores desejam vender.

Por outro lado, se *o preço estiver inicialmente estabelecido abaixo do equilíbrio* — R$ 0,40 por unidade, por exemplo —, os produtores ofertarão somente a quantidade de 200 unidades por dia, mas os consumidores desejarão comprar 500 unidades por dia a esse preço. Portanto, surge uma escassez (também chamada de déficit de oferta ou excesso de

> O preço é formado no mercado, ou seja, a partir das condições de demanda e de oferta.

FIGURA 6.2 Equilíbrio (e desequilíbrio) em um mercado em concorrência perfeita

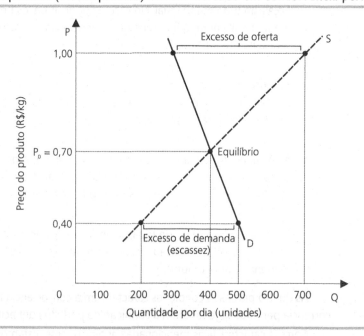

---

2 O equilíbrio poderá ocorrer se houver deslocamentos da oferta ou da demanda, como será visto mais adiante.

demanda) de 300 unidades por dia. Para os consumidores comprarem a pequena quantidade ofertada, eles devem oferecer um preço maior. Assim, novamente, só ao preço P_0 será restabelecido o equilíbrio no mercado.

A principal característica da competição perfeita é o grande número de vendedores. Muitas firmas pequenas (relativamente ao mercado como um todo) compõem essa estrutura, e a firma individual, por suas decisões na produção e na comercialização, não tem influência sobre os preços. Conseqüentemente, a firma individual tem uma curva de demanda (**d**) que é horizontal, no nível de preço determinado pelo mercado (indústria). Tal curva de demanda é infinitamente elástica (perfeitamente elástica) e 'diz' o seguinte: o produtor individual pode vender tudo o que produz (ou mesmo nada) e sua decisão não terá nenhuma influência sobre o preço. Se o seu produto estiver com o preço levemente acima do preço de mercado (**P_0**), ele não venderá nada, mas, se o preço estiver abaixo de **P_0**, haverá um grande número de compradores para ele. É por essa razão que a receita marginal (**RMg**) de uma empresa em competição perfeita é exatamente igual ao preço do produto do mercado, uma vez que o acréscimo na receita, devido à venda de uma unidade adicional de produto, é seu próprio preço.[3] A Figura 6.3 ilustra essa situação. Considerando o preço P_0, determinado pela curva de oferta de todos os produtores e pela curva de demanda de mercado, o produtor individual tem a curva de demanda (**d**) para seu produto. Com a curva de demanda (**d**) e a curva de custo marginal (**CMg**), que é sua curva de oferta (**s**), o produtor determina seu nível de produção. Assim, o produtor individual decide produzir 4 mil unidades de um produto, cuja oferta no mercado chega a 3 milhões de unidades.

Como os produtores individuais não podem afetar os preços de seus produtos, há um forte incentivo para que aumentem seus lucros pela redução de seus custos e pela melhoria da eficiência tecnológica na atividade produtiva. Ou seja, eles são incentivados a apostar na tecnologia como meio de reduzir custos unitários.

Sob essa estrutura econômica (competição perfeita), o fabricante não tem decisão a tomar em termos de preço. Uma vez tomadas as decisões de produção, de armazenamento e de 'quando vender', o produtor deve apenas 'olhar' o preço determinado pelo mercado. Dito de outro modo, o produtor, nesse caso, é um *tomador de preço* — a agricultura é um bom exemplo disso —, que não pode nem fixa um preço para seu produto. Mas isso não quer dizer que um produtor individual deva ignorar a análise e o entendimento do processo de formação de preços. Na verdade, o oposto é verdadeiro. Quando a capacidade para influenciar o preço é negada à empresa, a habilidade para antecipar e reagir aos movimentos de preços de mercado torna-se ainda mais importante.

> Na análise de mercado, é necessário estar em equilíbrio, ou seja, no ponto de interação entre a demanda e a oferta. Este é o Macete 2.

FIGURA 6.3 Curva de demanda de uma firma individual (agricultor) em competição perfeita

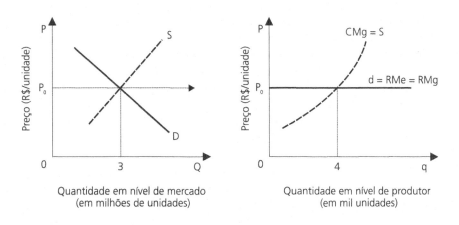

---

[3] Em termos matemáticos, tem-se: RT = P . Q. Assim, RMg = DRT/dQ = P . dQ/dQ – Q . dP/dQ. Como dP/dQ = 0, então **RMg = P**.

Apesar de a concorrência perfeita não caracterizar a economia de praticamente nenhum país capitalista, as principais razões para se estudar os princípios desse tipo de concorrência se devem ao fato de que ela fornece uma norma ou um padrão, por meio da qual se pode aferir e avaliar o comportamento efetivo da economia, e proporciona um ponto de partida simples e lógico para a análise econômica. De modo análogo, faz-se o mesmo com o estudo da mecânica, em que ninguém contesta o processo de iniciar o estudo dessa matéria sem considerar o atrito, embora haja um irrealismo, uma vez que o atrito é algo inevitável.

6.2.1 O efeito de mudanças na oferta e/ou na demanda

Uma vez conhecido o processo de determinação de preço de mercado, vejamos agora o efeito resultante de mudanças na demanda e/ou na oferta sobre os preços e as quantidades.

Um modelo elementar, não muito realista, mas útil para iniciar o entendimento do comportamento de preços de um produto, é o da curva de oferta *perfeitamente inelástica*. Em curtíssimo prazo, a função de oferta é, por definição, uma linha vertical, implicando que: (a) a oferta consiste somente da produção já obtida naquele momento; (b) as quantidades adicionais não podem ser importadas dentro do mesmo período em resposta a uma mudança de preço. A interseção da oferta vertical **S₀** com a curva de demanda (**D**) determina o preço de equilíbrio (**P₀**), conforme a Figura 6.4. Esse é o preço que 'normaliza' o mercado, dada a oferta disponível.

Novamente, um bom exemplo vem do setor primário: tendo em vista a forte dependência da agricultura em relação às variações climáticas, a função de oferta, em curtíssimo prazo, pode mudar. Más condições climáticas em um ano podem resultar em menor quantidade disponível (**Q₁**) para venda, expressa pela curva de oferta **S₁**, o que acarretaria uma elevação de preço de **P₀** para **P₁**. Por outro lado, condições favoráveis de clima podem contribuir para o aumento da produção (**Q₂**), expressa pela curva de oferta **S₂**, tendo como conseqüência uma redução de preço para **P₂**. Nesses casos, quanto mais inelástica for a curva de demanda, o que quase sempre está associado a produtos essenciais, maior a variação de preço P₀ para P₁ ou de P₀ para P₂.[4]

FIGURA 6.4 Equilíbrio de mercado com mudanças na oferta perfeitamente inelástica

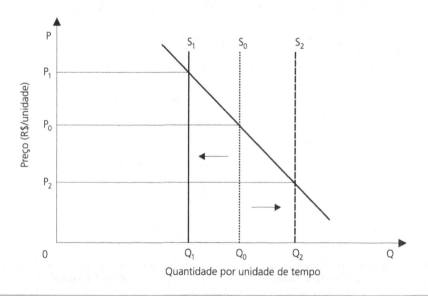

---

[4] Considerou-se apenas a variação climática como deslocadora da curva de oferta em curtíssimo prazo, porque a tecnologia, em geral, requer um período maior que um ano para gerar seu efeito sobre a produção.

Suponhamos agora uma mudança na demanda, em uma situação também de curtíssimo prazo, em que, por exemplo, a Rússia decida comprar 5 milhões de toneladas de trigo dos Estados Unidos. Em uma situação como essa, em que não é possível aumentar a oferta em um prazo tão curto, a curva de oferta é **S**, enquanto a curva de demanda inicial **D₀**, antes da decisão russa, se desloca para a direita (**D₁**), conforme a Figura 6.5. Como conseqüência do aumento da demanda por trigo, houve uma elevação no preço do produto de **P₀** para **P₁**, que é o único preço que 'normaliza' o mercado, dada a oferta **S**.

Com um período maior (médio e longo prazos), as curvas de oferta e de demanda tendem a ficar mais elásticas, em razão dos ajustes que ocorrem na produção e no consumo. De modo geral, as variações ocorrem com maior freqüência na oferta do que na demanda. Como vimos no Capítulo 2, um grande número de fatores pode causar mudanças na demanda; destes, os mais importantes (deslocadores da demanda) são: mudança na renda do consumidor, variação nos preços dos (outros) produtos substitutos dessa mercadoria, mudança nos gostos e nas preferências e mudança no número de compradores no mercado.

A Figura 6.6 resume o efeito dos vários fatores que deslocam a curva de demanda sobre o preço e a quantidade de equilíbrio. A parte **a** da figura ilustra o impacto sobre o equilíbrio de mercado devido a um aumento na demanda. Vamos supor que **D** é a curva de demanda e **S** é a curva de oferta para um determinado produto. Por exemplo, um aumento na renda real *per capita* do consumidor deve deslocar a curva de demanda para a direita — de **D₀** para **D₁** —, considerando se tratar de um bem normal. O resultado final é um aumento no preço de equilíbrio de **P₀** para **P₁** e um acréscimo na quantidade que será negociada de **Q₀** para **Q₁**. Isso significa que, à medida que a renda do consumidor aumenta, a demanda por bens normais também se expande.

Os outros fatores que podem deslocar a curva de demanda para a direita estão relacionados embaixo da parte **a** da Figura 6.6. De modo análogo, a parte **b** da referida figura ilustra um decréscimo na demanda para um produto, resultando em uma redução no preço e na quantidade de equilíbrio.

Vejamos, agora, o efeito resultante de mudanças pelo lado da oferta sobre o preço e a quantidade dos produtos. No capítulo anterior, mostramos que, entre os fatores deslocadores da oferta, estão: preços dos insumos, preços dos produtos competitivos, mudança tecnológica, número de produtores, clima e variação da área cultivada. Aqui, serão abordados apenas dois dos mais importantes, que são: mudança tecnológica e preço dos insumos.

FIGURA 6.5 Impacto de aumento na demanda sobre o equilíbrio de preço

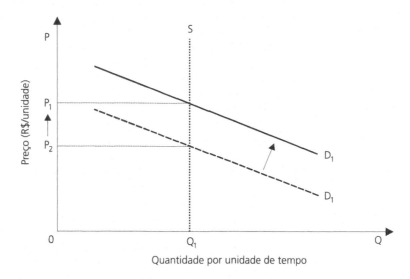

Já vimos como as mudanças no processo de produção resultam em alterações nos custos de produção. Por exemplo, uma tecnologia melhorada torna possível produzir a mesma quantidade a um custo menor. Do mesmo modo, os custos de produção diminuem quando os preços dos insumos caem. A questão relevante, então, é a seguinte: dada uma mudança nas condições que afetam o custo das firmas, qual é o impacto sobre a produção e o preço de mercado? Consideremos uma mudança nas condições de custo da empresa típica, como mostra a parte **a** da Figura 6.7, que pode ser decorrente de uma nova tecnologia ou de uma queda nos preços dos insumos. Ao adquirir insumos a um preço menor, as firmas conseguem deslocar para baixo suas curvas unitárias de custo (ou seja, de **CTMe₀** para **CTMe₁**, e de **CMg₀** para **CMg₁**). À medida que mais firmas adotam as oportunidades que reduzem custo, há um deslocamento correspondente de **S₀** para **S₁** na curva de oferta de mercado (parte **b** da Figura 6.7). Convém lembrar (Capítulo 5) que a curva de oferta do mercado é a soma horizontal das curvas de custo marginal das firmas na indústria.

FIGURA 6.6 Fatores deslocadores da demanda e o impacto sobre o preço e a quantidade de equilíbrio

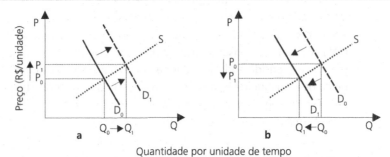

Fatores possíveis	Fatores possíveis
Aumento de renda	Redução de renda
Crescimento populacional	Contração do mercado
Maiores preferências	Menores preferências
Aumento no preço do substituto	Redução no preço do substituto
Redução no preço do suplementar	Aumento no preço do suplementar

FIGURA 6.7 Ajustes no mercado e na firma devido a mudanças nas condições de custo decrescente de produção em um mercado competitivo

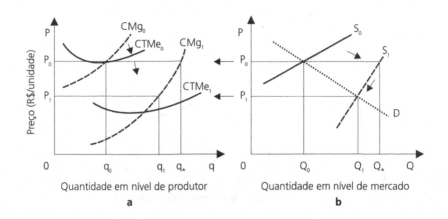

112 Economia: fundamentos e aplicações

Em um mercado competitivo, as firmas se comportam estritamente como ajustadoras de quantidades. O preço é determinado pelo mercado, por meio do comportamento agregado, em que todas as firmas agem como tomadoras de preços. Isso tem importantes implicações sobre a alocação de recursos e assegura que a economia está obtendo o máximo de produto por unidade de recurso. Desse modo, à medida que vão surgindo novos métodos de produzir mais produto por unidade de fator, esse sistema competitivo permite que essas novas alternativas sejam incorporadas ao processo de produção, resultando em maior quantidade de produtos e serviços na economia.

A agricultura é um bom exemplo de um setor em que a tecnologia tem grandes implicações, principalmente para os primeiros agricultores — chamados *inovadores* — que adotarem as novas técnicas (por exemplo, uma nova variedade), uma vez que os grandes aumentos individuais na produção que obtêm resultam em redução de preço insignificante, conseguindo, assim, maiores lucros. Após alguns anos, quando a nova variedade já tiver sido adotada por um grande número de produtores, o preço do produto começará a cair e as vantagens iniciais diminuirão ou até desaparecerão. Dois excelentes exemplos dessa situação são a soja e o frango, já mencionados no capítulo anterior. Os aumentos de demanda que ocorreram ao longo das três últimas décadas para esses dois produtos 'enfrentaram' uma oferta capaz de responder rapidamente a esses aumentos de consumo, de modo que a produção de cada um desses dois produtos cresceu em mais de 6.000 e 9.000%, respectivamente, nesse período.

Efeito econômico da propaganda (marketing)

A propaganda, que, conforme vimos no Capítulo 2, pode exercer influência sobre a curva de demanda (deslocando-a), produz dois efeitos combinados sobre ela:

a) Aumenta o número de consumidores, ou seja, a empresa pode vender mais, o que corresponde a um deslocamento da curva de demanda para a direita.

b) Cria necessidade de consumo para o produto, tornando o consumidor mais 'fiel', o que significa tornar a curva de demanda mais inclinada, ou seja, a demanda mais inelástica.

É importante lembrar que a curva de demanda no início do lançamento de um novo produto, por este ser ainda pouco conhecido, é relativamente elástica, ou seja, uma pequena elevação no preço pode provocar uma forte redução na quantidade demandada.

A Figura 6.8 mostra o efeito da propaganda sobre os preços e as quantidades, isto é, sobre a receita. É claro que, até chegar a esse efeito final, é preciso um tempo, que pode ser de alguns meses até alguns anos.

Antes da propaganda, a receita da empresa (**R_0**) era igual a: $P_0 . Q_0$, mas após a propaganda a nova receita (**R_1**) passa a ser $P_1 . Q_1$, ou seja, muito maior.

Além do aumento da receita, é possível conseguir redução no custo unitário de produção, que pode ser obtida quando a empresa aumenta o volume produzido. É o efeito da chamada 'economia de escala', analisada no Capítulo 4.

Considerando que o lucro total (**L**) é a diferença entre a receita total e o custo total, e que o custo total é igual à multiplicação do custo médio ou custo unitário (**CMe**) pela quantidade produzida do produto, ou seja:

$$L = R - CT \text{ ou } L = P . Q - CMe . Q, \text{ que equivale a:}$$

$$L = (P - CMe) Q$$

Capítulo 6 – Análise de mercado **113**

FIGURA 6.8 — Efeito da propaganda sobre a demanda e a receita

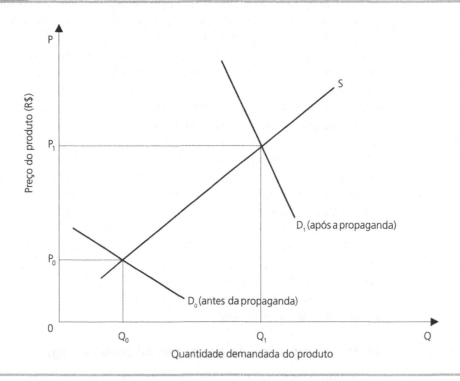

tendo em vista que: (a) o preço (**P**) aumentou, como conseqüência da boa estratégia de marketing; (b) o custo médio deve ter caído, por causa dos ganhos na economia de escala; (c) o volume produzido aumentou; pode-se concluir que o lucro da empresa deve aumentar como resultado da propaganda, que permitiu vender mais e para consumidores mais 'fiéis'. Além do resultado positivo no lucro, é necessário ressaltar o fato de a empresa ganhar maior fatia do mercado (*market share*), que é, sem dúvida, um dos objetivos dela, além do lucro.

6.3 OLIGOPÓLIO

O grande desafio da teoria dos oligopólios é estimar, com razoável aproximação, a reação das empresas concorrentes quando outra empresa toma suas decisões. Quando a ação de uma firma produz, de fato, reação por parte das concorrentes, a situação é de oligopólio, cujas principais características são:

- pequeno número de empresas

- interdependência entre as empresas

- consideráveis obstáculos à entrada de empresas

- produto, em geral, diferenciado, mas não necessariamente

- concorrência extrapreço, mediante: diferenciação do produto, propaganda, serviços especiais

Os exemplos de indústrias oligopolistas no Brasil e no mundo são muitos: alumínio, cimento, eletrodomésticos, automóveis, equipamentos elétricos, aço e petróleo, entre outros. Em cada indústria, um pequeno número de firmas produz, pelo menos, uma grande parcela da produção total. Na indústria automobilística, por exemplo, Volkswagen, Ford, General Motors e Fiat são as quatro grandes, apesar da maior abertura da economia brasileira e do aumento do número de novas empresas no país; na área de distribuição de produtos de petróleo, as grandes são: Petrobras, Shell, Ipiranga, Esso, Texaco e Agip.

A diferenciação é o principal meio de competição em uma estrutura de mercado oligopolizado, e isso pode tanto ser facilmente perceptível no produto quanto ser obtido pela propaganda maciça. A competição de preço é, geralmente, evitada. No oligopólio, o produto não é necessariamente diferenciado. Por exemplo, o petróleo é um produto homogêneo, mas é controlado pelas grandes distribuidoras, que são oligopolizadas.

A Figura 6.9 ilustra por que a competição de preços não é, normalmente, parte da estratégia de mercado para a firma oligopolista, que não pode ter certeza da localização ou do nível de sua curva de demanda porque nunca sabe com que intensidade as empresas competidoras reagirão a uma mudança de preço. Se uma determinada firma estava produzindo a quantidade q_0, que vinha sendo vendida ao preço P_0 durante algum tempo, a *firma pode geralmente esperar as seguintes reações a uma mudança de preço*:

a) *Se aumentar o preço de seu produto*, as firmas concorrentes não elevarão seus preços. A resposta quantitativa (decréscimo na quantidade vendida) ao preço majorado será uma função do grau de diferenciação de seu produto. A menos que os esforços para a diferenciação tenham tido um grande sucesso, a porção da curva de demanda para preços acima de P_0 será elástica, o que significa que a quantidade terá um decréscimo percentual maior que o aumento relativo em preço e, portanto, uma redução na receita total. Em outras palavras, se ela aumentar o preço sozinha, as demais não a seguirão e, portanto, ela perderá mercado, o que não é desejável. Nesse caso, ela terá redução tanto na sua receita como no seu *market share*, sem contar que é possível que seu custo unitário aumente por causa da economia de escala, que foi analisada no Capítulo 4.

b) *Se baixar o preço de seu produto*, as firmas concorrentes tenderão a reduzir também os seus. Isso fará com que essa firma não tenha um aumento expressivo na quantidade vendida devido ao decréscimo de preço, o que torna inelástica a porção da curva de demanda abaixo de P_0 (o que significa uma redução na receita

FIGURA 6.9 Curva de demanda de uma empresa oligopolista

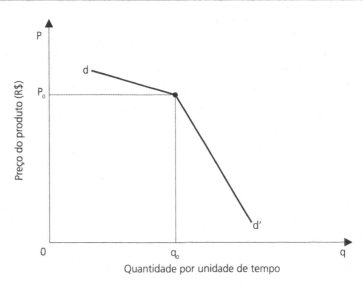

total, se o preço cair). Nessa situação (a de baixar o preço), as demais empresas são 'forçadas' a também reduzir seus preços, resultando em uma 'guerra de preços' que só beneficia os consumidores. Para todas as empresas, é altamente provável que ocorra redução de receita, razão pela qual dificilmente há guerra de preços entre os oligopólios.

Por causa dessa interdependência entre as decisões das empresas, os preços em uma estrutura oligopolista tendem a ser estáveis, ou seja, uma vez estabelecido o preço P_0, este tende a ser mantido. A diferença entre os preços de várias firmas é decorrência do sucesso da diferenciação do produto. Como conseqüência, tem-se a chamada curva de demanda quebrada **dd'**, mostrada na Figura 6.9, em que cada firma tem uma curva de demanda semelhante a essa. Portanto, a quantidade e o preço que a firma seleciona é uma função de sua estrutura de custo e de sua habilidade para diferenciar seu produto.

Entre outros exemplos de oligopólios na economia brasileira podemos citar: (a) no *agribusiness*, no segmento de tratores e colheitadeiras: Agco do Brasil (detentora das marcas Iochpe-Maxion e Massey Ferguson), Case-New Holland, Valtra e John Deere, entre outras; no de fertilizantes: Serrana, Manah, Solorrico, Fertiza e Fertibrás; no de defensivos: Novartis, Du Pont, Cyanamid, ICI, Dow Elanco, Monsanto, Bayer, Hoechst, Rhodia, Basf, entre outras; (b) no setor industrial, na siderurgia, estão: CSN, Gerdau, Usiminas, CST Tubarão, Cosipa, Acesita, Belgo-Mineira e Açominas, entre as maiores; na petroquímica, encontram-se: Copene, Copesul, OPP Química, Petroquímica União e Bayer, entre as maiores; no setor de pneus: Pirelli e Goodyear, entre as principais; eletrodomésticos: Multibrás, Electrolux, Samsung e Arno, entre as maiores; celulose e papel: VCP, Aracruz Celulose, Suzano, Bahia Sul, Cenibra, Ripasa, International Paper, Klabin e Inpacel, entre as maiores; produtos farmacêuticos: Roche, Novartis, Aventis Pharma, Aché, Bristol Myers Squibb e Schering Plough, entre as maiores; plásticos: Tigre, Videolar, Amanco, Dixie Toga, entre as principais. Na verdade, há um número grande de setores que operam em ambiente oligopolizado.

> No oligopólio, se uma empresa aumenta o preço sozinha, as demais não a seguirão, exceto se fizerem cartel.

Dada a posição em que a firma oligopolista opera, há uma forte tendência para a liderança de preço, caso haja uma firma dominante no mercado. Uma firma é dominante por sua participação relativamente grande no mercado e/ou por vantagens em termos de custos menores de produção. Alguns exemplos: a Souza Cruz, que controla dois terços do subsetor de cigarros e fumos, poderia ser considerada um caso típico de empresa dominante. Outro exemplo poderia ser a Nestlé, que detém mais da metade do mercado brasileiro de chocolate em pó com a marca Nescau.

No comércio internacional de grãos há também uma nítida situação de oligopólio, uma vez que sete grandes firmas controlam mais da metade do comércio mundial de grãos. São elas: Cargill, Continental Grain, Bunge & Born, Louis Dreyfus, Garnac Grain, Acher Daniels Midland (ADM) e ConAgra. Essas empresas de propriedade privada são multinacionais que operam, em vários países, atividades de compra e venda, estocagem, transporte e processamento, por meio de eficientes sistemas de informação e comunicação. Cabe ressaltar que a maioria desses grupos empresariais já atua no mercado brasileiro de grãos, haja vista que têm o controle do capital de várias empresas nacionais.

6.4 OUTRAS ESTRUTURAS (FORMAS) DE MERCADO

6.4.1 Monopólio

O monopólio é o oposto da competição pura. Em vez de um grande número de pequenas firmas, há apenas *uma grande firma*. As principais características do monopólio são:

a) uma só empresa

b) não há produtos substitutos

c) não há concorrentes

d) considerável controle de preço por parte da empresa

e) praticamente impossível a entrada de outra empresa no mercado

A curva de demanda do mercado e a curva de demanda da firma, em situação de monopólio, é uma só. Enquanto uma firma, em um mercado competitivo, pode vender toda a sua produção pelo mesmo preço, o monopólio pode aumentar as vendas se reduzir o preço de seu produto. Assim, a receita marginal do monopolista e a demanda são duas curvas diferentes, e são as causas principais da alocação ineficiente de recursos nesse tipo de mercado.

O governo pode fazer um *controle econômico do monopólio*, que pode ocorrer da seguinte maneira:

a) **Controle de preço**. As autoridades públicas podem insistir para que o monopolista produza no ponto em que o custo marginal de produção seja igual ao valor marginal do produto para os consumidores. Para tanto, o governo necessita ter um bom conhecimento da estrutura de custo do monopolista, o que não é muito fácil.

b) **Políticas de taxação**. A taxação reduz — e pode até eliminar — o lucro do monopolista. Ela pode ser de três maneiras:

- pagamento de uma licença anual
- tributação sobre o lucro
- imposto sobre vendas

As duas primeiras alternativas (pagamento de uma licença e tributação do lucro) afetam apenas o custo fixo, deslocando a curva de custo total médio para cima (mantendo a curva de custo marginal inalterada), não reduzem o nível ótimo de produção, mantêm o preço para o consumidor e, dependendo do grau de taxação, o lucro do monopolista pode ser até eliminado. O imposto sobre vendas, por outro lado, afeta os custos variáveis e resulta em menor quantidade vendida e em maior preço. É por isso que, freqüentemente, argumenta-se que as duas primeiras alternativas são preferíveis ao imposto sobre as vendas.

Política de discriminação de preços

Com o intuito de maximizar o lucro, o monopolista pode, sob certas condições, praticar uma estratégia de mercado denominada *discriminação de preço*. A discriminação de preço ocorre quando um monopolista vende um produto a diferentes consumidores, mas a preços distintos, por razões não associadas a diferenças no custo de produção. Para a prática dessa política, duas condições são necessárias:

a) O monopolista deve ter a habilidade de manter os mercados fisicamente separados. Caso contrário, o produto seria comprado no mercado com menor preço e revendido com preço mais elevado, eliminando, então, o diferencial de preços que o monopolista tenta estabelecer.

b) A relação elasticidade/preço da demanda deve ser diferente em cada mercado. Se a elasticidade fosse a mesma no vários mercados, a preços iguais, as receitas marginais seriam as mesmas. É sempre mais vantajoso vender no mercado em que uma unidade adicional de vendas proporciona maior adição à sua receita total. Isso significa que as vendas devem ser distribuídas nos mercados, de tal modo que a receita marginal em um determinado mercado seja igual à receita marginal no(s) outro(s) mercado(s). Receitas marginais iguais associadas a elasticidades iguais tornariam os preços iguais nos mercados. Desse modo, não haveria razão para a separação de mercados, uma vez que a receita total não aumentaria com isso.

A idéia básica é maximizar a receita total, de modo que ela se iguale à receita marginal da última unidade vendida em cada mercado. Essa estratégia pressupõe que, ao restringir a quantidade vendida no mercado com a demanda mais inelástica, o preço e a receita aumentam. O excesso é vendido no mercado em que a demanda é mais elástica. A receita total resultante dessa estratégia é maior do que se toda a produção fosse vendida nos vários mercados a um preço único.

Uma ilustração gráfica da discriminação de preço é analisada na Figura 6.10. Supondo apenas dois mercados, na parte **a** é mostrada a curva de demanda relativamente inelástica (D_1), e na parte **b**, a curva de demanda relativamente inelástica (D_2). Se o mesmo preço P_0 fosse cobrado em ambos os mercados, a quantidade total ($Q_0 + Q'_0$) seria vendida nos dois mercados. Como a demanda no mercado **I** é menos elástica, ao aumentar seu preço para P_1 e vender uma quantidade menor (Q_1), a receita total resultante (OP_1RQ_1) é maior do que a receita anterior (OP_0SQ_0). A diferença em quantidade ($Q_0 - Q_1$) é adicionada à Q'_0 vendida no mercado **II**, resultando em uma queda de preço para P_2. A soma da receita total nos dois mercados, a preços diferentes, é maior do que se o mesmo preço fosse cobrado em ambos os mercados.

$$(OP_0SQ_0 + OP_0TQ'_0) < (OP_1RQ_1 + OP_2UQ_2)$$

ou

$$(P_0Q_0 + P_0Q'_0) < (P_1Q_1 + P_2Q_2)$$

O processo de transferir uma unidade do mercado **I** para o mercado **II** ocorre até o ponto em que o aumento da receita total no mercado **I** é apenas equivalente à perda na receita total no mercado **II**. Isso ocorre onde suas respectivas receitas marginais são iguais.

Alguns exemplos em que a empresa utiliza a política de discriminação de preço, mas não necessariamente opera em situação de monopólio, são:

FIGURA 6.10 Modelo básico de discriminação de preço de uma firma com algum poder de monopólio

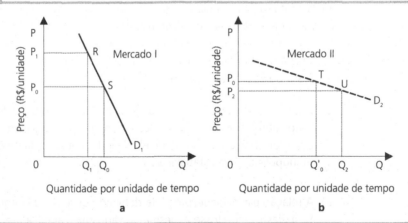

- Preços mais elevados cobrados pelos supermercados dos consumidores da área mais central da cidade (com demanda mais inelástica, devido ao maior nível de renda) do que em áreas da periferia.

- Tarifa diferenciada da energia elétrica entre o setor industrial e o residencial. A demanda por eletricidade em residências é mais inelástica, devido à não-disponibilidade de bons substitutos, enquanto a indústria tem várias outras opções, como: lenha, bagaço de cana, gás, óleo combustível.

- Tarifa mais elevada para telefonemas de longa distância durante o dia (demanda mais inelástica, porque a necessidade é maior) do que à noite.

- Preços reduzidos de passagens aéreas e hospedagens em hotéis durante a baixa estação (menor demanda).

- Preços mais baixos de ingressos em teatros ou em praças esportivas para senhoras e estudantes ou ainda se os ingressos forem adquiridos com antecedência.

No mundo real, o conceito de monopólio deve ser discutido no contexto de uma área geográfica definida ou de um mercado. Em termos geográficos, existem os chamados monopólios naturais, tais como as companhias de utilidade pública (eletricidade, água, gás natural e transporte ferroviário). O processo de privatização que vem ocorrendo no Brasil desde a década de 1990 visa a eliminar os monopólios públicos, com o surgimento de oligopólios privados, que devem garantir maior competição e eficiência na oferta desses serviços. Para esses tipos de serviços, a curva de custo total médio continua a apresentar declínios no custo unitário para grandes volumes ou quantidades (as chamadas economias de escala, já analisadas no Capítulo 4), e a estrutura econômica mais eficiente para realizar os serviços são os oligopólios, com competição.

6.4.2 A competição monopolística

Essa estrutura de mercado é determinada pela existência de muitos vendedores em um dado mercado, e o produto de cada um é, de algum modo, diferente. Há um número suficiente de produtores, de tal modo que as ações de um não influenciam significativamente o preço praticado ou a quantidade vendida pelos outros. Além disso, cada um sente que pode influir em sua demanda por meio de outra competição que não a referente ao preço. Portanto, as características básicas são:

a) grande número de empresas

b) produto diferenciado

c) pequeno controle de preço

d) considerável concorrência extrapreço por meio de marcas, patentes, serviços, crédito e propaganda

É, de certa maneira, um tipo de combinação de monopólio com concorrência.

A competição pura ou o monopólio puro raramente existem no mundo real. Ao contrário, a maioria das firmas está sujeita a alguma competição, mas não do tipo competição pura. Apesar de a maioria das empresas enfrentar um grande número de competidores produzindo produtos altamente substitutos, mesmo assim elas ainda têm algum controle sobre o preço de seus produtos. Assim, caso aumentem levemente seus preços, podem não vender tudo o que desejam a um preço fixo, mas também não perderão todas suas vendas. Em outras palavras, a maior parte das firmas enfrenta uma curva de demanda levemente inclinada, significando uma competição menos do que perfeita.

A *diferenciação de um produto* assume muitas formas. Uma tonelada de fertilizante de determinada fórmula obtida em um fornecedor próximo à propriedade rural é 'diferente' ('aos olhos' do agricultor) de uma tonelada idêntica disponível em outro fornecedor distante. Do mesmo modo, uma empresa, ao vender determinada matéria-prima ou máquina, presta ainda assistência técnica e, com isso, consegue 'diferenciar' essa matéria-prima ou máquina sob o ponto de vista do comprador. A diferenciação, conforme já mencionado, pode ocorrer tanto no produto em si (melhor qualidade, ingredientes, facilidades de manuseio, transporte e armazenagem), como nos serviços prestados (embalagem, fornecimento de crédito, serviço de manutenção e assistência, entrega em domicílio), por uma empresa, do mesmo modo que a propaganda e a identificação de marcas. O fator importante em todos esses modos de diferenciação de produto, contudo, é que eles geram, em alguns consumidores, a preferência pelo produto de um vendedor em detrimento de outros.

A diferenciação do produto remove a perfeita elasticidade da curva de demanda da firma individual. Portanto, devido à diferenciação, a curva de demanda é menos elástica que na concorrência perfeita e, por causa da substituição, a demanda é menos inelástica que no monopólio. Em vez de ser um tomador de preço, tendo uma curva de demanda horizontal, a firma determina sua ótima combinação de preço e quantidade. O grau de inelasticidade da curva de demanda da firma individual depende da diferenciação do produto que esta consegue obter. Forte diferenciação resulta em maior 'lealdade' do consumidor e, portanto, em maior controle de preço. Em outras palavras, quanto mais diferenciado for o produto de uma firma, menor será a possibilidade de substituição de seu produto pelos de outras empresas. Isso é ilustrado na Figura 6.11, que mostra as curvas de demanda das firmas **A** e **B**. Os consumidores consideram o produto da firma **A** como sendo apenas diferenciado dos produtos similares da indústria e, como muitas outras marcas são boas substitutas desse produto, a firma **A** é praticamente uma tomadora de preço. Por outro lado, a firma **B** conseguiu diferenciar, com sucesso, seu produto, e os consumidores estão, portanto, menos interessados em substituir o produto da firma **B**. Como conseqüência, a demanda pelo produto da firma **B** não é tão sensível a mudanças de preço.

No *agribusiness*, há exemplos de condições que se aproximam da concorrência monopolística. Por exemplo, empresas como Pioneer, Novartis, Monsanto e Cargill têm obtido sucesso em diferenciar suas sementes. A biotecnologia é um importante caminho para a diferenciação dos produtos agrícolas, porque estes passam a ter determinadas características

> A diferenciação de produto é uma importante estratégia de competitividade e sobrevivência corporativa.

FIGURA 6.11 Relação entre diferenciação de produto e elasticidade da demanda

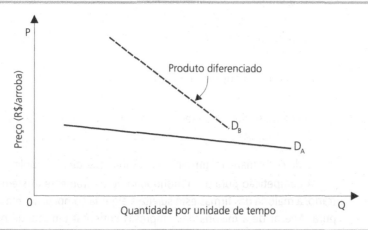

que o mercado deseja. Dois outros exemplos: a carne de porco tipo *light* e o ovo *light*, ambos com baixo teor de colesterol, são típicos casos de produtos diferenciados.

Por exemplo, suínos (vivos) podem ser essencialmente iguais entre si (ou seja, são homogêneos, no contexto do produtor), mas as marcas individuais de bacon podem ser significativamente 'diferentes', devido a aspectos físicos, procedimento de processamento diferente, embalagens etc., ou seja, são produtos diferenciados no contexto do consumidor. O bacon da marca da empresa **X** pode ser essencialmente o mesmo que o da marca da empresa **Y**, mas se a marca **X** tem sido eficazmente promovida pela propaganda, ela pode ser 'percebida' como diferente pelos consumidores — quanto mais consumidores forem convencidos de que a marca **X** é a 'única marca a comprar', tanto o nível quanto a natureza da demanda pela marca **X** serão afetados.

A habilidade de diferenciar um produto permite à firma individual maior flexibilidade em sua política de preços. Em geral, a firma se afasta de um status de tomadora de preço se conseguir efetivamente diferenciar seu produto ou sua marca. Para uma determinada combinação de preço e quantidade, a curva de demanda fica mais inclinada e, portanto, menos elástica ou mais inelástica. Considerando esse conjunto de circunstâncias, a quantidade oferecida pode ser controlada pelo administrador, de modo a obter vantagem de um maior preço com uma quantidade menor. Evidentemente, o potencial para isso é limitado. Cada firma é ainda suficientemente pequena, de tal sorte que as ações de cada uma não exercerão influência significativa sobre o nível de preço para esse produto. Mas há um preço mais elevado, ao qual a marca **X** de bacon perderá todos os seus compradores. Em suma, devido ao fato de a capacidade de diferenciar um produto ser limitada, a empresa utilizará a competição de preços como uma parte importante de suas estratégias de mercado, entre as quais se destaca a adoção de preços especiais.

6.4.3 Monopsônio

Os quatro tipos de estrutura de mercado até aqui analisados (concorrência pura ou perfeita, oligopólio, monopólio e competição monopolística) referem-se a firmas que estão no mercado pelo 'lado' da venda ou da oferta. Agora, abordaremos duas outras estruturas (**monopsônio** e oligopsônio), que se referem ao outro 'lado' do mercado: o da compra ou da demanda (de produtos finais que serão revendidos ou de insumos que entrarão novamente no processo produtivo para se tornarem bens finais). No que se refere à demanda de um produto, há ainda (conforme a Tabela 6.1) a concorrência monopsonista, que não será abordada aqui porque a concorrência pura já foi amplamente analisada e ela pressupõe não apenas um grande número de vendedores, mas também de compradores.

> Monopsônio é um tipo de estrutura de mercado caracterizada pela existência de um único comprador para o produto. Por exemplo, na indústria do fumo, a empresa processadora, em geral, atua como a única compradora da folha de fumo, na região produtora.

O monopsônio caracteriza-se pela existência de um único comprador para o produto,[5] embora, do outro lado, possa haver um grande número de vendedores, como normalmente acontece com a agricultura, na qual há muitos produtores. O monopsônio é mais comum no setor de alimentos e fibras, em uma pequena e localizada área geográfica. Em certas áreas, pode haver apenas um comprador de produtos agrícolas. Por exemplo, suponhamos que o monopsônio seja uma (única) empresa que processa tomate (matéria-prima) e tem o controle da indústria de processamento desse produto, de modo que os produtores de tomate são 'forçados' a negociar com esse processador. Outro bom exemplo seria o caso do fumo, pois, em certa região produtora, existe apenas uma única empresa que adquire a folha do fumo para a industrialização.

---

5 O monopsonista normalmente não é um consumidor final do produto, mas apenas intermediário. Portanto, o termo 'produto' (soja, por exemplo) significa matérias-primas, insumos ou recursos que serão processados.

6.4.4 Oligopsônio

Esse tipo de estrutura de mercado é caracterizado pela existência de poucos compradores (se houver apenas dois, se denomina *duopsônio*), de modo que as ações de um ou mais podem ter um efeito significativo sobre o preço de mercado dos outros compradores. É, portanto, um mercado com poucos participantes (em número), mas grandes em tamanho, fazendo com que haja uma forte interdependência entre as firmas, a exemplo do que ocorre com os oligopólios, como já foi descrito.

O oligopsônio é uma situação em que a firma sabe que mudanças no preço que ela paga por um produto (que para ela é matéria-prima ou insumo) resultarão em alterações nos preços desse produto pagos pelas outras firmas, e vice-versa. Normalmente, pode-se esperar que o elevado grau de interdependência do preço do produto (insumo) seja devido ao fato de haver poucos compradores do produto no mercado.

Como no caso do oligopólio, o oligopsônio pode tomar muitas formas, e também há um forte incentivo para se formar um cartel, de tal modo que o oligopsônio se torna, para muitos propósitos, monopsônio. Conluio tácito (sem acordo formal) ou não é provável de acontecer. Se não ocorrer, é possível que a curva de oferta para um particular oligopsonista seja 'quebrada' (semelhantemente à curva de demanda 'quebrada', no caso do oligopólio), refletindo a convicção ou crença de que outras firmas contraporão qualquer aumento no preço do produto (insumo) feito por uma firma oligopsonista, mas elas não contraporão nenhum decréscimo no preço do produto.

No *agribusiness* brasileiro, muitos casos se aproximam do status oligopsônico. Isso acontece para o produto agrícola processado, como na indústria de óleos vegetais, café solúvel, chocolate, cigarros, frutas, verduras, suco de laranja, suco de maracujá e carnes processadas, entre outras, em que poucas grandes empresas processadoras compram os produtos agropecuários diretamente dos agricultores ou por meio de suas cooperativas. Citamos, a seguir, alguns exemplos de empresas, dentre as indústrias citadas, que atuam como oligopsonistas (na compra da matéria-prima e/ou na venda do produto final): Cacique, Nestlé, Iguaçu e Brasília, entre as principais, na produção de café solúvel; Grupo Bunge & Born (proprietária da Santista e Ceval, entre outras), Louis Dreyfus (proprietária da Coinbra), Sadia e Cargill, no processamento de soja e margarina; Sadia, Perdigão, Seara, Chapecó, no processamento de carnes de aves e suínos; Grupo Gessy Lever (Cica), Goldman Sachs (Arisco) e Parmalat (Etti), no processamento de derivados de tomate, e assim por diante.

6.5 CONCENTRAÇÃO DE MERCADO

Muitos são os fatores que devem ser levados em consideração quando se pretende avaliar o grau de concentração do mercado, ou seja, que estrutura de mercado melhor representa o mundo real de um determinado tipo de indústria. Há, basicamente, dois indicadores para medir o grau de concentração de uma indústria, os quais procuram medir se o mercado de um determinado produto se aproxima mais de uma situação de competição perfeita, de um monopólio ou de algo intermediário (competições monopolística ou oligopolística). Esses dois indicadores ou índices são: *índice de concentração das quatro maiores firmas* e *índice de Herfindahl-Hirschman.*

6.5.1 Índice de concentração das quatro maiores firmas

O **índice de concentração de quatro empresas** é o percentual do valor das vendas registradas pelas quatro maiores firmas de uma indústria (pode-se calcular também para as oito maiores empresas). O índice de concentração varia de quase 0%, caso haja perfeita

> Índice de concentração de quatro empresas é o percentual do valor das vendas registradas pelas quatro maiores firmas de uma indústria (pode-se calcular também para as oito maiores empresas).

competição (onde estariam as propriedades rurais, na condição de empresas), até 100%, no caso de monopólio. Esse índice é um bom indicador do grau de competitividade de um mercado. Por exemplo, um índice de concentração baixo indica um alto grau de competição, enquanto um índice de concentração elevado evidencia uma ausência de competição.

O grau de concentração de vendedores e compradores, conforme já observado, diz respeito ao número e ao tamanho de cada empresa no mercado. Acredita-se que uma indústria seja altamente concentrada quando apenas quatro empresas pertencentes a ela detiverem 75% ou mais da produção e do mercado de um determinado produto. Nesses casos, as quatro (ou menos) empresas tendem a agir em conluio[6] e a comportar-se como monopolistas. Se o índice de concentração das quatro maiores empresas for inferior a 40%, é provável que elas concorram efetivamente entre si.

6.5.2 Índice de Herfindahl-Hirschman

> Índice de Herfindahl-Hirschman (IHH) é calculado como a soma do quadrado da participação (porcentagem) de cada uma das 50 (ou de todas, se forem menos de 50) maiores empresas no mercado (ou na indústria).

O **índice de Herfindahl-Hirschman** — também chamado de **IHH** — é calculado como a soma do quadrado da participação (porcentagem) de cada uma das 50 (ou de todas, se forem menos de 50) maiores empresas no mercado (ou na indústria). Matematicamente, o índice de Herfindahl-Hirschman pode ser expresso da seguinte maneira:

$$IHH = (\alpha 1)^2 + (\alpha 2)^2 + (\alpha 3)^2 + ... + (\alpha n)^2,$$

onde a**1** até a**n** são as participações das firmas de 1 até n (se houver 50 ou mais empresas no mercado, em geral, utiliza-se n até 50) na indústria. Por exemplo, suponhamos que a indústria de um determinado produto seja composta por apenas cinco firmas, cuja participação no mercado seja a seguinte: 40%, 25%, 15%, 10% e 10%. Nesse caso, o índice de Herfindahl-Hirschman será o seguinte:

$$IHH = 40^2 + 25^2 + 15^2 + 10^2 + 10^2 = 2.650.$$

Se cada uma das 50 maiores empresas tiver uma igual participação de 1% no mercado, o IHH é $1 \times 50 = 50$ e tal mercado é perfeitamente competitivo. Se um mercado for constituído por apenas uma empresa (100% do mercado), o IHH é $100^2 = 10.000$, que é o maior valor do índice de Herfindahl-Hirschman e esse mercado é 'administrado' por um monopólio. Considera-se que *um IHH com valor inferior a 1.000 indica um mercado altamente competitivo, enquanto um IHH superior a 1.800 sugere um mercado altamente concentrado.*

Vantagem e crítica ao IHH

A vantagem do índice de Herfindahl-Hirschman sobre o índice de concentração (das quatro ou das oito firmas) é que o *IHH proporciona informações sobre a dispersão do tamanho da empresa na indústria*. Por exemplo, o IHH será diferente se tivermos as duas situações seguintes: na situação **A** temos uma indústria composta de sete empresas e três delas, juntas, detêm 50% do mercado. Na situação **B**, temos uma indústria composta de 153 empresas e três delas, juntas, detêm 50% do mercado.

Há críticos que fazem restrição ao uso desses dois indicadores (índice de concentração das quatro firmas ou o IHH), porque ambos partem do pressuposto de que o *tamanho da firma significa poder de mercado* e ambos supõem que firmas que têm grandes participações

---

6 O conluio é um acordo entre duas ou mais empresas para restringir o nível de produção, com o objetivo de aumentar preços ou lucros. Esse tipo de conluio é denominado cartel.

de um mercado têm poder de mercado e que elas, provavelmente, abusam dessa condição nos preços. Esses críticos argumentam, por outro lado, que o tamanho pode ser uma função de eficiência — a empresa usa a economia de escala e de escopo para reduzir custos — e isso pode servir ao consumidor. Além disso, no cálculo desses indicadores estão incluídas apenas as vendas no Brasil, ou em qualquer outro país, por empresas que produzem internamente, uma vez que as importações estão excluídas dos dois índices.

6.6 MERCADOS CONTESTÁVEIS

A análise convencional da estrutura de mercado, medida tanto pelo índice de concentração de mercado quanto pelo índice de Herfindahl-Hirschman, pressupõe que o número de firmas em uma indústria determina a magnitude do poder de mercado e, portanto, os preços cobrados pelo produto que ela vende. A teoria dos mercados contestáveis[7] procura contornar essa pressuposição ao argumentar que os preços que os consumidores estão dispostos a pagar por uma dada quantidade de produto determina o número de firmas em uma indústria, caso haja uma ampla e *livre entrada de novas firmas nesse mercado*. A teoria dos mercados contestáveis gira em torno da idéia de que a competitividade está menos relacionada ao número de firmas existentes atualmente em uma indústria do que à facilidade de acesso a esse mercado por outras (novas) firmas, caso haja perspectivas de lucros econômicos. Em um mercado dito contestável, atua uma empresa ou um pequeno número de firmas, mas a entrada e a saída de firmas são livres, de tal modo que a firma (ou as firmas) nesse mercado age(m) como se estivesse(m) em perfeita competição, devido ao potencial de entrada de novas firmas.

Se o **IHH** for usado para determinar o grau de competição, um mercado contestável aparece como sendo não-competitivo; entretanto, a firma (ou as firmas) 'comporta-se' como se estivesse em competição. Um exemplo de mercado contestável é o de uma rota servida por uma única companhia aérea, a qual tem de operar como se estivesse em competição, porque outras podem facilmente passar a também operar nessa rota, caso percebam possibilidades de lucros. Uma crítica a essa teoria decorre da pressuposição da não-existência de barreiras à entrada (ou saída) em um mercado, uma vez que sempre existe pelo menos alguma barreira para que uma nova firma entre em um mercado. Uma dessas barreiras naturais é a tecnológica, pois quem está no mercado naturalmente já detém ou domina a tecnologia de fabricação do produto.

6.7 ESTRUTURA, CONDUTA E EFICIÊNCIA DE MERCADO

Até aqui, estudamos a formação do preço e a conseqüente determinação do nível de produção, de acordo com as várias estruturas de mercado existentes. Vimos que a estrutura de mercado inclui características organizacionais, tais como: grau de concentração (número e tamanho de vendedores e compradores), diferenciação do produto e barreiras à entrada de (novas) firmas no mercado. Com base na estrutura de mercado, o economista Joe Bain, em seu famoso livro *Organização industrial*, apresentou um modelo denominado *estrutura–conduta–eficiência* (**E $\Rightarrow$ C $\Rightarrow$ P**), também conhecido como análise estrutural, em que ele postula uma relação entre a estrutura do mercado, a conduta (comportamento) das firmas dentro do mercado e a eficiência (performance) delas.

De acordo com o postulante do modelo **E $\Rightarrow$ C $\Rightarrow$ P**, há uma relação previsível entre seus três componentes, a tal ponto que, dada a estrutura, o padrão de conduta das firmas

---

7   A teoria dos mercados contestáveis foi inicialmente descrita por W. Baumal, J. Panzar e R. Willig, no livro *Contestable markets and the theory of industry structure*.

124   Economia: fundamentos e aplicações

pode ser previsto, o que, por sua vez, leva a um padrão de performance previsível. Esse fluxo pode ser ilustrado de maneira que a direção de causa ou influência é a seguinte:

$$E \Rightarrow C \Rightarrow P$$

Se elevados níveis de concentração (estrutura) causam, por exemplo, conluio entre as firmas (conduta), o que, como conseqüência, resulta em preços elevados e inflexíveis (eficiência), isso significa que o nível de concentração deve ser reduzido. Em outras palavras, a estrutura do mercado determina ou influencia fortemente o modo como as firmas se comportam nesse mercado, ou seja, como elas fixam preços, determinam a quantidade de produto, adotam novas tecnologias, realizam propaganda e diferenciam o produto, entre outras práticas. Dependendo de como elas se comportam (conduta), chega-se à performance do mercado.

A **conduta** é definida como a política da empresa em relação às demais concorrentes no mercado, e seu comportamento pode ser subdividido em três áreas, ou seja, com respeito à política de preço, produto e coação.

> Conduta é definida como a política da empresa em relação às demais concorrentes no mercado, e seu comportamento pode ser subdividido em três áreas, ou seja, com respeito à política de preço, produto e coação.

Com relação à *política de preço*, vimos, ao longo deste capítulo, que há uma forte competição no caso da concorrência pura, mas, no outro extremo, o monopólio 'escolhe' o preço para o seu produto com base no nível de produção. Nos casos de oligopólios, as firmas tentam evitar a competição ('guerra') de preços, a fim de manterem condições mais estáveis entre elas. Esses objetivos de 'não-guerra' podem ser conseguidos por meio de: *acordos* entre as firmas (acordos de preços ou de áreas de mercado); *liderança de preço* (a firma líder anuncia os preços e as demais apenas a seguem); *conluio* (os aumentos de preços ocorrem na mesma época e em percentual mais ou menos igual, por exemplo: indústria automobilística, no Brasil, na década de 1980, época de inflação elevada).

Com relação à *política de produto*, as empresas procuram: (1) diferenciar seu produto pela inovação tecnológica; (2) realizar gastos com propaganda para conseguir novos consumidores, deslocando a curva de demanda para a direita, e tornar a curva de demanda mais inelástica, ou seja, tornar o produto mais necessário 'aos olhos' do consumidor; (3) adicionar serviços ao produto, como embalagens especiais, por exemplo.

Com respeito à *política coerciva*, a firma tenta mudar a estrutura de mercado por meio do enfraquecimento ou da eliminação das concorrentes e, para isso, utiliza a política de *dumping* de preços e de integração vertical, que aumenta as barreiras à entrada. Por integração vertical, entende-se uma empresa operando em vários níveis de produção diferentes, ou seja, executando todas ou a maioria das várias fases de produção de determinado produto. Por exemplo, a Sadia (ou mesmo a Perdigão) usa essa integração vertical para a produção de frango, visto que tem o controle direto ou indireto de todas as fases de produção do produto até que ele chegue ao supermercado, tais como: criação de pintos, distribuição aos produtores a ela integrados, assistência técnica aos avicultores, abate, industrialização, empacotamento, armazenamento, transporte e distribuição aos milhares de pontos-de-venda em todo o Brasil e no exterior. Assim, essa integração constitui uma barreira para que novas empresas ingressem nesse mercado, pois elas dificilmente teriam condições de atuar nessas várias fases simultaneamente.

A **eficiência ou performance** de mercado refere-se ao resultado final do padrão de conduta que as firmas adotam. O consumidor está, geralmente, preocupado com a eficiência, uma vez que esta é uma parte observável mediante: níveis de preço do produto, margens de lucro, investimentos e reinvestimentos dos lucros, desenvolvimento de pesquisa voltada para a melhoria dos produtos. Em outras palavras, quando se fala em eficiência de mercado se quer saber quanto a indústria em questão se aproxima do modelo de competição perfeita, o que induz às seguintes questões: Quão próximo o preço do produto

> Eficiência ou performance de mercado refere-se ao resultado final do padrão de conduta que as firmas adotam.

está do custo marginal? Os preços são flexíveis em resposta às mudanças nas condições de demanda.

Não há a menor dúvida de que o Brasil, na década de 1990, experimentou mudanças significativas na eficiência dos mercados em geral. Essas mudanças, fruto dos vários processos ainda em andamento na economia brasileira, tais como globalização, abertura da economia, Mercosul, privatização, estabilização econômica e crescente conscientização do consumidor brasileiro, podem ser facilmente constatadas. Para isso, basta que levantemos apenas dois aspectos: (1) era comum, no período inflacionário, que os ganhos (leia-se: lucros) de muitos segmentos empresariais fossem gerados no mercado financeiro (pela especulação) e não no setor produtivo; (2) eram comuns margens de lucro de 15% a 20%, ao passo que o mesmo segmento, agora, está sobrevivendo com margens de 2% — a cesta básica, por exemplo, nos 40 primeiros meses do Plano Real, subiu pouco mais de 10%, enquanto a inflação do período foi de 40%.

Uma maneira de começar a estudar a eficiência de mercado é relacionar algumas preocupações comuns com a indústria. Os consumidores freqüentemente se queixavam dos elevados preços dos alimentos, das práticas comerciais, da propaganda e das margens excessivas de lucro. Os agricultores reclamavam (e ainda reclamam) dos baixos preços recebidos pelos seus produtos, da presença de poucos compradores, que ainda controlam os preços, dos elevados preços dos insumos que adquirem, e assim por diante.

A *avaliação da performance de mercado* requer medidas específicas, entre as quais se destacam:

a) a tendência dos preços dos alimentos para o consumidor;

b) o nível e a estabilidade dos preços e da renda dos agricultores;

c) a participação da renda dos consumidores gasta com alimentos (é uma média da contribuição da indústria alimentícia ao padrão e à qualidade de vida);

d) a participação dos produtores nos gastos dos consumidores com alimentos;

e) a evolução da margem, do lucro e dos custos de comercialização;

f) as perdas e 'quebras' de produtos na comercialização;

g) a relação entre o preço do produto e os custos médios de produção, sendo que, quanto mais próxima da unidade for essa relação, maior será a competição e, portanto, mais eficiente será o mercado.

> Eficiência é medida como uma razão produto–insumo; um mercado para ser eficiente tem de maximizar essa relação.

A eficiência na indústria alimentícia é a medida mais freqüentemente usada de performance do mercado. A melhoria da eficiência é um objetivo comum de produtores, firmas de comercialização, empresas do *agribusiness*, consumidores e da sociedade, enfim. A **eficiência** é medida como uma razão produto–insumo; um mercado para ser eficiente tem de maximizar essa relação. O aumento da eficiência de mercado pode ser obtido de duas maneiras:

a) mediante melhorias na eficiência operacional, que se refere à situação em que os custos são reduzidos sem afetar o nível do produto e as utilidades a ele associadas; por exemplo, uma nova máquina que reduz o custo de processamento de suco de laranja ou a construção de uma ferrovia que reduz o custo de transporte relativamente à rodovia;

b) mediante a eficiência de preço, que se refere à capacidade de o mercado coordenar as atividades de produção, comercialização e consumo a fim de promover a eficiente alocação de recursos e a máxima produção econômica.

Em outras palavras, procura-se maximizar a relação 'valor da produção sobre o valor (custo) dos insumos'.

Os objetivos da eficiência são centrados na eficiência alocativa, na eficiência técnica e no progresso, no pleno emprego e na melhor distribuição da renda dos consumidores.

A **eficiência alocativa** implica que os recursos estejam no lugar e no tempo certos e realizem as funções apropriadas pelo valor adequado de retorno. Um elemento importante para a alocação eficiente dos recursos é o perfeito conhecimento das informações de mercado por parte tanto dos proprietários dos recursos quanto dos produtores de bens e serviços. A disseminação de informações de mercado é fundamental para o setor agrícola, por exemplo, justamente porque este é formado por um grande número de produtores geograficamente dispersos. Os avanços recentes na telemática (o 'casamento' da informática com os meios de comunicação) somados ao surgimento da Internet têm facilitado muito a difusão das informações de mercados.

> Eficiência alocativa implica que os recursos estejam no lugar e no tempo certos e realizem as funções apropriadas pelo valor adequado de retorno.

Para que a economia se aproxime do pleno emprego, a estabilização econômica é um fator fundamental, uma vez que a geração de empregos depende de investimentos produtivos e estes, por sua vez, dependem de um ambiente econômico estável, seguro, com perspectivas de longo prazo e de taxas de juros baixas, de modo a viabilizar financeiramente os investimentos. Apesar de ainda ter taxas de juros muito elevadas, o Brasil vem apresentando sinais de melhora, tanto de um horizonte econômico mais seguro (ou seja, de menos incertezas) quanto de taxas de juros cada vez menores.

Por fim, uma distribuição da renda menos injusta é o melhor caminho para melhorar a eficiência dos mercados. Infelizmente, os dados de distribuição de riqueza no Brasil estão entre os piores do mundo, devido, em grande parte, à economia fechada durante 60 anos (da década de 1930 a meados da de 1990), o que favoreceu os oligopólios em termos de concentração da renda e aos baixos investimentos em educação fundamental. No Brasil, os investimentos anuais por aluno nas escolas públicas fundamentais é ainda muito baixo, pouco mais de R$ 500,00, enquanto os Estados Unidos investem mais de US$ 5 mil anualmente por aluno.

6.8 *MARKUP*

O *markup* é uma das práticas mais comuns de política de preços. Pela **política de markup**, o preço de venda de um produto é determinado pela adição (acréscimo) de um percentual — geralmente fixo, mas que pode ser variável — sobre o custo unitário de produção ou sobre o preço de compra, nos casos de revenda. Em outras palavras, a determinação do preço final de venda de um produto pelo *markup* é a seguinte:

> A política de *markup* estabelece que, o preço de venda de um produto é determinado pela adição (acréscimo) de um percentual — geralmente fixo, mas que pode ser variável — sobre o custo unitário de produção ou sobre o preço de compra, nos casos de revenda.

$$Pv = CVMe \ (1 + percentual/100).$$

Assim, se o CVMe for de R$ 50,00 e o *markup* = 40%, então o Pv = R$ 70,00.

Entre os principais fatores que podem influenciar o valor do percentual do *markup* podem-se citar o tamanho da planta industrial, o valor do custo fixo total (**CFT**) e a elasticidade-preço da demanda por esse produto. Quanto maior for o CFT, maior será o percentual de *markup*. Do mesmo modo, quanto mais inelástica for a curva de demanda, maior será o percentual de *markup*, porque a empresa tem maior chance de aumentar os preços sem perder muito em termos de quantidade.

6.9 TRINÔMIO PREÇO–CUSTO–LUCRO

Um aspecto importante que precisa ser enfatizado diz respeito ao trinômio preço–custo–lucro. No ambiente de economia fechada, que perdurou por muitos anos no Brasil, e no de uma estrutura de mercado oligopolizada, a equação era do tipo: dado o custo de produção, acrescentava-se uma margem (em geral, elevada, porque não havia muita competição) de lucro e, dessa soma, obtinha-se o preço de mercado. Ou seja:

Custo médio + margem de lucro = preço do produto.

Mas o ambiente de economia mais aberta que passou a vigorar no país principalmente a partir de 1994 tem provocado uma mudança nessa equação, uma vez que o fabricante, em vez de ser 'formador de preço', como era antes, está passando a ser 'tomador de preço' do mercado. Ou seja, considerando o preço que os consumidores estão dispostos a pagar por um serviço ou mercadoria, o produtor tem de descontar os seus custos e a sobra, se houver, será o lucro. Em outras palavras, o lucro passou a depender dos preços e dos custos unitários.

Lucro = preço de mercado – custo médio.

Essa mudança é essencial para a sobrevivência das empresas e decisiva na tomada de decisão dos executivos. Daí a necessidade de uma empresa ser competitiva pela adoção de tecnologia, para reduzir os custos unitários.

6.10 TRIPÉ CUSTO–PREÇO–VALOR

> As decisões dos executivos devem basear-se no tripé custo, preço e valor.

> Custo engloba as despesas nas quais uma empresa incorre para produzir determinado bem ou serviço e colocá-lo no mercado.

> Valor é o grau de utilidade que os bens e serviços possuem para satisfazer às necessidades dos consumidores.

> Preço é o valor que os compradores pagam por um produto.

Como sabemos, gerenciar é fazer opções, ou seja, tomar decisões. A lógica econômica é uma ferramenta extremamente útil para a tomada de decisões mais adequadas e necessária para que os executivos façam as opções que envolvem criação e gestão de negócios. Negócios que, na verdade, implicam a produção e a venda de bens e serviços que, de um lado, tragam para os clientes o maior valor possível por um preço razoável e, de outro, sejam produzidos por um custo aceitável para a empresa.

Um excelente executivo é aquele que consegue fazer com que sua empresa crie mais valor a um custo menor do que as concorrentes, de modo a ter mais chances de prosperar e crescer e, principalmente, gerar mais lucros. Lembremo-nos de que quanto maior for o valor de um bem ou serviço para os consumidores, maior será o preço que eles estarão dispostos a pagar por esse produto, e de que o lucro unitário advém da diferença entre preço de venda e custo médio para produzir.

As decisões dos executivos devem basear-se no seguinte tripé: custo, valor e preço. Por **custo**, como já foi mencionado, entendem-se as despesas nas quais uma empresa incorre para produzir determinado bem ou serviço e colocá-lo no mercado, tais como os pagamentos que tem de fazer a fornecedores e funcionários, a fim de poder adquirir os fatores de produção (incluindo os insumos) que se transformarão em bens e serviços. **Valor**, por outro lado, é o grau de utilidade que os bens e serviços possuem para satisfazer às necessidades dos consumidores — quanto maior o valor de um produto para os consumidores, mais útil ele lhes será e, portanto, maior será o preço que estarão dispostos a pagar. **Preço** é o valor que os compradores pagam por um produto.

Para tanto, os executivos precisam ter conhecimento do custo exato de seus produtos e do valor que eles têm para os consumidores, bem como dos custos, valores e preços dos produtos das empresas concorrentes. Assim, eles poderão fazer bons negócios e levar suas empresas a gerar riqueza, empregos e salários para um grande número de pessoas.

RESUMO

Os principais pontos a serem destacados neste capítulo são:

1. Na determinação do preço e da quantidade de mercado, pressupõe-se que o mercado atua livremente, os empresários procuram maximizar o lucro e os consumidores tentam maximizar a satisfação. O termo 'mercado' deve ser entendido como uma área geográfica (ou não) dentro da qual vendedores e compradores realizam a transferência de propriedade de bens e serviços.

2. O nível de equilíbrio do mercado depende, fundamentalmente, da chamada 'estrutura de mercado', que engloba características como (1) o grau de concentração de vendedores e compradores (número e tamanho); (2) o grau de diferenciação do produto, o que torna a demanda mais inelástica; (3) o grau de dificuldade ou as barreiras para entrada de novas firmas no mercado. Dependendo das variáveis que caracterizam a estrutura, tem-se as seguintes formas de mercado: concorrências pura, monopolística e monopsônica; oligopólio; oligopsônio; monopólio e monopsônio.

3. Algumas das características da concorrência pura, principalmente a de grande número de compradores e vendedores e a de produto homogêneo, são típicas do mercado agrícola, o que faz com que o agricultor individual possa vender tudo o que produz ao preço predeterminado pelo mercado, pois sua decisão não exerce nenhuma influência sobre o preço. É por essa razão que se diz que o produtor agrícola é um tomador de preço e, assim, sua receita marginal é exatamente igual ao preço de mercado. Como o agricultor não influi no nível de preço do mercado, ele decide produzir a quantidade em que seu custo marginal se iguala ao preço do produto.

4. Os aumentos de preços de mercado ocorrem por expansão de demanda e/ou por redução da oferta, enquanto a queda de preços deriva de diminuição da demanda e/ou do aumento da oferta. Pode-se afirmar que, de modo geral, o fator mais importante para mudanças na demanda é o nível de renda dos consumidores, enquanto os fatores que mais afetam a oferta são, em curto prazo, o clima e os preços dos insumos e, em médio e longo prazos, a tecnologia. Portanto, o nível de preços dos produtos é fortemente influenciado pela renda do consumidor, pelo clima, pelos preços dos insumos e pela tecnologia.

5. A concorrência monopolística, que representa, de certo modo, um misto de monopólio e concorrência pura, é, sem dúvida, a estrutura de mercado mais comumente encontrada nos dias atuais, em que os produtos se diferenciam de alguma maneira e é grande a competição entre as empresas. Os produtores de sementes melhoradas e as empresas industriais, que processam cereais, carnes, oleaginosas, fibras, frutas e verduras, são, em alguns casos, bons exemplos de competição monopolística.

6. Há uma tendência no mundo moderno de as empresas se tornarem maiores e mais integradas verticalmente. É com essa tendência que, cada vez mais, se assiste à formação de **oligopólios** (e oligopsônios), que se caracterizam por uma forte interdependência entre as firmas (em termos de a decisão de uma afetar as demais) e, em razão disso, em vez da competição de preços, elas procuram meios extrapreço para a concorrência, tais como: diferenciação do produto, propaganda, serviços especiais, entre outros. No Brasil, os exemplos de indústrias oligopolistas são muitos, tais como: alumínio, automóveis, equipamentos elétricos, aço, petróleo, cimento, entre várias outras, e mesmo no *agribusiness* elas existem.

7. A conduta das empresas no mercado e o conseqüente grau de eficiência do mercado dependem da estrutura deste. De modo geral, quanto mais próximo o mercado operar da concorrência perfeita, mais eficiente ele será.

Capítulo 6 – Análise de mercado **129**

8. A teoria dos mercados contestáveis procura contornar a pressuposição da análise convencional da estrutura de mercado (a qual supõe que o número de empresas determina o preço de mercado) ao argumentar que o preço que os consumidores estão dispostos a pagar por um produto é o que determina o número de empresas em uma indústria.

9. Há, basicamente, dois indicadores para medir o grau de concentração de uma indústria: o índice de concentração das quatro maiores firmas e o índice de Herfindahl-Hirschman.

ATIVIDADES DE FIXAÇÃO: TESTE SUA APRENDIZAGEM

Caro leitor, procure desenvolver as seguintes questões, pois assim você estará fazendo uma revisão de sua aprendizagem:

1. Mostre, matematicamente, que, para uma firma em concorrência pura, a receita marginal é igual ao preço do produto.

2. A partir das curvas de oferta e demanda, explique a seguinte afirmativa: "A curva de demanda do arroz para cada produtor é perfeitamente elástica, enquanto a de demanda para arroz, no agregado (mercado), é inelástica".

3. A tendência de queda nos preços de ovos e de carne de frango reflete uma mudança na tecnologia, resultado da produção em massa na avicultura, em que uma quantidade menor de ração é necessária para produzir uma dúzia de ovos e um quilo de carne. Mostre as mudanças nas curvas de oferta e nas de demanda que explicam essa evolução dos preços da avicultura brasileira e mundial em longo prazo.

4. A partir da análise de oferta e demanda, explique por que a renda agrícola tende a ser instável.

5. Se, em curto prazo, houver um brusco aumento na demanda por um produto, o aumento no preço desse produto deve ser maior que o da quantidade produzida, relativamente ao longo prazo. Explique a lógica por trás dessa afirmativa e use os gráficos para mostrar como esse processo funciona.

6. Dadas as seguintes equações de demanda (**D**) e de oferta (**S**) de mercado para um determinado produto $Q_d = 60.000 - 12.000\ P$ e $Q_s = 20.000\ P$:

   a) faça um gráfico da D e da S

   b) determine algébrica e graficamente o preço de equilíbrio para a indústria, isto é, o ponto em que a quantidade ofertada é igual à quantidade demandada

   c) determine a elasticidade-preço da demanda e da oferta no ponto de equilíbrio

7. Suponha que a JT é uma pequena firma na indústria de processamento de um produto Y. O preço de Y no mercado é de R$ 640,00 e a função de custo (**CT**) da empresa é dada pela equação: $CT = 240q - 20q^2 + q^3$. Um lucro 'normal' já está incluído nessa função de custo. Determine:

   a) a produção que maximiza o lucro

   b) o custo médio para essa produção

   c) o lucro total

8. Justifique o fluxo de causalidade da estrutura para a conduta e desta para a eficiência do mercado.

9. Usando um gráfico, ilustre e explique como se deriva a chamada curva de demanda 'quebrada'. Relacione as pressuposições sobre as quais se baseia essa curva de demanda e explique como ela pode ser usada para explicar as infreqüentes mudanças de preços nos oligopólios.

10. Qual é sua opinião sobre a teoria dos **mercados contestáveis**, segundo a qual a competição entre as empresas depende mais da facilidade de acesso (ingresso) de uma nova empresa no mercado do que do número de empresas já existentes?

11. Analise os dois indicadores que medem o grau de concentração de uma indústria. Procure dados do mundo real da indústria brasileira e analise a situação encontrada.

12. O governo brasileiro, na década de 1960, destruiu uma significativa parcela de sua safra de café a fim de conseguir um aumento em sua receita cambial com esse produto. Aliás, em setembro de 1993, foi constituída a Associação dos Países Produtores de Café (APPC) para, por meio da adoção de quotas de retenção de parte das exportações de cada país, provocar uma reativação dos preços do café. Essas duas políticas econômicas são racionais? Explique sua resposta e mostre-a graficamente.

13. Admitindo que uma empresa tenha sucesso devido à mídia, isto é, que a mídia tenha proporcionado efeitos positivos internos e externos para essa empresa, mostre

graficamente o efeito do marketing (pela propaganda) e explique.

14. O presidente de uma grande empresa fabricante de aparelhos de TV afirmou o seguinte: "Os aparelhos de TV estão se tornando uma *commodity*". Diante dessa afirmativa, pergunta-se:

a) O que essa afirmativa significa sob o ponto de vista da curva de demanda?

b) Por que isso está ocorrendo?

c) Qual a estratégia de preço?

d) O consumidor, nesse caso, está se tornando mais ou menos sensível às variações no preço desse produto?

15. Analise graficamente e explique a seguinte manchete de um jornal: "Reunião da Organização dos Países Exportadores de Petróleo (Opep) faz o preço (do petróleo) subir".

16. Qual é o efeito sobre o preço e a quantidade vendida de fitas de videocassete se:

a) o preço de um CD aumentar?

b) o preço de um walkman aumentar?

c) a oferta de aparelhos de CD aumentar?

d) a renda dos consumidores aumentar?

17. A demanda e a oferta para um determinado produto são mostradas pelas combinações de preços e quantidades, conforme o quadro a seguir:

PREÇO (R$/unidade)	QUANTIDADE DEMANDADA (unidades)	QUANTIDADE OFERTADA (unidades)
20	180	60
30	160	80
40	140	100
50	120	120
60	100	140
70	80	160
80	60	180

a) Qual é o preço e a quantidade de equilíbrio para esse produto?

b) Se o preço for de R$ 70,00 por unidade, descreva como ficaria a situação. Mostre isso graficamente.

Capítulo 6 – Análise de mercado **131**

parte

2

MACROECONOMIA

CAPÍTULO 7 FUNDAMENTOS
DA MACROECONOMIA

CAPÍTULO 8 POLÍTICA FISCAL

CAPÍTULO 9 POLÍTICA MONETÁRIA

CAPÍTULO 10 POLÍTICA CAMBIAL

capítulo

7 / Fundamentos da macroeconomia

A ECONOMIA NO COTIDIANO

As manchetes dos jornais sobre crescimento econômico brasileiro, a partir dos anos 1980, têm como título comum o seguinte: o crescimento da nossa economia tem sido pífio. Afinal, na média dos anos, esse crescimento foi de, apenas, algo como 2,5% *per capita*. Entre os amigos aposentados, que diariamente se encontram na pracinha da pequena cidade, o bate-papo gira em torno da recessão ou do baixo crescimento do país. O senhor Canuto relembra: "Tempo bom era no período do milagre (1968-1973). A economia crescia como um foguete. Até dava gosto, pois todo mundo tinha emprego". O amigo Manoel, que está ao lado, emenda: "Você viu o *Jornal Nacional* de ontem? O governo subiu ainda mais os juros (como ocorreu em 2008, de abril a dezembro, por pura teimosia do Banco Central). Aonde nós vamos parar?". Cláudio, o "economista" do grupo, sapeca: "Com mais juros, o país cresce menos. Os bancos cobram mais pelos empréstimos, os consumidores compram menos e os empresários vão investir menos. Assim, o crescimento será muito baixo ou até haverá recessão. Meu genro, que já está desempregado, coitado, vai penar ainda mais para arrumar um empreguinho". O José, que não fez mais do que o primário, tem dificuldade de entender tudo isso e começa a 'perturbar' os amigos com perguntas: "Então vocês me expliquem: como é que a economia às vezes cresce bastante e outras vezes pára tudo? Os juros hoje estão altos, mas estavam ainda mais elevados no meado dos anos 1990. Ainda outro dia, ouvi no rádio que a tal demanda agregada tem crescido pouco. Fiquei 'encucado' com esse nome: 'demanda agregada'. Não entendi o que é isso, mas felizmente", emenda, "a inflação que antes era de mais de 1.000% ao ano, agora está domada, pois tem ficado abaixo de 6% ao ano". E, ao final, completa: "com essa crise que começou nos Estados Unidos e já está afetando o mundo inteiro, o desemprego no Brasil já está ocorrendo e tudo vai ficar mais difícil" (essa frase foi dita em janeiro de 2009).

Assuntos como esses têm se tornado corriqueiros e estão despertando o interesse de todos nós. É para entender melhor tudo isso que vamos estudar o presente capítulo.

OBJETIVOS

Ao final da leitura deste capítulo, você deverá ser capaz de:

1. Entender as grandes idéias no âmbito da macroeconomia, o campo da economia que trata da economia nacional como um todo, mas que tem conseqüências sobre a vida de cada um de nós.

2. Compreender conceitos como demanda agregada e oferta agregada, tão importantes para que se possa ter noção das políticas econômicas e de seus efeitos sobre empresas e pessoas.

3. Compreender as principais relações de variáveis macroeconômicas, como: produto interno bruto, consumo, renda, emprego, juros e investimentos, entre outras.

4. Estabelecer a ligação entre esses fundamentos de macroeconomia com as políticas econômicas, as quais serão discutidas nos três capítulos seguintes — ou seja, as intervenções do governo devem procurar alcançar alguns objetivos socioeconômicos.

5. Identificar os objetivos de políticas econômicas, isto é, por que os governos fazem intervenções que nos afetam tanto.

6. Analisar a curva de Lorenz e o índice de Gini, como medidas da perversa distribuição de renda no Brasil.

7. Avaliar o PIB sob três óticas: a da renda, a do dispêndio e a da produção.

7.1 MEDINDO O 'PRODUTO' DO PAÍS

O principal objeto da macroeconomia, conforme já mencionado no Capítulo 1, é estudar os elementos que determinam o nível de produção, de emprego e de preços (leia-se: inflação). Há períodos em que a economia consegue fazer com que a produção e o consumo sejam elevados. Nesses casos, observa-se que os investimentos crescem e que o desemprego é baixo. Diz-se, nessa situação, que está havendo prosperidade nacional e que há crescimento econômico. Podemos dizer que essa foi a situação vivida pelo Brasil no período de 1965 a 1973, em que havia crescimento econômico muito elevado: na média, o país cresceu a uma taxa anual em torno de 8% — então, praticamente não existia desemprego. Em outros períodos, há, também, o inverso: observa-se queda da produção, baixo consumo, desemprego em alta e desestímulo aos investimentos. O Brasil viveu períodos com essas características nos triênios 1981-1983 e 1990-1992, quando o crescimento econômico do país foi negativo, ou seja, houve decréscimo no nível da produção e do consumo nacional.

Determinar o nível de produção — e, conseqüentemente, de emprego dos fatores de produção — é o mesmo que medir o crescimento ou o decréscimo da economia. É esse um dos grandes objetivos da macroeconomia. Tendo em vista que na produção global de um país entram os mais variados tipos de produtos e serviços (cimento, pão, geladeira, carnes, sapatos, bananas, televisão, milho, soja, trigo, melancia, corte de cabelo, serviços médicos, e milhares de outros bens e serviços), seria muito difícil, para não dizer impossível, agregá-los, pois não tem sentido somar melancia com televisão ou bananas com grãos. Para resolver esse problema de 'juntar' tudo, de obter um único indicador — um único valor — que incluísse todos os bens e serviços, os economistas criaram o conceito de 'produto'.

> Um dos objetivos da macroeconomia é calcular o produto interno bruto.

Desse modo, é com o intuito de avaliar o nível de produção de um país que se calcula o 'produto', o qual pode ser avaliado sob duas óticas: a do produto interno bruto (PIB) e a do produto nacional bruto (PNB). Tanto o PIB quanto o PNB são representados por um único número, que procura expressar o nível de atividade econômica em todos os setores, ou seja, a produção de todos os bens e serviços (**BS**) de um país em um determinado ano, e para estimá-los é preciso somar a produção de bananas, cimento, melancias, televisões, geladeiras, pães, carnes, serviços médicos, cortes de cabelo e todos os demais BS produzidos durante o ano. Entretanto, como as unidades dos BS variam, a única maneira de 'somar' cada um deles é expressando seus valores por meio da multiplicação do preço por que foram vendidos pelas respectivas quantidades. Feito isso, chega-se à estimativa do produto, que expressa *um único valor monetário global de todos os bens e serviços finais produzidos no país durante um determinado período de tempo*, em geral, um ano.[1]

> O PIB expressa o valor global de todos os bens e serviços produzidos nos limites geográficos do país.

> PIB (Produto Interno Bruto) representa o valor da riqueza gerada em um determinado período de tempo.

Cabe aqui fazer uma distinção entre **PIB** e **PNB**: ambos medem o valor monetário da produção global de um país em determinado ano, mas o **PIB** inclui a produção situada dentro dos limites geográficos de uma nação, daí o nome 'interno', enquanto o PNB inclui a produção pertencente apenas aos indivíduos de uma nação, daí o nome 'nacional'. No PIB brasileiro, portanto, está incluída toda a produção gerada dentro do Brasil, não importando se esta foi obtida de recursos brasileiros ou estrangeiros, ou seja, por empresas nacionais ou do exterior. Já o PNB brasileiro computa apenas a produção oriunda de fatores de produção pertencentes a brasileiros, não importando se estes se encontram dentro ou fora do país. O Brasil tem de enviar para o exterior a renda obtida dentro do território brasileiro pelos fatores de produção estrangeiros situados em nosso país. Do mesmo modo, o Brasil recebe do exterior a renda obtida pelos fatores de produção brasileiros situados no exterior.

---

1 Para estimar o valor monetário do PIB, há basicamente dois problemas: o primeiro é agregar bens e serviços tão heterogêneos por natureza (como, por exemplo, somar carne com geladeira), mas isso é resolvido pelo processo de monetização da economia, ou seja, atribuindo valor (em reais) para cada bem ou serviço, e o segundo, é evitar que uma mercadoria seja incluída mais de uma vez no cálculo. Basta lembrar que muitos bens e serviços não são de consumo final, mas intermediários, isto é, eles entram novamente no processo produtivo para gerar novos produtos finais. Para evitar esse problema de 'dupla' ou até 'múltipla' contagem, os economistas utilizam o conceito de valor adicionado. Calcula-se o valor adicionado, descontando-se do valor total da produção, em cada atividade, o valor correspondente às matérias-primas ou aos insumos utilizados no processo de produção.

> O PNB expressa o valor global de bens e serviços produzidos por brasileiros localizados no país ou fora dele.

Essa distinção entre PIB e PNB é importante porque alguns países, como o Brasil, recebem parcela significativa de fatores de produção pertencentes a estrangeiros que se encontram dentro de seus limites geográficos. No caso do Brasil, essa parcela de fatores estrangeiros é muito maior que a dos fatores de produção pertencentes a brasileiros que estão localizados no exterior, o que significa que enviamos um volume de renda muito maior ao exterior do que efetivamente recebemos. É por isso que, no Brasil, o PIB é maior que o PNB. Em outras palavras, os estrangeiros produzem (em valor monetário) mais dentro do Brasil do que os brasileiros produzem lá fora. Já nos Estados Unidos, que possuem significativa parcela de seus fatores de produção localizados no exterior, ocorre o contrário: o PNB norte-americano é maior que seu PIB. Os Estados Unidos preferem divulgar seu PNB como medida de seu produto, porque isso confere uma dimensão maior para sua economia, enquanto o Brasil utiliza mais o conceito de PIB. Desse modo, daqui para a frente, usaremos o conceito de PIB.

Há duas grandes vantagens em se calcular o produto interno bruto. A primeira é comparar o crescimento da economia em diferentes períodos de tempo.[2] Por exemplo, pode-se dizer que a economia brasileira cresceu muito mais no período de 1965-1973 (8% ao ano) que nos períodos seguintes, principalmente em comparação com o qüinqüênio mais recente (1998-2002), cujo crescimento foi levemente inferior a 2% ao ano. A segunda vantagem é permitir comparações de crescimento econômico entre os vários países. Por exemplo, as economias do Brasil e do Japão estão entre as que mais cresceram desde o início da década de 1960 até o final da década de 1970.

Um dos grandes objetivos de um país é ter crescimento econômico, o qual pode ser medido pelo PIB *per capita*, ou seja, o valor monetário do produto interno bruto dividido pela população do país. Na realidade, o PIB *per capita* permite avaliar a quantidade média de bens e serviços disponíveis para cada brasileiro. Por exemplo, ao final de 2008, o PIB brasileiro estava avaliado em aproximadamente R$ 2,9 trilhões, os quais, divididos pela população total ao redor de 190 milhões de habitantes, resultaram em um PIB *per capita* aproximado de R$ 15,2 mil; ou seja, no final de 2008, cada brasileiro 'deveria' ter ficado com um valor aproximado de R$ 15,2 mil, equivalentes a produtos brasileiros. O verbo no condicional ('deveria') está correto, porque, devido ao problema da perversa distribuição da riqueza no Brasil, em que uns poucos têm muito e muitos têm muito pouco, uma grande parcela da população brasileira — a mais pobre — tem, em média, um valor de produto muito abaixo dos R$ 15,2 mil, ou o equivalente a R$ 6,6 mil.

Sem considerar esse problema da distribuição da riqueza e, portanto, da renda, com os dados do PIB *per capita* de cada país é possível comparar o grau de desenvolvimento econômico dos países. Por exemplo, os países desenvolvidos, em sua grande maioria, têm PIB acima de US$ 20 mil por habitante, enquanto, por outro lado, a maioria dos países da África (central, ocidental e oriental) tem PIB *per capita* abaixo de US$ 1.000,00. O PIB *per capita* médio mundial, no início de 2009, estava ao redor de US$ 8 mil.

7.2 'PRODUTO', 'RENDA' E 'DISPÊNDIO' DE UM PAÍS

Conforme analisamos no Capítulo 1, o sistema econômico, ao colocar em funcionamento seu aparelho produtivo, combina os recursos disponíveis às empresas, gerando a produção de bens e serviços com a finalidade de satisfazer às necessidades humanas. Vimos, também, que esse aparelho produtivo gera um diagrama de fluxo circular que contém

---

2 Tendo em vista que, ao longo dos anos, existe inflação (aumento generalizado dos preços), é importante separar, no cálculo do PIB, as variações nas quantidades de bens e serviços (**BS**) produzidos em um ano das variações nos preços (nominais) desses BS. Em outras palavras, o valor do PIB pode aumentar sem que haja aumento nas quantidades de BS, simplesmente pelo fato de que foram os preços que aumentaram, inflacionando, assim, o PIB. Para evitar esse efeito perverso da inflação, deflaciona-se o PIB nominal (que engloba os aumentos de preços) da seguinte maneira: divide-se o PIB nominal por um índice geral de preços que meça a inflação e o resultado será o PIB real, sem a inflação.

quatro fluxos: (1) fluxo físico de bens e serviços, também chamado 'fluxo real'; (2) fluxo físico de fatores de produção; (3) fluxo monetário, que representa custo para as empresas, de um lado, e, renda das famílias, de outro; (4) fluxo monetário, que representa o dispêndio, as despesas ou o custo de vida para as famílias, de um lado, e a receita para as empresas, de outro (Figura 1.5).

Nesse diagrama, é possível visualizar a interação entre as empresas e as famílias ou os consumidores, e é a partir dessa interação que se chega ao produto interno. A avaliação do PIB pode ser feita por três dos quatro fluxos acima — fluxo da produção, fluxo da renda e fluxo do dispêndio —, e cada um deles permite uma ótica ou um ângulo diferente de visão.

Pela *ótica da produção* (ou do produto), tem-se que as empresas convertem os fatores de produção em produtos (bens e serviços), que são colocados à disposição dos consumidores. Esses bens e serviços destinam-se diretamente ao consumo das famílias (bens duráveis ou de uso imediato) ou voltam ao processo de produção (bens intermediários, que são as matérias-primas ou os insumos, e bens de capital), para, então, gerar produtos para o consumo final. A avaliação do PIB pelo fluxo da produção consiste, basicamente, em computar, a preços de mercado, o valor dos bens e serviços finais produzidos pelo sistema em um determinado período de tempo. Segundo essa ótica, o produto é computado mediante a avaliação dos valores agregados (adicionados) por atividades produtivas, ou seja, em cada nível de produção por cada um dos três principais setores da economia. Esses três setores da economia, conforme vimos no Capítulo 1, são:

- O *setor primário*, que inclui as atividades primárias, ou seja, as lavouras temporárias e permanentes, a produção animal e seus derivados, e a extração vegetal.

- O *setor secundário* ou industrial, que engloba as atividades secundárias de três categorias de indústrias: a extrativa mineral, a de transformação e a de construção.

- O *setor terciário*, que inclui o comércio e os serviços de transporte, comunicações, intermediação financeira, administração pública e 'outros serviços', como os dos profissionais liberais — médicos, dentistas, advogados, agrônomos, veterinários, entre outros — e das domésticas; as chamadas atividades sociais, como: ensino particular e assistência médico-hospitalar privada; a prestação de serviços urbanos, como: alojamentos e alimentação, conservação e reparação de bens de uso durável, diversões e serviços domésticos remunerados.

> Pela ótica do produto, o destino da produção é: o consumo por parte das famílias ou a volta para o processo produtivo (na forma de bens intermediários ou insumos e capital).

Cabe ressaltar que a categoria 'outros serviços' é responsável por mais de 40% do valor adicionado nas atividades terciárias, no Brasil. Do produto interno bruto brasileiro, em média, o setor primário é responsável por **10%**, o setor secundário contribui com **33%** e o setor terciário responde por mais da metade (**57%**), conforme foi visto na Figura 1.1. Como tendência histórica, observa-se que as atividades primárias, que eram responsáveis por mais de 20% do PIB na década de 1950, apresentaram um declínio na sua participação, embora tenham se estabilizado nas duas últimas décadas; por outro lado, tem havido expansão da contribuição das atividades terciárias. É de se esperar que o percentual da agropecuária decresça um pouco mais e que os serviços fiquem em um patamar um pouco mais elevado, como acontece com as economias mais desenvolvidas, cuja participação se aproxima de dois terços de seu PIB.

> Com a renda (Y), que é a remuneração pelo uso dos fatores, as pessoas podem consumir, poupar e/ou pagar impostos.

O segundo método de avaliação do produto interno bruto é pelo fluxo da renda. Por renda *entende-se a remuneração, em reais, pelo uso dos fatores de produção.* A venda dos bens e serviços produzidos nos três setores econômicos resulta nas receitas das empresas. É com essa receita que os empresários pagam os trabalhadores, os juros sobre os empréstimos feitos, os aluguéis de seus imóveis, os arrendamentos de terras, os dividendos aos portadores de ações de suas empresas e, também, obtêm lucros. Isso significa que a renda consiste na remuneração de todos os fatores utilizados pelas empresas para a fabricação de seus produtos ou a prestação de seus serviços. Desse modo, sob a ótica da renda, o PIB pode ser dividido em lucros, salários, juros, arrendamentos, aluguéis e dividendos. Em outras palavras, a receita, que mede o valor da produção, ou seja, do produto, é 'distribuída' entre os vários componentes da renda. É por isso que se diz que a renda nacional (RN) equivale ao PIB. Assim, a renda nacional é a soma de todas as remunerações pagas aos que detêm os fatores de produção, ou seja, a RN representa uma grande totalização dos custos dos recursos econômicos, os quais correspondem às remunerações pagas pelas empresas: (a) aos recursos humanos por elas mobilizados, sob a forma de salários, isto é, a remuneração pelo fator trabalho; (b) pela utilização de imóveis, sob a forma de aluguéis, arrendamentos e depreciação; (c) pelo uso dos recursos financeiros de propriedade de unidades familiares, sob a forma de juros, isto é, remuneração pelo fator capital, e (d) pelo uso do capital e da capacidade administrativa e empreendedora do empresário, sob a forma de lucros auferidos pelas empresas.[3] Essa renda (**Y**) é aplicada em consumo (**C**), poupança (**S**) e pagamento de impostos (**T**). Assim: **Y = C + S + T**.

No Brasil, estima-se que a remuneração pelo fator trabalho (salários), excluindo as contribuições sociais, represente aproximadamente 40% da renda nacional, cabendo os restantes 60% à remuneração do fator capital (aluguel, arrendamento, depreciação e juros) e da capacidade tecnológica e empreendedora do empresário. Convém ressaltar que, na década de 1960, a participação do trabalho na renda nacional estava em torno de 60%, restando 40% para a contribuição do capital, tecnologia e custos empresariais. Destaca-se que, nos países desenvolvidos, a participação do fator trabalho na renda nacional oscila entre 60% e 70%. Assim, pela ótica da renda, dizer que o PIB *per capita* cresceu 3% em determinado ano é o mesmo que dizer que a renda *per capita* cresceu 3% naquele ano.

O terceiro método de avaliação da atividade econômica de um país (isto é, de se estimar o produto) é pelo *fluxo do dispêndio* (também conhecido como fluxo da despesa nacional). A despesa nacional é o gasto dos agentes econômicos com o produto interno bruto, ou seja, ela revela quais são os setores compradores do PIB. Para um país com economia aberta, ou seja, que mantém relações comerciais e financeiras com o restante do mundo, sua oferta agregada passa a incluir, além do produto interno bruto, que é a oferta interna de bens e serviços, as mercadorias e os serviços importados por esse país, ou seja, aqueles originários de outros países. Assim, além do PIB, o Brasil importa mercadorias produzidas no exterior para serem oferecidas internamente. Somando-se as *importações* (**M**) ao nosso PIB, temos o que se chama de *oferta agregada* (**S$_a$**).

> A oferta agregada inclui, no PIB, a importação de bens e serviços que se tornam disponíveis aos brasileiros.

$$S_a = PIB + M.$$

No que se refere à demanda agregada, ocorre o mesmo: além dos dispêndios internos em consumo e em formação bruta de capital (que é a acumulação) por parte das famílias (há cerca de 46 milhões de famílias no Brasil), das empresas e do governo, somam-se as exportações brasileiras de mercadorias e serviços. É importante lembrar que as exportações fazem parte do PIB gerado internamente no Brasil; por isso têm efeito positivo para a economia, uma vez que geram renda internamente.

$$D_a = C + G + I + X.$$

---

3 A essas remunerações somam-se ainda: as depreciações (necessárias para ressarcir as empresas pelos investimentos feitos em capital fixo próprio, de modo que elas possam repor periodicamente aquelas unidades de capital que se desgastam ou se tornam obsoletas) e os impostos indiretos (pagos ao governo, como o IPI e o ICMS). Por outro lado, devem-se subtrair os subsídios (transferidos do governo para as empresas), e, assim, o fluxo da renda se iguala ao fluxo da produção.

Capítulo 7 – Fundamentos da macroeconomia **139**

Já as importações desviam a renda gerada internamente para a aquisição de produtos procedentes do exterior, ou seja, elas transferem recursos para outras economias, gerando renda lá fora, mas não aqui dentro. Tendo em vista que o objeto da macroeconomia é calcular o produto interno bruto e que as importações não fazem parte dele, tem-se, então, que deduzir as importações das exportações.

Tendo em vista que para uma economia estar em equilíbrio no mercado a demanda agregada tem de ser igual à oferta agregada, igualando-se as equações da D_a com a da S_a tem-se que o destino do PIB é atender o consumo interno de 190 milhões de brasileiros, a demanda do governo, os investimentos das empresas, as exportações, deduzindo-se as importações.

> A demanda agregada representa o gasto global no país, incluindo o consumo das famílias e do governo, o investimento das empresas e as exportações líquidas.

$$PIB = C + G + I + X - M.$$

Desse modo, pode-se dizer que o produto nacional é absorvido ou despendido interna e externamente. Internamente, ele é despendido por famílias (que consomem), empresas e governo (que consomem e investem), e, externamente, por meio da demanda líquida externa.

A expressão ($X - M$), conforme mencionado, representa o *dispêndio externo líquido*, que pode ser positivo ou negativo. Essa diferença em relação ao PIB indica a proporção da demanda externa líquida relativamente ao dispêndio total. No Brasil, até recentemente, o déficit com o exterior foi histórico. O saldo das transações correntes, que inclui a balança comercial e de serviços, chegou a ser deficitário em US$ 33,4 bilhões, em 1998, diminuindo nos três anos seguintes para algo próximo de US$ 24 bilhões. A melhora, a partir dos anos 2000, tem sido, em grande parte, devida ao aumento no saldo da balança comercial — diferença entre exportações e importações de bens —, que cresceu de US$ 2,6 bilhões em 2001 para US$ 46 bilhões em 2006, caindo em 2007 para US$ 40 bilhões e para US$ 24,7 bilhões em 2008.

Em suma, demonstrou-se que: (a) para gerar um produto, há a necessidade de pagar renda aos fatores que foram utilizados na sua geração, o que significa que a produção agregada (leia-se: PIB) é igual à renda nacional; (b) essa renda destina-se ao consumo, à poupança e ao pagamento de impostos; (c) o produto nacional é absorvido em consumo, investimentos, gastos do governo e exportações líquidas ($X - M$). Como a soma dos dispêndios em consumo, investimento e exportações menos importações equivale também ao PIB, conclui-se que há uma interdependência, ou equivalência, entre PIB, renda nacional e despesa nacional:

RENDA NACIONAL = PIB = DESPESA NACIONAL.

Vale ressaltar que, em termos da teoria macroeconômica, a igualdade ocorrerá apenas quando houver equilíbrio, ou seja, quando a demanda agregada for igual à oferta agregada.

A Tabela 7.1 mostra a composição do produto interno bruto no Brasil sob as três óticas: da produção, da despesa e da renda, para três anos selecionados.

Para melhor visualizarmos a economia como um todo e a igualdade da renda com gastos (dispêndio) e com o valor da produção, estudaremos o fluxo da renda e dos dispêndios (Figura 7.1), que é muito semelhante ao que analisamos no Capítulo 1. Nessa figura, a economia consiste em quatro setores: as famílias, as empresas, o governo e o restante do mundo. Existem três tipos de mercados: os mercados de recursos, os mercados de bens e serviços e os mercados financeiros. Vamos nos centrar primeiramente nas famílias e nas empresas.

140   Economia: fundamentos e aplicações

| TABELA 7.1 | Composição do Produto Interno Bruto sob as três óticas: a da produção, a das despesas e da renda, 2003, 2004 e 2005. |

COMPONENTES DO PIB	VALOR DO PIB (em bilhões de reais, correntes)		
	2003	2004	2005
Produto Interno Bruto	1.699,9	1.941,5	2.147,2
A — ÓTICA DA PRODUÇÃO			
1 Produção	2.992,7	3.432,7	3.786,7
2 Impostos sobre produtos	229,3	275,2	306,5
3 Consumo intermediário (−)	1.522,1	1.766,4	1.944,4
B — ÓTICA DA DESPESA			
1 Despesas de consumo final	1.382,3	1.533,8	1.721,8
Despesa de consumo das famílias	1.052,7	1.160,6	1.265,1
Despesa de consumo da administração pública	329,5	373,2	427,5
2 Formação bruta de capital	268,1	332,3	347,5
Formação bruta de capital fixo	259,7	312,5	342,2
Variação de estoque	8,4	19,8	5,7
3 Exportação de bens e serviços	254,7	318,9	324,9
4 Importação de bens e serviços (−)	205,2	243,6	247,3
C — ÓTICA DA RENDA			
1 Remuneração dos empregados	671,8	763,1	860,8
Salários	528,1	597,4	681,0
Contribuições sociais efetivas	111,9	133,0	141,1
Contribuições sociais imputadas	31,7	32,7	38,7
2 Rendimentos misto bruto	180,0	189,2	200,8
3 Excedente operacional bruto	600,5	690,7	755,1
4 Impostos líquidos de subsídios sobre a produção e importação	247,5	298,3	330,4

Fonte: IBGE, de acordo com a Nova Série

As famílias vendem e as empresas compram os serviços de trabalho, capital, terra e empreendedorismo nos mercados de recursos (fatores). Para os serviços desses recursos, as empresas remuneram as famílias sob a forma de: salários pelos serviços do trabalho, juros pelo uso do capital, aluguel pelo uso da terra e lucro por empreender. Essa renda agregada recebida por todas as famílias em pagamento pelos serviços dos recursos é mostrada pelo fluxo Y.

As empresas vendem e as famílias compram bens e serviços de consumo, tais como aparelhos de TV, barras de chocolate, arroz, fornos de microondas, automóveis, bolachas etc., nos mercados de bens e serviços. O pagamento total que as famílias fazem por esses bens e serviços é dispêndio de consumo, expresso pelo fluxo C (Figura 7.1).

As empresas, por sua vez, compram e vendem novos equipamentos de capital (máquinas, por exemplo) no mercado de bens e parte do que produzem pode não ser vendida, sendo incorporada ao estoque. A aquisição de novas plantas industriais, máquinas e equipamentos e sua adição ao estoque são consideradas *investimentos*. Na Figura 7.1, o investimento é representado pela letra I, onde o investimento flui das empresas para os mercados de bens (de capital) e de volta para as empresas, porque algumas delas produzem bens de capital e outras os compram.

FIGURA 7.1 — Fluxo circular da renda e dos dispêndios na economia de um país (o caso brasileiro)

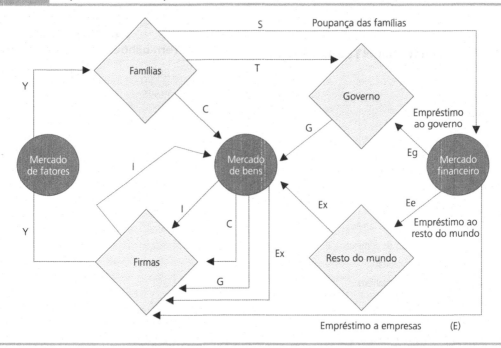

As empresas financiam seus investimentos emprestando dinheiro das famílias no mercado financeiro — as poupanças das famílias fluem para o mercado financeiro (representado por 'S'),[4] que financia as empresas (representado por 'E', como empréstimo). Vamos, agora, incorporar o governo e o restante do mundo ao nosso estudo.

Os governos compram bens e serviços — são as chamadas compras governamentais — das empresas, e o fluxo de pagamento é representado por G (Figura 7.1). Os governos usam os impostos e as taxas (representados por T) para pagar por suas compras. O fluxo monetário T corresponde a um volume líquido, que é igual aos impostos e às taxas menos os pagamentos de transferências recebidos do governo (para famílias e empresas, sob a forma de benefícios da seguridade social, desemprego e subsídios) e menos o pagamento de juros pelo governo por suas dívidas. Quando as compras do governo (**G**) excedem o valor líquido de T, diz-se que ele tem déficit, o qual é financiado por empréstimos governamentais (**Eg**) nos mercados financeiros.

Quanto ao resto do mundo, as firmas exportam bens e serviços para os demais países e importam bens e serviços do restante do mundo. Ao valor das exportações (**E**) menos o valor das importações (**M**) dá-se o nome de exportações líquidas (como mostra a Figura 7.1), conforme já mencionado neste capítulo. Se o valor das exportações exceder o valor das importações, teremos um saldo positivo e os dólares fluirão do restante do mundo para as empresas brasileiras. Mas, se o valor das exportações for menor que o das importações, teremos um saldo negativo e os dólares fluirão das empresas brasileiras para o restante do mundo. Se o valor líquido das exportações brasileiras for positivo, como tradicionalmente tem sido, o Brasil estará em superávit e o restante do mundo estará em déficit. Mas se for negativo, estaremos em déficit, e para financiá-lo o Brasil emprestará do restante do mundo ou venderá ativos que estão no estrangeiro e são de propriedade de brasileiros. Por exemplo, a Gol ou a TAM pode tomar emprestados dólares em Nova York para financiar a compra de novos aviões da Boeing. Essas transações ocorrem nos mercados financeiros e são mostradas na Figura 7.1 pela sigla Ee (empréstimos estrangeiros).

---

4   A letra 'S' representa a palavra *saving*, que, em inglês, significa 'poupança'.

Portanto, o fluxo dos dispêndios compreende: despesas de consumo, investimentos, compras governamentais e exportações líquidas. O fluxo da renda é a renda agregada, que é igual aos gastos agregados.

Como as receitas das empresas pela venda dos bens e serviços são iguais aos gastos globais $(C + I + G + X)$ e tudo o que as firmas recebem da venda de seus produtos e serviços é pago como renda aos proprietários dos recursos que são empregados, tem-se que:

> A produção agregada ou PIB é igual aos dispêndios agregados, que são iguais à renda agregada.

$$Y = C + I + G + X.$$

Ou seja:

O PIB brasileiro, em 2005, pela ótica dos dispêndios, em bilhões de reais:

$$C = 1.727,7; \quad I = 347,9; \quad G = 427,5; \quad E = 324,8; \quad M = 247,3.$$

Finalmente, uma observação sobre o método usado para medir o produto interno bruto, que também serve para medir a contribuição de uma indústria para o PIB. Para medir o valor da produção de uma determinada indústria, como a do pão, por exemplo, considera-se apenas o valor adicionado (ou agregado) por essa indústria, que vem a ser o valor da produção de uma empresa menos o valor dos bens intermediários que ela compra de outras empresas. Ou seja, é a soma das rendas (incluindo o lucro) pagas aos recursos usados pela empresa. A Figura 7.2 ilustra o valor agregado na produção de pão, começando com a contribuição do produtor agrícola até chegar ao consumidor final.

7.3 PIB: CRESCIMENTO E DISTRIBUIÇÃO

A Tabela 7.2 apresenta a evolução do produto interno bruto brasileiro, tanto no seu valor total quanto *per capita*, no período 1960-2008. O ano de 2008 foi considerado como data-base, ou seja, todos os valores nominais foram corrigidos para essa data, aplicando-se os deflatores[5] calculados para cada ano, além das devidas correções das unidades monetárias ao longo do período, que foram convertidas para a moeda corrente, o real.

Os dados mostram que, a preços de 2008, *o PIB total brasileiro de 2008 foi estimado em R$ 2,9 trilhões*, enquanto em 1980 era equivalente a R$ 1,475 trilhão (como mostra a Tabela 7.2), o que significa que, ao longo de todo esse período, o PIB global do Brasil aumentou 96%. Nesse mesmo período, a população brasileira cresceu 57%, o que indica que o PIB *per capita* cresceu aproximadamente 25%, mostrando uma pequena melhora do poder aquisitivo médio real da sociedade brasileira como um todo. Ao longo dos últimos 28 anos, as taxas reais de variação do PIB foram negativas durante cinco anos, sendo que, em 1981 (não mostrado na tabela) e 1990, a queda foi muito acentuada (–4,3%). Nos últimos dez anos, porém, não houve queda, devendo-se ressaltar que em 1998 e em 1999 a expansão foi praticamente zero. (Veja a Figura 7.3.)

FIGURA 7.2 Valor adicionado no pão

Produtor	Valor agregado do agricultor		
Moinho	Valor do trigo	Valor agregado do moinho	
Panificadora	Valor da farinha		Valor agregado da padaria
Consumidor	Valor do pão no varejo = gasto final do consumidor		

---

5 Deflatores são números-índice que expressam as variações reais nas quantidades produzidas ou as variações médias ponderadas dos preços. Por meio dos deflatores, é possível converter os valores nominais (a preços correntes) em valores reais (a preços constantes). A variação entre dois deflatores mede a inflação naquele período.

TABELA 7.2 Produto interno bruto total e *per capita* — Brasil, 1960-2008

ANOS	A PREÇOS DE DEZEMBRO DE 2008 EM R$ BILHÕES	TAXAS REAIS DE VARIAÇÃO ANUAL (%)	POPULAÇÃO EM MILHÕES DE HABITANTES	PIB *PER CAPITA* DE DEZEMBRO DE 2008 (R$)
1960	355,0	9,4	69,7	5.093
1965	440,0	2,4	80,7	5.452
1970	645,3	10,4	92,7	6.960
1975	1.043,0	5,2	105,4	9.895
1980	1.475,0	9,2	121,6	12.130
1990	1.725,00	-4,3	147,6	11.687
1995	1.998,0	4,2	159,0	12.566
1996	2.041,0	2,1	161,2	12.660
1997	2.109,0	3,3	163,4	12.905
1998	2.110,0	0,1	165,6	12.740
1999	2.115,0	0,2	167,9	12.596
2000	2.205,0	4,3	171,2	12.880
2001	2.235,0	1,3	173,8	12.860
2002	2.295,0	2,6	176,4	13.010
2003	2.321,0	1,1	178,9	12.973
2004	2.454,0	5,7	181,6	13.513
2005	2.526,0	2,9	184,1	13.720
2006	2.620,0	3,7	187,0	14.010
2007	2.745,0	4,7	189,0	14.523
2008	2.900,0	5,6	191,0	15.183

Fonte: Dados Básicos do IBGE e do IPEA

FIGURA 7.3 Evolução do produto interno bruto (PIB) brasileiro — 1960-2008 (a preços de dezembro de 2008)

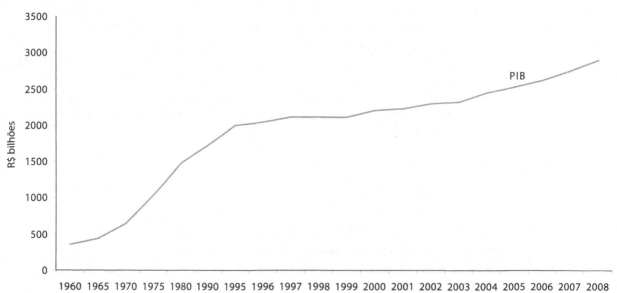

> O PIB brasileiro cresceu de cerca de R$ 355 bilhões em 1960 para R$ 2,9 trilhões em 2008. Nos últimos 28 anos, o PIB total cresceu 96,6%, mas a população cresceu 57%, ou seja, o crescimento *per capita* cresceu 25%.

> O PIB *per capita* no Brasil cresceu apenas 25% nos últimos 28 anos, ou seja, menos de 1% ao ano.

Comparando, em dólares correntes,[6] os valores do produto interno bruto do Brasil e dos Estados Unidos em alguns anos selecionados de 1960 a 2008, constata-se que em 1960 o PIB brasileiro era de aproximadamente US$ 78,5 bilhões, contra US$ 527,4 bilhões dos Estados Unidos, indicando que o PIB norte-americano era 6,7 vezes o brasileiro. A partir de 1980, essa relação ampliou-se, chegando a 15,2 vezes em 1990, e atualmente está um pouco mais de 10 vezes (Tabela 7.3). Pode-se observar que o PIB brasileiro atual, um pouco acima de US$ 1,3 trilhão, está próximo ao que era o dos norte-americanos no início dos anos 1970.

Com base nos dados da Tabela 7.2, constata-se que de 1980 a 1993 o PIB *per capita* não teve nenhum crescimento sustentado, mantendo-se em um nível levemente abaixo de R$ 12 mil (a preços de 2008). Em 1990, a renda *per capita* estava abaixo daquela de 1980. Nos últimos 28 anos, houve queda do PIB *per capita* em nove anos, ou seja, a expansão do produto interno bruto foi inferior à taxa de crescimento populacional.

A Figura 7.4 mostra a evolução do PIB *per capita* no Brasil, no período 1960-2008, em que se constata que os primeiros anos das décadas de 1980 e 1990 foram marcados por níveis mais baixos de renda *per capita*. Em dólares, o PIB *per capita*, que era de cerca de US$ 1 mil no início da década de 1960, chegou aos US$ 2 mil em 1973 (último ano do período do 'milagre econômico') e para aproximadamente US$ 3 mil em 2000 e para em torno de US$ 6,6 mil em 2008.

O PIB *per capita* é uma medida bastante imprecisa do nível de vida em qualquer país, porque mede quase que somente as atividades que foram remuneradas em dinheiro, não considerando custos como a poluição nem retratando mudanças na distribuição do produto entre os indivíduos da sociedade, ou na composição dos bens. A comparação do PIB brasileiro com o de outros países permite apenas saber que, por exemplo, somos ricos em relação a países como os da África, onde a grande maioria tem renda *per capita* inferior a US$ 500,00 por ano, mas somos pobres em relação a países como os Estados Unidos ou a Alemanha.

Apesar de o Brasil estar entre os países com maiores taxas de crescimento do PIB, ao longo dos últimos 40 anos, a renda de todos os brasileiros não cresceu na mesma proporção.

TABELA 7.3 Comparação entre o PIB brasileiro e o norte-americano, em bilhões de dólares, e relação entre ambos — 1960-2008

ANOS	PIB EM BILHÕES DE DÓLARES CORRENTES		RELAÇÃO ENTRE EUA/BRASIL (*)
	BRASIL	**ESTADOS UNIDOS**	
1960	78,5	527,4	6,7
1965	96,7	720,1	7,4
1970	142,7	1.039,1	7,3
1975	230,6	1.635,2	7,1
1980	326,6	2.795,6	8,6
1985	348,0	4.213,0	12,1
1990	382,0	5.803,2	15,2
1995	444,2	7.400,5	16,7
2000	530,0	9.963,1	18,7
2008	1.310,0	13.810,0	10,5

Fonte: IBGE (Brasil) e U.S. Department of Commerce (EUA)

---

6   O valor corrente se refere ao valor nominal no ano em que ocorreu, sem considerar as variações do nível geral de preços (a inflação).

FIGURA 7.4 Evolução do produto interno bruto (PIB) *per capita* no Brasil — 1960-2008 (a preços de dezembro de 2008)

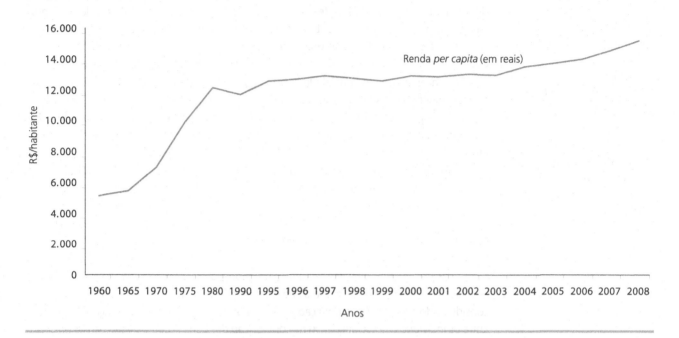

Desigualdade de renda: Brasil, um país injusto

Além de a renda *per capita* brasileira ser ainda relativamente muito baixa, afinal, ainda é inferior à média mundial, um dos maiores problemas estruturais do país diz respeito à péssima e perversa distribuição da renda por habitante, conforme mencionado no Capítulo 2. Basta dizer o seguinte:

- O grupo dos 10% mais ricos da população detém 47,4% da renda nacional (nos países desenvolvidos, esse percentual corresponde a cerca de 25%), enquanto os 20% mais pobres recebem apenas 3% do produto do país (nos países desenvolvidos, esse percentual é o dobro).

- O grupo do 1% mais rico, ao deter 13% da renda agregada, 'controla' o mesmo de renda que os 50% mais pobres (13%).

Tal padrão de distribuição de renda é considerado extremamente desigual em comparação com a maioria dos demais países. Os dados mostram também que entre 1960 e 1995 houve uma tendência de maior concentração da renda nacional, de modo que os ricos se tornaram mais ricos e os pobres, mais pobres. A desigualdade no Brasil, em particular a desigualdade de renda, infelizmente, faz parte da história brasileira, de tal modo que já é tida como algo natural. O mais grave é que esse extremo grau de desigualdade distributiva representa o principal determinante da pobreza.

Há basicamente quatro medidas tradicionais para analisar a desigualdade, em particular a da renda:

a) O índice ou coeficiente de Gini, que será explicado a seguir.

b) O índice de Theil, que em 1999 era de 0,72 no Brasil (este índice não será discutido aqui).[7]

---

[7] Para uma análise conceitual desse índice, consulte o excelente livro de Hoffmann, R. *Distribuição de renda: medidas de desigualdade e pobreza*. São Paulo: Edusp, 1998.

c) A razão entre a renda média dos 10% mais ricos e a dos 40% mais pobres, que, no Brasil, está próximo a 20 vezes.

d) A razão entre a renda média dos 20% mais ricos e a dos 20% mais pobres, que, no Brasil, é de cerca de 27.

Um dos métodos mais conhecidos para medir o grau de concentração da renda ou de outra variável é o **índice de Gini.** Ele é calculado com base na chamada *curva de Lorenz*, em homenagem ao estatístico norte-americano, que mostra a relação entre os grupos da população e suas respectivas participações na renda nacional. Os dados mostrados na curva de Lorenz são comparados com uma reta de eqüidistribuição (0B, na Figura 7.5), que é a reta de perfeita igualdade — ela representa uma situação teórica ideal, em que a renda seria igualitariamente distribuída entre a população, de modo que um quarto da população teria exatamente 25% da renda nacional. Quanto mais os dados da curva de Lorenz se distanciarem da reta de eqüidistribuição, tanto maior será o grau de desigualdade e de concentração da renda; portanto, quanto mais próxima a curva de Lorenz estiver da reta de eqüidistribuição, mais igualitária será a distribuição da renda. Essa curva relaciona as faixas da população acumulada (dos mais pobres para os mais ricos), com a participação acumulada da renda dessas faixas. Assim, matematicamente, quantifica-se o grau de concentração por meio da divisão da área compreendida entre a curva de Lorenz e a área da reta de eqüidistribuição, dada pelo triângulo 0AB, ou seja:

> Índice de Gini é calculado com base na chamada curva de Lorenz, em homenagem ao estatístico norte-americano, que mostra a relação entre os grupos da população e suas respectivas participações na renda nacional.

$$\text{Grau de concentração} = \frac{\text{Superfície de concentração (área entre a curva de Lorenz e a reta 0B)}}{\text{Área do triângulo 0AB}}$$

O valor do grau de concentração, conhecido como 'índice de Gini', varia de zero a um. Quanto maior for a área entre a curva de Lorenz e a reta 0B, maior será o índice de Gini e, portanto, maior será a concentração da renda. O índice de Gini zero significa que não há desigualdade de renda, ou seja, que há total igualdade (no mundo real, essa é uma situação utópica!), enquanto o outro valor extremo, que é um, indica que a desigualdade é absoluta. No Brasil, o índice de Gini evoluiu de 0,50 em 1960 para 0,62 em 1990, e para 0,60 em 1999.

> A desigualdade de renda faz parte da história brasileira e constitui a principal causa da pobreza no país.

FIGURA 7.5 Curvas de Lorenz para medir o índice de Gini referente à repartição de renda no Brasil — 1960 e 2000

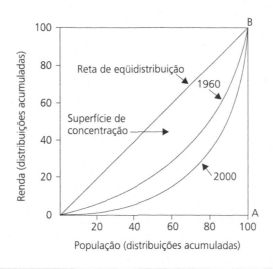

Em 2007 era de 0,53. Tal índice é ainda muito alto, se comparado com o dos países desenvolvidos, em que, para a maioria deles, este varia entre 0,25 e 0,40.

O IDH e o IDS

> O IDH leva em conta três variáveis: a renda, a longevidade e a educação das pessoas. Esse índice, no Brasil, foi de 0,80 em 2007.

Como o PIB é uma medida imprecisa, é necessário usar também outros indicadores para avaliar a situação econômica de um país, entre os quais podem-se incluir: expectativa de vida; mortalidade infantil; proporção de moradias com água corrente, eletricidade, televisão; e taxa de alfabetização. É por isso que, mais recentemente, têm sido criados índices que aferem com maior abrangência os padrões comparativos de desenvolvimento. Entre outros, há dois índices bastante conhecidos: o *Índice de Desenvolvimento Humano* (IDH), proposto pelas Nações Unidas, e o *Índice de Desenvolvimento Social* (IDS).

Além do PIB ou do PNB *per capita*, o IDH inclui a expectativa de vida ao nascer, a taxa de alfabetização de adultos e a paridade do poder efetivo de compra da renda interna. Em outras palavras, o IDH leva em conta a renda das pessoas, a longevidade e a educação. O valor do IDH varia de zero a um, assim como o do IDS, e quanto mais próximo de um, maior é o desenvolvimento social do país; por outro lado, quanto mais próximo de zero, pior é a situação social do país. Os países desenvolvidos, incluindo os da Europa ocidental, o Japão, o Canadá e os Estados Unidos, têm um IDH que varia entre 0,96 e 0,99 — o Japão tem o maior índice mundial. No outro extremo, encontra-se a maioria dos países africanos, com IDH variando entre 0,30 e 0,43. O Brasil, com IDH de **0,80**, está colocado no chamado 'quarto grupo', cujo índice é médio-baixo; ou seja, na classificação internacional, o Brasil continua sendo um país de médio desenvolvimento humano. O IDH brasileiro vem melhorando — era de 0,71 em 1991 —, e isso está ocorrendo para todos os estados e para quase todos os municípios do país.

7.4 O MODELO MACROECONÔMICO *KEYNESIANO*

O modelo de macroeconomia que apresentaremos agora é bastante simples, mas suficiente para que estudantes das ciências sociais aplicadas tenham um conhecimento básico da economia no âmbito global e possam, assim, entender melhor os fatores determinantes do nível geral de preços e de crescimento de renda, de empregos e de produção.

Dois dos objetivos econômicos globais são a máxima produção de bens e serviços e a manutenção do pleno emprego.[8] Os níveis máximos possíveis de produção, em geral, não são alcançados porque os recursos não são plenamente empregados. A análise das causas do hiato entre a produção real e a potencial constitui uma das preocupações centrais da macroeconomia, que tem como uma das principais fontes a obra *Teoria geral do emprego, dos juros e da moeda*, de Keynes.

7.4.1 A teoria clássica do emprego

Até por volta de 1930, época da chamada Grande Depressão, os conceitos macroeconômicos se baseavam nos mecanismos da teoria clássica sobre o equilíbrio geral da atividade econômica — ou teoria clássica do emprego —, desenvolvida pelos teóricos liberais dos séculos XVIII e XIX.

Todo o desenvolvimento clássico sobre o equilíbrio geral da economia se fundamentava na famosa *lei de Say*, em que 'a oferta cria sua própria procura', ou seja, a produção é que cria mercados para os produtos. Essa convicção de Say se originava do fato inquestionável de que a fonte de onde provém a procura é a renda obtida pelos que participaram do

---

8 Muitos economistas entendem que a produção de bens e serviços e o pleno emprego têm o mesmo significado, ao considerarem que o pleno emprego engloba todos os fatores de produção (mão-de-obra, capital e recursos naturais).

processo de produção (oferta). Como se pode perceber, essa lei se baseava na simultaneidade e na interdependência dos fluxos da produção e da renda.

Por esses fluxos, toda produção, qualquer que fosse o valor global dos bens e serviços elaborados, geraria um correspondente fluxo de renda suficiente para a aquisição de todos os bens e serviços produzidos. Assim, não haveria superprodução e, conseqüentemente, estaria afastada a possibilidade de ocorrência do desemprego geral por períodos prolongados — não haveria volume de demanda global insuficiente para a aquisição e o escoamento de toda a produção efetuada.

Contudo, com o tempo, os economistas ortodoxos (clássicos) deram a essa lei um significado mais amplo, segundo o qual, para qualquer nível de produção, o valor da procura não poderia ser nem inferior nem superior, mas exatamente igual ao valor dos bens produzidos, ou seja, igual ao valor da oferta. Sem dúvida, se a sociedade destinasse ao consumo toda a renda gerada na produção, não haveria motivo para que ocorresse a superprodução, o desemprego e o desequilíbrio da atividade econômica. Todavia, na realidade, a sociedade destina ao consumo apenas uma parcela de sua renda, pois a outra é destinada à poupança.

Os economistas clássicos, embora soubessem que nem toda renda é consumida, não acreditavam que a poupança pudesse interromper o perfeito funcionamento dos fluxos da produção, da renda e do dispêndio, pois bastava que a poupança fosse igual ao investimento para que o equilíbrio geral fosse mantido. Para eles, a taxa de juros garantiria que o volume de poupança sempre resultasse igual ao volume de investimento, uma vez que a poupança (S) é estimulada pelas altas taxas de juros (r), e o investimento (I) é encorajado pelas baixas taxas de juros. Portanto, para a ortodoxia clássica, a poupança e o investimento dependiam apenas da taxa de juros, ou seja: $S = f(r)$ e $I = f(r)$. Assim, haveria uma taxa de juros de equilíbrio que igualaria a poupança ao investimento, de modo que, se a sociedade decidisse poupar mais, a curva de poupança se deslocaria para a direita e a taxa de juros de equilíbrio cairia, e seria novamente restabelecido o equilíbrio entre a poupança e o investimento.[9]

Além da taxa de juros, o nível geral dos preços também deveria exercer, na opinião dos economistas clássicos, um importante papel no estabelecimento do equilíbrio geral. Por exemplo, uma diminuição do volume da procura resultaria em queda de preços, que, por sua vez, reduziria a oferta (produção) de bens e serviços e, como conseqüência, o volume de empregos. Ou seja, diminuiria a procura de mão-de-obra e dos demais fatores de produção. Essa redução da procura de recursos implicaria a queda dos salários e de outras remunerações pagas aos demais recursos.

Concluindo, para a economia ortodoxa, as flutuações da taxa de juros, de um lado, e a flexibilidade dos preços dos produtos, de outro, sempre garantiriam a manutenção da atividade econômica em regime de pleno emprego (equilíbrio geral). As oscilações seriam automaticamente corrigidas, pois a economia de livre empresa, conduzida pelo livre jogo das forças de mercado, seria auto-ajustável, capaz de governar a si própria. Desse modo, na década de 1920, a idéia-chave do pensamento clássico continuava a ser a do *equilíbrio automático*:

1. da poupança e do investimento, por meio de ajustes da taxa de juros

2. dos mercados de bens e serviços, por meio de ajustes dos preços relativos

3. do mercado de trabalho, em nível de pleno emprego, por meio do ajuste da taxa de salários

4. das trocas externas, pelo ajuste do nível geral de preços

---

9 Convém ressaltar que, nesse ponto, surge a primeira discordância de Keynes, pois, para ele, a poupança é uma função da renda (Y), ou seja, S = s (Y), conforme será visto mais adiante.

7.4.2 A teoria do emprego na versão *keynesiana*

Todas essas suposições dos economistas clássicos foram, contudo, contestadas pelas graves perturbações da Grande Depressão, que marcou os desastrosos anos da crise da década de 1930, quando a queda da procura agregada de bens, embora tenha gerado uma prolongada redução de preços, não foi compensada por uma correspondente diminuição da oferta agregada. Em outras palavras, mesmo com a queda pronunciada dos preços, esta não foi suficiente para provocar uma reação da demanda, gerando, por sua vez, desajuste entre a demanda e a oferta agregadas. Esse desajuste entre a oferta (S_a) e a demanda (D_a) globais ($S_a > D_a$) provocou, em conseqüência, o desemprego em massa. A doutrina clássica não reunia condições para explicar coerentemente as causas do desemprego generalizado no mundo ocidental.

Foi nesse momento (década de 1930) que surgiu a nova teoria geral do emprego, desenvolvida por Keynes, cujo ponto de apoio foi o bombardeio dos alicerces da doutrina clássica e o primeiro passo foi rejeitar o ajuste automático entre o volume da poupança e o valor do investimento. Suas principais discordâncias nesse ponto se fundamentaram nas seguintes argumentações:

- Embora a taxa de juros desempenhe algum papel na determinação dos volumes da poupança e do investimento, nada garante que ela conduza à permanente igualdade entre a poupança e o investimento. Em outras palavras, *juros não garantem equilíbrio entre poupança e investimento, principalmente pelo fato de que quem poupa não é quem investe.*

- Na determinação dos volumes da poupança e do investimento, o montante do produto nacional (renda nacional) pode desempenhar um papel muito mais importante que a taxa de juros.

- As decisões de poupança da sociedade não apresentam nenhuma vinculação com as decisões de investimento das empresas, ou seja, os que poupam e os que investem são levados a isso por motivos diferentes e pertencem a grupos diferentes.

- **Quem determina o nível de produção é a demanda agregada**, ao contrário do que apregoava a lei de Say. A lógica é a seguinte: os agentes econômicos podem entesourar parte de sua renda, o que significa dizer que o aumento de produção resulta em elevação de renda, mas parte desse aumento da renda não necessariamente será gasta. Assim, a produção será maior que a demanda agregada, o que, como conseqüência, gerará uma crise, forçando, por sua vez, a redução da produção no nível da demanda agregada. Dito de outro modo, as empresas produzirão aquilo que for demandado. Se houver diminuição da demanda agregada, a produção agregada também deverá diminuir, e vice-versa. Por isso, se a demanda ultrapassa a produção, a produção aumentará. Se a demanda agregada ficar abaixo da produção agregada, a produção diminuirá. Isso significa que a variável de ajuste é a produção, e não o preço. Em uma economia com grande nível de desemprego, o produto pode aumentar, sem a necessidade de elevação de preços. As empresas respondem aos acréscimos de demanda expandindo a produção física ou simplesmente elevando os preços, ou ambos. Quando a demanda agregada se iguala à produção agregada, a renda gerada pela produção agregada é uma renda de equilíbrio.

Em resumo: **se a oferta agregada for maior que a demanda agregada**, então se diz que há um déficit de dispêndio, e os resultados são os seguintes: (a) queda no nível de renda real e (b) queda da produção, do emprego e do nível geral dos preços da economia. É uma situação de recessão.

Além dessa discordância quanto ao ajuste automático entre poupança e investimento com base na taxa de juros, Keynes argumentou que não há motivo algum para se admitir que uma política flexível de salários seja capaz de manter um estado contínuo de pleno emprego, como diziam os economistas clássicos.[10] Um aspecto importante é o seguinte: quando os preços dos bens e serviços caem, os trabalhadores não aceitam redução de salários nominais, mas exigem aumento quando os preços sobem. Em outras palavras, pode-se dizer que os trabalhadores sofrem daquilo que os economistas chamam de 'ilusão monetária', ou seja, eles se preocupam apenas com os valores nominais, sem considerar os valores reais (isto é, descontada a inflação).

Seu argumento fundamenta-se em que:

a) O sistema econômico não pode se tornar auto-ajustável simplesmente pela possibilidade de variação dos preços dos bens e, menos ainda, pela flexibilidade da remuneração dos fatores. Além disso, os salários e os preços não são flexíveis, devido à participação dos sindicatos e dos monopólios.

b) Uma redução dos salários baixará o poder aquisitivo total (capacidade de compra da sociedade) e levará à expectativa de novas reduções, cujo efeito será mais depressivo do que estimulante. Além disso, é quase impossível assegurar reduções uniformes de salários para todas as categorias de mão-de-obra, devido ao diferenciado poder de barganha entre as categorias.

c) A taxa de juros não é um fenômeno real, determinado pela interação entre investimento e poupança, mas um fenômeno monetário, determinado pela interação entre a oferta e a demanda de moeda.

d) O consumo e a poupança dependem, principalmente, da variável renda, embora sejam também afetados pelas taxas de juros.

Assim, rejeitando os fundamentos da teoria clássica, Keynes promoveu a chamada 'revolução *keynesiana*' ao argumentar que o pleno emprego e, conseqüentemente, a estabilidade do sistema e o equilíbrio geral dependem do controle do nível da demanda agregada, que é, conforme já mencionado, a soma dos fluxos de dispêndio em bens e serviços de consumo e em investimento realizado pelos consumidores, pelas empresas, pelo governo e pelo setor externo; e esse controle não pode ser exercido pelo setor privado, mas sim pelas autoridades governamentais.

Um importante determinante da demanda — e também da renda nacional — é o governo, que adota, de maneira exógena, principalmente políticas fiscais de controle da demanda. Desse modo, na versão keynesiana, pode-se elevar a renda nacional e o volume de emprego, em épocas de recessão, se o governo adotar uma política compensatória, capaz de suprir as eventuais deficiências do investimento e do consumo. Nesse sentido, Keynes admite que as perturbações da atividade econômica podem ser atenuadas e corrigidas pela interferência do governo na economia.

O outro fator importante que afeta a demanda agregada é o nível da renda nacional. Se a renda nacional for alta, o nível de emprego será alto; se renda nacional diminuir, o nível de emprego diminuirá com ela. Desse modo, para manter o pleno nível de emprego, deve-se encontrar o montante da renda nacional que produzirá os empregos desejados, tomando-se as providências para que esse montante seja mantido.

---

10 Além disso, a questão não era de política de salários flexíveis, mas de que os salários não são suficientemente flexíveis (devido à participação dos sindicatos) para permitir o ajuste entre a oferta e a demanda de mão-de-obra.

Tendo verificado que o nível de emprego é função da demanda agregada, que, por sua vez, depende das decisões do governo e do nível da renda, era fundamental isolar os componentes dessa demanda e seus respectivos determinantes. Em outras palavras, passou-se a estudar os fatores que pudessem interferir nas decisões de consumo, de poupança e de investimento, os quais, por meio da demanda agregada, afetam o nível da atividade econômica (oferta agregada) e o volume de empregos.

Na concepção clássica, como foi visto, a análise do equilíbrio macroeconômico era conduzida a partir dos ajustamentos entre a oferta e a demanda, por meio do sistema de preços. Na concepção *keynesiana*, por outro lado, se a demanda agregada for igual à soma dos fluxos de oferta (produto nacional), a economia:

- pode ficar em equilíbrio, mesmo estando abaixo do pleno nível de empregos

- não deverá reduzir os seus níveis globais de emprego

- deverá dar escoamento normal à produção

- não deverá ter redução nos seus níveis da produção e da renda gerada

7.4.3 As variáveis da abordagem *keynesiana*

Nesta seção, serão abordadas as principais variáveis da análise *keynesiana*, que são: demanda agregada (D_a), renda (Y), consumo (C), investimento (I), taxa de juros (r), gastos de governo (G), exportação (E), importação (M) e poupança (S). Tendo em vista que o principal objeto da macroeconomia é a determinação do nível de atividade econômica no país, para que se possa estimar o produto interno bruto, a renda gerada por esse produto e também o emprego, é fundamental excluir dos gastos (ou dispêndios) globais o montante do valor gasto com as importações, pois elas não geram renda nem empregos aqui no Brasil. Em suma, serão enfocados os componentes da demanda agregada ou do dispêndio nacional, que é igual a $C + G + I + X$, a fim de destinar a renda nacional, o produto interno bruto e o nível de emprego no país.

Agora que já sabemos que a demanda agregada é que determina o produto, isto é, a quantidade total de bens e serviços produzidos em um país em um determinado ano, é fundamental analisar cada uma das variáveis ou dos fatores que influenciam a demanda agregada. Assim, vamos analisar os fatores determinantes do produto. Em particular, analisaremos as relações entre os fatores que influenciam o consumo privado, tais como renda, taxa de juros, crédito, número de prestações, riqueza. É do consumo que se tira também a relação entre poupança com a renda e a taxa de juros:

a) os gastos públicos, em consumo e em investimentos

b) o investimento privado, com a taxa de juros e com o risco

c) as exportações — este é o início para demonstrar como se determina o equilíbrio da atividade econômica e o pleno emprego dos recursos produtivos

O consumo agregado privado

O **consumo privado** é o principal e o mais estável componente da demanda agregada, representando, em média, dois terços ou mais da despesa interna bruta da economia brasileira, ou seja, do produto interno bruto do país. Entre todos os fatores determinantes do

> Consumo privado é o principal e o mais estável componente da demanda agregada, representando, em média, dois terços ou mais da despesa interna bruta da economia brasileira, ou seja, do produto interno bruto do país.

> O consumo das famílias depende da renda que elas têm.

nível de consumo, o nível de renda é, sem dúvida, o de maior importância. O consumo agregado (**C**) é uma função da renda disponível (**Y$_d$**),[11] chamada de função-consumo, cuja notação geral é dada por: C = f (Y$_d$). Isso significa que o consumo das famílias depende da renda que elas têm.

Essa relação é positiva, ou seja, à medida que a renda aumenta, o consumo também tende a se elevar. Por outro lado, se a renda se reduz, o nível do consumo fatalmente cairá. Em outras palavras, *quanto maior for a renda, maior tende a ser o consumo*. Admite-se que, para baixos níveis de renda, as despesas de consumo tendem a ser proporcionalmente elevadas. Todavia, à medida que a renda se eleva, as despesas de consumo também se elevam em valor absoluto, embora passem a significar uma menor porcentagem da renda. Em outras palavras, nas economias menos desenvolvidas, as famílias gastam proporcionalmente mais em consumo do que nas nações desenvolvidas.[12]

A Figura 7.6 mostra uma função-consumo típica (**C**). Se a curva de consumo coincidisse com a reta de 45 graus, haveria uma situação improvável, em que, para qualquer nível de renda, sempre seria realizada uma igual despesa de consumo, ou seja, toda a renda seria consumida — na verdade, toda a renda seria destinada ao consumo apenas no ponto E. Sendo a poupança (**S**) a diferença entre a renda disponível (**Y$_d$**) e o consumo (**C**), ou seja, S = Y$_d$ − C (*a poupança pode ser conceituada como a renda não consumida*), no ponto E, não há poupança. À esquerda do ponto E o consumo supera a renda disponível (poupança negativa), mas à direita do ponto E a renda disponível é superior ao consumo e a poupança é positiva. Portanto, no modelo *keynesiano*, a poupança é uma função da renda — S = f (Y$_d$) —, ao passo que na versão clássica, a poupança era uma função da taxa de juros. Como o consumo aumenta menos proporcionalmente que a renda, quanto mais aumenta a renda da sociedade, maior é a proporção dessa renda que é poupada. Em outras palavras, pode-se dizer que o consumo cresce a taxas decrescentes com a renda, enquanto a poupança cresce a taxas crescentes.

Além da renda, o consumo é influenciado ou afetado por outras variáveis, como a taxa de juros, o valor das prestações mensais, o número de prestações, do crédito e da riqueza.

FIGURA 7.6 Representação gráfica de funções típicas de consumo (C) e poupança (S)

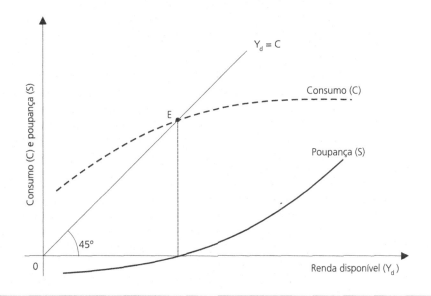

---

[11] Por renda disponível Y$_d$ entende-se aquela renda (salários, juros, aluguéis, lucros) que está à disposição do consumidor, ou seja, é a renda bruta Y deduzida dos impostos (**T**). Portanto, Y$_d$ = Y − T. Assim, quanto maior for o imposto, menor será a renda disponível, conforme veremos no comentário sobre política fiscal, mais adiante.

[12] Essa é a famosa lei psicológica fundamental, conforme foi dita por Keynes, segundo a qual os indivíduos consomem mais conforme a renda aumenta, mas não na mesma proporção, uma vez que a poupança tende também a aumentar.

A taxa de juros é uma importante variável na decisão do consumo, em especial para os bens e serviços de consumo durável (automóveis, eletrodomésticos de modo geral), que, normalmente, têm um valor maior e, portanto, dependem de financiamento. Como bens financiáveis, os juros têm uma influência direta sobre o valor das prestações. Assim, quanto maiores os juros, maior o valor das prestações, o que, como conseqüência, afeta negativamente a decisão do consumo. Além disso, a taxa de juros tem influência direta sobre a poupança, ou seja, as pessoas estarão tanto mais dispostas a aplicar recursos financeiros em poupança quanto maior for a taxa de juros, que é a remuneração dessa aplicação financeira.

Ora, poupar mais significa consumir menos, pois poupança é uma renúncia ao consumo hoje para consumir mais no futuro. Desse modo, quanto maior for a taxa de juros, mais as pessoas desejarão poupar hoje, ou seja, o consumo atual diminuirá. Pode-se, assim, concluir que, quanto maior a renda e menor a taxa de juros, maior o consumo.

> Quanto maior a renda e menor a taxa de juros, maior o consumo.

A taxa de juros, evidentemente, tem muito a ver com a oferta monetária e, também, com a demanda por moeda. Um aumento da oferta monetária, isto é, da quantidade de moeda em circulação na economia, provoca uma queda nos juros e o conseqüente aumento do consumo de bens duráveis, em especial. É por isso que os monetaristas[13] atribuem à moeda um papel primordial na determinação do nível de produto real da economia.

Além de seu efeito sobre o consumo, na verdade, a taxa de juros tem impactos diferenciados sobre os agentes econômicos, dependendo da situação desses agentes, quer sejam eles do setor privado (seja na situação de aplicadores ou de devedores) ou do setor público. Para os aplicadores privados, isto é, aqueles que têm recursos financeiros aplicados em poupança, CDBs e fundos de investimento, cujos rendimentos se baseiam nas taxas de juros, o aumento dos juros faz com que a renda aumente e, portanto, eles possam vir a consumir mais, posteriormente. Para os devedores, ou seja, pessoas que têm dívidas, o aumento dos juros faz com que a renda diminua, pois elas terão de destinar mais gastos com juros e, conseqüentemente, terão menos recursos para gastar. Para o setor público, que, de modo geral, tem déficit público, ou seja, gasta mais do que arrecada, e, portanto, necessita financiar-se no mercado financeiro, o aumento de juros tende a aumentar ainda mais os gastos públicos e a própria dívida pública.

Com relação às prestações, tanto o valor quanto o número delas têm influência sobre o consumo. Quanto maior for o número de prestações, o que significa prestações de menor valor mensal, maiores serão as possibilidades de consumo de bens duráveis, que são financiáveis, pois os consumidores, em especial os de baixa e média renda, passam a ter condições financeiras de pagamento parcelado, apesar de as prestações se alongarem por dois ou mais anos. Essa variável — número de prestações — teve influência decisiva sobre o aumento de consumo de bens eletrodomésticos no Brasil, nos períodos compreendidos entre os anos de 1996 e 1997 e de 2007 e 2008. Nessas épocas, o importante para os consumidores era o fato de poderem assumir as prestações,[14] apesar de, ao final, estarem pagando duas ou mais vezes o valor que pagariam à vista, dadas as elevadas taxas de juros. Em outras palavras, os juros altos 'pesavam' menos que a possibilidade de assumir o pagamento parcelado.

O nível de riqueza das famílias também influencia as decisões de consumo. Pessoas que já têm ativos, como casa, automóvel, plano previdenciário e alguma poupança, são mais propensas a gastar uma parte maior de sua renda atual em consumo do que aquelas que ainda não têm nenhum desses ativos, mesmo que o nível de renda de ambas seja igual. Em outras palavras, dado o nível de renda das pessoas, quem possui mais riquezas tende a consumir mais, pois tem menos preocupação com o futuro.

---

13 A escola monetária, na maioria das vezes associada à Universidade de Chicago, defende que o aumento de dinheiro em circulação provoca a elevação dos preços, ou seja, a expansão da moeda está atrelada à inflação. Na verdade, os monetaristas se preocupam muito com a expansão monetária para financiar os déficits públicos.

14 Como muitos não tinham reais condições para tanto, acabaram atrasando as prestações, e o resultado foi o elevado grau de inadimplência verificado no período 1997-1998.

Outro elemento determinante do consumo é a existência de crédito ao consumidor. Quanto mais desenvolvido um sistema financeiro que tenha crédito abundante, maior é o potencial de demanda por bens de consumo duráveis. Ao incluirmos a taxa de juros, a riqueza e o crédito como variáveis que influenciam o consumo estamos nos referindo às aplicações financeiras, aos empréstimos e, portanto, ao sistema financeiro. Isso quer dizer que, existindo um sistema financeiro desenvolvido, as regras deste podem estimular ou dificultar o consumo. Em termos absolutos nominais (sem descontar o efeito da inflação), o volume de crédito cresceu de R$ 186 bilhões em dezembro de 1994 para cerca de R$ 1,2 trilhão em dezembro de 2008 (alcançando 40% do PIB), isto é, houve um aumento de 545%, mas a inflação nesse período (medida pelo IGP-DI) foi de 304% — em termos reais, descontada a inflação, a expansão do crédito foi de 59,7%.

O volume de crédito disponível em um país serve como um dos vários indicadores da capacidade de crescimento da economia. Por exemplo, quanto mais empréstimos as pessoas e as empresas tomam, mais recursos podem ser direcionados para consumo ou para investimentos, contribuindo para o aumento do nível de atividade. Sem dúvida, o pequeno volume de empréstimos é um obstáculo ao crescimento.

Consumo do setor público ou gastos do governo

O governo, assim entendidas as administrações públicas de modo geral, incluindo as esferas federal, estadual e municipal e respectivas empresas estatais, também tem influência sobre o consumo final de bens e serviços. É claro que as variáveis mencionadas, como renda, juros, prestações, riqueza e crédito, não são as que explicam o nível de consumo do setor público. Cabe ressaltar que esse tipo de consumo representa uma parcela muito significativa do produto interno bruto brasileiro. Por exemplo, o consumo final das administrações públicas está ao redor de 20% do PIB do país, ao passo que, conforme já mencionado, o consumo agregado privado (das famílias) absorveu a parcela em torno de 60%. Assim, pode-se dizer que, nesse período, o consumo agregado global — privado e público — correspondeu a aproximadamente 80% do produto interno bruto do Brasil. Esse elevado percentual do setor público no PIB decorre da forte intervenção do Estado na economia brasileira, que ocorreu desde a década de 1930 até meados da década de 1980. Em 1984, havia no Brasil 317 empresas estatais, sendo que 62% delas estavam ligadas ao setor produtivo, e o restante era de administração descentralizada, com funções típicas de governo — nessa época, nove enormes empresas controlavam mais de três quartos do orçamento das estatais. A partir do final da década de 1980, iniciou-se uma mudança bastante radical da presença do governo no setor produtivo, com a criação do Programa Nacional de Desestatização (leia-se: privatização). Com o processo de privatização, pretendeu-se reduzir e limitar o papel do governo como estado-empresário.

Investimento agregado privado

Se grande parte da produção de bens e serviços se destina ao consumo final (privado e governamental), outra parcela vai formar o que se chama de acumulação, ou seja, é composta por produtos ligados ao processo de formação de capital de um país. Na realidade, a acumulação diz respeito aos investimentos em bens de capital, os quais representam os acréscimos líquidos na capacidade nacional de produção. Os investimentos destinam-se à aquisição de bens de capital, que compreendem o conjunto das riquezas acumuladas pela sociedade destinadas à geração de novas riquezas. Nesse conjunto de riqueza estão incluídos: máquinas, equipamentos, ferramentas de trabalho, construções, edificações, equipamentos de transporte e equipamentos de infra-estrutura econômica e social.

A função de investimento, na versão de Keynes, é, indubitavelmente, um dos fundamentos da procura agregada. A tomada de decisão do empresário em investir, como veremos

Capítulo 7 — Fundamentos da macroeconomia **155**

a seguir, é resultante da comparação entre a taxa de retorno do investimento e a taxa de juros de mercado.

O investimento pode ser definido como o acréscimo ao capital real da sociedade. Assim, como a poupança, ele resulta de uma abstenção do consumo imediato em relação à renda gerada no período, ou seja, estruturalmente, o investimento (**I**) é igual à poupança (**S**), uma vez que eles são apenas aspectos diferentes de uma mesma realidade. Embora a poupança resulte do comportamento coletivo dos consumidores individuais e o investimento resulte do comportamento coletivo dos empresários e do governo, os dois se equivalem, porque qualquer um deles é igual ao excedente da renda sobre o consumo. As igualdades estruturais e as equações fundamentais do sistema *keynesiano* são:

RENDA (Y) = VALOR DA PRODUÇÃO CORRENTE (VPC).

VPC = BENS DE CONSUMO (C) + BENS DE INVESTIMENTO (I).

INVESTIMENTO = PARCELA DA PRODUÇÃO DESTINADA À AMPLIAÇÃO DO ESTOQUE DE CAPITAL.

POUPANÇA (S) = EXCESSO DA RENDA EM RELAÇÃO AO CONSUMO.

Ou seja:

$$Y = C + I$$

$$S = Y - C$$

$$Y = C + S$$

$$I = S^{15}$$

Fundamentalmente, o setor privado só realiza novas inversões (investimentos) se houver expectativas favoráveis de lucros. A taxa de retorno esperado do novo investimento, à qual Keynes denominou *eficiência marginal do capital*, é a base das decisões empresariais. Quando a eficiência marginal do capital for maior que a taxa de juros, o novo investimento deverá ser realizado. Caso contrário, o montante que seria aplicado na inversão prevista renderá muito mais se for aplicado à taxa de juros corrente. Portanto, o investimento privado (**I**) é uma função inversa (relação negativa) da taxa de juros (**r**), ou seja: $I = f(r)$. Em outras palavras, uma queda da taxa de juros estimula os empresários a investirem mais, e vice-versa (Figura 7.7). Assim, quanto mais baixa a taxa de juros, maior o volume de recursos que o setor privado destinará a investimentos.

A taxa de juros, na análise *keynesiana*, resulta do confronto da procura da moeda correspondente ao motivo de especulação e da oferta da moeda, isto é, ela é determinada no mercado monetário, que será objeto de análise, mais adiante.

Na realidade, o investimento depende também de outros fatores dinâmicos, como o nível de **risco** (leia-se: expectativas sobre as condições futuras da economia), o avanço tecnológico (o ritmo das inovações tecnológicas, principalmente sobre os processos produtivos), o crescimento da demanda (pela expansão populacional ou pelo aumento de renda), a política governamental, a evolução do comércio exterior, a descoberta de novos

---

15 Essa igualdade só ocorre em situação de equilíbrio. Vale ressaltar que os recursos para realizar o investimento provêm da poupança (do governo, das empresas, das famílias e do restante do mundo). Muitas vezes, a demanda para investimento (intenção de investir) está acima dos recursos disponíveis e, então, ocorre o desequilíbrio.

> O investimento privado depende da taxa de juros e do risco.

produtos e, até mesmo, a estabilidade política da nação. Entre esses fatores, cabe uma observação sobre o risco ou as expectativas sobre o futuro da economia do país: quanto maior for o otimismo com relação ao futuro (pensando-se em economia estável e regras de jogo definidas), mais estimulados estarão os empresários a investir, pois o investimento é um tipo de aplicação de longa duração, que, portanto, necessita de um horizonte temporal de longo prazo. Nesse caso, a redução de riscos provoca um efeito positivo nos investimentos, deslocando a curva de investimento para a direita (Figura 7.7). Desse modo, dada a taxa de juros, quanto menor o risco, maior o investimento. Para o Brasil, é necessário e importante que os dois fatores atuem na mesma direção, ou seja, menor risco e juros mais baixos, pois, assim, o volume investido pelos empresários será maior.

O investimento privado ou formação bruta de capital fixo das empresas e famílias está ao redor de 16% do produto interno bruto brasileiro. Essa taxa de investimento (relação entre a formação bruta de capital fixo e o produto interno bruto), no Brasil, já esteve bem acima dos 20%, na década de 1970. Contudo, devido aos vários problemas da economia brasileira na década de 1980 — dívida externa, inflação descontrolada, freqüentes mudanças nas políticas monetária e cambial —, surgiu um ambiente econômico de incertezas tal que os investimentos se retraíram. Vale ressaltar, contudo, que, para que a economia brasileira gere em torno de 1,7 milhão de novos empregos demandados anualmente, a taxa de crescimento do PIB deve se situar próximo a 7% ao ano; mas, para tanto, a taxa anual de investimento global (privado e público) deve se situar entre 23% e 24% do PIB.

É importante lembrar que o investimento afeta o nível de produto, porque ele é um elemento da demanda agregada. Quanto maior for o investimento ou o dispêndio em máquinas, equipamentos, edificações e construções, ou seja, em bens de capital, maior será o produto da economia (o PIB), além de gerar mais empregos e, portanto, maior renda para a coletividade.

Investimento público

Além do setor privado, o governo também faz investimentos. As obras públicas, como construções de rodovias, ferrovias, aeroportos, açudes, barragens, silos e armazéns; edificações, como escolas, hospitais; e aquisições de máquinas e equipamentos, são bons

FIGURA 7.7 Relação inversa entre taxa de juros e investimento

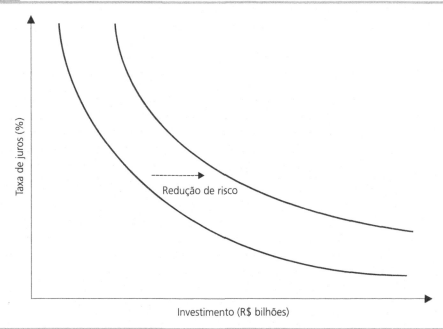

exemplos de dispêndios do setor público na formação bruta de capital fixo do país. Na década de 1970, em razão da maior presença do Estado na economia, o percentual do investimento público estava ao redor de 4% do PIB. Atualmente, esse percentual é inferior a 3%, se forem considerados os investimentos das Estatais, mas se for levado em consideração apenas a Administração Federal direta, não chega a 1%.

As compras do governo, que constituem o terceiro componente da demanda agregada, têm um efeito de alto poder sobre o nível de renda. Os gastos do governo (**G**) são tratados como exógenos, isto é, como uma variável que pode afetar, mas não é afetada por outras variáveis no modelo.

Exportações

Um país exporta bens e serviços nacionais (**E**) e importa bens e serviços estrangeiros (**M**). Conforme citado, as exportações fazem parte do produto interno bruto, gerando internamente renda e dispêndio, enquanto as importações transferem renda para o exterior e não fazem parte do PIB. A diferença entre as exportações e as importações representa a demanda externa líquida ou as exportações líquidas. Desse modo, um aumento nas exportações líquidas X (onde X = E − M) aumenta a demanda de bens e serviços nacionais (demanda agregada), uma vez que, conforme vimos, $D_a = C + G + I + X$.

A expansão das exportações representa uma poderosa alavanca para o fortalecimento e a expansão da demanda agregada, ou seja, da produção interna. Em uma economia aberta (comércio com o exterior), as exportações fazem com que a demanda por produtos brasileiros se expanda e, assim, a produção de bens e serviços produzidos no Brasil aumente, gerando, como conseqüência, mais empregos e maior renda no território nacional. Por incrível que pareça, muitas pessoas não percebem esse efeito multiplicador das exportações sobre a economia brasileira, chegando, inclusive, a fazer críticas do tipo: "É um absurdo que o Brasil exporte, quando há fome aqui dentro". É fundamental ter em mente que, quando o Brasil exporta alguma mercadoria, o efeito é semelhante a vender aqui dentro, sob o ponto de vista de geração de renda e de empregos, com a vantagem que, ao exportar, trazemos divisas internacionais para o país, que necessita delas para pagar importações e outros compromissos financeiros, em especial para 'bancar' o déficit na balança de serviços, isto é, pagamento de juros da dívida externa, remessa de lucros para o estrangeiro, pagamentos de fretes internacionais, entre outros.

Sobre as variáveis 'exportação' e 'importação', o comércio exterior brasileiro e o balanço de pagamentos do país, o leitor encontrará uma análise detalhada no Capítulo 10.

7.4.4 O encadeamento lógico da análise *keynesiana*

No centro do esquema do modelo *keynesiano* encontra-se o princípio da procura efetiva, que é formada, por um lado, pela procura de bens de consumo e, por outro, pela procura de bens de investimento. Seguindo mais na origem do sentido das causas, verifica-se que a procura por bens de consumo aparece dependendo principalmente do nível do rendimento (renda) global. Keynes definiu precisamente a forma da função-consumo ao introduzir sua 'lei psicológica fundamental', segundo a qual: "quando o rendimento aumenta, o consumo também cresce, embora em menor quantidade". Assim, quando os empresários aumentam o volume de produção e da mão-de-obra que utilizam e, por conseqüência, o nível da renda global que distribuem, somente uma parte dessa renda gerada será despendida em bens de consumo. Para que a demanda agregada absorva a totalidade da produção, é importante que a despesa em bens de investimento venha preencher o eventual afastamento entre a oferta global e a despesa em bens de consumo. A decisão de investir, para Keynes, não é diretamente dependente da poupança disponível da comunidade, mas da taxa de juros. A taxa de juros resulta da confrontação da oferta e da procura

158 Economia: fundamentos e aplicações

por moeda. A tomada de decisão de investimento, como vimos, resulta da comparação entre a eficiência marginal do capital e a taxa de juros. A decisão de investir desempenha, assim, um papel fundamental no processo *keynesiano* e é dela que depende, em curto prazo, o nível da produção (e da renda global, o que é o mesmo) e de emprego (veja o Esquema 7.1).

A partir das grandezas fundamentais — investimento e poupança ou demanda efetiva e oferta global —, é possível definir uma situação de equilíbrio global do sistema de produção, na qual as variações do investimento assegurem uma variação de renda que possibilite a constituição de uma poupança de igual montante. Isso porque, se no sistema *keynesiano* o investimento não é diretamente fruto do comportamento de poupança, é certo que o processo inverso se desenvolve e, por meio das variações da renda global, o investimento gera uma demanda e uma renda de maneira a gerar uma poupança que lhe seja igual.

Entre as muitas contribuições de Keynes, merecem destaque: a abordagem macroscópica, a oferta e a demanda agregadas, o desequilíbrio e o desemprego, a importância do mercado monetário e a importância da participação do governo.

ESQUEMA 7.1 Encadeamento lógico do modelo *keynesiano*

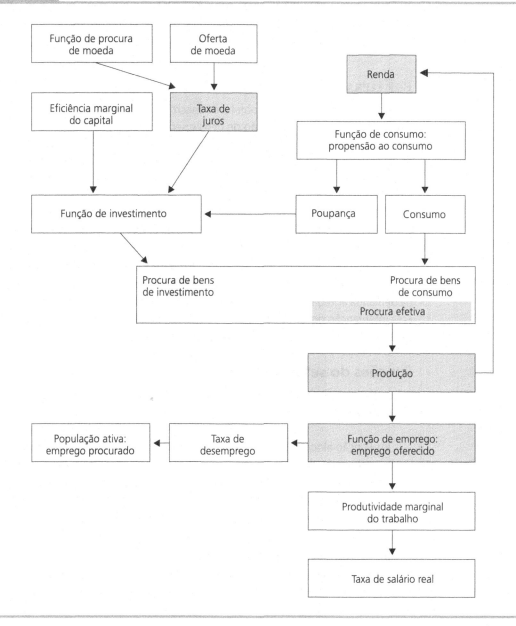

Abordagem macroscópica. As escolas clássica e neoclássica, vigentes até o início da década de 1930, davam muita ênfase à abordagem microscópica, enquanto Keynes procurava ver a economia como um todo, uma vez que suas análises eram centradas em aspectos como: nível geral do empregos, nível de preços, produto do sistema econômico e liquidez da moeda, entre outros.

Oferta e demanda agregadas. Como já mencionamos, os clássicos acreditavam na lei de Say, para quem a oferta cria sua própria demanda. Para Keynes, porém, o nível de produção é determinado pela demanda agregada (C + G + I + X), de modo que a oferta global pode exceder a demanda agregada ou mesmo ficar aquém desta.

Desequilíbrio e desemprego. Anteriormente a Keynes, admitia-se que a economia se encontrava em permanente equilíbrio e em pleno nível de emprego. Para Keynes, é possível haver o desequilíbrio e o desemprego.

A importância do mercado acionário. Keynes criou toda uma nova abordagem sobre a moeda, considerando sua condição de ativo por excelência, sua liquidez e sua capacidade de influenciar a oferta e a demanda agregadas da economia.

O papel do governo. Keynes demonstrou a importância da intervenção governamental na economia em uma situação em que o consumo e o investimento privados não são capazes de sustentar a demanda agregada e o pleno emprego. Nesse caso, a participação do governo pode evitar crises ou ajudar a sair delas.

7.4.5 Políticas econômicas

Como vimos, o principal objeto da macroeconomia é o estudo dos elementos que determinam o nível de produção de bens e serviços (PIB), da renda nacional, do emprego e dos preços de um país. Vimos também que essas variáveis, na visão *keynesiana*, dependem do nível da demanda agregada e de variações nesta, que vem a ser a soma dos fluxos de dispêndios em bens e serviços de consumo (privado e público), de investimento (privado e público) e de exportações (ou seja, o que os estrangeiros compram de produtos brasileiros). Quanto maior for a demanda agregada por parte dos cerca de 190 milhões de brasileiros, das administrações públicas (governo), das empresas (que investem) e dos estrangeiros que compram produtos brasileiros, maior será o nível de produção de bens e serviços no Brasil, maior o nível de empregos e maior o nível de renda nacional.

Como, para Keynes, a demanda agregada influencia a produção, o controle do nível da demanda agregada é exercido pelas autoridades governamentais, ou seja, pelo governo. Essa intervenção do governo na economia é chamada política econômica, que é um ramo da economia dita normativa e faz parte da política pública.

Funções do setor público

As principais *funções do setor público* (pode-se ler, também, como justificativas da existência de governo) são:

a) Função alocativa, por meio da qual a ação do governo visa à correção de falhas da economia de mercado no uso dos recursos econômicos (fatores de produção), como é o caso de algumas externalidades. Um bom exemplo de externalidade é a poluição — dificilmente as empresas desejarão incorporar os custos de não-poluição, a não ser que haja imposição governamental.

b) Função distributiva, que consiste em arrecadar impostos e contribuições dos mais ricos ou das regiões mais desenvolvidas e transferi-los para os mais pobres e as regiões mais carentes.

c) Função estabilizadora, por meio da qual o governo procura atingir um de seus objetivos, que é a estabilização econômica, ou seja, a estabilidade dos preços, que é uma das condições necessárias para que os investimentos aumentem e, com eles, o crescimento econômico, o número de empregos e a renda nacional. Sem dúvida, o Plano Real é um bom exemplo dessa função exercida pelo governo brasileiro.

Objetivos das políticas econômicas

Ao fazer intervenções na economia, cujas conseqüências afetam a todos (consumidores, empresários, trabalhadores), o governo tem, evidentemente, algum objetivo. Basicamente, podem-se citar quatro *objetivos da intervenção governamental*, ou seja, objetivos da política econômica: estabilidade dos preços, crescimento econômico (leia-se: aumento de renda e de empregos), melhor distribuição da riqueza (leia-se: da renda) e equilíbrio nas contas externas. A prioridade do governo nesses objetivos se altera ao longo dos anos, de acordo com cada governo. Por exemplo, no início da década de 1980, o ajuste externo era mais prioritário para o governo que a estabilidade ou o crescimento. Desde 1986, com o Plano Cruzado e os demais planos econômicos (Bresser, Verão, Collor I e Collor II, até chegar ao Plano Real), a prioridade número um passou a ser a estabilização econômica. Para o governo Lula, que se iniciou em janeiro de 2003, os objetivos de política econômica mudaram um pouco em relação ao governo anterior, em que a estabilidade vinha em primeiríssimo lugar. É claro que a estabilidade continua sendo importante, mas o governo atual fará um grande esforço para fazer o país crescer mais e com melhor distribuição dessa riqueza. Quanto à repartição da riqueza, esse é um objetivo de mais longo prazo, uma vez que depende fundamentalmente da educação, a qual, infelizmente, não tem recebido a devida atenção por parte das administrações públicas.

No primeiro capítulo deste livro, discutimos que o problema econômico surge por causa do conflito entre os recursos disponíveis e as necessidades humanas de uma sociedade, uma vez que os primeiros, de modo geral, não são suficientes para atender a todas as demandas. Em geral, as decisões, no plano macroeconômico, visam a melhorar a qualidade de vida das pessoas. Entre alguns dos problemas macroeconômicos que um país pode enfrentar, estão: inflação (aumento generalizado dos preços de bens e serviços), recessão ou pequeno crescimento da economia, desemprego elevado, distribuição desigual de renda, variação cambial (o real em relação ao dólar pode variar muito, em um determinado período), problemas no balanço de pagamentos (o que registra o resumo contábil das transações econômicas do Brasil, por exemplo, com o restante do mundo), em que o país tem dificuldades para pagar suas contas externas, taxas de juros elevados no mercado interno, entre outros.

Com o objetivo de resolver ou pelo menos minimizar esses tipos de problemas econômicos, os governos fazem, quase que diariamente, intervenções na vida das pessoas e das empresas, por meio de decisões políticas com interesse econômico. Como vimos, são basicamente quatro os objetivos de políticas econômicas: estabilidade dos preços, que se traduz por inflação baixa; crescimento econômico, ou seja, crescimento da produção de modo a garantir o aumento da renda e do número de empregos; melhor repartição da riqueza, em particular da renda pessoal e regional; e equilíbrio nas contas externas, a fim de que o país possa pagar seus compromissos financeiros com os demais países).

Estabilidade econômica

Embora a estabilização econômica tenha um sentido mais abrangente, neste livro podemos entendê-la como sinônimo de estabilidade de preços, isto é, a busca por manter a inflação em nível baixo — em geral, para um país como o Brasil, a redução da inflação para menos de 6% ao ano já pode ser considerado um objetivo alcançado, enquanto para os Estados Unidos esse nível está em torno de 2,5% ao ano. Taxas elevadas de inflação trazem

Capítulo 7 — Fundamentos da macroeconomia **161**

distorções para a sociedade: piora a distribuição de renda, porque os mais pobres não conseguem, com o mesmo sucesso dos mais ricos, fazer aplicações de seu dinheiro no mercado financeiro; as aplicações financeiras passam a ter prazos menores, desestimulando os investimentos das empresas e dificultando a aquisição de moradias, por exemplo, entre outros.

Crescimento da produção: maior renda e mais empregos

O crescimento econômico de um país — principalmente no caso do Brasil, que tem um elevado crescimento populacional — é, provavelmente, o mais importante objetivo da política econômica, uma vez que significa maior quantidade de bens e serviços disponíveis para a sociedade. Se a produção cresce a uma taxa superior à da população, diz-se que a produção por pessoa (a renda *per capita*) está aumentando. Aliás, esse talvez seja o único caminho para melhorar o nível de renda de um país. Como produção tem tudo a ver com nível de emprego (incluem-se aqui não apenas a mão-de-obra, mas também outros fatores, como o emprego de recursos naturais e de capital), a expansão da produção leva à geração de maior nível de empregos.

Melhora da distribuição de renda

Esse objetivo, apesar de sua importância, praticamente nunca foi o principal em nenhum dos governos brasileiros. A péssima distribuição de renda no Brasil, portanto, merece, um dia, ser objeto de preocupação dos nossos governantes. O controle da inflação no país nos últimos anos (leia-se: Plano Real) até ajudou a melhorar esse problema (como citado, os 10% mais pobres, que em 1993 detinham apenas 0,7% da renda agregada, viram, atualmente, sua participação aumentar para algo em torno de 1,1%), mas a solução para uma melhor distribuição de renda depende basicamente da melhoria na educação, especialmente nos níveis de ensino fundamental e médio. Para tanto, esses níveis de ensino deveriam ser gratuitos, de qualidade, e teriam de oferecer escolas em tempo integral, como ocorre em todos os países desenvolvidos.

Equilíbrio nas contas externas

No balanço de pagamentos faz-se o registro contábil das transações comerciais e financeiras de um país com os demais países do mundo. Os três principais componentes do balanço de pagamentos (**BP**) são: a balança comercial (que registra a diferença entre exportações e importações de mercadorias), a balança de serviços (que registra as transações de serviços e de renda, tais como pagamentos de juros, turismo, fretes, remessas de dividendos e de lucros, entre outros) e os movimentos de capital (investimentos estrangeiros e ingressos de capital financeiro), além das transferências unilaterais, que, na verdade, constituem um quarto componente do BP.

> São objetivos da política econômica a estabilidade de preços, o crescimento, a melhor distribuição da riqueza e o equilíbrio nas contas externas.

O equilíbrio nas contas externas, em especial nas transações correntes (que é o balanço entre a conta comercial e a de serviços) para um país como o Brasil, é necessário principalmente por duas razões: primeiro, porque a moeda nacional (o real, no caso do Brasil) não é aceita mundialmente e, portanto, não pode ser usada para pagamentos de compromissos com os demais países; segundo, porque o Brasil não pode imprimir dólares legalmente. Se um país tem déficit nas transações correntes, ele necessariamente dependerá do ingresso de dólares, seja por meio de investimentos diretos de outro país ou pelo capital especulativo. Caso contrário, essa necessidade de dólares para cobrir o déficit (o que significa que estão saindo mais dólares do que entrando) só seria possível se eles viessem das reservas em dólares que o país tem, o que só é admissível em curto prazo, e não em longo, pois o volume das reservas é limitado.

Superávits permanentes também podem resultar em problemas para um país, porque o ingresso excessivo de dólares pode obrigar o Banco Central a ter de emitir moeda nacional (reais, no caso do Brasil) para fazer a conversão dos dólares em reais, uma vez que os dólares não têm livre circulação no país. Ocorre que, quanto maior for o volume de dinheiro (em reais) em circulação na economia, maior será a possibilidade de inflação.

Historicamente, o Brasil teve déficit nas transações correntes (transações na balança comercial e de serviços), mas nos anos seguintes a 1995 — até 2002 — o déficit foi elevado, sempre superior a US$18 bilhões por ano, chegando ao máximo de US$ 33,4 bilhões em 1998 e em torno de US$ 24 bilhões — aproximadamente 4,4% do produto interno bruto — na média do triênio de 1999-2001. Isto tornou, naquele período, o país relativamente vulnerável, porque então o saldo na balança comercial foi ou negativo ou positivamente baixo, devido à abertura da economia brasileira, em que as importações cresceram muito. A partir de 2002, os saldos da balança comercial cresceram muito: de US$ 13 bilhões em 2002 até chegar ao valor recorde de US$ 46 bilhões em 2006 para decrescer nos anos seguintes — US$ 40 bilhões em 2007 e US$ 24,7 bilhões em 2008. Como na parte da balança de serviços o Brasil tem um déficit histórico, as transações correntes tendem a ser negativas, por causa da queda na balança comercial, mas falaremos mais sobre isso no capítulo que trata de política cambial.

Cabe destacar que a existência de conflitos entre esses quatro objetivos — quando o governo intervém na economia para resolver um determinado problema — pode trazer conseqüências negativas sob o ponto de vista de algum outro objetivo. Por exemplo, se o governo aumenta a taxa de juros para conter a inflação — tentativa de atingir o objetivo de estabilidade dos preços —, essa elevação dos juros pode desestimular o consumo e o investimento privado, retraindo a demanda agregada, e, assim, provocar até recessão e desemprego.

O Quadro 7.1 mostra uma síntese das prioridades das políticas econômicas no Brasil ao longo dos últimos 50 anos, hierarquizando os quatro objetivos: estabilidade, crescimento, distribuição da riqueza e equilíbrio nas contas externas. Sem nenhuma dúvida, a partir de 1986, quando foi lançado o primeiro plano de estabilização econômica (o Plano Cruzado, em fevereiro de 1986), até o final do governo Fernando Henrique Cardoso, em dezembro de 2002, a prioridade foi o combate à inflação, em que principalmente a política monetária foi utilizada como instrumento de estabilidade dos preços. Acreditava-se que, no governo Lula, o foco iria se alterar um pouco, passando a ser: crescimento econômico (visando à geração de empregos) com estabilidade monetária e inclusão social (leia-se: preocupação com a repartição). Na verdade, o foco ainda continuou com a estabilidade de preços e um pouco de inclusão social (por meio do Fome Zero), pois o crescimento foi muito baixo.

| QUADRO 7.1 | Síntese das prioridades das políticas econômicas no Brasil a partir de 1950 |

PERÍODOS	PLANOS DE GOVERNO	HIERARQUIZAÇÃO DE OBJETIVOS
Pós-Guerra/ Anos 1950	SALTE (1948-1952)	crescimento ⇒ ajuste externo ⇒ repartição ⇒ estabilidade
	METAS (1956-1961)	
Início anos 1950	TRIENAL (1963-1965)	repartição ⇒ crescimento ⇒ estabilidade ⇒ ajuste externo
1964-1980	PAEG (1964-1967)	estabilidade ⇒ ajuste externo ⇒ crescimento ⇒ repartição
	I e II PNDs (1968-1980)	crescimento ⇒ estabilidade ⇒ ajuste externo ⇒ repartição
1981-1984	III PND (1981-1984)	ajuste externo ⇒ estabilidade ⇒ crescimento ⇒ repartição
1985-2006(*)	Planos econômicos	estabilidade ⇒ crescimento ⇒ ajuste externo ⇒ repartição
2007-2010 (*)	2º Mandato Governo Lula	crescimento ⇒ estabilidade ⇒ repartição ⇒ ajuste externo

(*) Esperava-se que já no primeiro mandato o governo Lula colocasse o crescimento como a prioridade máxima, mas isso não ocorreu. No segundo mandato, o crescimento tinha uma prioridade maior, mas isso foi inviabilizado pela política monetária de juros altos e pela crise financeira mundial.

Capítulo 7 – Fundamentos da macroeconomia **163**

Instrumentos de política econômica

No nível macroeconômico, para atingir esses objetivos o governo intervém na economia e, para tanto, dispõe de quatro instrumentos importantes: política *fiscal* (receita e gastos públicos), política *monetária* (juros e controle da oferta de moeda), política *cambial* (que afeta o setor externo: exportação, importação e transações financeiras, por meio de câmbio, tarifas e outros controles), e política de *rendas* (que inclui o controle de preços e salários). O modo de atuação do governo tem conseqüências diretas sobre o sistema financeiro, em particular os bancos. Nos próximos capítulos, daremos uma atenção especial às questões fiscais, monetárias e cambiais. É comum, até mesmo, o uso do tripé 'fiscal-monetário-cambial', que, na verdade, é a maneira como o governo realiza sua política econômica.[16]

> Os instrumentos de política econômica são: política fiscal, monetária, cambial e de rendas.

Todas essas três políticas — fiscal, monetária e cambial — devem manter uma estreita ligação com os objetivos que os governos perseguem, entre os quais, conforme citado anteriormente, estão: o crescimento do PIB, o pleno emprego, uma melhor distribuição de renda, taxa de inflação pequena e estável, taxas de juros baixas, investimentos em expansão, equilíbrio do balanço de pagamentos (que trata das contas externas). A realização de mais de um objetivo ao mesmo tempo é o grande desafio que os governos enfrentam, porque, em geral, há *conflitos* entre eles, conforme já mencionado. Por exemplo, o objetivo de crescimento do PIB pode se chocar com o de taxas de inflação baixas ou o objetivo de redução de impostos pode resultar no aumento da dívida pública interna e ter conseqüências negativas sobre as contas públicas (lado fiscal).

É fundamental entender que cada uma dessas políticas tem influência direta sobre as variáveis componentes da demanda agregada. Isso significa que a intervenção governamental na economia, por meio de um ou mais dos instrumentos de política econômica mencionados anteriormente, deve afetar o consumo privado, o investimento privado ou as exportações, de modo a alterar o nível da demanda agregada, o que influenciará no nível do produto interno bruto, na geração da renda nacional e no nível de empregos. É por isso que analisaremos cada uma dessas políticas nos próximos três capítulos.

7.4.6 Principais relações macroeconômicas

Para melhor entender os efeitos de cada uma das políticas econômicas sobre a economia como um todo, é importante que o leitor tenha conhecimentos básicos de algumas variáveis que mais influenciam na vida cotidiana das pessoas comuns da sociedade e das empresas em geral. Entre essas variáveis estão a demanda agregada, a oferta agregada, a origem e o destino da renda nacional e o investimento e sua relação com a taxa de juros. Como um dos objetivos da política econômica é aumentar a produção de bens e serviços, uma das medidas mais utilizadas é o produto interno bruto (PIB), que é a soma da produção de todos os bens (algo tangível) e serviços (não tangíveis) gerados em um país. Conforme foi visto, existem três óticas por meio das quais se pode medir a atividade econômica de um país, que são: a ótica da produção (o PIB), a ótica da despesa ou do dispêndio (o lado da demanda, ou seja, o lado dos agentes que compram a produção) e a ótica da renda (o lado da remuneração dos fatores que participam da produção). Em uma economia, pode-se medir o produto (a soma de tudo o que é produzido em um país durante um determinado período de tempo, por exemplo, um ano) pela seguinte identidade macroeconômica:

DEMANDA (dispêndio) = oferta agregada (produto) = RENDA.

---

16 Atribui-se ao economista Mário Henrique Simonsen (1935-1997) a seguinte frase: "A condução da economia moderna tem apenas dois problemas: quando as políticas fracassam e quando as políticas funcionam".

Demanda agregada

> Demanda agregada (D_a) corresponde aos dispêndios globais de um país, em um determinado ano, e é composta pelos seguintes elementos: o consumo agregado (C), o investimento privado (I), os gastos públicos (G) e as exportações (E).

A **demanda agregada** (**D_a**) corresponde aos dispêndios globais de um país, em um determinado ano, e é composta pelos seguintes elementos: o consumo agregado (**C**), o investimento privado (**I**), os gastos públicos (**G**) e as exportações (**E**), ou seja:

$$D_a = C + I + G + E.$$

Por consumo agregado entendem-se as compras de bens de consumo pelas famílias (ou, no caso do Brasil, são os gastos dos 188 milhões de habitantes com bens de consumo duráveis e de alimentos). No investimento privado, inclui-se o investimento das empresas na compra de bens de capital (novas máquinas, por exemplo) e equipamentos (os quais representam a formação bruta de capital). Nos gastos públicos, estão as despesas do governo.

Oferta agregada

> Oferta agregada (S_a) é composta da produção nacional (Y) mais as importações (M).

A **oferta agregada** (**S_a**) é composta, por sua vez, da produção nacional (**Y**) mais as importações (**M**), ou seja:

$$S_a = Y + M.$$

Como pode ser observado, no conceito de oferta agregada está incluída não apenas a produção que é gerada no país (produção interna), mas também o que é importado, pois uma parcela do consumo das famílias e do investimento das empresas é atendida pelas importações de bens de consumo e de capital.

Renda nacional

A ótica da renda, como já analisada, é outro meio de medir o produto interno bruto, porque, para se gerar um PIB de quase R$ 3 trilhões (como foi o do Brasil em 2008), os fatores de produção que entram no processo são remunerados nesse mesmo valor (R$ 3 trilhões), uma vez que o lucro também faz parte da renda. Afinal, renda não é nada mais do que a remuneração pelo uso dos fatores de produção (ou recursos econômicos). Em outras palavras, a renda das pessoas/famílias ou renda nacional (**Y**) origina-se de salários (que é a remuneração do trabalho), lucros (remuneração da capacidade empresarial), juros (remuneração do capital financeiro) e aluguéis (remuneração dos bens alugados). O importante é o destino dessa renda, a saber: consumir (**C**), poupar (**S**), pagar impostos (**T**),[17] ou seja:

$$Y = C + S + T.$$

A identidade macroeconômica fica assim representada:

$$Y + M = C + I + G + E$$

ou

$$Y = C + I + G + (E - M).$$

---

17 A letra 'T' representa tributos, de um modo geral.

Desse modo, a produção interna (**Y**), que é igual à renda nacional (**Y**), deve igualar-se ao que é 'consumido' por brasileiros e pelo governo, investido pelas empresas, e também ao saldo líquido da balança comercial, que é a diferença entre o que o país exporta e importa. Como a importação compõe a oferta agregada, parte da demanda agregada é atendida pela importação. Do mesmo modo, parte da demanda agregada é composta pelas exportações brasileiras, que, na verdade, representam a demanda de estrangeiros por produtos do nosso país.

RESUMO

Os principais pontos a serem destacados neste capítulo são:

1. A macroeconomia tenta explicar as relações entre os agregados econômicos, a saber: consumo total, poupança global, investimento total, renda nacional, nível de empregos e de preços, inflação, entre outros. O objeto da macroeconomia é estimar o nível de atividade econômica de um país, entendido como o seu produto interno bruto, que é a produção de bens e serviços dentro do território, em um determinado tempo.

2. O produto nacional pode ser avaliado por meio de três métodos (ou óticas): pelo fluxo da produção, pelo fluxo da renda e pelo fluxo do dispêndio, e todos chegam aos mesmos resultados. A mensuração da produção de uma economia é feita pela via monetária, por ser a única maneira de se poder agregar produtos e serviços heterogêneos.

3. As comparações intertemporais de variações monetárias (PIB, por exemplo) só devem ser feitas a partir dos valores reais (isto é, deflacionados), e nunca por meio das indicações nominais, uma vez que aquelas, por serem depuradas do efeito inflacionário, reconduzem a variável monetária ao seu valor real.

4. Entre outros[18] indicadores macroeconômicos estão o produto interno bruto (PIB), o produto nacional bruto (PNB) e a renda nacional (RN). O PIB exprime a estimativa do valor da produção, a preços de mercado, de uma economia, independentemente de os recursos utilizados serem ou não de propriedade de residentes no país. Já o PNB inclui a parcela dos bens e serviços finais que, não obstante tenha sido produzida dentro do 'território econômico' do país, não é de propriedade exclusiva de residentes no país. A renda nacional exprime o montante das remunerações pagas a todos os fatores empregados no processo das atividades econômicas. Os principais componentes da RN são os salários, juros, lucros e aluguéis.

5. O PIB brasileiro, em valor real, cresceu muito nas décadas de 1960 e 1970 (de cerca de R$ 355 bilhões em 1960 saltou para R$ 1,475 trilhão em 1980), mas, a partir daí, o crescimento foi muito modesto, chegando ao final de 2008 com um valor de R$ 3 trilhões. Em termos de PIB *per capita*, a partir de 1980, o crescimento foi ainda mais desanimador, pois de pouco mais de R$ 12 mil em 1980 aumentou para R$ 15 mil em 2008 (a preços de dezembro de 2008), ou seja, apenas um pouco mais de R$ 100,00 por ano. Além de baixo crescimento, o PIB tem se concentrado nas mãos de uma minoria, a ponto de os 50% mais pobres terem uma participação na geração da riqueza nacional apenas próxima do 1% mais rico.

6. Até por volta de 1930, época da chamada Grande Depressão, os conceitos macroeconômicos se baseavam nos mecanismos da teoria clássica sobre o equilíbrio geral da atividade econômica. Para os economistas clássicos, que acreditavam que 'a oferta cria sua própria demanda' (lei de Say), as flutuações da taxa de juros, de um lado, e a flexibilidade dos preços dos produtos e das remunerações dos recursos, de outro, sempre garantiriam a manutenção da atividade econômica em regime de pleno emprego. Entretanto, durante os desastrosos anos da crise de 1930, houve um desajuste entre a oferta global (S_a) e a demanda agregada (D_a), onde $S_a > D_a$, provocando o desemprego em massa.

7. Rejeitando os fundamentos da teoria clássica, Keynes promoveu a chamada 'revolução keynesiana' ao argumentar que o pleno emprego e, conseqüentemente, a estabilidade do sistema e o equilíbrio geral dependem do controle do nível da demanda agregada, e esse controle não pode ser exercido pelo setor privado, mas pode e deve ser exercido pelas autoridades governamentais.

8. Um dos principais determinantes da demanda agregada (e também da renda nacional) é o governo, adotando, de maneira exógena, principalmente políticas

---

18 Os preços, os salários, o nível de empregos, a taxa de juros, os meios de pagamentos e a taxa de câmbio são também importantes indicadores macroeconômicos

fiscais que influenciam a demanda. Desse modo, na versão keynesiana, pode-se elevar a renda nacional e o volume de empregos em épocas de recessão se o governo adotar uma política compensatória, capaz de suprir as eventuais deficiências do investimento e do consumo. Outro importante fator que afeta a demanda agregada é o nível da renda nacional.

9. Assim, passou-se a estudar os componentes da demanda agregada [C + I + G + X] e seus respectivos determinantes, que são, entre outros, a renda e a taxa de juro, os impostos e a taxa de câmbio.

10. Na concepção keynesiana, se a demanda agregada (que é a soma dos fluxos de dispêndio em bens e serviços de consumo, em investimentos realizados pelas empresas e pelo governo, e pelo setor externo) for igual à soma dos fluxos de oferta (produto nacional), a economia:

- poderá ficar em equilíbrio, mesmo estando abaixo do nível de pleno emprego;

- não deverá reduzir os seus níveis globais de emprego;

- deverá dar escoamento normal à produção;

- não deverá ter redução nos seus níveis globais da produção e da renda gerada.

11. Tanto o consumo quanto a poupança (que é a renda não consumida) dependem da renda, sendo que o consumo aumenta a taxas decrescentes com a renda, ou seja, quando a renda se eleva, o consumo também cresce, embora não na mesma proporção, enquanto a poupança aumenta a taxas crescentes.

12. A função do investimento, que é, indubitavelmente, um dos fundamentos da procura agregada, mostra que o investimento privado é uma função inversa (relação negativa) da taxa de juros. Ou seja, uma queda na taxa de juros estimula os empresários a investirem mais e

vice-versa. A taxa de investimento, no Brasil, depois de atingir 25% do PIB, em 1975, passou a cair; em alguns anos da década de 1990 chegou a ficar em torno de 16% do PIB, percentual bem abaixo do nível necessário para gerar os empregos requeridos pelo país. Ela explica, em grande parte, o elevado nível de desemprego no Brasil nos últimos anos.

13. Para que a demanda agregada absorva a totalidade da produção, é importante que a despesa em bens de investimento venha preencher o eventual afastamento entre a oferta global e a despesa em bens de consumo. A decisão de investir, para Keynes, não é diretamente dependente da poupança disponível da comunidade, mas da taxa de juros, a qual resulta da confrontação da oferta e da procura por moeda. A decisão de investir afeta, em curto prazo, o nível da produção e de empregos.

14. Assim, a taxa de juros (que afeta o investimento e a demanda especulativa por moeda) e o nível da renda (que afeta o consumo, a poupança e a demanda por moeda, por motivos de transação e precaução) são as duas variáveis centrais do modelo macroeconômico keynesiano, na determinação do equilíbrio nos dois mercados: o de produtos e o monetário.

15. No nível macroeconômico, o governo dispõe de instrumentos de política econômica, tais como: políticas fiscal, monetária, cambial e de rendas, a fim de atingir objetivos como o crescimento do PIB, o pleno emprego, inflação baixa, juros baixos, investimentos em expansão e equilíbrio no balanço de pagamentos.

16. Para Keynes, o emprego é função da procura agregada, pois somente esta induz o volume de produção (oferta global) e, por conseguinte, o emprego requerido, ou seja, um dado volume de produção requer uma certa quantidade de mão-de-obra.

ATIVIDADES DE FIXAÇÃO: TESTE SUA APRENDIZAGEM

Caro leitor, procure desenvolver as seguintes questões, pois assim você estará fazendo uma revisão de sua aprendizagem:

1. Qual é a diferença entre PIB e PNB?

2. Como se converte um valor nominal em valor real? Qual a razão da conversão?

3. Por que a teoria clássica já não era suficiente para explicar a recessão da década de 1930?

4. Quais são os fundamentos da teoria keynesiana?

5. Qual é o papel da demanda agregada na moderna teoria do emprego?

6. Mostre a relação entre o consumo e a renda e entre o investimento e a taxa de juros.

7. Mostre o encadeamento lógico das políticas fiscais e monetárias sobre o nível de empregos.

capítulo 8

Política fiscal

A ECONOMIA NO COTIDIANO

Nos grandes jornais de circulação nacional, os leitores costumam ler manchetes do tipo:

- "Superávit primário, em 2008, atinge 4,07% do PIB."
- "Governo gasta menos de um terço do previsto no orçamento em investimentos."
- "Gastos com juros, em 2008, chegaram a R$ 162 bilhões e boa parte foi parar na mão dos bancos."
- "Superávit primário recorde de R$ 118 bilhões, em 2008."
- "Mais gastos com juros."
- "A Lei de Responsabilidade Fiscal (LRF) contribuiu para controlar governo."
- "Carga de tributos aumenta a galope."
- "Governo torra, em quatro itens, R$ 1,3 bilhão por dia."

Desde o final de 1998, o setor público tem perseguido um elevado superávit primário para tentar evitar a explosão da dívida pública. O objetivo dos governos FHC e Lula tem sido diminuir o percentual do endividamento em relação ao PIB. Mesmo assim, a dívida interna pública praticamente não pára de crescer: era de cerca de R$ 60 bilhões em setembro de 1993 e no início de 2009 já ultrapassava R$ 1,2 trilhão. As elevadas taxas de juros têm provocado o aumento dessa dívida. Basta dizer que, no período de 1995 a 2008, o governo brasileiro pagou cerca de R$ 1,5 trilhão somente em juros, o principal item dos gastos públicos. Isso é uma evidente demonstração do inequívoco erro da política monetária de juros altos adotada pelos dois últimos governos. Daí que todo o enorme esforço da política fiscal foi insuficiente para pagar os juros.

Assuntos como esses já são corriqueiros para o cidadão comum. Muitos, entretanto, não entendem bem por que é tão importante a influência dos gastos e das receitas do governo na vida de pessoas físicas e jurídicas (empresas). O governo arrecada de um lado e gasta de outro. Isso afeta a demanda agregada, a produção e o emprego, como veremos neste capítulo.

OBJETIVOS

Ao final da leitura deste capítulo, você deverá ser capaz de:

1. Compreender o papel do governo, seja arrecadando ou gastando, e o modo como ele influencia variáveis macroeconômicas como: consumo, renda, empregos, juros, investimentos, entre outras.

2. Definir e explicar a política fiscal e seus efeitos sobre o restante da economia.

3. Compreender os dois principais conceitos de déficit público.

4. Entender por que a redução do déficit público é capaz de provocar uma diminuição da taxa de juros.

5. Diferenciar o conceito de déficit e de dívida pública.

6. Saber por que os governos reduzem impostos para aumentar o produto interno bruto (PIB) da economia.

7. Saber como um aumento nos gastos públicos, principalmente se forem investimentos, pode 'reaquecer' a economia, como ocorreu logo após a Grande Depressão, na década de 1930.

8.1 RECEITA E GASTOS PÚBLICOS

> Política fiscal compreende a atuação do governo no que diz respeito à arrecadação de impostos (as chamadas receitas públicas) e aos gastos públicos.

Por **política fiscal** entende-se a atuação do governo no que diz respeito à arrecadação de impostos (as chamadas receitas públicas) e aos gastos públicos. De um lado, como sabemos, o governo constrói e mantém escolas, estradas, hospitais, paga funcionários e juros da dívida (pois o governo, em geral, é descontrolado!). De outro lado, atuando sobre o sistema tributário, ele pode aumentar ou diminuir sua arrecadação, por meio de impostos e outras taxas. O objetivo básico da política fiscal é conduzir com eficiência a área administrativa do governo, promovendo o bem-estar da população mediante a realização de obras de interesse da sociedade e a eficácia na arrecadação tributária, a fim de fazer frente às despesas orçamentárias.

Essas políticas devem manter uma estreita ligação com os objetivos que os governos perseguem, embora muitos desses objetivos sejam conflitantes entre si. Entre esses objetivos, conforme foram citados no capítulo anterior, estão: crescimento do PIB, pleno emprego, distribuição da renda, taxa de inflação pequena e estável, taxas de juros baixas, investimentos em expansão e equilíbrio no balanço de pagamentos.

Os gastos

Os *gastos do governo* compõem-se de despesas correntes e de investimento. Nas despesas correntes estão incluídos quatro itens:

- *Consumo do governo*: pagamento de funcionários e despesas como energia elétrica e materiais.

- *Transferências*: despesas do setor público destinadas ao setor privado, sem contraprestação de serviços ou fornecimento de bens, como, por exemplo, a assistência e previdência social.

- *Juros*: pagamento de juros tanto da dívida interna quanto da externa.

- *Subsídios*:[1] gastos do governo a fim de que os consumidores adquiram alguns bens e serviços por preços menores do que se daria no mercado normal, ou para que o produtor consiga preços maiores, ou seja, o subsídio tanto pode ser para o consumidor como para o produtor.

No caso brasileiro, há basicamente quatro grandes componentes dos gastos do governo, que são:

- Juros das dívidas interna e externa, que no governo Lula têm ficado ao redor de R$ 150 bilhões por ano, mas em 2008 foi de R$ 162 bilhões — equivalente a R$ 443 milhões por dia —, o que é um absurdo.

- Despesas com pessoal da União, que são crescentes e em 2008 foram de R$ 130,8 bilhões.

- Gastos de Custeio da máquina pública que, em 2008, somaram R$ 135,7 bilhões.

- Déficit da previdência, que está em torno de R$ 40 bilhões por ano — a arrecadação é de R$ 163 bilhões e a despesa com o pagamento de aposentadorias e pensões, ou seja, os gastos com benefícios, chega a quase R$ 200 bilhões. Em 2008, esse déficit chegou a R$ 36 bilhões, tendo sido a primeira redução em 13 anos, mas a partir de 2009 deve voltar a crescer.

---

1 Na verdade, os subsídios são também um tipo de transferência e podem ser incluídos nesta.

170   Economia: fundamentos e aplicações

Assim sendo, esses quatro itens juntos — juros, pessoal, custeio e previdência — 'consumiram', em 2008, algo como R$ 468 bilhões por ano. Em outras palavras, pode-se dizer que o setor público brasileiro 'gasta' com esses quatro itens o equivalente a quase R$ 1,3 bilhão por dia.

> A política fiscal trata das contas do governo, ou seja, dos gastos públicos e dos impostos.

Quanto às despesas com investimentos, que dizem respeito aos gastos do governo brasileiro com o objetivo de aumentar a capacidade de geração de bens e serviços no país, tais como construção de estradas, rodovias, escolas, hospitais, hidrelétricas etc., elas têm ficado abaixo de 1% do PIB, ou seja, algo em torno de um sexto do valor que o governo 'torra' com os juros, o que, mais uma vez, evidencia o erro na política econômica brasileira — os investimentos totais em 2008 foram de apenas R$ 28,3 bilhões, ou seja, pouco mais da metade do que estava previsto.

Analisando-se a evolução dos gastos públicos no Brasil, pode-se afirmar que as despesas correntes, que se situavam ao redor de 20% do PIB na década de 1970, passaram a ser superiores a 30% na média dos anos 2000-2008, enquanto as despesas com investimentos, que eram de 3,0%, caíram para apenas 0,5%. Cabe ressaltar que as despesas com pessoal e com a previdência têm aumentado, mas o que mais cresceu foram os gastos com juros das dívidas interna e externa que, de apenas 0,6% do PIB na década de 1970, têm se mantido em torno de 7,0%, na média dos últimos oito anos.

As receitas

No que se refere à arrecadação, ou seja, à política tributária brasileira, algumas observações merecem destaque:

a) Os impostos diretos, ou seja, aqueles que incidem diretamente sobre a renda e a propriedade, como IR, IPVA, IPTU e ITR, representam um percentual bem menor da receita tributária total no Brasil do que nos países desenvolvidos.

b) Por outro lado, os impostos indiretos, isto é, aqueles gerados na produção, no consumo e nas vendas de mercadorias, como IPI, ICMS, Finsocial e PIS, correspondem a mais de 60% da receita tributária total no Brasil, em relação a apenas 27,5% nos países industrializados.[2]

Cabe destacar que os impostos indiretos, que não são declaratórios, retiram competitividade da produção nacional, dificultando nossas exportações. O fato de o Brasil ter um sistema de arrecadação ineficiente faz com que os impostos indiretos sejam mais elevados, uma vez que são de mais fácil controle. Nos países desenvolvidos, com fiscalização mais rígida, é mais fácil arrecadar do contribuinte por meio de imposto declaratório, como o Imposto de Renda, que representa 33% da receita tributária total, enquanto no Brasil ele representa cerca de 16%, em média.

c) Por causa dos impostos indiretos, a estrutura tributária brasileira é fortemente regressiva (as classes de menor renda pagam proporcionalmente mais), ao contrário do que ocorre em outros países do mundo.

O orçamento da União, dos Estados e dos Municípios é formado fundamentalmente

---

2 Um cálculo feito pelo Dieese-SP, em janeiro de 2002, mostra que para um veículo de valor de R$ 15.537,00, o consumidor paga, ao longo de quatro anos, o valor correspondente a R$ 11.342,00 em impostos (IPI sobre a venda e sobre as peças de revisão; ICMS sobre a venda e sobre as peças de revisão; PIS/Cofins; CPMF (existente à época do estudo) sobre o valor do carro e também sobre licenciamento, emplacamento e seguro obrigatório, IPVA, seguro particular, gasolina e revisão; IOF sobre a venda e sobre o seguro obrigatório; taxa de licenciamento; IPVA; arrecadação com gasolina; pedágio e parquímetro), sendo: R$ 5.060,40 arrecadados antes mesmo de o veículo sair da concessionária (apenas R$ 10.476,60 ficam com a cadeia produtiva: montadoras, fabricantes de peças, fornecedores de insumos, concessionárias, trabalhadores) e os restantes R$ 6.281,16 vão para o governo ao longo dos primeiros quatro anos de vida útil do automóvel. Isso significa que o governo arrecada mais de 100% sobre o valor que fica com a cadeia produtiva. Já para um veículo de R$ 39.299,00 (em que apenas R$ 25.151,36 vão para a cadeia produtiva), o valor destinado ao governo ao longo dos quatro anos é de R$ 26.616,98, segundo o mesmo estudo.

pelas seguintes fontes: ICMS com mais de 23% do total; Imposto de Renda com cerca de 20%; INSS em torno de 17%; Cofins com mais de 12%; IPI com 5% e CPMF com 5% — juntos, esses seis tipos de tributos são responsáveis por mais de 80% da receita total.

Em 2008, considerando também todos esses tributos, o total global arrecadado nas três esferas públicas ultrapassou R$ 1 trilhão, podendo-se dizer que a cada dia daquele ano o setor público brasileiro absorveu algo como R$ 3 bilhões. Desse montante, o governo federal ficou com uma receita líquida total (excluindo as restituições, incentivos fiscais e transferências para estados e municípios) de R$ 583,5 bilhões, da qual, deduzida a despesa total de R$ 497 bilhões (sem incluir os R$ 162 bilhões para os juros), restou um superávit primário de R$ 71,4 bilhões. Considerando os governos regionais (estados e municípios) e as estatais, esse superávit primário chegou a R$ 118 bilhões, que foram insuficientes para cobrir os R$ 162 bilhões destinados aos juros.

Ao longo da década de 1990, houve praticamente um aumento contínuo no percentual da carga tributária bruta no Brasil. No final da década de 1980, essa carga estava em torno de 21,2% do produto interno bruto. A partir de 1999, ela ultrapassou 30% do PIB, segundo as Contas Nacionais do IBGE. Atualmente, seu percentual está em torno de 36% do PIB. Isso significa que a cada R$ 100,00 gerados de riqueza no Brasil, os governos ficam com R$ 36, o que é um absurdo. A repartição dessa receita varia em torno de: 63% para a União, 24% para os estados e 13% para os 5.564 municípios.

Fazendo uma comparação da tributação sobre o consumo, a remuneração do trabalho e o lucro do capital no Brasil e nos países desenvolvidos, constata-se que o consumo e a remuneração do trabalho são relativamente mais tributados no Brasil que em países ricos, os quais têm impostos maiores sobre o lucro do capital (Tabela 8.1). Cabe ressaltar que a tributação sobre o consumo no Brasil é responsável por quase 70% da arrecadação tributária do país e atinge as camadas mais pobres da população, que gastam a maior parcela de seus rendimentos em bens e serviços.

> Os seis principais tributos do Brasil (ICMS, IR, INSS, Cofins, IPI e CPMF) respondem por mais de 80% da receita total.

Curva de Laffer: alíquota *versus* arrecadação

Os especialistas em ciências sociais e jurídicas têm procurado mostrar que há uma relação entre as alíquotas (taxas) de impostos e o volume total arrecadado pelos governos. Essa relação é conhecida como curva de Laffer, em homenagem ao economista Arthur Laffer, por ter iniciado estudos nessa área. A Figura 8.1 mostra uma clássica relação entre as alíquotas dos impostos em uma economia e a arrecadação tributária do governo. À taxa zero de alíquota, o governo não arrecada nada. À medida que a alíquota aumenta, a arrecadação também aumenta, mas há limites, ou seja, existe uma determinada alíquota ($t_{máx}$) que garante uma arrecadação máxima. Para alíquotas superiores à $t_{máx}$, a arrecadação passa a decrescer. Por exemplo, para a alíquota t_0, o volume de recursos arrecadados pelo governo seria menor (apenas A_0). Acredita-se que a principal razão disso é o estímulo à sonegação e/ou evasão fiscal e o desestímulo às atividades produtivas, quando as alíquotas são excessivamente elevadas.

> A distribuição da receita tributária no Brasil é a seguinte: 63% para a União, 24% para os 27 estados e 13% para os 5.564 municípios.

TABELA 8.1 Comparação percentual da tributação no Brasil e em países desenvolvidos — 2007

TRIBUTAÇÃO SOBRE	BRASIL	PAÍSES DESENVOLVIDOS
Consumo	22,4	12,6
Remuneração do trabalho	25,2	32,8
Lucro do capital	11,8	38,4

Fonte: Unafisco Sindical.

FIGURA 8.1 Curva de Laffer

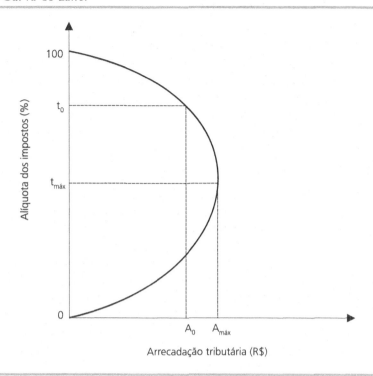

Nos períodos de inflação elevada, há outro efeito sobre as receitas públicas, conhecido como *efeito Olivera-Tanzi*, que ocorre como conseqüência do fato de haver uma defasagem entre o momento da geração do imposto e o de seu efetivo recolhimento. Como há um tempo, que pode ser de dias ou até meses, a inflação reduz o valor real do imposto a ser arrecadado pelo governo, embora seu valor nominal permaneça o mesmo, e isso prejudica as finanças públicas, provocando déficits, cujo conceito será abordado na Seção 8.2.

A carga tributária no Brasil

1. Talvez nenhuma variável econômico-fiscal no Brasil tenha aumentado tanto nos últimos anos como a da carga tributária: de um patamar de 21,2% do PIB, no final da década de 1980, para cerca de 36% atualmente.

2. Quando se compara nossa situação tributária com a de outros países, chega-se a duas situações: a carga brasileira é relativamente alta em relação à dos demais países, tanto os desenvolvidos (com 24% de seus PIBs) quanto os da América Latina, cuja maioria tem taxas ao redor (ou abaixo) de 20% do PIB.

3. Conforme já foi mencionado, a carga tributária brasileira é concentrada em poucos tributos — em apenas seis, que contribuem com mais de 80% do valor total arrecadado.

4. A incidência de tributos sobre bens e serviços é muito mais acentuada que sobre a renda e o patrimônio, ao contrário do que ocorre nos países mais ricos.

5. A estrutura tributária é fortemente marcada pelos 'impostos em cascata', que, cobrados diversas vezes ao longo da cadeia produtiva, provocam aumentos nos custos de produção e redução da competitividade dos produtos brasileiros no exterior. Em parte, isso explica por que ainda exportamos tão pouco (algo como US$ 200 bilhões por ano), enquanto a China já ultrapassa US$ 1 trilhão por ano).

8.2 DÉFICIT PÚBLICO

Déficit está associado à necessidade de financiamento do setor público, ou seja, à parte das despesas realizadas que, pela falta de recursos próprios para financiá-la, necessita de dinheiro público.

Déficit primário considera apenas o excesso de gastos não financeiros sobre as receitas não financeiras, ou seja, não se levam em conta, nas despesas, nem o pagamento de juros nem as correções monetárias e cambiais. Ao contrário de déficit, o governo brasileiro vem conseguindo superávit no conceito primário, isto é, a arrecadação vem superando as despesas, sem considerar os juros.

Superávit primário do setor público consolidado é quanto de receita o governo federal, os estados e os municípios conseguem economizar, após as despesas, sem considerar os gastos com os juros da dívida.

Na média, os governos FHC e Lula têm conseguido um superávit primário que tem coberto apenas um pouco mais da metade do valor pago em juros.

Déficit nominal É uma situação em que as despesas superam as receitas, sendo que nas despesas estão incluídos juros, correção monetária e correção cambial.

Normalmente, o conceito de **déficit** está associado à necessidade de financiamento do setor público, ou seja, à parte das despesas realizadas que, pela falta de recursos próprios para financiá-la, necessita de dinheiro público. Diz-se que há déficit público quando os gastos do governo superam sua arrecadação, o que é muito comum acontecer. Na situação de superávit das contas públicas, a arrecadação supera o total dos gastos. Há dois conceitos de déficit (ou superávit): conceito primário e conceito nominal.

Conceito primário

O conceito de **déficit primário** considera apenas o excesso de gastos não-financeiros sobre as receitas não-financeiras, ou seja, não se consideram nas despesas nem o pagamento de juros nem as correções monetárias e cambiais. A utilidade do déficit primário é que ele mede o que ocorreu no exercício, eliminando os efeitos das dívidas de exercícios anteriores, ou seja, mede, assim, a capacidade de pagar os juros da dívida. Em geral, no conceito primário, no Brasil, não tem havido déficit, mas superávit, ou seja, sem considerar o pagamento de juros, o governo brasileiro tem conseguido gastar menos do que arrecada. Nos últimos anos, esse superávit tem ficado ao redor de 4% do PIB. O setor público consolidado (União, estados e municípios) tem acumulado um superávit primário crescente: de mais de R$ 52 bilhões em 2002 para mais de R$ 100 bilhões por ano na média do triênio (2006-08). Em 2008, conforme mencionado, foi de R$ 118 bilhões, dos quais: R$ 71,3 bilhões da União, R$ 25,9 bilhões dos estados, R$ 4,6 bilhões dos municípios e R$ 16,1 bilhões das estatais.

Em relação a esse superávit primário, é comum perguntarmos qual a finalidade de o governo aumentar o superávit primário e como isso pode ser feito. A finalidade é a seguinte: como o governo precisa reduzir a proporção da dívida pública em relação ao PIB — é bom lembrar que, em 2008, essa proporção passou a ficar ligeiramente abaixo de 40% do PIB —, essa 'economia' de receitas tem sido usada para pagar parte dos juros da dívida pública, de modo a impedir que ela cresça mais. O governo pode obter maior superávit primário basicamente de dois modos: com o aumento da arrecadação de impostos e com maiores cortes nos gastos previstos no orçamento federal. No governo FHC, no primeiro mandato, praticamente não houve superávit primário, ao contrário do segundo mandato, em que o superávit ficou em 3,6% e a dívida pública aumentou muito, em especial no período de 1994 a 1998.

No quadriênio de 1999-2002, o governo brasileiro economizou o valor equivalente a R$ 165,4 bilhões de superávit primário. O mais grave é que todo esse esforço não chegou a cobrir metade do total de juros pagos nesse período (R$ 366 bilhões). Nesta questão, o governo Lula mudou muito pouco. Basta dizer que, nos seis primeiros anos de seu governo (2003-2008), os gastos com juros ficaram ao redor de R$ 900 bilhões, para uma 'sobra' (isto é, um superávit primário acumulado) de pouco mais de R$ 500 bilhões. Em 2008, conforme já referido, o superávit primário total foi de R$ 118 bilhões, mas o pagamento de juros foi de R$ 162 bilhões.

Conceito nominal

O conceito de **déficit nominal** inclui o pagamento de juros e os gastos com correção monetária e cambial das dívidas interna e externa. Na média do qüinqüênio 2004-2008, o setor público brasileiro teve de pagar mais de R$ 150 bilhões em juros por ano, ou seja, os superávits primários (ligeiramente superiores a R$ 100 bilhões por ano) foram 'engolidos' pelos juros absurdamente elevados. Em 2008, conforme já referido, o superávit primário total foi de R$ 118 bilhões, mas o pagamento de juros foi de R$ 162 bilhões, de modo que houve um déficit nominal de R$ 44 bilhões.

Quem 'agradece penhoradamente' esses gastos absurdos do setor público com juros são os bancos, principalmente aqueles que 'mais investem' em títulos públicos. É por isso que várias manchetes de jornais tratam dessa questão — veja duas delas: "Bancos brasileiros são os mais rentáveis do mundo" e "Bancos têm rentabilidade recorde". De fato, a rentabilidade (lucro líquido sobre o patrimônio) média dos bancos tem ficado ao redor de 24%, o que significa que para cada R$ 100,00 de patrimônio líquido, um banco brasileiro tem R$ 24,00 de lucro líquido. A rentabilidade média no período 1996-2001 foi de 17%. Uma rentabilidade média de 24% significa que, em pouco mais de quatro anos, é possível recuperar todo o patrimônio líquido, o que, em países desenvolvidos, leva mais que o dobro desse tempo. Os juros altos obtidos com os títulos públicos e o *spread* bancário (diferença entre a taxa de captação dos bancos e o valor cobrado para emprestar os recursos aos clientes) são os principais fatores que fazem a rentabilidade ser maior no Brasil.

Financiamento do déficit

> Em 2008, o setor público brasileiro, nas três esferas, gastou, somente com juros, mais de R$ 443 milhões por dia ou mais de R$ 50 milhões por hora útil (8 horas).

Chamemos de **G** os gastos públicos e de **T** (de tributos) a receita tributária. Se a despesa (**G**) distribuída entre o consumo governamental e o investimento público superar a receita tributária (**T**), tem-se uma situação de déficit. Uma das medidas do governo é utilizar a política fiscal, pelo aumento de impostos ou corte de gastos, mas se, mesmo assim, o déficit persistir, este deverá ser financiado fundamentalmente por duas vias de recursos extrafiscais, que são: a emissão de moeda e o lançamento de títulos públicos.

Emissão de moeda (**M**) é a situação em que o governo toma emprestado do Banco Central. Já lançamento de títulos públicos (**Títulos**) caracteriza-se pela decisão do governo de vender títulos da dívida pública ao setor privado (interno e externo). Cabe aqui observar que a venda de títulos provoca uma elevação da dívida pública. Esse foi o caminho adotado pelo governo FHC, o que fez com que a dívida, que era de cerca de R$ 60 bilhões quando ele assumiu como ministro da Fazenda, antes de ser presidente, subisse para mais de R$ 700 bilhões. No governo Lula, a dívida pública já subiu para mais de R$ 1,2 trilhão. Nesse caso, diz-se que o setor privado financia o setor público, ou, melhor dizendo, a 'gastança' feita por ele. Uma situação de déficit orçamentário pode ser representada do seguinte modo:

$$G - T = M + \text{TÍTULOS.}$$

Essa 'equação' mostra a ligação que existe entre a política fiscal (G > T) de déficit público e a política monetária, que trata da emissão de moeda e da venda de títulos públicos no *open market* (mercado aberto), como veremos no próximo capítulo. O ponto importante da política fiscal é determinar o efeito dela sobre o restante da economia, em particular o efeito dos gastos do governo sobre a demanda agregada e desta sobre a produção (oferta) e os preços. Para tanto, teremos de voltar a analisar o modelo *keynesiano* (visto em parte no capítulo anterior) de ver a economia como um todo.

8.3   A POLÍTICA FISCAL NO MODELO *KEYNESIANO*

Nesta seção, exploraremos a idéia de Keynes de que os gastos (leia-se: demanda agregada, que inclui também os gastos públicos) determinam o produto interno bruto, pelo menos em curto prazo. Em macroeconomia, o curto prazo é definido como o período durante o qual os preços são fixos. Até que os preços se ajustem, a demanda por bens e serviços determina o nível do PIB. Os produtores ofertarão, em curto prazo, toda a produção que for demandada. Este é o ponto essencial do modelo *keynesiano*: em curto prazo, o nível do PIB é determinado, fundamentalmente, pela demanda agregada.

Começaremos apresentando o modelo mais simples de como a demanda determina o produto em curto prazo. Para entender esse modelo, utilizaremos gráficos que empregam uma característica básica: a linha de 45°. A Figura 8.2 mostra o gráfico com a demanda agregada por bens e serviços no eixo vertical (ordenada) e o produto no eixo horizontal (abscissa). A linha de 45° divide o ângulo entre os dois eixos pela metade, e ela tem a seguinte propriedade: a partir de qualquer ponto sobre ela, as distâncias da vertical e da horizontal, medidas ao longo dos eixos, são iguais.

Embora saibamos que a demanda agregada é formada pela soma dos gastos com consumo das famílias, do governo, do investimento das empresas e das transações líquidas com o restante do mundo, consideraremos aqui apenas as despesas de consumo das famílias e do governo. Em outras palavras, é como se apenas os consumidores e o governo pudessem demandar produtos: os consumidores demandam consumo de bens e o governo demanda bens de consumo e de investimento. Inicialmente, para simplificar ainda mais, vamos supor que consumidores e governo demandam, cada um, uma quantidade fixa de bens: os consumidores demandam o volume C, e o governo, o valor G. Isso significa que a demanda total será: C + G.

Como em curto prazo a demanda determina o produto, ou seja, demanda = produto, então: produto = demanda = C + G. A Figura 8.2 pode nos ajudar a entender como o nível de produto é determinado. A produção de equilíbrio é aquela em que o volume produzido é igual à demanda por bens. Isso ocorre no ponto E, determinando, assim, o volume que deve ser produzido (y_0).

O que aconteceria se o nível de produção da economia estivesse sendo maior, como, por exemplo, y_1? Nesse nível de produção, estariam sendo gerados mais bens e serviços que os desejados pelos consumidores e pelo governo. Bens em excesso sobrariam nas lojas, uma vez que a demanda seria menor que a produção e as empresas reagiriam a isso, reduzindo a produção de y_1 para y_0. Do mesmo modo, se a produção estivesse no nível y_2, a demanda excederia a produção e as empresas responderiam produzindo mais (nível y_0).

Faremos, agora, com que os gastos dos consumidores, no nosso modelo, sejam mais realistas. Já vimos que o consumo depende do nível de renda dos consumidores, ou seja, quando os consumidores têm maior renda, eles consomem mais bens e serviços. Podemos

FIGURA 8.2 Equilíbrio demanda = produto no modelo *keynesiano*

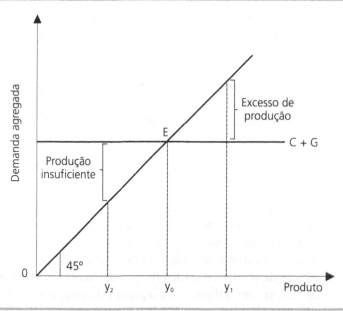

escrever a função de consumo como:

$$C = C_a + bY,$$

onde os gastos de consumo C têm duas partes. A primeira parte, Ca, é uma constante e não depende da renda — por exemplo, independentemente do nível de renda, todos os consumidores demandam algum alimento (os economistas chamam a isso de consumo autônomo). Já a segunda parte, **bY**, representa a parcela do consumo que depende da renda, sendo o produto de uma fração **b** chamada de propensão marginal ao consumo (**PMC**) e o nível de renda (**Y**) dos consumidores — por exemplo, se o valor de **b** for igual a 0,7, então, para cada R$ 10,00 a mais na renda dos consumidores, o consumo aumentará em R$ 7,00. A PMC é sempre menor do que 1. Se o consumidor receber um real de renda, ele gastará parte dela e poupará o restante.

Além da demanda dos consumidores, há os gastos do governo. Em debates econômicos, freqüentemente ouvem-se recomendações para aumento dos gastos públicos ou cortes nos impostos a fim de aumentar o PIB. Como veremos, tanto o nível de gastos do governo (principalmente se forem investimentos públicos) quanto os impostos, por sua influência sobre a demanda de bens e serviços na economia, afetam o produto interno bruto em curto prazo. Basta lembrar que os gastos do governo fazem parte da demanda agregada, ou seja, deslocam a demanda para cima (Figura 8.3). A demanda também pode se deslocar para cima se houver uma diminuição de impostos, pois a renda disponível (Y_d) aumenta. A demanda disponível (Y_d) é igual a Y – T. Assim, C = C_a + b (Y – T).

Desse modo, podemos observar, na Figura 8.3, que um aumento dos gastos públicos (adicionando G ao C) pode provocar um acréscimo na demanda agregada, o que resultaria na elevação do nível de produto (**PIB**).

8.3.1 Efeitos da política fiscal sobre a economia

Como vimos, *os impostos e os gastos públicos afetam o nível de demanda da economia*. A arrecadação incide sobre o nível de demanda ao influir na renda disponível que os indivíduos poderão destinar para consumo e poupança. Dado um nível de renda, quanto maiores forem os impostos, menor será a renda disponível e, portanto, menor o consumo. Os gastos públicos são diretamente um elemento da demanda agregada. Assim, quanto

FIGURA 8.3 Política fiscal *keynesiana*

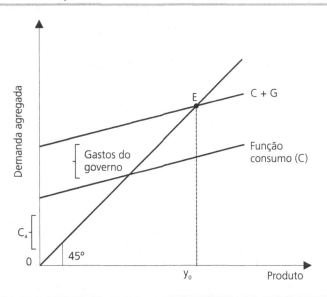

maior for o gasto, maior será a demanda e maior será o produto. Portanto, se a economia apresentar uma tendência de queda no nível de atividade, o governo poderá estimulá-la, reduzindo impostos e/ou elevando o gasto. Já se quiser diminuir o nível de atividade, ele aumentará impostos e/ou reduzirá o gasto.

A redução da carga tributária (**T**), à medida que aumenta a renda disponível (Y_d) da população, também pode provocar a expansão do consumo pessoal (**C**) e, por conseqüência, da demanda global (D_a). Como o consumo depende da renda disponível (onde $Y_d =$ **Y** – **T**), um aumento nos impostos deve diminuir o nível de consumo. Portanto, esquematicamente, a política fiscal atual sobre a oferta agregada (S_a) e o emprego (**E**) pode se dar por duas vias:

> A política fiscal afeta o consumo, a produção, o emprego e a renda.

a) pela alteração do gasto do governo (**G**), que, por sua vez, afeta diretamente a demanda agregada (D_a)

b) pela alteração dos impostos (**T**), os quais afetam a renda disponível (Y_d), que, por sua vez, altera o consumo (**C**), ou seja:

$$G \searrow$$
$$D_a \Rightarrow S_a \Rightarrow E \Rightarrow Y \Rightarrow C$$
$$T \rightarrow Y_d \rightarrow C$$

8.4 A POLÍTICA FISCAL E A DEMANDA AGREGADA

A quantidade demandada de produto interno bruto real é a soma dos gastos reais de consumo (**C**), de investimentos privados (**I**), de gastos governamentais (**G**) e de exportações (**E**) menos as importações (**M**). Isto é:

$$Y = C + I + G + (E - M).$$

A quantidade demandada de produto real é a quantidade total de bens e serviços finais produzidos no Brasil que pessoas físicas, empresários e governos nacionais e estrangeiros planejam comprar. Entre os vários fatores que afetam esses planos de compra estão: nível de preços, expectativas, políticas fiscal e monetária e economia mundial. Vamos aqui abordar apenas dois desses fatores: nível de preços e política fiscal.

A curva de demanda agregada

Enfocaremos, em primeiro lugar, a relação entre a quantidade demandada de produto interno bruto real e o nível de preços. Para estudar essa relação, manteremos constantes todos os outros fatores que influenciam os planos de compra. O que pretendemos saber é: como a quantidade demandada de PIB real varia com mudanças nos níveis de preço?

Quanto maior for o nível de preços, sendo os outros fatores mantidos constantes, menor será a quantidade demandada de produto real. A essa relação entre a quantidade demandada de produto real e o nível de preços dá-se o nome de curva de demanda agregada D_a (Figura 8.4). Para um determinado nível de preços reais — índice 130, por exemplo —, a quantidade demandada de produto real é R$ 3 trilhões. Quando o nível de preços se altera, sendo os outros fatores mantidos constantes, a quantidade demandada de produto real também varia — é um movimento ao longo da curva D_a.

Além do nível de preços, a demanda agregada pode ser influenciada pela política fiscal.

FIGURA 8.4 Curva de demanda agregada

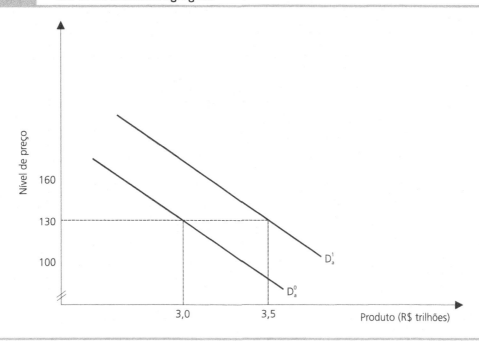

Uma diminuição nos impostos, por exemplo, faz com que as pessoas tenham maior renda para comprar, o que faz a demanda agregada deslocar-se para a direita. Do mesmo modo, um aumento nos gastos públicos pode deslocar a curva de demanda agregada para a direita.

Cada ponto sobre a curva de demanda agregada corresponde a um ponto de equilíbrio nos gastos globais (Figura 8.5). Um aumento nos gastos públicos tem um efeito multiplicador, que eleva e desloca a curva de demanda agregada para a direita. Inicialmente, a curva de gastos globais ou agregados é GA_0, na parte **a**, que corresponde à demanda agregada D_a na parte **a**. O nível de preços é 130, o produto interno bruto real é R$ 3 trilhões e, em ambas as partes da Figura 8.5, a economia está no ponto **a**. Um aumento nos gastos do governo, mantido o nível de preços em 130, desloca a curva de gastos agregados para cima (**GA_1**), fazendo-a interceptar a linha de 45° no ponto **b**, no nível de gastos agregados de R$ 3,5 trilhões. Esse volume, conforme mostra o ponto **b**, corresponde à quantidade agregada de bens e serviços demandados ao se ignorar preços de 130. O ponto **b** fica em uma nova curva de demanda agregada (**D_a**).

De acordo com o que apregoava Keynes, a intervenção do governo na economia, seja aumentando gastos ou reduzindo impostos, pode expandir a demanda agregada que, para ele, era o determinante do produto. Essa é a política *keynesiana*, segundo a qual o governo pode gerar déficit público, criar empregos e estimular o crescimento da renda.

Outra maneira de visualizarmos o efeito da política fiscal sobre a demanda agregada é mostrada na Figura 8.6. Um aumento nos gastos públicos ou uma diminuição na tributação — que, por sua vez, estimula o consumo — pode deslocar a demanda agregada para a direita. A principal razão para que a curva de demanda agregada seja inclinada para baixo é que um nível geral de preços mais elevado deve resultar nos agentes econômicos em redução de seus dispêndios e vice-versa. Assim, maiores investimentos e maiores exportações líquidas também podem deslocar a curva de demanda agregada para a direita, como pode ser observado na Figura 8.6.

FIGURA 8.5 Gastos públicos e curva de demanda agregada

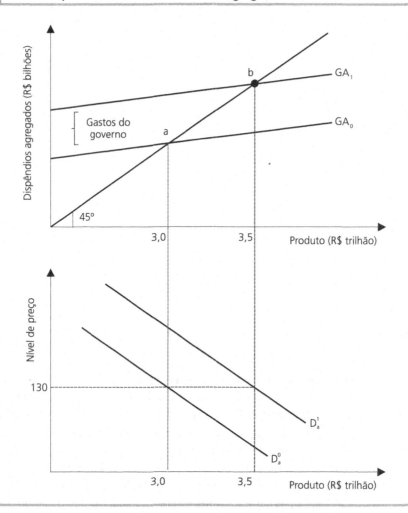

FIGURA 8.6 Relação entre nível geral de preços e demanda agregada e efeito dos gastos públicos

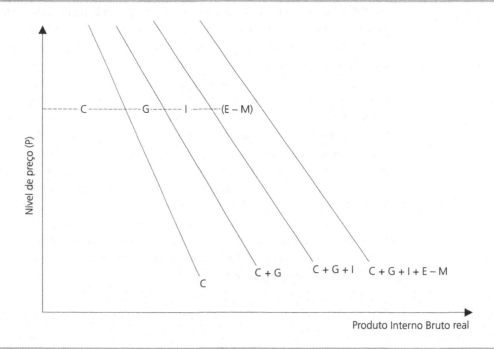

180 Economia: fundamentos e aplicações

RESUMO

Os principais pontos a serem destacados neste capítulo são:

1. A política fiscal inclui os gastos do governo (despesas de consumo, subsídios, transferências, investimentos) e os impostos. A política fiscal afeta o nível da renda (oferta agregada) e o emprego por duas vias: (a) alterando o gasto do governo, que, por sua vez, altera a demanda agregada; (b) alterando a política de impostos, a qual afeta a renda disponível e, portanto, o consumo e a demanda agregada.

2. Analisando-se a evolução dos gastos públicos no Brasil, pode-se afirmar o seguinte: as despesas correntes, que na década de 1970 se situavam ao redor de 20% do PIB, passaram, atualmente, a ser superiores a 30%; por outro lado, as despesas com investimentos, que eram de 3,0%, caíram para níveis abaixo de 1%.

3. A arrecadação total no Brasil em 2008, sem considerar alguns impostos estaduais e municipais, ultrapassou R$ 1,0 trilhão (principais fontes: ICMS, Imposto de Renda, INSS, seguido da Cofins, IPI e CPMF). Considerando-se todos os tributos, o total global arrecadado em todas as três esferas públicas chega a quase R$ 3 bilhões por dia. Desse montante, o governo federal ficou com uma receita líquida total (excluindo as restituições, incentivos fiscais e transferências para estados e municípios) de R$ 583,5 bilhões, da qual, deduzida a despesa total de R$ 497 bilhões (sem incluir os R$ 162 bilhões para os juros), restou um superávit primário de R$ 71,4 bilhões. Considerando os governos regionais (estados e municípios) e as estatais, esse superávit primário chegou a R$ 118 bilhões, que foram insuficientes para cobrir os R$ 162 bilhões destinados aos juros.

4. Ao longo da década de 1990 houve, praticamente, um aumento contínuo no percentual da carga tributária bruta no Brasil. No final da década de 1980, a carga estava em torno de 21,2% do produto interno bruto. Atualmente, está ao redor de 36% do PIB. A repartição dessa receita é a seguinte: 63% para a União, 24% para os estados e 13% para os 5.564 municípios.

5. Em geral os governos gastam mais do que arrecadam, ou seja, têm déficit público. Há dois conceitos de déficit (ou superávit): o primário, que leva em conta os gastos e as receitas, sem considerar os juros que o governo tem de pagar pelas suas dívidas; e o nominal, que inclui o pagamento de juros e leva em conta a inflação e a correção cambial.

6. Como os governos operam com déficits (G > T), estes têm de ser financiados por meio de emissão de moeda (que em geral resulta em inflação) e/ou por emissão (venda) de títulos públicos, cuja conseqüência é o aumento da dívida pública.

7. Em curto prazo, a demanda por bens e serviços determina o nível do PIB. Os produtores ofertarão toda a produção que for demandada. Esse é o ponto essencial do modelo *keynesiano*: em curto prazo: o nível do PIB determinado fundamentalmente pela demanda.

8. A política fiscal, seja pela redução de impostos ou pelo aumento nos gastos públicos, pode afetar a demanda agregada e estimular o crescimento econômico.

ATIVIDADES DE FIXAÇÃO: TESTE SUA APRENDIZAGEM

Caro leitor, procure desenvolver as seguintes questões, pois assim você estará fazendo uma revisão de sua aprendizagem:

1. Por que o governo necessita do superávit primário?

2. Qual é o efeito da redução dos impostos sobre os gastos agregados e a demanda agregada? Mostre graficamente e explique.

3. Mostre graficamente e explique a relação entre a alíquota dos impostos e a arrecadação tributária.

4. O que acontece se o nível de produtos exceder o de demanda? Explique e mostre graficamente.

5. O que é propensão marginal a consumir? Dê um exemplo.

6. Os dispêndios de consumo consistem de duas partes. Quais são?

7. Mostre matematicamente a relação entre a política fiscal e a política monetária.

8. Em uma situação de déficit público, o governo procura financiá-lo. De que modo isso pode ocorrer?

Capítulo 8 – Política fiscal **181**

capítulo

9

Política monetária

A ECONOMIA NO COTIDIANO

Periodicamente (a cada 45 dias), quando está marcada uma reunião do Comitê de Política Monetária (Copom), o mercado praticamente pára na expectativa de saber se o governo subirá ou baixará a taxa de juros, a famosa Selic, que é a taxa básica da economia e a referência para as demais aplicações. Após essa reunião, as manchetes dos jornais no dia seguinte são as mais variadas: "Governo sobe juros para conter inflação". Então, vem a oposição com críticas: "Aguardem mais recessão e desemprego". Fernando, dono de uma grande loja de departamentos, entrevistado em uma emissora de TV, sentencia: "Com esses juros ainda mais altos, minhas vendas vão cair muito". A vovó, descansando na poltrona, ao ouvir que os juros haviam subido, festeja: "Minha poupança vai render um 'cadinho' mais". Seu filho, um empresário bem-sucedido, ao perceber sua mãe radiante com o suposto rendimento da poupança, faz uma rude advertência: "Eu pretendia fazer uma renovação de máquinas para aumentar a produtividade, mas com esses juros não vai dar". Na semana seguinte, entre as matérias dos jornais, havia duas que diziam o seguinte: "Elevação da Selic estimula investidores estrangeiros a 'aplicar' no Brasil" e "Sobem os juros, cai a bolsa".

Na primeira reunião do Copom no governo Lula, em fevereiro de 2003, em que a taxa básica foi elevada para 26,5% e a alíquota de depósitos à vista aumentou de 45% para 60%, as manchetes de alguns jornais foram: "BC usa arsenal monetário para conter a inflação"; "Governo eleva juros e sufoca a economia"; e uma outra: "Copom eleva juros e compulsório". Três dias depois, uma das manchetes dizia: "Política monetária está em xeque, apesar dos juros altos". Não deu outra: em 2003, a economia brasileira cresceu apenas 0,5%, uma taxa correspondente a menos da metade da taxa de crescimento populacional, ou seja, a renda *per capita* daquele ano caiu. Esse é um exemplo do uso errôneo da política monetária, como, aliás, tem ocorrido com freqüência no Brasil.

Na reunião de janeiro de 2009, o Copom, por causa da pressão da sociedade, uma vez que a crise financeira mundial estava mostrando o aumento do desemprego e a desaceleração da economia, decidiu baixar a Selic, que estava em 13,75% para 12,75% ao ano. E na reunião seguinte provocou nova queda: para 11,25% ao ano.

Meus alunos no curso de pós-graduação da Estação Business School ficaram surpresos quando afirmei: "A atual política monetária brasileira é do tipo 'saci-pererê', pois se assenta numa única 'perna', representada pela política monetária de juros altos". O grande economista do século passado, John Maynard Keynes, foi, sem dúvida, quem mais percebeu a importância da política monetária para o restante da economia, a começar pela correta explicação de como se forma a taxa de juros e qual é sua influência sobre variáveis como consumo, investimento, poupança, preços dos bens e serviços, mercado acionário e captação (ingresso) de moedas fortes em um país. É em virtude da importância da taxa de juros que, diariamente, os principais jornais do mundo dão tanto espaço a assuntos do mercado financeiro, em particular o monetário. Até no Brasil esse espaço supera, em muito, o que é destinado a futebol, a mania nacional.

OBJETIVOS

Ao final da leitura deste capítulo, você deverá ser capaz de:

1. Entender a importância da política monetária como principal instrumento de que o governo dispõe para 'gerenciar' a economia.

2. Compreender o funcionamento da política monetária, no caso brasileiro, como praticamente a única opção de financiamento do déficit público, uma vez que o superávit primário não é suficiente para cobrir os gastos públicos.

3. Analisar como se forma a taxa de juros no mercado monetário e explicar o que determina a demanda por moeda.

4. Descrever os instrumentos usados pelo Banco Central brasileiro — e de qualquer outro país — para conduzir sua política monetária.

5. Explicar como a taxa de juros influencia a economia.

Assuntos como taxa de juros de mercado, *spread* bancário, operações de crédito do sistema financeiro (recursos para capital de giro, conta garantida, aquisição de bens, *hot money*, desconto de duplicatas, ACC, *export notes*, cheque especial, cartão de crédito, financiamento imobiliário, operações de *leasing*, entre outros) já fazem parte do nosso cotidiano. O mais importante é que esses temas afetam a nossa vida e nossas empresas.

9.1 DEMANDA E OFERTA DE MOEDA

> Política monetária diz respeito às intervenções governamentais sobre o mercado financeiro, seja atuando ativamente ao controlar a oferta de moeda, seja atuando passivamente sobre as taxas de juros.

A **política monetária** diz respeito às intervenções governamentais sobre o mercado financeiro, seja atuando ativamente ao controlar a oferta de moeda ou atuando passivamente sobre as taxas de juros. Ela pode ser definida como o controle da oferta da moeda e das taxas de juros que garantem a liquidez ideal de cada momento econômico. Por controle da oferta de moeda, pode-se entender: (a) condições de crédito, ou seja, disponibilidade ou não de empréstimos — o governo, ao obrigar os bancos a recolherem maior ou menor volume de seus recursos no Banco Central, pode aumentar ou reduzir a capacidade dos bancos de emprestar por meio do depósito compulsório; (b) aumento ou diminuição do dinheiro que circula na economia, o que se dá por meio do volume de dinheiro que o governo emite.

Enquanto a política fiscal afeta diretamente a demanda agregada no nível do produto da economia, pelo montante de déficit público, a política monetária afeta o produto de maneira indireta, em especial pela taxa de juros, que tem influência sobre diversas variáveis macroeconômicas, principalmente sobre o consumo privado, o investimento, o mercado acionário e o ingresso de recursos externos no país. Pode-se dizer que a política monetária trata da moeda nacional ou, mais precisamente, do controle das condições de liquidez da economia. É importante perceber que, ao atuar sobre a quantidade de moeda na economia, o governo está afetando os níveis das taxas de juros. O mercado monetário é como um mercado de bens e serviços, a exemplo do que analisamos no Capítulo 6, em que a mercadoria a ser negociada é a moeda, cujo valor a ser negociado é a taxa de juros (correspondente ao preço no mercado de bens e serviços), a qual depende da demanda (por moeda) e da oferta (de moeda).

> A política monetária, no Brasil, é refém da política fiscal.

A partir de junho de 1996, com o objetivo de estabelecer as diretrizes de política monetária e definir a taxa de juros, foi constituído o Comitê de Política Monetária do Banco Central do Brasil (Copom). Sua criação buscou proporcionar mais transparência e ritual adequado ao processo decisório da política monetária nacional. A taxa de juros é definida como a meta para a taxa Selic a vigorar no período entre as reuniões do Copom, que ocorrem a cada 45 dias. O Copom é composto pelos oito membros da Diretoria Colegiada do Banco Central do Brasil. O registro a ser feito é o fato de o Copom continuar insistindo no erro de manter a Selic tão desnecessariamente elevada, de modo que, apesar do superávit primário elevado, os juros mais do que consomem todo esse superávit, provocando, assim, déficits crônicos no conceito nominal. O mundo mantém juros baixos e não tem inflação. Por que será que o Brasil tem que ser diferente? Será que o mundo está errado?

A moeda é o instrumento básico para que se possa operar no mercado e sem ela o processo de troca seria extremamente limitado. A moeda é o ativo utilizado para realizar as transações por ser o que possui maior liquidez, a saber, a capacidade de converter-se rapidamente em poder de compra, isto é, de transformar-se em mercadorias.

Demanda de moeda

As pessoas e empresas demandam moeda por três razões básicas:

a) necessidade de adquirir bens e serviços (transação)

b) necessidade de atender a compromissos não previstos (precaução)

> Demanda por moeda é inversamente relacionada à taxa de juros. Pode-se chegar a essa relação ao pensar na taxa de juros como o custo de oportunidade para reter moeda, ou seja, o que se perde pelo fato de guardar moeda.

c) oportunidade de uma aplicação interessante; mas, enquanto esse momento não chega, elas mantêm a moeda (demanda para especulação)

A **demanda por moeda** é inversamente relacionada à taxa de juros (veja a Figura 9.1). Podemos chegar a essa relação se pensarmos na taxa de juros como o custo de oportunidade para reter moeda, ou seja, o que se perde pelo fato de guardar moeda. Assim, quanto maior for a taxa de juros, maior será o custo de oportunidade de reter moeda e, portanto, menor será a demanda por moeda. Na realidade, a demanda por moeda depende tanto da renda dos consumidores como da taxa de juros nominal — quanto maior for a renda, maior será a demanda por moeda; afinal, o aumento de renda do consumidor expande a demanda por bens e serviços e, conseqüentemente, a necessidade de moeda aumenta. Quanto maior for a taxa de juros nominal, menor será a quantidade demandada de moeda. Com taxas muito elevadas, a demanda de moeda é menor por duas razões:

- menor especulação, pois são poucas as oportunidades de aplicações melhores que a já existente, ou seja, os juros altos

- menor necessidade de transação e de precaução, porque o dinheiro é aplicado em ativos que rendem juros

A demanda por moeda é determinada pela sociedade, ou seja, pela necessidade que as empresas, as pessoas e até o governo têm de dinheiro.

Oferta de moeda

No que se refere à *oferta de moeda*, podemos considerar, em princípio, que o governo controla a quantidade de moeda ofertada na economia. Assim, ele atua tanto pelo lado da demanda como pelo da oferta de moeda. O Banco Central (Bacen) é o emissor da moeda nacional, sendo que uma de suas principais funções é controlar a oferta monetária, ou seja, regular a liquidez da economia. Papel-moeda ou moeda fiduciária corresponde a notas de

FIGURA 9.1 Mercado monetário: demanda e oferta de moeda e formação da taxa de juros

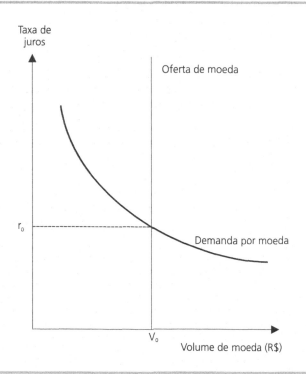

Capítulo 9 – Política monetária **185**

papel emitidas pelo governo, que não possuem lastro em nenhuma mercadoria, isto é, não há uma garantia física que sustente o valor da moeda e sua aceitação se deve à imposição legal do governo. Ao observarmos como as transações são liquidadas, percebemos que apenas uma pequena parte delas é feita com papel-moeda, sendo a maioria liquidada por meio de cheques (moeda bancária). Desse modo, além do Bacen — que pode emitir moeda —, os bancos comerciais também podem afetar a oferta de moeda por meio da multiplicação dos depósitos à vista. É por isso que se diz que os *bancos comerciais* distinguem-se dos demais intermediários financeiros, pois podem 'criar moeda' com base nas reservas constituídas sobre os depósitos à vista e, por conta disso, podem afetar a oferta monetária.

É justamente pelo empréstimo que os bancos comerciais criam moeda, e isso pode ser explicado da seguinte maneira: a concessão do empréstimo pelo banco não é feita mediante entrega de dinheiro ao indivíduo, mas pela abertura de um depósito à vista em seu nome. O indivíduo que recebeu o empréstimo paga suas dívidas com cheque, que deve ser depositado na conta daquele que recebeu. Esse depósito terá novamente o mesmo destino: uma parcela será reservada e outra será emprestada, e assim sucessivamente. Percebe-se que há uma multiplicação do depósito inicial em uma série de novos depósitos a partir do processo: depósito-empréstimo-depósito-empréstimo, e assim por diante.

Os bancos podem emprestar todos os recursos captados, menos o volume que deve ser destinado à constituição das reservas compulsórias. Por meio desses empréstimos, podemos deduzir a capacidade de criação de moeda pelos bancos comerciais a partir da moeda emitida pelo Bacen, definindo assim o chamado *multiplicador bancário*.[1] Por exemplo, se um banco tem R$ 100 milhões de depósitos à vista e deve recolher compulsoriamente 20% ao Bacen, então o poder de criação de moeda desse banco é de R$ 500 milhões (R$ 100 milhões divididos por 0,2). É importante deixar claro o que se segue: apenas as autoridades monetárias, por meio do Bacen, podem autorizar e emitir moeda, mas os bancos comerciais multiplicam essa moeda ou criam dinheiro por intermédio de empréstimos.

No tocante a operações de crédito (empréstimos) do sistema financeiro, o volume total de crédito, ao final de dezembro de 2008, já superava R$ 1,2 trilhão. Desse total, cerca de R$ 872 bilhões eram recursos livres, sendo que a maior parcela (R$ 473 bilhões) se destinava a operações com pessoa jurídica; R$ 394 bilhões a operações com pessoa física; e R$ 78 bilhões de crédito consignado. O restante 30% (R$ 356 bilhões) eram recursos direcionados, tais como: indústria, habitação, crédito rural e recursos do BNDES.

Vale ressaltar que a oferta de crédito no Brasil, apesar de ter crescido nos últimos anos em relação ao PIB, representa ainda um percentual baixo em comparação com países desenvolvidos. No Brasil, em dezembro de 2008, o volume de crédito representava 41,3% do PIB, enquanto, na maioria dos países, representava de 80% a 130%. Não há a menor dúvida de que esse percentual tende a crescer muito no Brasil nos próximos anos.

Outro tipo de moeda que tem se popularizado muito no Brasil e no mundo é a chamada 'moeda de plástico' — os cartões de crédito. O número de cartões de crédito no Brasil saltou de 11,2 milhões em 1994 para mais de 35 milhões em 2001, e, no final de 2008, era

---

1 O multiplicador bancário e a criação de moeda por parte dos bancos podem ser mais bem explicados pelo seguinte exemplo: suponha um depósito inicial de R$ 100,00 em um banco, que deve manter 20% como reservas compulsórias. Desses R$ 100,00, o banco destina R$ 20,00 para reservas e empresta R$ 80,00. Esses R$ 80,00 retornam ao banco na forma de novo depósito. Desses R$ 80,00, R$ 16,00 se transformam em reservas e R$ 64,00 são reemprestados, voltando como depósito, e o ciclo é reiniciado. Percebe-se que os R$ 100,00 iniciais de depósitos se multiplicaram, gerando uma seqüência de depósitos — R$ 80,00; R$ 64,00; R$ 51,20; R$ 40,96 — em uma progressão geométrica decrescente de razão 0,8, que corresponde à fração livre dos depósitos bancários, isto é, o depósito adicional menos as reservas que devem ser compostas (1 − 0,8). Para avaliarmos o total dos depósitos do banco a partir do depósito inicial, basta realizarmos a soma dos termos da progressão geométrica (**D**) com razão menor do que 1. Soma $PG = D = d_1/a - q$, onde d_1 = primeiro termo da PG e q = razão da PG. Assim, no exemplo anterior, teríamos: D = R$ 100,00/(1 − 0,8) = R$ 500,00. Então, um depósito inicial de R$ 100,00 gerou um total de depósitos no banco de R$ 500,00, isto é, foi multiplicado por 5. Como 0,2 ou 20% (1 − 0,8) é exatamente a parcela de reservas compulsórias exigidas pelo Bacen, é possível notar que o multiplicador bancário corresponde ao inverso da taxa de reservas. Desse modo, quanto menor for o recolhimento compulsório, maior será o poder de multiplicação dos bancos. Portanto, a determinação do nível de depósitos compulsórios dos bancos é uma forma de o Bacen controlar a oferta de moeda bancária. O multiplicador bancário mede a capacidade dos bancos comerciais de, partindo do total de depósitos, gerarem empréstimos e outras aplicações bancárias. É representado pela razão entre empréstimos e depósitos.

superior a 110 milhões de unidades. Nesse ano, o volume financeiro das transações ultrapassou R$ 225 bilhões e o tíquete médio ficou em torno de R$ 80,00, sendo que tais valores foram obtidos com um total de 2,8 bilhões de operações — o dobro do número esperado de cheques compensados no ano, que era de 1,4 bilhão.

9.1.1 Taxa de juros

> Taxa de juros é o preço do dinheiro ou da moeda. É aquilo que se ganha pela aplicação de recursos financeiros durante determinado período de tempo ou, inversamente, o que se paga pela obtenção de recursos de terceiros (tomada de empréstimos).

A **taxa de juros** é, na realidade, o preço do dinheiro ou da moeda. É aquilo que se ganha pela aplicação de recursos durante determinado período de tempo ou, inversamente, o que se paga pela obtenção de recursos de terceiros (tomada de empréstimo) durante determinado período. No Brasil, há uma série de taxas de juros que 'convivem' umas com as outras. A taxa de juros se forma basicamente no mercado monetário, ou seja, na interação entre a demanda por moeda e a oferta de moeda. Fazendo um paralelo com o que vimos no Capítulo 6, o dinheiro (ou moeda) é uma 'mercadoria', que é negociada no mercado monetário, cujo preço é a taxa de juros, conforme pode ser visto na Figura 9.1.

As taxas de juros definidas pelo próprio governo devem funcionar como as taxas básicas do mercado, sobre as quais se formam as demais taxas, de acordo com os riscos e os prazos das operações. No Brasil, as taxas de juros definidas pelo governo são:

Selic (Sistema Especial de Liquidação e Custódia),[2] que é a taxa de negociação dos títulos públicos. Ela regula as operações diárias com os títulos públicos (ou seja, Selic é a média ajustada dos financiamentos diários apurados no Selic), serve como taxa básica da economia e é fixada a cada 45 dias pelo Copom. A Selic é considerada a taxa básica de juros da economia porque é usada nos empréstimos que o Bacen faz a instituições financeiras; por isso, serve de referência para a formação de todas as outras taxas de juros. Em março de 1999, essa taxa estava em 45% ao ano, caiu para 19,5% em julho daquele ano, chegou ao menor nível em janeiro de 2001 (15,25%) e voltou a subir, em julho de 2001, para 19%, patamar em que ficou durante vários meses. Em fevereiro de 2003, a Selic estava em 25,5% ao ano, e o governo Lula elevou-a para 26,5%, com o objetivo de controlar a inflação. Ao final de junho de 2003, o Copom reduziu-a livremente (26%). De outubro de 2007 a março de 2008, ela foi mantida em 11,25% e, a partir de abril de 2008, o Copom, preocupado com a inflação, passou a defender aumentos da taxa da Selic, que chegou a 13,75% ao ano de setembro de 2008 a janeiro de 2009, quando, por pressão, caiu para 12,75% e depois para 11,25%.

A TR (Taxa Referencial de juros), inicialmente, era calculada com base na média ponderada dos Certificados de Depósitos Bancários (CDBs) dos 30 maiores bancos do país, com a aplicação de um redutor; atualmente é corrigida pela Selic. A TR é utilizada na remuneração da caderneta de poupança e na correção dos saldos do Sistema Financeiro da Habitação (SFH). O rendimento das cadernetas de poupança é calculado de acordo com a TR mais juros de 0,5% ao mês.

A TJLP (Taxa de Juros de Longo Prazo), criada para vigorar trimestralmente, com base nas rentabilidades médias 'anualizadas' dos títulos da dívida externa com prazo mínimo de dois anos e dos títulos da dívida interna com prazo mínimo de seis meses, tem ponderação dos títulos das dívidas externa e interna de 75% e 25%, respectivamente. Em janeiro de 2009, essa taxa estava em 6,25% ao ano. A TJLP é utilizada nos financiamentos do Banco Nacional de Desenvolvimento Econômico e Social (BNDES). Como o BNDES trabalha com fundos compulsórios, como o Fundo de Amparo ao Trabalhador (FAT) e o PIS/Pasep, esses fundos são remunerados pela TJLP.

Além dessas três taxas definidas pelo governo, as quais são referenciais, outra taxa também referencial, mas definida pelo mercado, são os CDBs (Certificados de Depósitos Bancários), controlados pela Central de Custódia e de Liquidação Financeira de Títulos (Cetip).

---

2 O Selic faz o registro, a movimentação e a liquidação financeira de títulos públicos. A Central de Custódia e de Liquidação Financeira de Títulos Privados (Cetip) faz praticamente o mesmo tipo de operação para títulos privados.

Os CDBs são títulos que os bancos emitem com o objetivo de captar dinheiro para suas operações de empréstimos a empresas e pessoas físicas. Ao aplicar em um CDB, o investidor concentra o risco de seu investimento no banco que escolheu. Caso esse banco feche, o cliente perde tudo o que tiver aplicado acima de R$ 20 mil. Há CDBs prefixados e pós-fixados. No caso dos prefixados, o investidor sabe antecipadamente quanto vai ganhar — hoje, a maioria dos CDBs é indexada pelo CDI (Certificado de Depósito Interfinanceiro).[3] Há CDBs com vários prazos e indexadores e as taxas variam de acordo com a quantia aplicada, sendo que, partir de R$ 30 mil, é possível negociar algumas dessas variáveis com o banco. O investidor tem de pagar CPMF, mas os CDBs de prazos mais longos têm menor incidência da CPMF. Além dessa taxa, há o imposto de renda, cobrado no vencimento ou na data de resgate, e o IOF (Imposto sobre Operações Financeiras), se o prazo de aplicação for inferior a 30 dias.

Um aspecto importante sobre a taxa de juros no Brasil diz respeito à disparidade, ou seja, à grande discrepância que existe no *spread* bancário, que é a diferença entre a taxa de captação (taxa de juros recebida pelo aplicador) e a taxa de aplicação das instituições financeiras (taxa de juros que é cobrada pelos bancos para financiar o tomador, que pode ser uma empresa ou um consumidor). Um aplicador em fundos de renda fixa recebe em torno de 1,2% ao mês, as empresas pagam ao redor de 4% ao mês e o consumidor tem de pagar até acima de 7% ao mês. Essa enorme diferença é explicada, em grande parte, pelos seguintes fatores:

a) Sobre a taxa que remunera a aplicação incidem impostos, como o Imposto de Renda na Fonte (20%) e o Imposto sobre Operações Financeiras (IOF), pelo menos para aplicações com prazo inferior a 29 dias.

b) A chamada cunha fiscal, que são vários impostos e contribuições sobre as operações e instituições financeiras, tais como: Finsocial, PIS, Contribuição Social, Imposto de Renda, IOF, Imposto sobre o Lucro Líquido e CPMF.

c) O elevado custo operacional dos bancos no Brasil, que é muito maior que nos países desenvolvidos.

d) A alta taxa de inadimplência, que faz com que haja repasse para as taxas de juros, pois o risco é maior.

e) Os elevados percentuais dos recolhimentos compulsórios, que reduzem o volume de moeda em circulação na economia.

O *spread* bancário no Brasil supera em dez vezes a média do *spread* dos países ricos. Em janeiro de 2009, estava ao redor de 35%. Estima-se que em 2008 o *spread* bancário foi de R$ 135 bilhões e, na sua composição, o percentual de cada fator ficou na seguinte proporção:

- Inadimplência: 37,4%, ou o equivalente ao valor de R$ 50,5 bilhões.

- Ganhos líquidos dos bancos: 27,1%, equivalente a R$ 36,5 bilhões, apenas oriundos dos *spreads*, porque o lucro total dos bancos foi de R$ 44 bilhões em 2008.

- Impostos diretos e indiretos: 18,4%, equivalente a R$ 24,8 bilhões.

---

3   O Certificado de Depósito Interbancário (CDI), criado em meados da década de 1980, compreende títulos de emissão das instituições financeiras, cuja função é transferir recursos de um banco para outro, ou seja, o banco que tem dinheiro 'sobrando' empresta ao banco que não tem. O Bacen não tem acesso a esse mercado. Os CDIs de um dia (a maioria das operações é por um dia), também conhecidos como Depósitos Interfinanceiros (DI), estabelecem um padrão de taxa média diária, a CDI *over*.

> Taxa nominal de juros é o ganho monetário que se obtém em determinada aplicação financeira, ou o custo monetário de determinado empréstimo.

> Taxa real de juros é a taxa nominal de juros (a taxa Selic), descontada a taxa de inflação, ou seja, deflacionada pelo IGP-M.

- Compulsório: 3,6%, equivalente a R$ 4,9 bilhões.

Outro ponto a ser destacado no que se refere à taxa de juros é a diferença entre taxa nominal e real de juros. A **taxa nominal de juros (i)** é o ganho monetário que se obtém em determinada aplicação financeira, ou o custo monetário de determinado empréstimo. Isso significa que a taxa de juros nominal pode variar tanto por mudanças na taxa real de juros quanto por mudanças na taxa de inflação (**p**). Por outro lado, a **taxa real de juros** é a taxa nominal de juros (a taxa Selic), descontada a taxa de inflação, ou seja, deflacionada pelo IGP-M. Matematicamente, a taxa real de juros (**r**) é dada pela seguinte relação:

$$r = \frac{(1 + i)}{(1 + p)} - 1.$$

Por exemplo, considerando-se uma inflação de 4,5% e a taxa nominal de juros (com base na Selic) de 12,75%, pode-se dizer que a taxa real de juros será de 7,9% ao ano.

Em outras palavras:

Taxa de juros nominal = taxa de juros real + taxa de inflação.

Assim, se a taxa de inflação aumenta, a taxa de juros nominal também aumenta e vice-versa: se a taxa de inflação diminui, a taxa de juros nominal também diminui.

Em termos de juros, o Brasil tem uma das maiores taxas de juros reais do mundo, enquanto a média dos países desenvolvidos está ao redor de (apenas) 1% ao ano, sem contar que há países com taxas de juros reais negativas, com o objetivo de estimular a economia.

9.2   OS INSTRUMENTOS DE POLÍTICA MONETÁRIA

Tendo em vista que um componente da política monetária é o controle da quantidade de moeda (liquidez) na economia, analisaremos, a seguir, como o governo utiliza os instrumentos de política monetária para expandir ou contrair a oferta monetária e, conseqüentemente, o crédito para o setor privado. O executor dessas políticas é o Banco Central, e os *instrumentos clássicos de política monetária* são: mercado aberto (*open market*), depósitos compulsórios e redesconto ou empréstimo de liquidez.[4]

9.2.1   Operações de mercado aberto (*open market*)

> *Open market* é um dos mais importantes instrumentos de política monetária e representa operações de mercado aberto em que o governo negocia (vende e compra) seus títulos públicos.

As operações de ***open market*** são o mais ágil instrumento da política monetária de que dispõe o Bacen, pois, por meio delas, são permanentemente regulados a oferta monetária e o custo primário do dinheiro na economia referenciada na troca de reservas bancárias por um dia, por meio das operações de *overnight*. As operações de mercado aberto atuam tanto no sentido de expansão quanto no de redução da base monetária. Essas operações representam a compra e a venda de Obrigações do Tesouro Nacional (ou de outros títulos da Dívida Pública), e é por meio delas que se regula a liquidez da economia.

---

4   Existe ainda um quarto mecanismo, o 'controle e seleção de crédito', que impõe restrições ao livre funcionamento das forças de mercado, pois estabelece controles diretos sobre o volume e o preço do crédito. Tal contingenciamento do crédito pode ser feito por: controle do volume e destino do crédito; controle das taxas de juros; fixação de limites e condições dos créditos.

Quando há excesso de oferta monetária, o Banco Central, pelos leilões, vende as Obrigações do Tesouro, retirando os excessos de moeda, ou seja, a massa monetária do público e dos bancos é reduzida pelas operações de venda e isso, em conseqüência, comprime a base monetária.

Por outro lado, quando há insuficiência de oferta monetária, o Banco Central entra no mercado e compra as Obrigações do Tesouro em circulação, 'irrigando' o mercado financeiro com a reinjeção do papel-moeda que havia sido retirado do sistema pelas operações de venda. Em outras palavras, por meio do *open market*, o Banco Central procura adequar a oferta monetária às necessidades reais da economia.

Em suma, os dois principais tipos de operação são:

Compra líquida de títulos públicos pelo BC, cujo resultado é o aumento de liquidez do mercado e a queda da taxa de juros primária (resgate de títulos).

Venda líquida de títulos públicos pelo BC, cuja conseqüência é a redução de liquidez do mercado e o aumento da taxa de juros primária (colocação de títulos).

Portanto, a maior ou menor liquidez da economia (pela adoção dos instrumentos descritos anteriormente) tem conseqüências diretas sobre a taxa de juros no mercado. Por exemplo, se o Banco Central vender títulos do governo, diminuindo a liquidez do sistema, só conseguirá fazê-lo se aumentar a taxa de retorno, o que fará com que esses títulos sejam preferidos em lugar de outros ativos (veja a Figura 9.2). Para captar recursos, isto é, obter depósitos a prazo (CDBs e RDBs), os bancos terão de aumentar as taxas de juros que estão dispostos a pagar.

Intimamente ligados à política monetária estão os *déficits públicos*, sejam eles financiados pela emissão de moeda ou pelo aumento da dívida interna (pela venda de títulos). O financiamento do déficit, com a participação do Banco Central, por meio da expansão monetária, tem aspectos positivos, porque não afeta os déficits futuros e diminui a taxa de juros no curto prazo, mas resulta em um elevado tributo para a sociedade, que é a inflação.

> Para financiar o déficit, o governo emite dinheiro ou títulos públicos.

A segunda alternativa de financiamento do déficit público, tomando empréstimos do setor privado, dá-se pela venda de títulos públicos, resultando em aumento dos déficits futuros por causa dos pagamentos dos juros — aumento da dívida interna — e em elevação das taxas de juros, conforme ilustrado na Figura 9.2.

A elevação da taxa de juros, por sua vez, desestimula o investimento, o consumo — e, por conseqüência, a demanda agregada — e a renda, traz recessão e desemprego. Daí se conclui que a melhor maneira de aumentar a poupança nacional — das famílias, das empresas, por meio do lucro, e do governo — não é pela elevação da taxa de juros, mas pela redução do déficit público, uma vez que os aumentos da taxa de juros, em uma situação de governo deficitário, somente contribuem para aumentar ainda mais o déficit do governo, porque geram um círculo vicioso, conforme indicado na Figura 9.3.

Como o governo FHC adotou a venda de títulos como caminho para financiar o déficit (que se manteve, porque a reforma tributária e a previdenciária não foram realizadas, apesar de serem fundamentais) e com pouca emissão de moeda, o estoque da dívida bruta

FIGURA 9.2 Efeito da liquidez sobre a taxa de juros no mercado

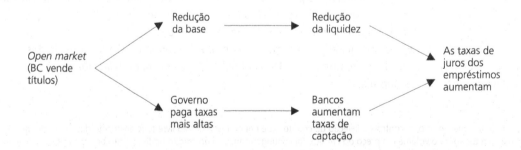

FIGURA 9.3 Círculo vicioso gerado pela alta dos juros

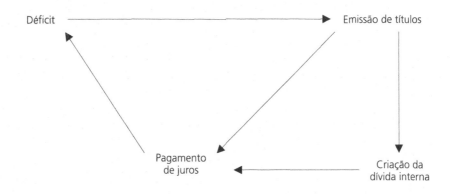

QUADRO 9.1 Resumo das conseqüências das fontes de financiamento do déficit

FINANCIAMENTO DO DÉFICIT PELA EMISSÃO MONETÁRIA	FINANCIAMENTO DO DÉFICIT PELA CRIAÇÃO DE DÍVIDA INTERNA
- Gera mais inflação. - Não afeta os déficits futuros. - Diminui as taxas de juros no curto prazo.	- Aumenta os déficits futuros, em razão dos pagamentos de juros. - Eleva as taxas de juros

O financiamento do déficit público pela emissão de moeda gera inflação, mas pela emissão de títulos cria a dívida interna.

pública não pára de crescer e já se aproximava de R$ 1,5 trilhão no início de 2009. Como as reservas em dólares vêm se mantendo ao redor de US$ 200 bilhões, a dívida líquida do setor público estava ao redor de R$ 1,1 trilhão.

O Quadro 9.1, a seguir, resume as conseqüências das fontes de financiamento do déficit, no mercado nacional, uma vez que a terceira maneira é tomar emprestado dos bancos internacionais.

9.2.2 Recolhimentos compulsórios

Recolhimentos compulsórios são os depósitos que os bancos devem fazer no Banco Central e que correspondem a uma parcela dos depósitos que recebem. Por meio deles, o governo regula a oferta monetária, ou seja, o volume de dinheiro em circulação na economia.

Recolhimentos compulsórios são os depósitos que os bancos devem fazer no Banco Central e que correspondem a uma parcela dos depósitos que recebem. Em outras palavras, do volume de recursos aplicados nos depósitos à vista nos bancos, uma parte fica nos bancos para fazer frente aos saques dos correntistas (encaixe bancário), outra parte é obrigatoriamente depositada no Banco Central (recolhimentos compulsórios) e outra parte, ainda, fica para ser emprestada. Quanto maior for a parte dos depósitos que tiver de ser recolhida ao Banco Central, isto é, quanto maior for o recolhimento compulsório, tanto menor será a quantidade dos recursos que os bancos terão para emprestar e, assim, tanto menor a liquidez do sistema. A título de exemplo, no início do Plano Real, o governo utilizou muito os recolhimentos compulsórios, que obedeciam aos seguintes percentuais: 100% sobre o crescimento dos depósitos em contas correntes; 30% sobre os depósitos a prazo (CDBs e RDBs); 30% sobre a caderneta de poupança; 15% sobre as operações de empréstimos, entre outros. Estima-se que esses diversos compulsórios tenham retirado da economia em torno de R$ 30 bilhões.

O aumento do compulsório provoca uma elevação nas taxas de juros, porque a oferta monetária (volume de dinheiro para empréstimos) se reduz, e vice-versa.

9.2.3 Operações de redesconto ou empréstimo de liquidez

> Operações de redesconto ou empréstimo de liquidez constituem um instrumento de política monetária pelo qual o Banco Central supre, a uma taxa prefixada, as necessidades eventuais de caixa dos bancos comerciais. É também conhecida como empréstimo de liquidez.

Operações de redesconto ou empréstimo de liquidez constituem um segundo instrumento clássico de política monetária, pelo qual o Banco Central supre automaticamente — em curtíssimo prazo —, a uma taxa prefixada, necessidades eventuais de caixa dos bancos comerciais. É a última linha de atendimento aos furos de caixa das instituições bancárias. As taxas de redesconto são aquelas cobradas pelo Banco Central dos bancos comerciais para lhes fazer empréstimo em caso de emergência; se forem altas, os bancos tomarão o cuidado de não correr o risco de ficar sem reservas em caixa e farão, portanto, menos empréstimos. A taxa de redesconto é um instrumento menos flexível que os recolhimentos compulsórios e é pouco utilizada como instrumento de controle da liquidez dos bancos. Esse instrumento atua como empréstimo de liquidez. As operações de redesconto são essencialmente expansionistas, pois implicam o manejo de reservas para refinanciar operações bancárias de longo prazo ou para socorrer os bancos em momentos de baixa liquidez.

Conforme se afirmou, em junho de 1996, o Banco Central adotou mudanças no redesconto dos bancos para tentar eliminar o estigma de socorro terminal que esse mecanismo de assistência financeira de liquidez no mercado brasileiro possui. A idéia é que o redesconto passe a ser visto como mais uma opção de negócios para os bancos, que necessitam de recursos; ou seja, além de captar recursos no mercado, os bancos passam também a buscar recursos no redesconto. Até março de 1999, o custo do redesconto era corrigido pela Taxa Básica do Banco Central (TBC), mas, com a extinção da TBC, passou a ser utilizada a taxa Selic.

Em janeiro de 2000, o Conselho Monetário Nacional (CMN) criou um novo sistema de socorro aos bancos que retira do Banco Central parte dos riscos de prejuízos em caso de 'quebra' de instituições financeiras. O redesconto extingue o sistema de garantias usado na assistência financeira de liquidez. Por esse sistema, o BC concedia empréstimos aos bancos e tomava títulos ou créditos com garantia; agora, ele passa a comprar ativos do banco com dificuldades, como títulos e créditos, as quais poderão ser definitivas ou com compromisso de revenda ao banco, e serão cobrados juros.

O antigo sistema de garantias nem sempre assegurava ao BC o recebimento dos empréstimos; uma vez que a lei determina que, em caso de 'quebra' de bancos, as garantias sejam incorporadas à massa falida, o BC era obrigado a habilitar-se à massa falida e obedecer à lista de preferência para o recebimento dos créditos, a qual considera em primeiro lugar os débitos trabalhistas e, em seguida, as dívidas com o fisco. Agora, o BC será proprietário dos ativos, que deixarão de ser incorporados à massa falida, de modo que haverá menos recursos para pagar débitos trabalhistas.

> Os instrumentos de política monetária são: mercado aberto, depósitos compulsórios e redesconto.

Em suma, a alteração em um ou mais dos três instrumentos de política monetária (mercado aberto, recolhimentos compulsórios ou operações de redesconto) implica alteração da base monetária, ou seja, esses instrumentos atuam sobre a *liquidez do sistema bancário*.

9.3 EFEITOS DA POLÍTICA MONETÁRIA SOBRE A ECONOMIA

Nesta seção, analisaremos os efeitos da política monetária sobre as variáveis macroeconômicas, em especial sobre o consumo privado, o investimento, o mercado acionário e o ingresso de recursos externos no país. Na realidade, a política monetária representa uma segunda alternativa de que o governo dispõe para alterar os níveis da demanda global na desejada direção da oferta global de pleno emprego. Essa política exerce efeitos sobre os vários componentes da demanda agregada, por meio da alteração na disponibilidade monetária (ou seja, oferta de moeda, que atua sobre a liquidez do sistema financeiro) e nas taxas de juros.

Em princípio, pretende-se analisar e/ou explicar os efeitos das taxas de juros sobre o consumo, o investimento, o preço das ações (ou seja, a ligação entre o mercado acionário e o monetário), o ingresso de recursos externos no país, a poupança e os preços dos bens e serviços.

Efeito dos juros sobre o consumo e o investimento

Na realidade, há uma estreita correlação entre a oferta de moeda e o desempenho normal das atividades básicas de demanda e oferta globais. Uma oferta monetária insuficiente provoca o racionamento do crédito, o que, como conseqüência, não apenas eleva a taxa de juros, tornando financeiramente inviáveis muitos projetos de investimento, como reduz o consumo pelo efeito riqueza. Um aumento na taxa de juros desestimula o consumo, principalmente para as pessoas de menor renda, que compram relativamente mais a prazo do que aquelas com alto poder aquisitivo, que compram mais à vista. Em outras palavras, os juros altos prejudicam proporcionalmente mais os pobres que os ricos. Além disso, a elevação de juros reduz mais o consumo de bens financiáveis, como eletrodomésticos e automóveis, que o de bens alimentícios, os quais costumam ser adquiridos à vista. Os bens financiáveis, por terem juros embutidos nas prestações, acabam experimentando maior retração no consumo quando os juros sobem do que os alimentos em geral (veja a Figura 9.4). Quanto à relação entre a taxa de juros e o nível de investimento, vimos no capítulo anterior que há uma relação inversa entre essas duas variáveis: quanto mais elevados forem os juros, menos estímulo terão os empresários para investir.

As reduções de investimentos e de consumo, em razão de juros elevados (que é o que o Brasil vem experimentando ao longo dos últimos oito anos), contraem a demanda agregada, com conseqüentes reflexos negativos sobre os níveis da renda ou (o que é o mesmo) da oferta e dos empregos.

Por outro lado, um suprimento monetário exagerado pode provocar inflação ao elevar a demanda agregada acima da oferta global de pleno emprego, lembrando que a elevação da demanda agregada se dá pela queda na taxa de juros, que leva ao aumento de investimento, e pelo aumento do consumo, devido à elevação dos níveis nominais do poder aquisitivo.

Dada a relação entre a oferta da moeda e a demanda e oferta globais e o emprego, o governo utiliza a política monetária, por meio da oferta de crédito, para estimular ou

FIGURA 9.4 Efeito do aumento da taxa de juros sobre o consumo de bens financiáveis e não-financiáveis (alimentos)

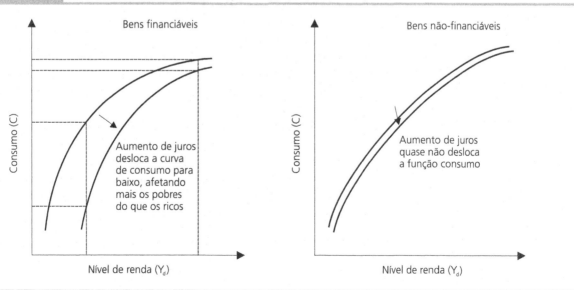

restringir a demanda agregada (D_a), que é dada pela equação: $D_a = C + I + G + X$. Por exemplo, em períodos de baixa demanda global, o governo, a fim de estimular o consumo e o investimento do setor privado, aumenta a oferta de moeda por meio da queda da taxa real de juros e da expansão do poder aquisitivo derivada do maior volume de crédito. Já na fase de demanda aquecida ($D_a > S_a$), período em que ocorre um processo inflacionário, a política monetária procura restringir a oferta de moeda, com a conseqüente redução da liquidez da economia.

Embora a taxa de juros desempenhe algum papel na determinação dos volumes da poupança e do investimento, nada garante que conduza à permanente igualdade entre a poupança e o investimento. A renda tem um papel muito mais importante na determinação do consumo e da poupança.

De modo esquemático, a política monetária, que controla a disponibilidade monetária (M), atua de duas maneiras:

- pela taxa de juros (r), que, por sua vez, altera o investimento (I)

- pela alteração do nível nominal do poder aquisitivo, que, por sua vez, altera o consumo (C)

Ambos os caminhos, ao alterarem a demanda agregada (D_a), afetam o nível da renda (Y), que corresponde à oferta global (S_a), e, portanto, o emprego (E). Ou seja:

$$r \Rightarrow I$$
$$\left. \begin{array}{c} \\ \\ \end{array} \right\rangle D_a \rightarrow S_a \rightarrow E \rightarrow Y \rightarrow C$$
$$r \Rightarrow C$$

Para os *monetaristas*, dos quais um dos principais mentores é Milton Friedman, a evidência empírica demonstra que as oscilações no nível da atividade econômica estariam mais associadas às variações na quantidade de moeda que às variações na taxa de investimento público e privado. Segundo o jargão econômico, a moeda seria ativa, como instrumento de política econômica.

Efeito dos juros sobre os preços das ações

A política monetária também afeta os preços das ações, cujo valor é determinado em razão dos dividendos pagos pelas empresas. Alguém pode comprar uma ação esperando auferir ganhos de capital ao vendê-la rapidamente, quando seu preço subir, mas o aumento do preço da ação deve se basear no que os outros indivíduos acreditam que ela vale quando mantida em suas carteiras de títulos. Assim como um título paga juros, a ação paga dividendos, de modo que quem compra uma ação considera a alternativa de comprar um título. Se, por exemplo, o governo contrair a base monetária e as taxas de juros dos títulos aumentarem, a compra desses papéis se tornará mais atrativa que a de ações, cuja demanda e preços cairão. Desse modo, a queda do preço das ações costuma estar associada à contração monetária e ao aumento das taxas de juros, e a elevação do preço das ações costuma associar-se a uma política monetária 'folgada' e queda das taxas de juros.[5]

> Sobem os juros, cai a bolsa

---

5 Procure analisar, graficamente, como o aumento de juros faz a bolsa cair.

194 Economia: fundamentos e aplicações

Efeito dos juros sobre o fluxo de capitais externos

Ao tomar empréstimos, as empresas comparam os custos dos empréstimos externos e domésticos e, ao avaliar tais custos, levam em conta as taxas de juros interna e externamente, além do comportamento da taxa de câmbio, uma vez que os empréstimos externos são feitos em dólares. Sabe-se que vale a pena tomar emprestado no exterior, desde que a taxa de juros externa, combinada à taxa de desvalorização (ou de valorização) do real, seja menor do que a taxa de juros interna.[6]

O governo pode influenciar a tomada de empréstimos externos aumentando os custos dos empréstimos domésticos de diferentes maneiras, como elevando as taxas de juros internas por meio de uma política monetária rígida e do aumento da correção monetária. Por outro lado, ao reduzir o ritmo das minidesvalorizações o custo dos empréstimos externos diminui.

A taxa interna de juros (i_i), em termos nominais (sem tirar a inflação), deve estar relacionada com a taxa externa de juros (i_e), com a taxa de risco do país (r) ou *spread*, que é a diferença entre a taxa de juros paga pelo país e a taxa básica de juros externa, como a *prime* (de Nova York), a *libor* (de Londres) ou a dos títulos do Tesouro norte-americano, e com a diferença de inflação interna (p_i) e externa (p_e). Algebricamente, isso deve ser expresso como se segue:

$$i_i = i_e + r + p_i - p_e.$$

Aliás, relacionada a isso, a queda dos juros internacionais ao menor nível atual (em torno de 2% ao ano) em quase três décadas, devido à 'sobra' de capital (alta liquidez) nos países desenvolvidos, e a manutenção de taxas internas de juros reais (em torno de 12% ao ano) favorecem:

- a repatriação de divisas

- os investimentos financeiros no Brasil

- os investimentos em ações

Efeito dos juros sobre a poupança

> O coração da poupança é a renda do consumidor, mas a taxa de juros também tem influência sobre ela.

A taxa de juros também tem forte influência sobre a poupança. Não se pode dizer que a poupança dependa apenas dela, como, aliás, acreditavam os economistas clássicos. A poupança depende fundamentalmente da renda dos consumidores e, em grau menor, da taxa de juros. Assim, dado o nível de renda de uma pessoa, ela estará disposta a poupar um pouco mais se a taxa de juros for maior. Lembre-se de que a poupança é a renda não consumida: da renda disponível (já descontados os impostos) do consumidor, parte (a maior) vai para o consumo e parte (dependendo do nível dessa renda) para a poupança. A relação entre a taxa de juros e a poupança pode ser observada pelas decisões das pessoas: quando a poupança está rendendo muito pouco, os consumidores consomem mais e chegam a sacar parte da poupança — os saques tornam-se maiores que os depósitos. É por isso que, quando o governo deseja estimular a poupança, ele altera o chamado redutor para que ela tenha um melhor rendimento; então, os depósitos tendem a superar os saques, e o volume de recursos aplicados na poupança tende a aumentar.

---

6 Os custos dos empréstimos externos são menores do que os custos dos empréstimos domésticos desde que [(1 + taxa de juros externa) . (1 + taxa de desvalorização do real)] < (1 + taxa de juros interna).

Efeito dos juros sobre os preços

Quando o governo brasileiro sobe a Selic (taxa de juros dos títulos públicos), normalmente os jornais estampam manchetes do tipo: "Governo sobe juros para conter inflação". A pergunta é: qual é a influência da taxa de juros sobre os preços? Sabemos que inflação nada mais é que o aumento generalizado dos preços de bens e serviços. Logo, o aumento dos juros influi porque desestimula o consumo (principalmente de bens financiáveis, por causa dos juros incidentes sobre as prestações, como já vimos), e a redução do consumo (os economistas diriam: diminuindo a demanda agregada) faz com que haja menor pressão de demanda, o que, conseqüentemente, aumenta a possibilidade de os preços subirem menos ou até mesmo de não subirem.

RESUMO

Os principais pontos a serem destacados neste capítulo são:

1. A política monetária diz respeito às intervenções governamentais sobre o mercado financeiro, seja atuando ativamente ao controlar a oferta de moeda ou atuando passivamente sobre as taxas de juros. Ela pode ser definida como o controle da oferta da moeda e das taxas de juros que garantam a liquidez ideal de cada momento econômico.

2. A política monetária representa uma segunda opção de que o governo dispõe para afetar os níveis da demanda global na direção desejada da oferta global de pleno emprego. Essa política exerce efeitos sobre os vários componentes da demanda agregada, pela alteração na oferta de moeda e nas taxas de juros. A política monetária, ao controlar a disponibilidade monetária, atua de dois modos: (a) por alteração na taxa de juros, que, por sua vez, afeta o investimento; (b) por alteração do nível nominal do poder aquisitivo, que, por seu turno, altera o consumo. Ambos os caminhos chegam a afetar a demanda agregada e, portanto, o nível de empregos. Entre os instrumentos clássicos da política monetária estão as operações de *open market* (mercado aberto), as de redescontos e os recolhimentos (depósitos) compulsórios.

3. A taxa de juros é a principal variável da política monetária e é, na realidade, o preço do dinheiro ou da moeda. Ela se forma no mercado monetário, isto é, a partir da interação entre a demanda por moeda e a oferta de moeda.

4. Um aspecto importante a ser levantado é a *interligação entre o déficit público e a política monetária e a inflação*. O déficit orçamentário, quando financiado pela expansão monetária, de um lado, tem aspectos positivos, porque não afeta os déficits futuros e diminui a taxa de juros, em curto prazo, mas, por outro lado, aumenta a inflação. Já o financiamento do déficit por meio da venda de títulos públicos (*open market*) resulta em elevação das taxas de juros, que, por sua vez, desestimula o investimento, reduz a demanda agregada e, por conseqüência, diminui o emprego.

5. Um dos aspectos mais importantes da política monetária é a influência da taxa de juros sobre algumas variáveis, como: consumo, investimento, poupança, preços das ações, inflação e captação (ingressos) de recursos externos no país.

ATIVIDADES DE FIXAÇÃO: TESTE SUA APRENDIZAGEM

Caro leitor, procure desenvolver as seguintes questões, pois assim você estará fazendo uma revisão de sua aprendizagem:

1. Como a taxa de juros e o risco influenciam o consumo? Mostre isso graficamente.

2. Nos últimos anos, o governo brasileiro tem se valido da política monetária quase como a única saída para algumas graves situações. Em geral, você lê manchetes nos jornais, como: "Governo sobe juros para conter inflação". Explique graficamente essa situação.

3. Qual a conseqüência tanto do 'afrouxamento' quanto do 'aperto' dos recolhimentos compulsórios sobre a economia? Que efeitos tem essa decisão sobre os juros?

4. Explique graficamente a frase: "Sobem os juros, cai a bolsa". Em outras palavras: qual a relação entre mercado monetário e mercado acionário?

5. Como você explicaria esta frase: "Governo sobe juros para conter evasão de divisas"?

6. Qual é a influência da taxa de juros sobre a poupança? Além dos juros, há outra variável mais importante que afeta a poupança. Qual é essa variável? Demonstre isso graficamente.

7. Explique a relação entre a política monetária e a política fiscal. Por que alguns dizem que, no Brasil, a política monetária é refém da política fiscal?

8. Analise e comente a seguinte frase: "Feitas as chamadas reforma tributária e previdenciária que garantissem o equilíbrio fiscal (no conceito operacional, visto no capítulo anterior), os juros cairiam substancialmente, os investimentos se expandiriam e o crescimento econômico seria muito maior".

capítulo

10

Política cambial

A ECONOMIA NO COTIDIANO

Pode-se dizer que as políticas fiscal e monetária têm muito mais a ver com as questões internas do país, tais como crescimento econômico, geração de empregos, equilíbrio nas contas públicas, consumo interno, melhoria na distribuição da riqueza, inflação etc., do que a política cambial, que está mais ligada ao setor externo, isto é, às relações econômicas internacionais, preocupando-se, especificamente, com o quarto objetivo da política econômica, abordado no Capítulo 7, que diz respeito ao equilíbrio nas contas externas.

Tendo em vista que a nossa moeda — o real — não é aceita universalmente como o dólar ou o euro, o Brasil precisa 'fabricar' moedas fortes, que sejam aceitas nas transações internacionais. O manejo da política cambial, seja pela taxa de câmbio ou por meio de outras políticas, como taxação das exportações ou das importações ou subsídios à exportação, restrições quantitativas nas exportações ou nas importações, além de restrições fitossanitárias, tão comuns nos últimos anos, pode resultar em equilíbrio ou desequilíbrio nas contas do país com o restante do mundo. É claro que, se o real fosse uma moeda aceita mundialmente nas transações internacionais, tudo seria um pouco mais fácil, pois o governo brasileiro poderia, em caso de dificuldade, emitir sua moeda para saldar compromissos externos. Infelizmente, isso não é possível; assim, as exportações de produtos brasileiros (que dependem em grande parte da taxa de câmbio) e a captação e o ingresso de recursos externos (dólar, por exemplo) no país (o que depende fundamentalmente do risco e da taxa de juros no Brasil) são as duas melhores alternativas para o país manter equilibradas suas contas externas.

Nos quatro primeiros anos do governo FHC, a política cambial, por meio de uma taxa de câmbio baixa (por um longo período, ficou muito próxima de 1), foi uma das principais âncoras do Plano Real. Com uma taxa de câmbio baixa, ficou mais barato importar, de modo que as importações praticamente duplicaram de 1994 (US$ 33,2 bilhões) a 1997 (US$ 61,3 bilhões). As importações crescentes tiveram uma dupla finalidade: de um lado, máquinas e equipamentos modernos contribuíram para aumentar a produtividade da indústria brasileira, tornando-a mais competitiva, e, de outro lado, os bens de consumo (principalmente, os duráveis) importados aumentaram a oferta interna, pressionando para baixo os preços e contribuindo para controlar a inflação.

Nos últimos anos do governo FHC a taxa cambial subiu, ou seja, o real desvalorizou-se perante o dólar, e ficou mais caro importar. Entretanto, com o câmbio elevado, houve estímulo às exportações brasileiras, o que possibilitou tornar a balança comercial (diferença entre as exportações e as importações) superavitária, a partir de 2001, chegando a um máximo de US$ 46,4 bilhões em 2006, para baixar nos dois anos seguintes.

De 2006 a meados de 2008, o real voltou a se valorizar perante o dólar — a taxa de câmbio voltou a ficar baixa, chegando a se aproximar de R$ 1,50 —, fundamentalmente por duas razões: a oferta de dólar no Brasil (fruto das exportações e do ingresso de dólar especulativo) passou a superar a demanda por dólar (resultado das importações). Isso tudo é, na verdade, um 'joguinho'

OBJETIVOS

Ao final da leitura deste capítulo, você deverá ser capaz de:

1. Entender como as exportações afetam a demanda agregada e como as importações influenciam a oferta agregada.

2. Identificar a importância do comércio exterior para a geração de renda e de emprego no país — algo que o Brasil ainda não fez.

3. Relacionar a taxa de câmbio com as exportações e as importações.

4. Entender as intervenções do governo no mercado de câmbio.

de oferta e de demanda por dólar. A partir de setembro de 2008, o dólar voltou a subir (ou seja, o real se desvalorizou), ficando acima de R$ 2,20.

Câmbio baixo ajuda a combater a inflação, seja pelo aumento das importações de bens e serviços finais (maior oferta interna no país), seja pelo barateamento da produção de bens que dependem de matérias-primas importadas. Neste capítulo, procuraremos compreender a política cambial e suas conseqüências sobre as exportações e as importações, a balança comercial e o balanço de pagamentos, que mede contabilmente as transações econômicas do Brasil com o restante do mundo.

Considerações iniciais

> Política cambial é um tipo de política econômica que se fundamenta, em geral, na administração da taxa de câmbio e no controle das operações cambiais. Ela tem influência direta sobre as variáveis ligadas às transações econômico-financeiras de um país com o restante do mundo. Além do câmbio, compreende também as políticas comerciais e o tratamento ao capital estrangeiro.

A **política cambial** fundamenta-se na administração da taxa de câmbio e no controle das operações cambiais. Apesar do forte vínculo que mantém com a política monetária, sua influência é direta sobre as variáveis ligadas às transações econômico-financeiras do país com o restante do mundo, tendo impacto direto sobre a política monetária, razão pela qual deve ser administrada com muito cuidado.

Um aspecto interessante a ser registrado é que, historicamente, as *taxas médias anuais de crescimento do comércio internacional têm superado as dos PIBs ou PNBs dos países*. Por exemplo, desde o final dos anos 1980, enquanto o PIB mundial cresceu a uma taxa anual em torno de 3,0%, o comércio internacional se expandiu acima de 6,0% ao ano, ou seja, o dobro. É por isso que o comércio exterior representa uma excelente alternativa para o aumento do produto interno bruto de um país e, portanto, um caminho para reduzir o desemprego e aumentar a renda nacional. O Japão e a Alemanha foram países que se beneficiaram muito do comércio exterior, pois são grandes exportadores líquidos, isto é, exportam muito mais do que importam e, assim, geram mais riquezas internamente.

O comércio mundial de mercadorias (exportações mais importações) é levemente superior a US$ 15 trilhões, tendo crescido à média anual de 6%, nos últimos anos, em comparação com um crescimento da economia interna dos países desenvolvidos próximo a 3% ao ano. Um dado interessante é que apenas 15 países (desenvolvidos + tigres asiáticos + China) são responsáveis por mais de 70% do comércio mundial. Os quatro principais países exportadores são: Alemanha com 9,5%; China com 9,0%; Estados Unidos com 8,5%; Japão com 5,2% — juntos, esses países representam quase um terço das exportações mundiais.

10.1 COMÉRCIO EXTERIOR BRASILEIRO

O Brasil, infelizmente, ainda tem uma participação pouco expressiva no comércio internacional, contribuindo com apenas 1% dos negócios mundiais. De 1983 a 1994, o país gerou superávits comerciais (as exportações superaram muito as importações) anuais médios de cerca de US$ 13 bilhões, totalizando US$ 145 bilhões no período. Contudo, de 1995 a 2000, com o efetivo processo de abertura da economia brasileira, a balança comercial[1] do país começou a apresentar valores negativos (déficit na balança comercial) que, no acumulado, totalizaram algo como US$ 25,3 bilhões no período. Já em 2001 voltou a apresentar um superávit que chegou a US$ 2,6 bilhões e, em 2002, atingiu os US$ 13,1 bilhões. Nos anos seguintes, esse superávit na balança comercial foi sempre crescente, chegando a US$ 46 bilhões em 2006 — até então um recorde. No biênio 2007-2008, por causa da taxa de câmbio baixa (que chegou a ficar abaixo de 1,6 em julho de 2008), as importações têm crescido mais que as exportações, tendo o saldo positivo caído muito: US$ 40 bilhões em 2007 e US$ 24,7 bilhões em 2008. Estima-se que em 2009, ainda mais com a crise financeira mundial, o saldo caia ainda mais.

Das exportações brasileiras (que se aproximaram de US$ 200 bilhões em 2008), os produtos industrializados contribuem com 64%, enquanto os produtos básicos ou primários

---

1 Balança comercial é a diferença entre o valor total exportado (isto é, as exportações) e o valor total importado (as importações). Quando as exportações superam as importações, tem-se um superávit comercial; caso contrário, tem-se um déficit comercial.

200 Economia: fundamentos e aplicações

respondem por 36%. Os produtos industrializados que exportamos, incluindo semimanufaturados e manufaturados, são: material de transporte, caldeiras e aparelhos mecânicos, produtos siderúrgicos, suco de laranja, chapas de ferro e aço, pasta química de madeira, veículos, óleo de soja, ferro-gusa, óleos combustíveis, peças para veículos e carnes industrializadas — estes geram uma receita cambial de aproximadamente dois terços do total vendido pelo Brasil no exterior. E os produtos básicos ou primários que exportamos são: café, minério de ferro, soja em grãos, farelo de soja, cacau, açúcar, fumo em folha, carnes, entre outros — estes respondem por cerca de US$ 50 bilhões de nossas exportações. Em 2008, as exportações do agronegócio chegaram ao recorde de US$ 71,9 bilhões, com destaque para o complexo soja (grão, farelo e óleo) com US$ 18 bilhões e as carnes com US$ 14,5 bilhões. Nos últimos anos, o agronegócio tem respondido por mais de 90% do saldo positivo na balança comercial do Brasil.

Cabe ressaltar que, há 30 anos, os produtos básicos respondiam por 75% das exportações brasileiras (somente café e açúcar respondiam, juntos, por mais de 60%) e os industrializados, por apenas 25%, ou seja, a participação relativa dos produtos primários decresceu, devido à diversificação da pauta de exportação, o que, como conseqüência, reduziu a vulnerabilidade da balança comercial do Brasil.

Entre os principais *produtos exportados pelo Brasil* estão: farelo de soja, minérios de ferro, soja em grãos, fumo em folha, café em grãos, carne de frango, carne bovina industrializada, açúcar, alumínio bruto, celulose, semimanufaturados de ferro e aço, óleo de soja, couros e peles, ferroligas, ferro-gusa, ouro (não-monetário), açúcar cristal, laminados planos, suco de laranja, autopeças, pneumáticos, cigarros, automóveis, tubos de ferro e aço, máquinas para terraplenagem, compostos nitrogenados, papel, silício e computadores.

> No período 1997-2008, o agronegócio trouxe para o Brasil quase US$ 370 bilhões.
>
> Ele tem sido o grande setor a garantir para o nosso país uma estabilidade externa.

Um dos problemas das exportações brasileiras é a concentração excessiva nas mãos de poucas empresas — de um total estimado de mais de 2 milhões de empresas existentes no Brasil, pouco mais de 14 mil exportam e, destas, apenas mil empresas respondem por mais de 85% do valor total exportado pelo país. Apesar de tímida, a participação das companhias de menor porte no comércio exterior brasileiro vem crescendo nos últimos anos. A título de comparação, até meados da década de 1980, o Brasil exportava mais que a China; em 2008, porém, o Brasil exportou US$ 197 bilhões (recorde até então), enquanto a China ultrapassou US$ 1,2 trilhão.

10.2 INSTRUMENTOS DE POLÍTICA CAMBIAL

A administração da taxa de câmbio é, sem dúvida, o principal instrumento de política de comércio entre um país e os demais, mas não é o único, como parece para a maioria das pessoas. Há também outros importantes instrumentos que se vinculam diretamente com as transações ou fluxos externos, tais como:

a) *As intervenções no mercado cambial*, por meio da administração da taxa de câmbio, com valorização ou desvalorização desta; controle das operações cambiais.

b) *Políticas comerciais*, por meio de fixação de quotas de importação ou até mesmo de exportação; regimes de proteção com imposição de tarifa.

c) *Tratamento ao capital estrangeiro*, por meio de condições tanto de remessa quanto de ingresso de lucro (a política comercial visa a interferir no fluxo de mercadorias e serviços).

Entre os diferentes períodos da política de comércio exterior brasileiro, podem-se citar os seguintes:

- *Política de substituição de importações*, principalmente na década de 1950 até meados da década de 1960.

- *Maior agressividade de exportações* a partir de 1968, quando o comércio exterior passou a ser uma alternativa efetiva para o processo de desenvolvimento econômico.

- No período compreendido entre 1974 e 1988 houve elevação das tarifas de importação e restrições tarifárias, fazendo com que o Brasil se tornasse uma das economias mais fechadas do mundo. Na década de 1980, em média, as importações brasileiras representavam apenas cerca de 6% de seu produto interno bruto, em comparação com mais de 20% para países como Chile, Canadá, Alemanha, Coréia do Sul, França, Indonésia, Itália, Inglaterra e Tailândia, entre outros.

- De 1988 em diante teve início um *novo período de abertura da economia*, em especial a partir de 1990, quando algumas restrições não-tarifárias sobre as importações foram reduzidas ou até eliminadas. Em 1991 teve início um período de gradual redução das tarifas de importação, mas o processo de abertura se intensificou a partir de dezembro de 2004.

A *abertura da economia* brasileira tem sido a condição básica para a estabilidade dos preços, uma vez que tem forçado a indústria nacional a aumentar a competitividade ao introduzir novas tecnologias, que possibilitaram elevação da produtividade e redução dos custos unitários de produção. Isso ajudou a transferir renda para os consumidores, pela redução dos preços e dos lucros das empresas. A abertura do mercado brasileiro estimulou fusões e aquisições de empresas em todos os setores, de tal modo que, no período de 1994 a 1999, o total de fusões e aquisições chegou a quase mil negócios.

10.3 TAXA DE CÂMBIO

> Taxa de câmbio é o preço, em moeda corrente nacional, de uma unidade de moeda estrangeira. Em outras palavras, é o preço de uma moeda em relação a outra.

> Uma desvalorização do real significa mais reais por dólar.

A **taxa de câmbio** é o preço, em moeda corrente nacional, de uma unidade de moeda estrangeira. Assim, quando se diz que o câmbio está em 2,0 se quer dizer que são necessários dois reais para trocar (ou comprar) um dólar, por exemplo. Por meio da taxa de câmbio, que indica quantos reais são necessários para comprar um dólar ou outra moeda, pode-se estimular a exportação (**E**) e desestimular a importação (**M**), ou vice-versa. Por exemplo, a desvalorização ou depreciação cambial é um aumento do preço das divisas estrangeiras em moeda nacional. Quando o real é depreciado (como aconteceu em janeiro e fevereiro de 1999, em 2002 e após agosto de 2008), paga-se uma quantidade maior de reais por dólar. Isso significa que os preços dos produtos estrangeiros em reais ficam mais altos e os dos nossos produtos, mais baixos, ou seja, em resposta à desvalorização do real, nossas exportações aumentam e nossas importações diminuem. Desse modo, a expansão líquida das exportações (**E** – **M**) aumenta a demanda agregada (**D$_a$**) e gera mais empregos.

A determinação da taxa de câmbio pode ocorrer por interferência direta das autoridades econômicas ou não. Com a interferência governamental, o Brasil experimentou, nos últimos 18 anos, dois tipos diferentes de condução da política cambial:

- Até o início de 1990: nesse período, o Banco Central exerceu um poder absoluto ao fixar a taxa de câmbio sem nenhuma consulta ao mercado — a taxa de câmbio nesse período era determinada diretamente pelo Bacen.

- De 1990 a meados de janeiro de 1999: nesse período, a interferência governamental foi relativa, sendo permitida a flutuação da taxa, mas dentro de limites determinados pelo governo, como foi o caso do sistema de bandas, que funcionou de 1995 até meados de janeiro de 1999; daí em diante, a interferência governamental na política cambial brasileira passou a ser menor, ou seja, a taxa de câmbio passou a depender cada vez mais apenas do mercado, flutuando livremente.

De modo geral, pode-se dizer que há basicamente três *regimes cambiais*:

- de taxas fixas, previamente determinadas pelas autoridades monetárias, podendo haver, inclusive, possibilidades de pequenos ajustes;

- de taxas flexíveis, formadas em mercados totalmente livres com taxas flutuantes;

- de taxas administradas, ou seja, com a adoção de bandas de flutuação cambial; este último é, na verdade, um meio-termo entre os outros dois.

Como se afirmou, de 1995 a janeiro de 1999 o governo brasileiro adotou o regime de bandas cambiais, por meio das quais o Banco Central fixava os limites superior e inferior — as bandas —, dentro dos quais a taxa de câmbio podia flutuar livremente. Quando a taxa de câmbio se aproximava da banda superior, o Banco Central passava a vender dólar no mercado, impedindo que ela subisse. Quando a taxa de câmbio estava muito próxima da banda inferior, o Banco Central atuava comprando dólar, forçando a subida da taxa para os níveis desejados pelo governo. É importante lembrar que, no caso do governo brasileiro, as reservas internacionais vinham se mantendo em níveis relativamente elevados até então — em alguns meses de 1996, chegaram a valores considerados como recordes históricos, em torno de US$ 70 bilhões —, o que permitiu e facilitou a atuação do Banco Central nesse regime de bandas cambiais, mas caíram nos anos seguintes — no triênio 2000-2002 ficaram no patamar próximo a US$ 35 bilhões. Cabe registrar que, a partir de 2006, as reservas internacionais aumentaram muito, chegando, no início de 2009, a mais de US$ 200 bilhões.

> Uma desvalorização do real estimula as exportações brasileiras e reduz suas importações.

Não sendo um regime de taxa de câmbio fixa, como ocorreu até 1990, os outros dois regimes cambiais se enquadram em situações de taxas flutuantes, em que a taxa de câmbio é determinada pelas forças de oferta e demanda por divisas, no chamado mercado cambial.

A *oferta de divisas estrangeiras* (ou seja, os ofertantes de dólar no Brasil, por exemplo) origina-se:

a) nas exportações brasileiras, uma vez que quando uma mercadoria nacional é vendida para o exterior, o importador estrangeiro envia para o Brasil os dólares resultantes daquela operação, o que aumenta a quantidade de dólares no país;

b) nas receitas cambiais com serviços;

c) nas empresas instaladas no Brasil que tomam empréstimos em moeda estrangeira;

d) nos turistas estrangeiros que visitam o Brasil;

e) nos brasileiros que repatriam seus dólares (ou outras moedas);

f) nas empresas estrangeiras que fazem investimentos diretos aqui — em 2008, os investimentos diretos chegaram a US$ 45 bilhões, um recorde histórico;

g) nas transferências unilaterais originárias do exterior, advindas dos brasileiros que lá trabalham (como, por exemplo, os descendentes de japoneses) e que pretendem, no futuro, voltar a morar no Brasil — anualmente, eles enviam em torno de US$ 4 bilhões para o Brasil.

Capítulo 10 – Política cambial **203**

Considerando-se apenas as exportações, é fácil perceber que há uma relação positiva entre a taxa de câmbio e as exportações, isto é, quanto maior for a taxa de câmbio (quanto maior a quantidade de reais por dólar), maior deve ser o volume exportado pelo país. Tendo em vista que as exportações geram dólares para o Brasil, a oferta dessa moeda cresce com a taxa de câmbio. Em outras palavras, a taxa de câmbio e a oferta de dólares mantêm uma relação direta (Figura 10.1).

Por outro lado, a demanda ou procura por divisas estrangeiras (os demandantes de dólar) tem, entre outras, as seguintes origens:

a) As importações brasileiras.

b) Os devedores brasileiros em moeda estrangeira, que precisam comprar dólares para saldar seus compromissos, como pagar juros ou títulos no exterior.

c) As empresas multinacionais que remetem juros e dividendos — em 2008, as remessas de lucros e dividendos chegou ao valor recorde de US$ 34 bilhões, e esse movimento de dólares para o exterior foi o principal responsável pelo enorme déficit em conta corrente, de US$ 28,3 bilhões.

d) Os turistas brasileiros em viagem ao exterior — em 2008, o saldo de viagens internacionais, ou seja, os dólares que turistas estrangeiros deixam no Brasil e os que os turistas brasileiros deixam lá fora, foi negativo em US$ 5,3 bilhões.

Levando-se em consideração apenas as importações, é possível constatar que a taxa de câmbio mantém uma relação negativa (inversa) com o volume importado, ou seja, quanto maior for a taxa de câmbio, menor será a importação, porque fica mais caro para o país adquirir bens e serviços do exterior. Tendo em vista que, para comprar do exterior, os importadores têm de pagar em dólares, a demanda por dólar cai com o aumento da taxa de câmbio (US$), conforme a Figura 10.1.

Desse modo, a taxa de câmbio, em um sistema de livre mercado como o que temos atualmente, depende das forças mencionadas anteriormente, ligadas à demanda e à oferta de dólares. É possível afirmar que, quanto maior for a taxa de câmbio:

FIGURA 10.1 Formação da taxa de câmbio

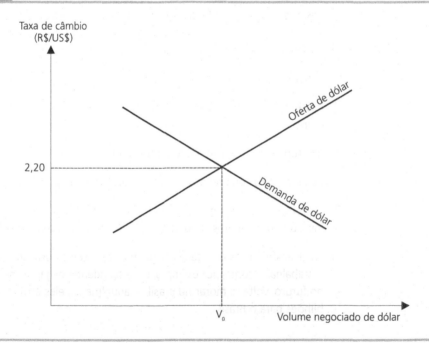

- Maior a quantidade ofertada de dólares no Brasil, porque as empresas desejarão exportar mais, o que significa que a curva de oferta de dólares aumenta com a taxa de câmbio.

- Menor a quantidade demandada por dólares, porque as empresas desejarão importar menos, uma vez que os produtos importados ficarão mais caros; assim, a curva de demanda por dólares é decrescente com a taxa de câmbio, ou seja, a relação é inversa.

Uma pressão de demanda por dólares (produzida pelo aumento de importação, por exemplo) pode resultar na elevação da taxa de câmbio. Nesse caso, a curva de demanda por dólar desloca-se para a direita. Do mesmo modo, um aumento nas exportações brasileiras pode pressionar a cotação do dólar para baixo, uma vez que a oferta de divisas é maior. Nesse caso, a curva de oferta de dólar desloca-se para a direita.

10.4 BALANÇO DE PAGAMENTOS

> Balanço de pagamento é um resumo contábil das transações econômicas de um país com o restante do mundo, durante certo período de tempo.
> Os componentes do balanço de pagamentos são: a balança comercial, a balança de serviços, a balança ou movimento de capitais e as transferências unilaterais (que se referem ao fluxo de recursos provenientes de pessoas trabalhando fora do país).

O **balanço de pagamentos** de um país é um resumo contábil das transações econômicas que este faz com o restante do mundo durante certo período de tempo; a partir desse balanço se pode avaliar a situação econômica internacional desse país. Os três principais componentes do balanço de pagamentos são:

a) a *balança comercial*, que engloba os fluxos de exportações e importações, conforme já comentado

b) a *balança de serviços*, que inclui os fretes e seguros, viagens internacionais e turismo, e rendas de capital como lucros e juros

c) a *balança (ou movimento) de capitais*, que engloba investimentos, empréstimos e financiamentos de curto, médio e longo prazos e também amortizações[2]

Conforme já foi mencionado, no período de 1983 a 1994, o Brasil apresentou um saldo altamente positivo na balança comercial — em torno de US$ 13 bilhões por ano. A partir de então, por conta da maior abertura da economia brasileira, a balança comercial do país apresentou déficits no período de 1995 a 2000, mas em 2001 voltou a ser positiva em US$ 2,6 bilhões, sendo crescente nos anos seguintes; em 2006 chegou a um superávit recorde de US$ 46 bilhões, e caiu nos dois anos seguintes: US$ 40 bilhões em 2007 e US$ 24,7 bilhões em 2008.

> A balança de serviços tem sido historicamente deficitária e, no biênio 2007-2008, 'consumiu' em torno de US$ 50 bilhões por ano.

No tocante à balança de serviços, pode-se dizer que, historicamente, nosso país tem déficit nessas transações com o exterior. De 1980 a 1994, esse déficit girou em torno de US$ 15 bilhões por ano, mas a partir de 1995 cresceu a um patamar médio de US$ 25 bilhões por ano. Nos últimos anos, esse déficit tem sido crescente, ficando sempre acima de US$ 30 bilhões — em 2007 chegou a US$ 42 bilhões e em 2008 alcançou o recorde de US$ 57 bilhões (Tabela 10.1).

Cabe registrar também que o déficit em conta corrente em 2008 somou US$ 28,3 bilhões, o maior resultado negativo desde 1998, que encerra um período de cinco anos de superávits, ocorrido entre 2003 e 2007.

---

2. Além da balança comercial e da balança de serviços, fazem parte da balança de transações correntes as transferências unilaterais, que se referem ao fluxo de recursos provenientes de pessoas que trabalham fora do país, como é o caso dos 'decasséguis', brasileiros descendentes de nipônicos que residem temporariamente no Japão.

Capítulo 10 – Política cambial **205**

TABELA 10.1 Balanço de pagamentos, Brasil — 1978-2008

Ano	Exportação (E)	Importação (M)	Saldo da balança comercial C = (E – M)	Saldo da balança de serviços (S)	Saldo das transações correntes T = (C + S)	Conta capital e financeira (K)	Saldo do balanço de pagamento (T + K)
1978	12,7	13,7	–1,0	–5,0	–5,9	11,8	3,9
1979	15,2	18,1	–2,8	–7,9	–10,7	7,6	–3,2
1980	20,1	22,9	–2,8	–10,2	–12,8	9,6	–3,5
1981	23,3	22,1	1,2	–13,1	–11,7	12,7	0,6
1982	20,2	19,4	0,8	–17,1	–16,3	12,1	–8,8
1983	21,9	15,4	6,5	–13,4	–6,8	7,4	–5,4
1984	27,0	13,9	13,1	–13,2	0,04	6,5	0,7
1985	25,7	13,2	12,5	–12,9	–0,2	0,1	–3,2
1986	22,3	14,0	8,3	–13,7	–5,3	1,4	–12,4
1987	26,2	15,0	11,2	–12,7	–1,4	3,2	–3,0
1988	33,8	14,6	19,2	–15,1	4,2	– 2,0	7,0
1989	34,4	18,3	16,1	–15,3	1,0	0,6	–3,4
1990	31,4	20,7	10,7	–15,4	–3,8	0,4	–8,8
1991	31,6	21,0	10,6	–13,5	–1,4	0,1	–4,7
1992	35,9	20,6	15,3	–11,3	6,1	9,9	30,0
1993	38,7	25,7	13,0	–15,6	–0,6	10,4	8,4
1994	43,5	33,2	10,3	–12,1	–1,7	8,7	12,9
1995	46,5	49,6	–3,1	–14,6	–18,4	29,1	13,5
1996	47,7	53,3	–5,5	–21,7	–23,5	33,9	8,6
1997	52,9	61,3	–8,3	–27,2	–30,4	25,8	–7,8
1998	51,1	57,7	–6,6	–28,8	–33,4	29,7	–7,7
1999	48,0	49,2	–1,2	–25,8	–25,4	17,2	–7,8
2000	55,1	55,8	–0,7	–25,4	–24,6	19,3	2,3
2001	58,2	55,5	2,6	–27,5	–23,2	27,0	3,3
2002	60,3	47,2	13,1	–23,3	–7,7	8,0	0,3
2003	73,0	48,2	24,8	– 23,5	4,1	5,1	8,4
2004	96,4	62,8	33,6	–25,2	11,6	– 7,5	2,2
2005	118,3	73,6	44,7	– 34,2	13,9	– 9,4	4,3
2006	137,8	91,3	46,4	–37,1	13,6	15,9	30,5
2007	160,6	120,6	40,0	– 42,5	1,5	89,0	87,4
2008	197,9	173,2	24,7	– 57,2	– 28,3	32,9	2,9

Fonte: Banco Central do Brasil

NOTAS:

- De 1979 a 1985 foi o petróleo que 'pesou' no balanço, em torno de US$ 8 bilhões por ano.
- A partir de 1980 tem sido o juro: ao redor de US$ 9 bilhões por ano. Em 1998, foi de US$ 11,9 bilhões e em 1999 e 2000 atingiu o recorde de cerca de US$ 15,1 bilhões por ano.
- Balança de serviços sempre deficitária, por causa dos juros, lucro e/ou dividendos (em torno de US$ 5,5 bilhões), frete e seguros (em torno de US$ 6 bilhões) e viagens (cerca de US$ 4,0).
- A conta (balança ou movimento) de capitais inclui investimentos, empréstimos e financiamentos e amortizações. Com a crise da dívida externa de 1982 houve profunda retração na entrada de capitais no país, chegando a ser negativa, fazendo com que o balanço de pagamento ficasse deficitário. A partir de 1992, o quadro se reverte.
- No saldo das transações correntes, além da soma da balança comercial e de serviços incluem-se também as transferências unilaterais.
- No saldo do balanço de pagamentos, além da soma das transações correntes e da balança de capital estão também os 'erros e omissões'.

10.5 EFEITOS DA POLÍTICA CAMBIAL SOBRE A ECONOMIA

> Exportar faz aumentar a produção e gerar empregos e renda

A política cambial tem conseqüências diretas sobre as exportações e importações de um país. A taxa de câmbio pode estimular ou desestimular as exportações (**X**), o mesmo ocorrendo com as importações (**M**). Uma depreciação do real em relação ao dólar (isto é, mais reais por dólar) deve estimular as exportações. Quando o real se deprecia (como aconteceu em janeiro e fevereiro de 1999), paga-se maior número de reais por dólar, o que implica que os preços dos produtos estrangeiros em reais ficam mais caros e que os preços dos nossos produtos ficam mais baratos, ou seja, nossas exportações aumentam e nossas importações diminuem, em resposta à desvalorização do real. Assim, a expansão líquida das exportações (**X** – **M**) aumenta a demanda agregada (**D$_a$**) e gera mais empregos.

Um aumento significativo nas exportações, por exemplo, pode ter grande impacto monetário, uma vez que as divisas entrantes (leia-se: dólares, por exemplo) têm de ser convertidas para reais, o que provocará a expansão da moeda, com possíveis conseqüências inflacionárias (esses recursos entram por meio do câmbio comercial). Do mesmo modo, recursos captados pela emissão de títulos no exterior — seja pelo bônus ou *commercial papers* ou pela entrada de recursos para a aplicação em bolsas de valores — também podem forçar o governo a fazer emissão de reais para atender à conversão: é o fechamento de câmbio para atender às chamadas compras financeiras.

Em resumo, o câmbio, seja pelas compras financeiras, seja pelas exportações, pode pressionar a oferta monetária e prejudicar o controle dos juros, aumentando até mesmo o custo do governo, que é obrigado a aumentar a dívida pública para enxugar a moeda que entra em circulação pela troca de dólares por reais.

O aumento nas exportações aumenta a demanda agregada (**D$_a$**) de bens e serviços produzidos internamente; afinal, exportar é produzir aqui dentro, gerar renda e empregos internos. Assim, a expansão das exportações representa uma poderosa alavanca para a expansão do mercado, tendo efeito positivo sobre os empregos, a produção e a renda, porque: **D$_a$** = **Y** (oferta global).

Por meio das exportações, é possível fazer um país crescer, gerar empregos e aumentar a renda interna. Foi o que fez o Japão, historicamente, e a China, mais recentemente — exemplos para o Brasil, que, infelizmente, ainda exporta muito pouco, tendo em vista seu potencial. É inaceitável a afirmação de que o Brasil não deve exportar enquanto houver brasileiros passando fome. Ora, se há brasileiros que passam fome, não é por falta de alimentos, mas porque não existe renda suficiente para adquirir os alimentos. Uma das maneiras de aumentar a renda interna dos brasileiros é pela exportação. Afinal, para exportar é preciso produzir internamente e, fazendo isso, acaba-se gerando renda e empregos dentro do país, conforme o esquema a seguir:

$$Tc \Rightarrow X \Rightarrow D_a \Rightarrow Y = S_a \Rightarrow E \Rightarrow renda \Rightarrow C$$

RESUMO

Os principais pontos a serem destacados neste capítulo são:

1. A política cambial preocupa-se não apenas com a administração da taxa de câmbio, mas também com outros instrumentos que têm uma vinculação direta com as transações ou os fluxos externos, tais como: intervenções no mercado cambial, políticas comerciais (como fixação de quotas de importação, regimes de proteção como imposição de tarifas) e tratamento ao capital estrangeiro.

2. A política cambial, por meio da taxa de câmbio (que indica quantos reais são necessários para comprar um

dólar), pode estimular a exportação e desestimular a importação, ou vice-versa. Por exemplo, a desvalorização ou depreciação cambial é um aumento do preço de dívidas estrangeiras em moeda nacional. Quando a nossa moeda se deprecia, paga-se uma quantidade maior de reais por dólar, o que significa que o preço de produtos estrangeiros em reais fica mais alto e o de nossos produtos em dólares, mais baixos; ou seja, em resposta à desvalorização do real, nossas exportações aumentam e nossas importações diminuem. Assim, a expansão líquida das exportações (E – M) aumenta a demanda agregada e gera mais empregos.

3. No tocante ao comércio exterior, o Brasil, infelizmente, ainda tem uma participação pouco expressiva, contribuindo com apenas 1% dos negócios mundiais. Durante 11 anos (1983-1994), o país gerou superávits comerciais (as exportações superaram muito as importações) anuais médios de cerca de US$ 13 bilhões, totalizando US$ 145 bilhões no período. A partir de 1995, com o efetivo processo de abertura da economia brasileira, até 2000, a balança comercial do país começou a apresentar valores negativos. Após o superávit comercial de US$ 10,3 bilhões em 1994, a conta de mercadorias assinalou déficits nos seis anos seguintes. A partir de 2001, contudo, voltou a apresentar superávit crescente, o qual chegou a US$ 46 bilhões em 2006 (um recorde). No biênio 2007-08, os saldos caíram para US$ 40 bilhões e US$ 24,7 bilhões, respectivamente.

4. Cabe registrar o crescente déficit na balança de serviços, que já ultrapassa US$ 50 bilhões por ano, o que passa a ser uma preocupação.

5. Cabe registrar também que o déficit em conta corrente em 2008 somou US$ 28,3 bilhões, e esse resultado negativo é o maior desde 1998, encerrando um período de cinco anos de superávits (de 2003 a 2007). Esse enorme déficit em conta corrente foi resultado do valor recorde das remessas de lucros e dividendos em 2008 — US$ 34 bilhões.

6. A taxa de câmbio se forma no mercado cambial, isto é, a partir da interação entre a demanda e a oferta de divisas estrangeiras (leia-se: dólar). A oferta de dólares se origina nas exportações brasileiras, nas receitas cambiais com serviços, nos empréstimos em moeda estrangeira, nos turistas que visitam o Brasil, no repatriamento de dólares, nos investimentos diretos no país por empresas estrangeiras e nas transferências unilaterais.

7. Na questão externa, que foi um dos principais problemas da economia brasileira nos anos 1980, pode-se dizer que o Brasil atualmente está em uma situação confortável, porque o balanço de pagamentos está superavitário, as reservas internacionais superando US$ 160 bilhões (em setembro de 2007) e a balança comercial com saldo positivo acima de US$ 40 bilhões.

ATIVIDADES DE FIXAÇÃO: TESTE SUA APRENDIZAGEM

Caro leitor, procure desenvolver as seguintes questões, pois assim você estará fazendo uma revisão de sua aprendizagem:

1. Comente o efeito das exportações para um país, em termos de geração de empregos, de renda, de impostos. Mostre isso esquematicamente.

2. Fale a respeito do efeito das importações sobre a oferta agregada, como instrumento de combate à inflação, e sobre o aumento da competitividade do país, devido às novas tecnologias importadas.

3. "Governo intervém no câmbio para conter especulação." Como você analisa essa frase publicada em um jornal? O que acha que o governo fez: vendeu ou comprou dólares?

4. Comente a seguinte frase: "A abertura da economia foi o sustentáculo do Plano Real".

5. Uma das chamadas âncoras do Plano Real foi o câmbio. Lembre-se de que, de agosto de 1994 até meados de janeiro de 1999, a taxa de câmbio nunca ultrapassou a cotação de R$ 1,21 por dólar. Discorra sobre esse fato.

6. Mostre graficamente e explique o efeito sobre a taxa de câmbio se, porventura, o Brasil recebesse anualmente um ingresso de turistas como a França — mais de 70 milhões de pessoas — ou a Espanha — mais de 50 milhões.

7. Comente esta frase: "Câmbio elevado aumenta a inflação".

8. Em dezembro de 2008, apesar do câmbio favorável, as exportações brasileiras caíram. O que isso demonstra claramente?

parte 3

ECONOMIA MUNDIAL E BRASILEIRA

CAPÍTULO 11   MUNDO: TENDÊNCIAS E DESAFIOS

CAPÍTULO 12   BRASIL: ECONOMIA E SOCIEDADE

capítulo

11

Mundo: tendências e desafios

A ECONOMIA NO COTIDIANO

Talvez não haja, atualmente, palavra mais comentada no mundo que 'globalização', à qual se associam 'coisas' boas e péssimas. Parece que quase tudo o que acontece no mundo — de positivo e de negativo — se deve à globalização. Em relação a esse fenômeno, parece haver apenas um consenso: 'a globalização é irreversível'.

A globalização está presente em todos os segmentos: da área econômica, abrangendo a produção, a tecnologia e o comércio, à área financeira, principalmente, sendo esta o foco da grande crítica que se faz ao fenômeno globalizante; afinal, até meados de 2008 (antes da crise financeira mundial) 'circulavam', por dia, quase U$ 3 trilhões pelos vários mercados financeiros do mundo — um dinheiro apátrida, sem fronteiras e que estava à procura de rendimentos mais elevados e seguros. A globalização apresenta vantagens e desvantagens, mas o saldo, embora questionável, é seguramente positivo.

Além da globalização, há outras transformações mundiais, como os megablocos, e, principalmente, muitos desafios, como: aspectos demográficos, meio ambiente, políticas econômicas mais dependentes entre países, desemprego e fome.

OBJETIVOS

Ao final da leitura deste capítulo, você deverá ser capaz de:

1. Entender que a globalização é um processo irreversível que vem ocorrendo em todos os segmentos da economia: na produção, no comércio, nos serviços e nas finanças.

2. Compreender que a globalização traz vantagens e desvantagens, mas o saldo é positivo.

3. Identificar os grandes desafios mundiais de difícil solução.

11.1 MEGATENDÊNCIAS MUNDIAIS

Nesta seção, pretende-se analisar as principais mudanças que vêm ocorrendo mundialmente nos últimos anos sob os aspectos socioeconômicos e políticos. Essas transformações têm conseqüências diretas sobre as atividades econômicas, tanto de empresas produtoras de mercadorias quanto de prestadoras de serviços e intermediadoras de recursos financeiros de qualquer país, as quais os dirigentes de empresas e instituições financeiras não podem, de maneira nenhuma, deixar passar despercebidas. Como resultado dessas transformações, que vêm se dando cada vez com maior intensidade e rapidez, surgiram muitos desafios que os países, especialmente aqueles em desenvolvimento, necessitam enfrentar. Este capítulo, portanto, objetiva estimular a reflexão e contribuir para uma tomada de posição, visto que o mundo está em mudança e seus reflexos são significativos para todos os países, empresas, sistemas financeiros e consumidores.

Uma nova configuração surge no panorama mundial, com base nas seguintes *características de mudanças* pelas quais passa o mundo:

a) Declínio econômico relativo dos dois pólos imperiais (EUA e ex-URSS), que, nas décadas de 1960 e 1970, dominavam o mundo. Por exemplo, por volta de 1929, o PIB dos Estados Unidos representava cerca de 42% do PIB mundial; atualmente, esse percentual, que já é de 22%, tende a cair ainda mais com a crise financeira mundial, iniciada em 2008, sendo provável que, em 2010, não ultrapasse os 20%.

b) Progressivo deslocamento do centro de gravidade econômico do mundo, uma vez que tem havido um redirecionamento econômico-financeiro do Atlântico (com total predominância dos Estados Unidos e da Europa) para o Pacífico (lado asiático), formado fundamentalmente pelo seguinte tripé: Japão (que há muito tempo é a segunda maior economia global, com mais de US$ 4 trilhões), os oito tigres asiáticos, e, mais recentemente, a China, que vem crescendo a taxas elevadas e em pouco tempo deverá ser a segunda economia do mundo.

c) Formação de megablocos comerciais, cujo principal objetivo é, de um lado, proteção, e, de outro lado, aumentar a competitividade dos países integrantes.

d) Globalização dos setores financeiro, comercial, produtivo e tecnológico.

e) Desequilíbrios econômicos mundiais, com déficits marcantes e conseqüente acumulação de dívidas externas, sobretudo pelos países em desenvolvimento e também pelos Estados Unidos e pela ex-União Soviética. Por exemplo, o déficit comercial norte-americano equivale a metade do PIB brasileiro por ano.

> Três grandes transformações mundiais: redirecionamento econômico regional, megablocos e globalização.

Nesse processo de mudanças, podem-se identificar dois fenômenos aparentemente contraditórios. De um lado, os países estão se reagrupando em megablocos econômicos, e, de outro, a economia mundial está se globalizando.

11.1.1 Megablocos econômicos

Um **bloco econômico** é entendido como a reunião de países em torno de alguns interesses comuns — maior liberação do comércio entre si, maior facilidade de transação comercial e financeira e, se possível, a união monetária, como é o caso da Europa, com o euro, desde janeiro de 2002 —, sendo suas instituições políticas, jurídicas, sociais e econômicas mantidas relativamente independentes. Há vários blocos econômicos (Tabela 11.1), mas os quatro mais importantes são: o *Nafta*, na América do Norte (formado por três países: Estados Unidos, Canadá e México), a *União Européia* (composta por 25 países europeus),

212   Economia: fundamentos e aplicações

TABELA 11.1 Alguns dados sobre os quatro blocos econômicos – 2008

BLOCOS	POPULAÇÃO (milhões)	PIB TOTAL (US$ trilhões)	PIB *PER CAPTA* (US$/hab.)
Nafta	440	15,0	34.090
União Européia(1)	460	15,0	32.608
Asiático	1.880	12,0	6.383
Mercosul(2)	230	1,7	7.391

Fonte: Banco Mundial

(1) Formado por 25 países.
(2) Inclui os quatro países mais os dois (novos) sócios: Chile e Bolívia.

> Bloco econômico é a reunião de países em torno de alguns interesses comuns, sendo suas instituições políticas, jurídicas, sociais e econômicas mantidas relativamente independentes.

o bloco dos asiáticos, mais conhecido como *Apec* (do qual fazem parte, em especial, o Japão, a China e os tigres asiáticos, apesar de os Estados Unidos também serem um dos participantes), e o *Mercosul* (constituído inicialmente por Brasil, Argentina, Paraguai e Uruguai), de dimensões continentais ou mesmo intercontinentais. Esses blocos implicam transações comerciais, que resultam em conflitos de interesse, que explicam os constantes atritos entre os Estados Unidos e o Japão ou entre os Estados Unidos e a Europa, sobretudo em matéria de políticas agrícolas, bem como o aumento do comércio internacional, que está ocorrendo principalmente dentro das próprias regiões. Por exemplo, dois terços do comércio na Europa se dão entre países europeus.

Infelizmente, cabe destacar a pouca expressão comercial do Mercosul, uma vez que apenas 2% das exportações mundiais têm origem nos quatro países desse bloco. Em outras palavras, esses países praticamente não existem sob o ponto de vista comercial e só têm alguma relevância econômica por causa dos produtos do *agribusiness* brasileiro e argentino. Por exemplo, em 2008, as exportações do agronegócio do Brasil responderam por mais de US$ 71 bilhões, com destaque para o complexo soja (grão, farelo e óleo) com US$ 18 bilhões e as carnes com US$ 14,5 bilhões.

É importante destacar que, ao participar de um bloco econômico, um país pode aumentar sua competitividade, e este é um dos grandes objetivos de um megabloco. Essa maior competitividade advém da maior facilidade de comércio de mercadorias, em que um determinado país pode, por exemplo, importar mais barato algumas matérias-primas de que não tem vantagens comparativas, reduzindo seus custos de produção e, assim, tornando-se maior exportador de bens finais.

Tipos de integração econômica

A pergunta relevante que se pode fazer é a seguinte: afinal, que tipo de integração econômica é o Mercosul? Por integração econômica entende-se um processo de facilitação das relações econômicas entre um grupo de países com diferenças em vários aspectos (políticos, humanos, naturais e tecnológicos), a fim de aumentar o comércio de bens e serviços de uns com os outros. Há vários tipos de integração econômica, a saber: zona de livre comércio, união aduaneira, mercado comum, união econômica e integração econômica total. Sucintamente, as características de cada um são as seguintes:

Zona de livre comércio. Cada um dos países mantém suas próprias políticas comerciais relativamente aos demais países que não fazem parte da integração, e, entre os países-membros, são abolidas as restrições tanto tarifárias quanto não-tarifárias. A Área de Livre Comércio das Américas (Alca) é um bom exemplo de uma zona que se pretende criar, envolvendo os países da América Latina, os Estados Unidos e o Canadá. Alguns setores da

Capítulo 11 – Mundo: tendências e desafios **213**

indústria brasileira têm condições de enfrentar a Alca, outros não. Entre os setores competitivos estão o de papel e celulose, o do agronegócio, o de tecidos e o de calçados, enquanto o de eletrônicos, por exemplo, por defasagem tecnológica, não teria condições de, em curto prazo, enfrentar a competição norte-americana.

União aduaneira. É um passo adiante da zona de livre comércio, uma vez que, além de suprimir as restrições tarifárias e não-tarifárias para o fluxo de mercadorias, procura estabelecer uma política comum de discriminação com os demais países não-membros, como a tarifa externa comum, por exemplo.

Mercado comum. É mais um avanço, se comparado com a união aduaneira, pois, além da facilitação do fluxo de mercadorias, procura-se eliminar os entraves do fluxo de fatores produtivos, em especial a circulação de capital e mão-de-obra. O Mercosul está nesse 'estágio' e tem dificuldades para se tornar uma união econômica.

União econômica. É também um passo adiante do mercado comum, uma vez que, além da eliminação das restrições aos fluxos de mercadorias e fatores de produção, os países-membros procuram harmonizar as políticas econômicas nacionais, com o objetivo de reduzir as disparidades entre as políticas macroeconômicas de cada um.

Integração econômica completa. É o 'estágio' mais avançado de integração entre países, a ponto de haver uma unificação completa das políticas econômicas — principalmente monetária e cambial — dos países-membros, em que há uma autoridade econômica supranacional. A União Européia está em um estágio entre união econômica e integração completa, e é o megabloco mais avançado dentre as integrações econômicas 'arquitetadas' pelos países.

11.1.2 A globalização

> Globalização é um termo recente para designar uma prática que vem sendo observada no mercado há décadas. Ela é fruto, fundamentalmente, da telemática e trata da ampliação e do aprofundamento das operações das grandes corporações entre diferentes países, com a finalidade de produzir e vender bens e serviços em um número maior de mercados e/ou de fazer transações financeiras.

Globalização é um termo relativamente novo para designar uma prática que vem sendo observada no mercado há décadas. No afã de se aproximar de regiões com baixos custos de produção, as empresas multinacionais expandiram suas atividades para todo o Terceiro Mundo, com a eventual exceção da África. E, embora inicialmente sua atenção tenha se concentrado na fabricação local, suas ambições logo se ampliaram a todo o processo produtivo.

A globalização, da maneira como hoje a conhecemos, é fruto fundamentalmente da telemática, que, na verdade, é a combinação da informática com os vários meios de comunicação, do telefone aos satélites. Basta acoplar um telefone a um microcomputador para que a comunicação e a integração com o mundo se processe de maneira muito fácil e ágil, o que estimula as transações e, conseqüentemente, a globalização.

Os primeiros alvos da globalização nos países emergentes foram a mão-de-obra barata e a facilidade de comprar componentes a preços baixos, movimentos estes que o Terceiro Mundo assistiu sem maior interferência, mesmo porque, com exceção da Hyundai Daewoo, Samsung e Kia, da Ásia, e mais recentemente algumas outras da China, como Lenovo e AOC, por exemplo, e da Vale do Rio Doce, no Brasil, e outras poucas, praticamente não existem empresas locais de porte internacional nos países emergentes.

> A globalização é econômica (na produção, na tecnologia, no comércio e nos serviços) e financeira.

Com a globalização, vieram outras medidas, dentre as quais se destaca, no Brasil, a abertura das importações, que contribuiu muito para aumentar a competição interna, e assim ajudar no combate à inflação, tanto quanto para tornar as empresas brasileiras mais competitivas por meio da importação de novas máquinas e equipamentos. Os preços dos produtos de consumo caíram efetivamente, mas as exportações também cresceram pouco ou até caíram, e a Balança Comercial passou a registrar déficits ao longo do período de 1995 a 2000, pois o superávit só voltou a ocorrer a partir de 2001 e, como já mencionado, em 2006 chegou ao recorde até então histórico de US$ 46 bilhões, para cair no ano seguinte para US$ 40 bilhões e mais ainda em 2008, para menos de US$ 25 bilhões.

É preciso destacar que, apesar do crescimento do comércio internacional, o mercado interno da maior parte dos países absorve 80% da produção e gera 90% dos empregos. Até mesmo o capital financeiro é menos globalizado do que se imagina: apenas cerca de 10% dos ativos, tanto dos fundos de pensão quanto das companhias de seguro dos Estados Unidos, estão fora do país.

A *globalização econômica* trata da ampliação e do aprofundamento das operações das grandes corporações em outros países, com a finalidade de produzir e vender bens e serviços em um número maior de mercados. A globalização, que de certa maneira se contrapõe aos megablocos, está mais restrita a certos setores, como o da produção manufatureira, o do comércio e o dos mercados de capitais.

Globalização na produção

> Globalização produtiva é a produção de bens e serviços dentro de redes em escala mundial, com o acirramento da concorrência entre grandes grupos multinacionais.

Entende-se por **globalização produtiva** a produção de bens e serviços dentro de redes em escala mundial, com o acirramento da concorrência entre grandes grupos multinacionais, de modo que as empresas multinacionais são protagonistas principais da globalização da produção. Por sua vez, mudanças profundas nos processos produtivos, pelo progresso tecnológico, estão reduzindo o peso das antigas vantagens comparativas, como a dos países em desenvolvimento, enquanto fornecedores de matérias-primas e de manufaturas de baixo custo de mão-de-obra. Como já foi mencionado, o progresso da *telemática* (envolvendo a informática e os vários meios de comunicações) e dos meios de transporte convergiram para que a geografia deixasse de ser fator determinante na produção econômica.

Para constatar a importância das multinacionais no mundo atual, basta observar os números seguintes:

- O número de corporações transnacionais nos 14 países mais ricos do mundo mais do que triplicou nos últimos 30 anos, passando de 7 mil, em 1969, para cerca de 24 mil atualmente.

- O mundo, hoje, ostenta mais de 30 mil companhias transnacionais, que controlam cerca de um terço de todos os ativos do setor privado e faturam, em vendas mundiais, o valor de mais de US$ 12 trilhões por ano (algo como 8 vezes o PIB brasileiro, ou em torno de 70% do valor das exportações mundiais).

- O número de pessoas empregadas pelas transnacionais corresponde a um exército de quase 60 milhões de pessoas, as quais já representam quase 10% da mão-de-obra que opera em atividades não-agrícolas no mundo.

As dez maiores empresas do mundo em faturamento, dentre as quais estão: Wal-Mart e Exxon (com mais de US$ 380 bilhões, cada), GM, Ford, Daimler-Chrysler, Shell, British Petroleum, General Electric, Mitsubishi e Toyota, tiveram uma receita bruta superior a US$ 3 trilhões em 2008, o que equivale ao PIB dos três maiores países da América Latina (Brasil, México e Argentina) juntos. Esse é apenas um dado para evidenciar o 'poder econômico' das multinacionais (praticamente todas norte-americanas, japonesas e européias).

As multinacionais baseiam-se em duas idéias fundamentais: a inovação, como chave do sucesso, e a tecnologia, que torna o mundo menor. Juntas, inovação e tecnologia passam a ser mais importantes que os recursos naturais e a mão-de-obra abundante. O Japão é um excelente exemplo disso, pois, mesmo sem os recursos naturais de que o Brasil dispõe, foi capaz de se tornar a segunda maior potência econômica do mundo — seu produto interno bruto é superior a US$ 4 trilhões, ou seja, três vezes maior do que o PIB brasileiro — e de ter uma das maiores rendas *per capita* — acima de US$ 40 mil por habitante.

Capítulo 11 – Mundo: tendências e desafios **215**

Globalização no comércio

Convém registrar que *a globalização também já chegou ao comércio*. O ano de 2001 deve ser considerado como um marco histórico, porque, pela primeira vez nos últimos cem anos, a maior empresa do mundo em faturamento deixou de ser um fabricante de automóveis ou uma companhia petrolífera ou de computadores, como tradicionalmente vinha ocorrendo, para ser uma empresa do setor de comércio varejista. A Wal-Mart, o maior grupo de lojas do mundo, que em 1995 faturou US$ 95 bilhões, tornou-se, em 2001, a maior empresa mundial em receita, tendo ultrapassado US$ 220 bilhões. Atualmente, já se aproxima de US$ 400 bilhões de faturamento bruto anual. Outros varejistas que internacionalizaram seus negócios desde a década de 1980 são: Promod's e Carrefour, da França; Aldi e Tengelman, da Alemanha; Delhaize, da Bélgica; Ahold, da Holanda; J. Sainsbury e Marks and Spencer, da Inglaterra; Benetton e Parmalat, da Itália; Ikea, ToysRUs, McDonald's, Burger King, Pizza Hut, Blockbuster Video (que não deixa de ser um grande exemplo de globalização nos serviços, como locadora de vídeo que é), dos Estados Unidos.[1]

Na realidade, o ritmo de internacionalização está acelerado. Os varejistas europeus realizaram mais de mil iniciativas além-fronteira na década de 1990, em face das mais de 600 transações no exterior em toda a década de 1980. Os varejistas norte-americanos também passaram a atuar externamente: o número de grupos de lojas dos Estados Unidos em operação na Europa foi de 60, em 2001, enquanto, em 1991, eram apenas 15. Essa onda de internacionalização está sendo estimulada por uma combinação de fatores de influência interna e externa: saturação dos mercados internos, queda de barreiras para a entrada nos mercados mundiais e, além disso, os fornecedores dos varejistas estão tornando-se mais internacionais. Proliferam os contratos de *franchising*, acordos de licenciamento, *joint ventures*, entre outros meios.

Globalização financeira

Um segmento no qual a globalização ocorreu com maior intensidade foi o setor financeiro, por meio da *internacionalização do capital* — uma condição de negócios caracterizada por uma enorme acumulação de dólares 'apátridas' (dólares em poder de bancos e países fora dos Estados Unidos), que não estão sujeitos à regulamentação financeira norte-americana. A existência dessa enorme acumulação significa que grupos financeiros e empresários podem direcionar seus capitais em busca de retornos mais elevados, mesmo quando essa ação não vá ao encontro dos interesses nacionais dos países, individualmente. São pouquíssimos os países que logram exercer controle sobre suas próprias moedas, disso resultando a perda de uma das principais alavancas de poder e influência. O capitalismo — não o segmento produtivo (leia-se: bens e serviços), mas o segmento financeiro — está, sem dúvida, passando por uma crise mundial, da qual só sairá quando — e se — surgir um sistema que discipline os fluxos de capitais, o que não é fácil. A crise financeira iniciada nos Estados Unidos em 2008, em especial no setor imobiliário, que acabou se espalhando para o segmento produtivo norte-americano e mundial, certamente provocará mudanças no controle por parte do setor público, visto que um dos grandes problemas foi a frouxidão, alimentada pela ganância dos executivos financeiros, as quais redundaram no problema. Para se ter uma idéia do volume de moeda que é transacionado, basta dizer que os investidores — companhias de seguros, fundos de pensão, grandes corporações, agências governamentais, bancos — negociam o valor equivalente a quase US$ 3 trilhões, diariamente, em moedas, em títulos públicos e em ações.

Na década de 1990, ocorreram grandes transformações no mercado financeiro internacional, com a reinserção do Brasil (e também de outros países) no fluxo voluntário de

---

1 No comércio de grãos, sete multinacionais — Cargill, Continental Grain, Bunge, Louis Dreyfus, Garnac, ADM e ConAgra — têm domínio dos mercados agrícolas.

recursos, tendo conseqüências positivas para a solução da dívida externa. Basta dizer que o Brasil, por exemplo, que até 1993 recebia menos de US$ 1 bilhão por ano em investimentos estrangeiros diretos, chegou a receber em 2008 o valor recorde de US$ 45 bilhões. Essas transformações decorrem:

a) Das *alterações no cenário mundial*, pela globalização financeira, por meio da qual os mercados de capitais nacionais ficaram totalmente interligados, o que só foi possível por causa do rápido processo inovador no setor de informações e comunicações.

b) Da *securitização dos títulos*, que, além de trazer solução para a crise da dívida externa, possibilitou aos bancos credores se desfazerem da dívida dos países em desenvolvimento por meio da transformação desta em títulos e de amplo mercado secundário em que tal dívida passa a ser vendida com deságio após os bancos já terem incorporado as perdas. A securitização dos títulos também permitiu profundas inovações financeiras em termos de garantias e proteção de risco, levando a um deslocamento dos mecanismos de financiamento para o mercado de capitais. Uma das conseqüências para os bancos foi o deslocamento da poupança para os mercados de títulos, em especial aqueles com mercados secundários organizados, e para os sistemas de poupança programada — fundos de pensão, fundos mútuos e seguradoras, ou seja, os chamados investidores institucionais.

O pleno desenvolvimento do processo de securitização somente foi possível pelo maior dinamismo do mercado de capitais e pelo desenvolvimento paralelo de mercados de proteção dos riscos contra a variação no preço dos ativos em diferentes moedas. Essa foi a razão do grande crescimento dos chamados *derivativos* — futuros e opções e *swaps* —, que foram os mercados que mais se desenvolveram no período recente. Com isso, tem havido grande crescimento na liquidez mundial e maior fluidez do capital. Assim, após a década de 1980, vários países endividados voltaram a receber recursos externos. Os principais meios de captação têm sido o lançamento de títulos no exterior, seja sob a forma de: (a) *commercial papers, floating rates notes, asset backed securities, eurobonds* etc.; (b) lançamento de ações de empresas nacionais no exterior, os chamados ADR (*American Depository Receipt*); (c) investimento direto e dos fundos de investimento no mercado nacional (bolsa).

Cabe destacar que a grande maioria dos problemas que culminaram com a crise financeira mundial, iniciada em 2008, tiveram origem nesses novos mecanismos financeiros (do tipo derivativos), alimentados pela ganância e pela remuneração absurda dos altos executivos de bancos, que chegavam a ganhar alguns milhões de dólares por ano.

Os movimentos financeiros hoje já superam os movimentos comerciais em um fator de cerca de algumas dezenas de vezes. Desde meados da década de 1980, o elemento mais dinâmico da globalização são os investimentos estrangeiros. A globalização de capitais é a que parece ser a mais abrangente mundialmente, e essa movimentação de moedas traz algumas conseqüências que devem ser consideradas:

a) O fato de a instabilidade em um dado mercado repercutir rapidamente nos outros. O funcionamento do mercado de capitais depende de opiniões divergentes dos agentes. À medida que os recursos são concentrados em fundos administrados por profissionais e que melhora a tecnologia da informação, aumenta o risco da convergência de opiniões, o que pode provocar grande volatilidade nos preços dos ativos que se proliferam rapidamente pelo mundo, aumentando a possibilidade de surgirem crises financeiras.

b) Dada a nova natureza das transações (não-bancárias) e a crescente internacionalização, há dificuldade de controle por parte das autoridades monetárias domésticas.

Capítulo 11 – Mundo: tendências e desafios **217**

Se antes era possível o controle cambial mediante uma correta administração da política monetária-fiscal, hoje a política monetária é refém das especulações contra o câmbio ou os juros. Tem-se, portanto, a necessidade crescente da coordenação das políticas econômicas e da convergência da rentabilidade real dos ativos nos diversos países. A crise do sistema financeiro e monetário, inicialmente nos Estados Unidos e posteriormente na Europa em 2008, como já ocorreu no verão de 1992, evidencia a necessidade de limites e controles por parte dos bancos centrais.

Globalização: o saldo é positivo?

A seguir, são citadas algumas das vantagens e desvantagens da globalização. Entre as vantagens, estão:

a) Maior rapidez para aumentar a renda nacional; exemplos disso são a Inglaterra e os Estados Unidos, que levaram 50 anos para duplicar a renda nacional, enquanto a Coréia do Sul e mais recentemente a China o fizeram em apenas dez anos.

b) A globalização leva à maior competição, tanto entre as empresas como entre as nações, o que facilita o combate à inflação.[2]

c) Maior possibilidade de um país (principalmente os emergentes) dar um salto industrial tecnológico (o que seria mais difícil em economias fechadas).[3]

d) Multiplicação de fontes de financiamento pelos fundos de pensão, fundos mútuos de investimentos e investimentos diretos.

Entre as desvantagens, cabe citar:

> A globalização é irreversível e seu saldo pode ser positivo, exceto quando o governo erra em suas políticas.

a) Redução da margem de erro nas políticas governamentais, visto que os déficits públicos, por exemplo, colocam os governos sob suspeita e a punição é a fuga de capitais. No caso do Brasil, apesar de o governo ter superávit primário, conforme já mencionado, na verdade, por causa dos absurdos juros (leia-se Selic), os déficits no conceito nominal têm sido crônicos e sempre acima de R$ 40 bilhões por ano.

b) Redução do poder de controle dos bancos centrais, devido aos novos agentes financeiros (fundos de pensão e fundos mútuos de investimentos) e às constantes inovações que complicam o controle bancário, como securitização e derivativos, por exemplo. Por causa da crise financeira mundial a partir de 2008, certamente os bancos centrais voltarão a ter uma maior importância e controle.

c) Maior volatilidade de capitais, o que passa a ser um perigo, para o qual o melhor remédio é o controle dos déficits públicos.

Fazendo-se um balanço entre os prós e os contras da globalização, é possível constatar que o saldo é positivo. Trata-se de um processo irreversível, que pode contribuir para que a riqueza de um país aumente mais rapidamente.

---

2 Basta dizer que, na década de 1980, a inflação era uma preocupação mundial, enquanto atualmente, em plena globalização, ela praticamente não existe mais (nem no Brasil!).

3 Afinal, alguns países desenvolvidos investem mais de US$ 500,00 por habitante por ano, enquanto, no Brasil, isso não passa de US$ 40,00 *per capita* por ano. Assim, a globalização facilita a transferência de tecnologia entre países.

11.2 DESAFIOS MUNDIAIS

Os problemas mundiais são enormes e estão se tornando cada vez mais de difícil solução. Entre esses problemas estão a fome, em especial nos países africanos, a globalização financeira, a crescente interdependência econômica entre os países, o desemprego, o meio ambiente, a repartição da riqueza, a questão etária e o crescimento demográfico, principalmente entre os países africanos.

Descontrole do capital financeiro

Como já foi mencionado, *a economia 'real' de bens e serviços está dissociada da economia do dinheiro*. Os mercados interbancários movimentam algumas dezenas de vezes o volume total de eurodólares, euromarcos e euroienes necessários para financiar o comércio mundial de mercadorias e serviços. Estima-se que 90% das transações financeiras da economia transnacional não têm 'função econômica' em termos de produção física. Em outras palavras, a integração financeira global tem tornado o valor do dinheiro mais importante do que o das *commodities*.

Políticas econômicas mais dependentes

> Os principais desafios mundiais são: políticas econômicas mais dependentes, problemas demográficos e ambientais, desemprego e repartição da riqueza.

Devido ao que se afirmou no parágrafo anterior, um dos mais importantes problemas desta virada de século são os instrumentos criados em Bretton Woods[4] (FMI e Banco Mundial), que não conseguem mais fazer frente aos problemas do movimento de capital do mundo inteiro, e nem os bancos centrais, individualmente, têm sido capazes de administrar o fluxo de capital. As várias crises financeiras ocorridas desde os anos 1980 até a mais recente (2008) têm deixado as moedas vulneráveis e as políticas econômicas dos países, muito dependentes do que vem ocorrendo no restante do mundo.

Pelo fato de não existirem quaisquer mecanismos internacionais eficientes para solucionar os problemas de fluxo de capital, os desequilíbrios de *commodities*, a perda de empregos e as diversas ondas de arrebentação que surgirão nos próximos 20 anos é que se diz que *a nação-estado está se tornando demasiadamente pequena para os grandes problemas*.

Demografia, meio ambiente e distribuição da riqueza

Outro grande desafio para a humanidade atualmente diz respeito aos problemas de natureza demográfica, que, por sua vez, correlacionam-se com os de natureza ambiental e de qualidade de vida. A população mundial era de 6,8 bilhões de pessoas (no final de 2008) e cresce a uma taxa anual de 1,2%, o que resulta em um aumento líquido de mais de 70 milhões de habitantes por ano. As implicações dessa tendência sobre consumo, produção, mercados, educação, serviços, meio ambiente, guerra e paz são fundamentais. Com o fim da Guerra Fria, que mascarava o problema da superpopulação, *a nova divisão mundial está sendo marcada pela divisão demográfica*. O grande desafio é evitar uma crise capaz de abalar o mundo, crise esta que surge principalmente porque esse aumento demográfico não ocorre uniformemente no planeta: até o ano 2050, 95% da duplicação prevista da população mundial ocorrerá nas áreas mais pobres — Índia, China, América Central e África. Estima-se que em 2050 a população mundial seja de 9,2 bilhões de pessoas.

---

4 O sistema consagrado em Bretton Woods estabeleceu o dólar como moeda internacional, e esta era a única moeda que manteria sua conversibilidade em relação ao ouro. As outras moedas nacionais eram livremente conversíveis em dólar a uma taxa de câmbio fixa (não havia limitações à mobilidade de capital). Desse modo, o dólar tinha uma paridade fixa (porém ajustável, sob certas condições) com o ouro, e as demais moedas, com o dólar. Com as guerras da Coréia e do Vietnã, os aumentos nos déficits norte-americanos (público e comercial) provocaram um crescimento muito grande das reservas mundiais em dólares (enquanto os ativos norte-americanos em ouro caíram), trazendo, como conseqüência, a desconfiança na conversibilidade do dólar. Assim, a destruição do sistema montado em Bretton Woods foi decretada por Nixon em 1971, com o rompimento da conversibilidade do dólar em relação ao ouro. A partir de então, seguiu-se um período de forte instabilidade, baseada, depois de 1973, em taxas flutuantes de câmbio.

Atualmente, a Ásia abriga mais de 60% da população mundial, com cerca de 3,8 billhões de pessoas — a China e a Índia sozinhas abrigam 20% e 17%, respectivamente. Vejamos essa classificação por continente no Quadro 11.1.

Para o Prêmio Nobel da economia, Henry Kendall: "Se não estabilizarmos a população com justiça, humanidade e compaixão, a própria natureza o fará, mas de maneira brutal e impiedosa". A propósito dessa declaração, cabe lembrar, sem que isso evidentemente justifique o fato, o monstruoso episódio de 11 de setembro de 2001 nos Estados Unidos, mais particularmente em Nova York, com a destruição do complexo do World Trade Center.

É nas cidades do Terceiro Mundo que poderá aparecer o problema do surgimento das megalópoles: por exemplo, a Cidade do México e Xangai, cada uma com mais de 25 milhões de habitantes, e Bombaim e Jacarta, com cerca de 18 milhões de habitantes cada.

Mais do que no crescimento elevado, o grande problema está na pobreza e na desnutrição, o que tem a ver com a repartição da riqueza mundial. A disparidade dos lucros no mundo é ostensiva; os dados dizem tudo: os cinco países mais ricos do mundo são responsáveis pela geração de cerca de 80% da riqueza mundial, enquanto os cinco mais pobres, com um quinto da população do mundo, participam com menos de 2% da produção do planeta.

A concentração de renda mundial aumenta ano após ano. A relação entre os 20% mais pobres e os 20% mais ricos, em 1960, era de 30 para 1. Atualmente, é de 70 para 1.

O grande desafio não está na capacidade tecnológica ou de recursos para alimentar essa imensa população, uma vez que há até excesso de alimentos nos países ricos. *O grande problema é o do baixo nível de renda da população dos países mais pobres para adquirir os alimentos*. Dito de outro modo, a produção poderá aumentar significativamente, desde que haja consumidores com renda suficiente para adquiri-la. Há países como Chade, Luanda, Uganda, Burundi, Vietnã, Nepal, Serra Leoa, Etiópia, Tanzânia e Moçambique cuja renda *per capita* é inferior a US$ 350,00 por ano, ou seja, algo como US$ 1,00 por habitante por dia. Cabe registrar que, no Brasil, os 10% mais pobres da população ganham também algo como R$ 500,00 por ano por habitante, o que corresponde a cerca de R$ 1,50 por habitante por dia.

> A população da Índia cresce mais no período de uma semana do que a da União Européia em um ano.

É digno de registro, também, o fato de a metade do crescimento populacional de 70 milhões de pessoas por ano, já mencionado, concentrar-se em apenas seis países: Índia (21%), China (12%), Paquistão (5%) e Bangladesh, Nigéria e Estados Unidos (cerca de 4%). Em uma semana, a população da Índia cresce mais que a da União Européia em um ano. Os Estados Unidos são o único país rico com alto índice de fertilidade e um índice superior de imigração.

Entre 2006 e 2050, segundo estudo da Organização das Nações Unidas (ONU), a população da União Européia cairá em cerca de 90 milhões, a da África aumentará em mais de 900 milhões, e a da Ásia crescerá mais de 1,2 bilhão. Uma coisa, porém, não mudará: a

QUADRO 11.1   Distribuição da população mundial, 2008

CONTINENTES	NÚMERO DE PESSOAS	PORCENTAGEM DA POPULAÇÃO MUNDIAL
Ásia	3,8 bilhões	60%
África	840 milhões	12%
Europa	720 milhões	11%
América do Norte	520 milhões	8%
América do Sul	380 milhões	5,3%
Oceania	Cerca de 60 milhões	0,9%

Fonte: Banco Mundial

maioria dos seres humanos continuará sendo asiática — mais da metade da população mundial. O país populacionalmente gigante do mundo será a Índia, com um contingente de 1,5 bilhão de pessoas, ou 17,2% do total mundial, enquanto a China deverá ter 1,4 bilhão de habitantes. Em 50 anos, a América Latina crescerá de 560 milhões de pessoas para cerca de 770 milhões.

Questão etária

Relacionada com a questão demográfica, há outra 'bomba-relógio': a questão etária. Essa é uma bomba de efeito retardado, pois se refere à diferença cada vez maior existente entre os contingentes etários nas diferentes partes do mundo. Em toda a África, jovens com menos de 20 anos de idade constituem quase 50% da população; na América Latina, em particular na América Central e no Caribe, o percentual de população nessa faixa etária é praticamente o mesmo, e, em grande parte da Ásia, chega a um terço. Esses desequilíbrios populacionais significam forte pressão na força de trabalho ao longo das próximas duas décadas.

Desemprego

Nos países desenvolvidos também há problemas de desemprego. Um grande desafio, por exemplo, diz respeito ao elevado desemprego no mundo como um todo. Somente na Europa, estima-se que a taxa média de desemprego esteja ao redor de 7%, o que corresponde a mais de 10 milhões de desempregados em todo o continente europeu. Em número de desempregados, a Índia é o país com o maior contingente: mais de 40 milhões. A ela seguem-se a Rússia, com mais de 10 milhões de pessoas procurando emprego, e o Brasil, com cerca de 8 milhões de desempregados. O 'mal do final de século' nos países desenvolvidos, portanto, não é a inflação, mas o desemprego.

Uma vez que já analisamos alguns aspectos das principais transformações e desafios mundiais, cujas conseqüências se dão de modo direto sobre as empresas e as políticas econômicas do Brasil e dos países em geral, resta-nos discutir, de maneira sucinta, alguns tópicos da economia brasileira, o que faremos no próximo capítulo.

RESUMO

Os principais pontos a serem destacados neste capítulo são:

1. As principais megatendências mundiais são: onda de democratização (basta lembrar que, na América Latina, 30 anos atrás, quase todos os países eram governados por regimes militares); redirecionamento econômico regional (há mais transações comerciais com o lado asiático); formação de megablocos econômicos; globalização da economia; geração de emprego, sendo cada vez maior na área de serviços e menor na indústria (que hoje é responsável por apenas um de cada cinco empregos no mundo); maior competitividade entre as empresas e entre as nações; predominância, de certa maneira, do capitalismo sobre o socialismo como sistema econômico mais adequado para a solução dos problemas econômicos de uma sociedade. O capitalismo, sem dúvida, tem imperfeições, mas é a melhor opção para a geração de riquezas, embora não seja tão eficiente na sua distribuição. Com a relativa queda do socialismo, pode-se também acrescentar como uma megatendência a crescente privatização do bem-estar social, dado o declínio do *welfare state*.

2. Há vários tipos de integração econômica entre os países. Por integração econômica entende-se um processo de facilitação das relações econômicas entre um grupo de países diferentes em vários aspectos (políticos, humanos, naturais e tecnológicos), com o intuito de aumentar o comércio de bens e serviços entre eles. Entre os vários tipos de integração econômica tem-se: zona de livre comércio, união aduaneira, mercado comum, união econômica e integração econômica total, sendo que o grau de relações entre os países membros aumenta da primeira para a última.

3. A globalização é um fenômeno que tem afetado as relações produtivas, comerciais, institucionais, tecnológicas e financeiras, com profundas mudanças nas estruturas econômicas nacionais. Por trás de tudo isso está

Capítulo 11 — Mundo: tendências e desafios **221**

a questão da competitividade, seja das empresas, seja dos países. E por competitividade, conforme mencionado no Capítulo 1, deve-se entender o aumento da produtividade (pela tecnologia), a redução do custo unitário de produção e a qualidade dos bens e serviços. A globalização produtiva abrange não apenas a produção, mas também a distribuição de bens dentro de redes em escala mundial, forçando a concorrência entre empresas multinacionais. A globalização financeira aumenta a vulnerabilidade dos países perante crises econômicas, cambiais e financeiras. Um dos desafios mundiais é como controlar a especulação financeira no mundo, que movimenta quase U$ 3 trilhões por dia.

4. Entre os principais desafios mundiais, além das constantes ameaças de guerra, estão o desemprego, o meio ambiente, a questão etária, a crescente interdependência econômico-financeira dos países devido ao descontrole das finanças, a questão demográfica e a perversa distribuição da riqueza.

ATIVIDADES DE FIXAÇÃO: TESTE SUA APRENDIZAGEM

Caro leitor, procure desenvolver as seguintes questões, pois assim você estará fazendo uma revisão de sua aprendizagem:

1. Comente as conseqüências da globalização financeira. Por que ela é um dos grandes desafios mundiais para os países, principalmente com a recente crise financeira mundial (a partir de 2008)?

2. Quais as conseqüências para os países do descontrole do capital financeiro?

3. Quais as vantagens e desvantagens da globalização? Entre os prós e contras, qual é o balanço ou saldo: positivo ou negativo? Explique sua resposta.

4. Em um mundo globalizado, como fica a autonomia de um país para implementar suas políticas econômicas, em especial, a monetária e a cambial?

5. Cite os vários tipos de integração econômica e as principais diferenças entre cada um deles.

capítulo

12 Brasil: economia e sociedade

A ECONOMIA NO COTIDIANO

Nenhum país no mundo cresceu tanto como o Brasil durante duas décadas (1961-1980), em especial no período de 1968 a 1973. Nessa época, o desemprego praticamente não existia. Infelizmente, a partir dos anos 1980 até hoje, poucos países cresceram menos do que o Brasil, tudo porque houve aumento explosivo de impostos, pagamentos exagerados de juros e queda brusca nos investimentos públicos.

A década de 1980, entretanto, ficou 'para a história' como a 'década perdida', com aumento da inflação, do desemprego, da dívida externa, da queda de renda e com o pagamento de juros da dívida externa, entre outros. Já a década de 1990 foi marcada por um processo de abertura da economia, com controle da inflação. O país se tornou mais competitivo, e o setor produtivo privado foi forçado a adotar novas tecnologias para se tornar mais produtivo. Em outras palavras, o setor privado fez a lição de casa, mas o setor público pouco fez para se tornar mais eficiente e controlado, a não ser mais recentemente, por meio da Lei de Responsabilidade Fiscal. Tanto é verdade que a dívida pública federal, que era de aproximadamente R$ 60 bilhões em 1993, saltou para cerca de R$ 1,4 trilhão no final de 2008. Isso ocorreu porque as reformas (tributária e previdenciária) não foram feitas e, por causa disso, os juros foram mantidos elevados e o país passou a trabalhar para pagar juros da dívida interna. Com palavras mais objetivas, pode-se dizer que na década de 1980 trabalhamos para pagar juros da dívida externa (mais de US$ 100 bilhões em uma década), enquanto dos anos 1990 em diante trabalhamos para pagar juros da dívida interna (mais de R$ 900 bilhões somente nos seis primeiros anos do governo Lula), conforme citado nos capítulos anteriores.

Neste capítulo, analisaremos sucintamente a economia brasileira, abordando quatro diferentes períodos, a partir da década de 1960. Nos anos mais recentes, o país continua experimentando cinco processos, que vêm provocando mudanças significativas e para melhor. E analisaremos ainda alguns principais indicadores da economia brasileira; afinal, o país melhorou (apesar de ter crescido pouco), é verdade, e tem um potencial em recursos naturais como poucas nações no mundo, mas, mesmo assim, é sempre chamado de 'o país do futuro' ou 'um país injusto'.

OBJETIVOS

Ao final da leitura deste capítulo, você deverá ser capaz de:

1. Identificar os quatro períodos distintos do desenvolvimento econômico brasileiro nas últimas quatro décadas.

2. Compreender de que modo o Brasil cresceu a taxas elevadas nas décadas de 1960 e 1970, apesar do baixo nível de poupança interna.

3. Entender a década de 1980, considerada como a 'década perdida'.

4. Avaliar as mudanças positivas que vêm ocorrendo na economia brasileira, alterando radicalmente o modelo do capitalismo até então vigente no país, que era de proteção ao produtor nacional.

5. Compreender os cinco processos em andamento na economia brasileira e suas conseqüências para as empresas e os consumidores.

6. Identificar algumas razões para o Brasil ter comemorado os 500 anos.

7. Compreender que o crescimento populacional é importante, mas a taxas elevadas é um problema.

8. Identificar os problemas sociais e econômicos que assolam o Brasil historicamente.

9. Identificar as principais variáveis internas e externas da economia brasileira e analisar as mudanças em cada uma dessas variáveis macroeconômicas.

12.1 RETROSPECTIVA DE QUATRO DÉCADAS[1]

O período que começa a partir de 1960 pode ser considerado curto para a evolução histórica, mas longo para uma sociedade como a brasileira, que vivenciou recuos e avanços políticos, profundas transformações econômicas e ganhos sociais muito aquém do necessário e desejado.

A partir de uma perspectiva econômica, ocorreram mudanças das mais significativas no país, tanto em termos de estrutura econômica, como do ponto de vista do modo de inserção da economia brasileira no mercado internacional. Após décadas de utilização de mecanismos que protegiam a produção interna contra a concorrência externa, o mercado foi aberto, eliminando-se quase todos os entraves à maior integração internacional.

Em uma retrospectiva da evolução da economia brasileira, três elementos se sobressaem:

a) O avanço do processo de industrialização orientado e coordenado pelo Estado.

b) Os problemas advindos da insuficiente capacidade de financiamento do desenvolvimento econômico.

c) A incapacidade de assegurar, paralelamente à performance econômica, a melhoria substantiva da situação social.

O avanço do processo de industrialização do Brasil apresentou, em curto período de tempo, um desempenho notável, pois assegurou não somente elevadas taxas de crescimento econômico até a década de 1970, como promoveu alterações no parque industrial, com a ascensão de indústrias tecnologicamente avançadas.

A origem da expansão industrial brasileira data do final do século XIX, com a instalação e ampliação de indústrias produtoras de bens de consumo não-duráveis como, por exemplo, as indústrias alimentícia e têxtil. A importância das atividades agroexportadoras na geração da renda nacional e na oferta de empregos, como resultado de determinantes históricos, transformava a atividade industrial em atividade subordinada, ou seja, complementar à nuclear.

12.1.1 Ação do Estado

A crise econômica e política que se manifestou na década de 1930 abriu espaço para a ascensão de uma nova proposta de desenvolvimento, com base no fortalecimento do processo de industrialização e que encontra no Estado getulista respaldo para a transformação da proposta em um projeto nacional de desenvolvimento.

A ação do Estado na economia foi fundamental para assegurar o crescimento industrial após a década de 1930. Por meio da criação e do fortalecimento das empresas estatais e da utilização da política cambial, fiscal e creditícia, o Estado criou as bases para a aceleração industrial. O processo, contudo, foi gradual, pois teve como base a proteção do mercado nacional, decorrente das elevadas tarifas incidentes sobre os bens importados, bem como o controle direto das importações e a administração de estrangulamentos externos, que impunha limites estreitos à capacidade de importação e, conseqüentemente, ao acesso de bens de produção, como máquinas, equipamentos e matérias-primas, necessários ao crescimento e à modernização da produção industrial.

---

1 O autor credita a autoria desta seção à doutora Maria Anita dos Anjos, professora da Estação Business School.

O principal problema da industrialização, até meados da década de 1950, decorria da insuficiente capacidade de financiamento do processo, já que o país dependia da receita das exportações de bens agrícolas, em especial do café, para a cobertura das importações de bens industrializados. Além disso, o capital estrangeiro, de fonte privada ou oficial, era escasso.

No governo de Juscelino Kubitschek (1956-1960), a entrada do capital estrangeiro, na forma de empréstimos, financiamentos e investimentos, garantiu a instalação de novas empresas, particularmente as produtoras de bens de consumo duráveis e também de máquinas e equipamentos. Os investimentos públicos realizados permitiram a ampliação da malha rodoviária e da oferta de energia.

O início da década de 1960, marcada preliminarmente pela aceleração da inflação, queda dos investimentos, déficits nas contas externas e nas contas públicas, determinou a implementação de medidas de estabilização, o que ocorreu de maneira mais efetiva com o Plano de Ação Econômica do Governo (PAEG), em 1964, no governo de Castelo Branco. A adoção da política de estabilização incluía reformas nos sistemas financeiro e tributário, cuja reestruturação ampliou os mecanismos e recursos para o financiamento dos gastos e investimentos privados e públicos.

12.1.2 Condições favoráveis

Passados alguns anos da redução das taxas históricas de crescimento, a economia retomou seu processo de recuperação no final da década de 1960, contribuindo, para isso, as condições favoráveis externas e internas. O crescimento do comércio mundial e a expansão das linhas de crédito no mercado internacional ampliaram as oportunidades para o país. Internamente, foram criadas as condições de maior alinhamento a esse novo contexto como, por exemplo, os incentivos fiscais e creditícios às exportações, o que propiciou aumento das exportações, incluindo as de produtos manufaturados, o que ampliou a captação de recursos externos.

Caracterizada pelas elevadas taxas de crescimento econômico, apesar do primeiro choque do petróleo em 1973, a década de 1970 representou um marco para a economia brasileira, pois encerrou um período longo de crescimento, iniciado no pós-guerra mundial. A década encerrou um modelo de desenvolvimento denominado substituição de importações, no qual o processo de industrialização ocorreu motivado por estrangulamentos externos, que contou com elevada proteção do mercado por meio de controles diretos e indiretos das importações.

A sucessão de desequilíbrios na década de 1980 e o impacto na produção e na oferta de empregos significaram uma alteração efetiva da tendência da economia. A crise da dívida externa, provocada pela elevação dos juros internacionais e pelo fim do fornecimento de crédito externo em prazos e juros atrativos, aprofundou o desequilíbrio nas contas externas, já debilitadas pela segunda grande elevação do preço do barril do petróleo ao final da década de 1970. Com o agravamento da situação das contas externas, o governo brasileiro recorre ao Fundo Monetário Nacional (FMI) para obter novos recursos e o aval da instituição para um programa de ajuste da economia, conseguindo, assim, renegociar os débitos vencidos e a vencer com os credores internacionais e obter novas linhas de crédito comercial e interbancário.

O acordo fechado com o FMI para o biênio 1983-1984 impôs uma política drástica de ajuste interno e externo, sob a responsabilidade do setor público. As metas a serem atingidas, quer fossem na área fiscal, visando à redução do déficit público, quer na área externa, com o objetivo de obter o equilíbrio no balanço de pagamentos, resultaram na redução da demanda interna, com sérios impactos sociais decorrentes do aumento do desemprego, da queda dos rendimentos dos trabalhadores e da aceleração da inflação.

12.1.3 Políticas de estabilização

Apesar do êxito relativo das metas externas negociadas com o FMI, a aceleração da inflação e a deterioração das contas públicas, decorrentes do elevado peso dos encargos da dívida pública interna e externa, foram indicativos das prioridades a serem perseguidas no governo José Sarney (1985-1989) e no governo Collor de Mello (1990-1992).

No governo Sarney, as políticas de estabilização implementadas (Plano Cruzado, Plano Bresser, ortodoxia gradualista e Plano Verão) não conseguiram assegurar a manutenção da estabilidade em longo prazo e, ao contrário, reforçaram as atitudes defensivas dos agentes econômicos, os quais não desejavam mais ser surpreendidos com políticas heterodoxas, que significavam congelamentos dos preços e salários, quebras de contratos, mudanças de moeda, alterações das regras de indexação, entre outras.

A manutenção da inflação em patamares elevados, que chegou a um processo hiperinflacionário no final de 1989, e a crítica crise fiscal, com o encurtamento dos prazos da dívida interna, 'rolada' em curtíssimo prazo, levaram à implementação de ousadas — e criticáveis — medidas de estabilização no início do governo Collor, em março de 1990. A política de combate à inflação desse governo, com base no tripé 'ajuste fiscal provisório, congelamento de preços e salários e bloqueio dos ativos financeiros por 18 meses', também não conseguiu assentar as bases de estabilização em longo prazo.

Outras tentativas de combate à inflação se sucederam, como o Plano Collor II, em 1991, e a política gradualista do ministro Marcílio Marques Moreira, mas não conseguiram desarmar as condições responsáveis pelo processo inflacionário. Conseguiam-se ganhos temporários, mas a permanência da crítica situação fiscal, os choques de oferta, o grau de indexação da economia e as expectativas adversas dos agentes quanto ao comportamento da economia mantinham as elevadas pressões inflacionárias.

12.1.4 Globalizados e pobres

A proposta de retomada de crescimento do governo Collor, alinhada ao ideário neoliberal, significou uma alteração profunda no modo de inserção da economia brasileira na economia internacional, no relacionamento do setor público com o setor privado e na atuação do Estado na economia. O início da abertura comercial, isto é, a gradual redução das alíquotas incidentes nos bens importados, foi a estratégia utilizada, que visava ao aumento da competitividade da economia. Além disso, o processo de desregulamentação da economia, o programa de privatização das estatais e a abertura do mercado financeiro ao capital internacional, entre outras medidas, significaram a formação das bases para a integração da economia ao processo de globalização, um caminho sem volta para o país, considerando, ainda, o aprofundamento dessa opção pelo presidente que foi eleito a seguir: Fernando Henrique Cardoso.

O Plano Real, implementado em 1994, significou uma complexa engenharia de combate à inflação, tendo como base o ajuste fiscal (novamente provisório), a indexação plena da economia a uma unidade de conta, a Unidade Real de Valor, que alinhou os preços relativos, e a reforma monetária. Mas, além disso, foi fundamental a aceleração do processo de abertura e a valorização do real em relação ao dólar, no início do plano, que ampliou a oferta de bens importados, pressionando para baixo os preços internos. Na verdade, as políticas econômicas do governo FHC se sustentaram em duas âncoras: do lado da demanda, o governo manteve a taxa de juros (Selic) em níveis elevados para desestimular o consumo, e do lado da oferta agregada, controlou o câmbio próximo à unidade, de 1994 até janeiro de 1999, estimulando assim as importações, que, como já vimos, faz parte da oferta agregada. Em outras palavras, desestimulou a demanda, por meio de juros altos, e estimulou a oferta, mediante taxa de câmbio baixa.

O governo seguinte, o de Lula, mudou muito pouco. Apenas trabalhou com as metas da inflação, sustentadas em taxas de juros (Selic) altas (é só lembrar que a sua primeira decisão econômica foi subir a Selic para 26,5% em janeiro de 2003) e deixou o câmbio flutuar. No plano fiscal, praticamente quase nada ocorreu, pois as prometidas reformas (tributárias, administrativas e previdenciárias) ficaram sempre no papel e na pura fala.

12.2 DESENVOLVIMENTO ECONÔMICO BRASILEIRO

> Há quatro períodos distintos para melhor entender a economia brasileira após a década de 1950: 1961-1973, 1973-1979, a década de 1980 e a partir de 1990.

Na presente seção, analisaremos alguns aspectos da economia brasileira nas últimas quase cinco décadas (1960-2008), a exemplo do que foi feito na seção anterior, mas a partir de outra perspectiva. Para a melhor compreensão do desenvolvimento socioeconômico do país, é recomendável considerarmos quatro períodos distintos: de 1961 a 1973, de 1973 a 1979, a década de 1980 e a partir de 1990.

É interessante, ainda, fazer um breve comentário a respeito da formação das dívidas interna e externa brasileiras, uma vez que estas tiveram, e ainda têm (como nunca!), uma influência decisiva sobre as políticas econômicas e sobre o desenvolvimento econômico do país e das empresas em geral.

12.2.1 Período de 1961-1973

O *período de 1961 a 1973* foi o do crescimento acelerado. O produto interno bruto (PIB) brasileiro, que era de apenas US$ 14 bilhões em 1960 (sem considerar a desvalorização do dólar, evidentemente), cresceu a uma taxa média anual de 8% (foi até maior no subperíodo de 1968-1973, o do 'milagre', cuja taxa média foi de 11% ao ano), a inflação se situava em 37% ao ano e as exportações cresciam 18% ao ano. Em 1972, a dívida externa estava em apenas US$ 9,5 bilhões, ou seja, o Brasil cresceu sem se endividar. Cabe ressaltar que o Brasil não se endividou, em grande parte porque, como as exportações cresciam a 18% ao ano, elas duplicavam a cada quatro anos, ou seja, a geração de dólares advindos das vendas de produtos brasileiros no exterior era muito grande. Assim, os dólares das exportações financiavam não apenas as importações como também pagavam boa parcela dos empréstimos anteriores; além disso, contraíam-se novos empréstimos, que eram aplicados na infra-estrutura do país. Há quem diga que a Transamazônica tenha sido a única obra equivocada desse período. Ao que parece, os investimentos públicos eram aplicados corretamente (e de maneira patriótica) em obras importantes para o país. Em outras palavras, o Brasil, apesar de ter um nível baixo de poupança interna, conseguia fazer grandes investimentos com recursos financeiros externos, os quais levavam o país a experimentar as maiores taxas de crescimento em todo o mundo — apenas o Japão tinha crescimento próximo. Não havia praticamente desemprego no Brasil durante esse período.

12.2.2 Período de 1973-1979

O início da 'desgraça' ocorreu no *período de 1973 a 1979*, devido ao primeiro choque no preço do petróleo, quando o preço do barril saltou de US$ 2,5 para US$ 12,5, em 1973. Como o Brasil consumia cerca de um milhão de barris por dia, mas só produzia 170 mil barris por dia, o volume médio diário importado era de 830 mil barris. De um dia para o outro, o país passou a gastar US$ 8,3 milhões a mais por dia. Essa elevação no preço do petróleo forçou o Brasil a aumentar os gastos com importação de US$ 4,2 bilhões em 1972 para mais de US$ 18 bilhões em 1979. Os gastos somente com petróleo, que foram de US$ 409 milhões em 1972, subiram para US$ 6,4 bilhões em 1979. Ao final de 1979, a dívida externa brasileira já havia subido para US$ 50 bilhões.

Além do aumento no preço do petróleo, cabe ressaltar dois outros problemas (erros) nesse período: o crescimento exagerado da economia nacional e os investimentos em obras inacabadas. O primeiro erro foi querer fazer o país crescer a 6,9% ao ano, o que, para a época (considerando-se o petróleo caro), era um risco muito grande, levando-se em conta que o crescimento elevado forçava o país a importar ainda mais petróleo, aumentando exageradamente a dívida externa. O segundo equívoco governamental foi fazer investimentos em obras de interesse nacional discutível, tais como Angra I e II e a Ferrovia do Aço, as quais 'consumiram' alguns bilhões de dólares do país. Há ainda um terceiro aspecto: o fato de o país não ter prospectado petróleo antes por se acreditar que quase não havia petróleo no Brasil, apesar de haver quem dissesse: "Como pode ser possível que haja tanto petróleo na Venezuela e na Argentina e quase nada no Brasil?" Na verdade, havia e há muito petróleo no Brasil, apenas faltava prospectá-lo, o que, de fato, ocorreu nos anos seguintes.

Cabe registrar que, em dezembro de 1979, a dívida externa brasileira já era de aproximadamente US$ 50 bilhões. Assim, em 472 anos de existência, o Brasil conseguiu contrair uma dívida de apenas US$ 9,5 bilhões — era este o montante em dezembro de 1972 —; entretanto, depois de sete anos, essa dívida aumentou em mais de US$ 40 bilhões.

12.2.3   1980: a década perdida

A *década de 1980* começou com dois acontecimentos terríveis para a economia brasileira: o segundo choque do petróleo, no final de 1979, e a elevação das taxas de juros no mercado internacional, provocada pelos Estados Unidos. Devido ao segundo choque no petróleo, cujos preços alcançaram mais de US$ 30,00 por barril (a preços de hoje equivaleriam a mais de US$ 60,00 por barril), o Brasil promoveu três importantes medidas de ajuste energético:

a) Diminuição das importações de petróleo — na década de 1990, os gastos com importação estavam na casa de US$ 2,5 bilhões por ano, em comparação com US$ 10,6 bilhões, em 1981.

b) Aumento da produção interna de petróleo — de 9,6 milhões de metros cúbicos em 1979 para mais de 40 milhões de metros cúbicos a partir de 1995 (atualmente, o Brasil produz cerca de 1,4 milhão de barris de petróleo por dia; grande parte dessa extração se dá em alto-mar, onde o país já se aproxima de dois quilômetros de profundidade, sendo o único em águas tão profundas, o que o faz ser considerado um sucesso).

> Na década de 1980, houve recessão, desemprego, aumento da dívida externa, inflação e queda da renda *per capita*.

c) Estímulo à produção de álcool — de 600 milhões de litros em 1975 para mais de bilhões atualmente.[2]

O outro acontecimento ruim para o Brasil (além do segundo choque no petróleo) foi o aumento das taxas de juros no mercado internacional, notadamente no período de 1981 a 1985, o que fez com que o país tivesse de aumentar sua remessa de juros de US$ 1,8 bilhão em 1976 para US$ 11,8 bilhões em 1982. Basta dizer que na década de 1980 o Brasil fez remessa de cerca de US$ 100 bilhões, somente de juros. Nesse mesmo período, a amortização (pagamento do principal) foi de US$ 114 bilhões, enquanto os empréstimos e/ou financiamentos foram de US$ 125 bilhões (os empréstimos foram de apenas US$ 48 bilhões), o que significa uma remessa líquida de aproximadamente US$ 90 bilhões do Brasil

---

2   Não há a menor dúvida de que o Brasil é invejado pelos demais países por causa do Pró-álcool, uma vez que eles não têm condições edafo-climáticas para implementar um programa semelhante. Infelizmente, o programa não foi mais incentivado, pois o Brasil poderia perfeitamente estar exportando álcool para todo o mundo, para ser adicionado à gasolina (para uma adição de até 20% não é necessário alterar o motor), com o objetivo de reduzir a poluição. Os Estados Unidos não têm como atender a enorme demanda por álcool, e o Brasil poderia produzir álcool de cana-de-açúcar, principalmente no Nordeste e nas áreas de pastagens irrigadas, se houvesse a transposição do rio São Francisco, para suprir o consumo norte-americano e mundial. Cabe registrar que, se o Brasil utilizasse apenas 30% de sua área de pastagem (em torno de 200 milhões de hectares), já seria suficiente para produzirmos álcool o bastante para abastecer o mundo inteiro.

228   Economia: fundamentos e aplicações

para o exterior. Mesmo assim, a dívida externa aumentou de US$ 50 bilhões no final de 1979 para US$ 100 bilhões no final da década de 1980. Como, no início da década de 1980, a conta de juros aumentou sem que houvesse uma contrapartida de maior ingresso de capitais, o Brasil foi forçado a gerar um excedente 'macroeconômico' a ser transferido para o exterior, que foram os superávits comerciais (exportações > importações). Para conseguir tal objetivo, o país entrou em recessão (nos anos de 1981 a 1983) e ocorreu um aumento do desemprego, da dívida externa e da inflação.

Um terceiro fator para o aumento da dívida externa brasileira foi a queda nos preços das *commodities* (produtos agrícolas) no mercado internacional, em torno de um terço, no período de 1981 a 1985, o que resultou para o Brasil em perda de divisas, ou seja, nosso país poderia ter tido uma receita adicional de quase US$ 10 bilhões.

12.2.4 1990: a década das mudanças

As bases do capitalismo brasileiro começaram a mudar radicalmente desde o início da década de 1990. Até então, a economia brasileira era muito fechada, a ponto de o saldo na balança comercial (que é a diferença entre as exportações e as importações) ser altamente positivo (em média, de US$ 12 bilhões por ano). Esse saldo positivo ocorria, não porque o país exportasse muito, mas porque importava muito pouco. O nível de importação era pequeno (em torno de 20 bilhões de dólares por ano) pelas seguintes razões:

a) As alíquotas (leia-se: impostos) de importação eram muito elevadas, com muitos produtos taxados em mais de 100%, o que inviabilizava as importações.

b) Muitos produtos não podiam ser importados em alguns períodos — não por problema de taxação, mas de proibição terminante da importação, sob a alegação de que deveríamos proteger a indústria nacional por ser esta ainda 'infante'.

> Na década de 1990 e nos anos 2000 houve mudanças positivas no Brasil, apesar de muitos terem dificuldade em percebê-las.

c) A recessão interna em vários anos e o efeito do programa de substituição de importações ao longo da década de 1980.

Em outras palavras, o Brasil decidia proteger o produtor nacional, o qual, justamente em razão da proteção, não tinha estímulos para ser mais produtivo e eficiente. Assim, produzia produtos caros e de qualidade inferior (cabe lembrar que o presidente Collor afirmou que a indústria automobilística nacional, em 1990, produzia 'carroças'). Nesse mesmo período, os países desenvolvidos ensinavam o contrário ao decidir proteger os consumidores com a abertura da economia — é importante registrar que há muito tempo os Estados Unidos, por exemplo, importam mais de US$ 2 trilhões por ano, ou seja, muito mais que o PIB brasileiro. Em 2008, o déficit na balança comercial norte-americana foi de US$ 677 bilhões, o que equivale à metade do PIB brasileiro. Os países desenvolvidos preferiam fazer o que os economistas chamam de 'choque de oferta', ou seja, importar em grandes volumes, de modo que a oferta interna seja mais abundante e isso, em conseqüência, dificulte os aumentos de preços.

A estrutura básica do capitalismo brasileiro, de 1930 até os primeiros anos da década de 1990, tinha como base o seguinte tripé:

a) A *empresa estatal* (cujas bases foram lançadas em 1930 com Getúlio Vargas): por muitos anos, experimentamos o monopólio das estatais, que alimentavam o chamado 'estado-empresário'.

b) A *empresa nacional familiar* (chegamos a ter grandes grupos).

c) A *empresa estrangeira*, que em alguns segmentos, como o automobilístico e o farmacêutico, domina totalmente o mercado nacional (a economia brasileira, até o final de 1992, era tão fechada que as importações representavam menos de 6% do PIB, o que é um percentual muito baixo).

É importante registrar que quando um país faz defesa de seus consumidores (em vez de proteger apenas seus produtores), ele força seus produtores a serem mais eficientes e mais competitivos. Efetivamente, a economia brasileira somente começou a se abrir a partir do início da década de 1990, com a redução no valor das alíquotas de importação. Contudo, os efeitos da redução das importações não foram imediatos, uma vez que até 1993 as importações ficavam ao redor de US$ 20 bilhões por ano. Assim, o valor importado cresceu, atingindo o máximo de US$ 61 bilhões em 1997, para cair um pouco nos anos seguintes, sendo que no triênio 2000-2002 ficou próximo a US$ 53 bilhões por ano. Nos últimos anos (principalmente a partir de 2005, por conta do dólar que se manteve baixo), as importações cresceram muito, a ponto de chegar ao recorde de US$ 173,1 bilhões em 2008. É importante registrar que essa abertura da economia 'forçou' as empresas brasileiras a se tornarem mais competitivas, uma vez que, até então, era mais fácil 'formar o preço' no mercado. Em um ambiente de pouca competição e estrutura de mercado oligopolizado, é fácil perceber que os preços de mercado resultavam da soma de custos de produção (elevados) com grandes margens de lucros.

A empresa competitiva

Aqui, pretendemos explicar com mais detalhes que, para ser mais competitiva, uma empresa necessita fazer três 'coisas':

1. Ter *maior produtividade*, o que significa, por exemplo, produzir 7 a 8 mil quilos de milho por hectare, ter uma vaca que produza 25 litros de leite por dia, ou dispor de um sistema de automação que permita a produção de quatro geladeiras por empregado por dia — maior produtividade só se consegue investindo-se em tecnologia.

2. Obter *menor custo unitário* (ou médio), pois a relação entre este e a produtividade é inversa — produzir mais barato somente é possível com maior produtividade.

3. Alcançar *melhor qualidade* dos produtos. Em termos de qualidade, ainda temos muito que melhorar. Basta dizer que a indústria de fiação e tecelagem ainda prefere o algodão importado, porque a fibra é melhor; que a indústria de panificação prefere o trigo importado ou que o consumidor norte-americano prefere o café colombiano, de melhor qualidade. O sucesso de qualquer empresa se resume no seguinte: produzir barato algo diferenciado. Afinal, ter um produto diferenciado é o caminho não só para conquistar consumidores, mas principalmente para fidelizá-los. No ambiente atual de maior competitividade, houve inversão da equação, pois o lucro passou a ser dependente do preço que os consumidores estão dispostos a pagar e dos custos de produção. Na verdade, o produtor só tem mesmo controle (ou pelo menos deveria ter) dos custos de produção, e é por isso que ele precisa investir em tecnologia para reduzir o custo médio de produção, uma vez que está ficando mais difícil determinar preço de mercado.

A Figura 12.1 mostra o círculo virtuoso de competitividade, cujo esquema é auto-explicativo, uma vez que o início do processo pode começar em qualquer ponto.

FIGURA 12.1 Círculo virtuoso de competitividade

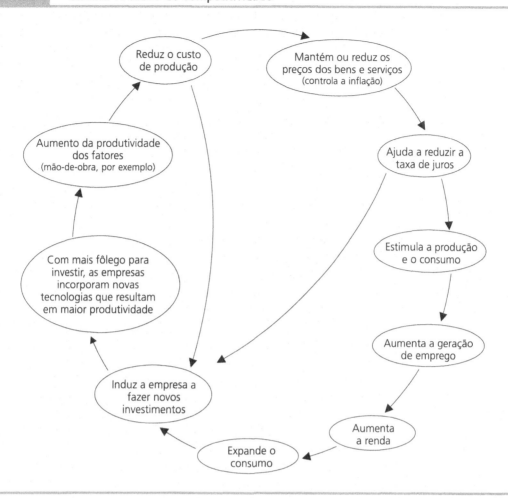

12.3 OS CINCO PROCESSOS NA ECONOMIA BRASILEIRA

Podemos identificar cinco processos em andamento na economia brasileira, a saber: o da globalização, o da abertura da economia, o da estabilização, o da privatização e o da crescente conscientização do consumidor nacional.

O primeiro, o da globalização, que é o único que não dependeu do governo ou da sociedade brasileira, tem como conseqüência o aumento da competitividade no meio empresarial. Lembremo-nos de que, em um ambiente de maior competição, existe a necessidade de a empresa ser mais competitiva, pois esse é o único caminho de sobrevivência.

A abertura da economia tem sido a condição básica para a estabilidade dos preços, uma vez que forçou a indústria nacional a introduzir novas tecnologias, aumentando a produtividade e reduzindo custos unitários de produção. Isso ajudou a transferir renda para os consumidores, pela redução dos preços e dos lucros das empresas. A abertura do mercado brasileiro estimulou fusões e aquisições de empresas em todos os setores (alimentos, bebidas e fumo; instituições financeiras; telecomunicações; produtos químicos e petroquímicos; metalurgia e siderurgia; seguros; partes e peças automotivas; computação; elétricos e eletrônicos, e publicidade e editoras). No período de 1994-2002, o número total de negócios superou 2.500 fusões e aquisições.

O terceiro processo, o da estabilização econômica ou estabilidade dos preços, é, na realidade, um dos principais objetivos da política econômica. Após os cinco planos econômicos frustrados — Cruzado, Bresser, Verão, Collor I e Collor II —, o Plano Real alcançou resultado altamente positivo no combate à inflação. Com a inflação alta, três segmentos eram beneficiados: o governo, os oligopólios e os bancos. O governo, porque a arrecadação aumentava diariamente, uma vez que os preços nominais subiam todos os dias, mascarando os resultados do setor público; em outras palavras, as receitas eram indexadas, mas as despesas não eram. Os oligopólios (leia-se: poucas, mas grandes empresas dominando um determinado setor econômico) ganhavam duplamente com a inflação, porque: (1) como a economia era fechada, eles podiam aumentar os preços acima da inflação, já que a concorrência era pequena; e (2) faziam aplicações financeiras que possibilitavam grandes lucros (basta analisar os balanços de algumas grandes empresas no final da década de 1980, cujos lucros advinham de 'aplicações' financeiras). Os bancos também lucravam com a inflação por conta do chamado *floating*, que são recursos financeiros que eles administravam e sobre os quais não tinham de pagar juros, a exemplo dos depósitos à vista e pagamentos de contas (água, luz e telefone). Eles 'aplicavam' esses recursos e obtinham grandes retornos (ou seja, lucros).[3]

> Privatização visa eliminar uma perna do tripé do capitalismo brasileiro, que é a empresa estatal.

A **privatização** visa, na verdade, eliminar uma perna do tripé do capitalismo brasileiro, que é a empresa estatal. Com relação à privatização, conforme mencionado no primeiro capítulo, os números são os seguintes: em 11 anos, de 1991 a dezembro de 2002, as transferências de ativos estatais somaram aproximadamente US$ 100 bilhões, segundo dados do BNDES, incluídas as dívidas assumidas pelos compradores. Nesse valor, estão incluídos US$ 39,6 bilhões do Programa Nacional de Privatização; US$ 29,1 bilhões das vendas das empresas de telecomunicações; e US$ 34,7 bilhões dos programas estaduais de privatização. Do valor total de US$ 100 bilhões, cerca de 90% foram gastos para abater a dívida pública e o restante foi aplicado na área social (saúde e educação). A participação do capital estrangeiro tem aumentado, ao longo desse período, pois até 1995 era de apenas 4%, e em 2002 já ultrapassava 40%, com a privatização das empresas de telecomunicações. Assim, pode-se dizer que a estrutura do capitalismo brasileiro, que estava assentada sobre um tripé protegido, está ficando cada vez mais 'bípede' e menos protegida. A privatização atuou sobre os setores siderúrgico, petroquímico, de fertilizantes, eletricidade, ferrovias, telecomunicações e, a partir de 2000, nas áreas de energia elétrica.

> Há cinco processos em andamento na economia brasileira: globalização, abertura da economia, estabilização econômica, privatização e crescente conscientização do consumidor brasileiro.

O último processo, mas não menos importante, foi a crescente *conscientização do consumidor brasileiro*, apesar de apenas uma minoria (menos de 5%) ter lido o Código de Defesa do Consumidor, vigente no país há mais de dez anos. Atualmente, o consumidor nacional sente-se no direito de reclamar e devolver mercadorias, forçando o fabricante a produzir com melhor qualidade. Em outras palavras, esses cinco fatores conduzem a uma única direção: forçar as empresas a ofertarem produtos melhores e mais baratos. Pode-se dizer que, finalmente, é a vez do consumidor brasileiro.

12.3.1   Exemplos de mudanças

Nós, brasileiros, temos dificuldades em perceber que o Brasil vem mudando para melhor, apesar de o governo ser a grande pedra no caminho (muitos impostos, juros muito altos, baixos investimentos públicos, burocracia e corrupção). Os brasileiros ampliam negativamente os fatos ruins e não percebem ou não conseguem ver positivamente as coisas boas. Algumas mudanças positivas vêm ocorrendo no país, as quais evidenciam que o Brasil está efetivamente mudando, e para melhor, embora alguns ainda prefiram continuar ignorando essas transformações.

---

3   O setor bancário foi o único a manter retornos elevados no período de 1994 a 2001 no Brasil. A rentabilidade sobre o patrimônio líquido (PL) relaciona quanto uma empresa ganha em relação ao que investiu. Isto é, uma rentabilidade sobre o PL de 10%, por exemplo, significa que a empresa tem um lucro de R$ 10,00 para cada R$ 100,00 investidos. Os 20 maiores bancos no Brasil tiveram uma rentabilidade total sobre o PL ao redor de 20%, nos últimos dez anos.

A vida dos brasileiros, do ponto de vista econômico, continua difícil porque o nível de renda ainda é muito baixo e, principalmente, porque a renda é mal distribuída. Afinal, os 10% mais pobres da população brasileira detêm apenas 1% da renda nacional, o que significa que uma pessoa tenta sobreviver com apenas R$ 2,00 por dia. Esse é um problema que somente será resolvido com educação de boa qualidade — e para todos. Apesar das dificuldades financeiras por que passa grande parte da população brasileira, não podemos deixar de perceber as grandes transformações ocorridas no país, na década de 1990. Tais mudanças vêm ocorrendo por causa dos cinco processos em andamento na economia brasileira, mencionados anteriormente. Cito, a seguir, 14 exemplos de mudanças.

1. *Postos de gasolina*. Em 1990, o dono de um posto de gasolina, em Curitiba, ao decidir vender mais barato, provocou a ira dos demais donos de postos da cidade. Foi aí que nós, brasileiros, descobrimos que havia uma resolução que proibia a diferenciação dos preços, especialmente sua redução. A pergunta que se faz, nesse caso, é a seguinte: o que está por trás dessa resolução? A resposta é simples: assegurar lucros por meio do prejuízo do consumidor. A decisão desse proprietário do posto curitibano repercutiu tanto que ele foi chamado a Brasília e condecorado pelo então presidente Collor, que, nesse ato, agiu corretamente e revogou a tal resolução.

2. *Automóveis*. No caso dos automóveis, o Brasil tinha dois recordes mundiais negativos: o primeiro é que o carro, na década de 1980, chegou a ser um bem de investimento (as pessoas sacavam dinheiro da poupança, adquiriam um automóvel e o mantinham na garagem, porque dali a quatro ou cinco meses ele estaria valendo mais do que se o dinheiro ficasse aplicado, mesmo que, na época, a poupança rendesse mais de 20% ao ano). Ora, no mundo inteiro o automóvel é um bem de consumo durável, e não um investimento. O segundo recorde negativo foi que o automóvel usado chegou a valer mais que o novo, recém-saído da fábrica. No caso dos automóveis, a partir da década de 1990, três fatos ocorreram: expansão da produção (de um pouco mais de um milhão de unidades em 1991, para mais de 3 milhões de carros produzidos em 2008), melhoria da qualidade (já não é mais possível chamá-los de 'carroças', como o fez Collor), e com aumentos pequenos nos preços. Conforme foi citado, o automóvel chegou a ser um bem de investimento, e o carro usado custava mais do que o novo. Atualmente, isso é impensável.

3. *Preço dos telefones*. Até o início da década de 1990, o telefone (com direito a linha) no Brasil era considerado um bem de investimento. As pessoas compravam linhas telefônicas por preços que chegavam a R$ 3 mil em Curitiba ou a R$ 5 mil no Rio de Janeiro (para alugá-los a R$ 100,00 por mês). Os preços despencaram e, hoje, o valor da habilitação é insignificante. O problema atual é que os preços das tarifas estão muito altos, havendo a necessidade de mais competição.

4. *Serviços bancários*. Apesar de, a partir de 1995, os bancos passarem a cobrar por (quase) todos os serviços, é indiscutível a melhoria do que oferecem aos clientes, seja pela Internet, pelo *home banking* ou pelos caixas eletrônicos, que agilizam o atendimento e facilitam a vida de todos. Hoje, não é mais necessária a corrida aos bancos às 16 horas, como tradicionalmente ocorria, porque a qualquer hora é possível fazer saques, depósitos ou transferências. A propósito, pode-se incluir também o cartão de crédito como instrumento facilitador de transações financeiras.

Capítulo 12 – Brasil: economia e sociedade   **233**

5. *Supermercados.* As mudanças nos supermercados foram muito grandes nos últimos anos. Basta lembrar que, até há pouco tempo, eles fechavam às 20 horas — hoje, muitos funcionam 24 horas. A diversificação de produtos, como resultado da abertura da economia brasileira, é outro aspecto positivo. A variedade de opções é grande, o que é bom para o consumidor. Os preços também caíram em valor real; basta dizer que, em 1994, o salário mínimo (**SM**) comprava menos de uma cesta básica, enquanto hoje adquire quase duas.

6. *Meios de comunicação.* As principais mudanças nesta área são: maior facilidade de acesso às informações, principalmente por causa da Internet (no caso dos jornais), e maior diversificação e disponibilidade de programas e canais (televisão); afinal, o assinante de TV a cabo ou por satélite tem quase uma centena de canais à sua disposição.

7. *Filosofia empresarial.* A globalização e a abertura da economia brasileira têm forçado os empresários nacionais a serem mais competitivos para poderem sobreviver. Isso implica maior produtividade, para obtenção de menores custos médios, e a produção de bens e serviços de melhor qualidade. É por isso que os empresários estão preocupados com as ISOs e com o consumidor. Os investimentos privados em ciência e tecnologia têm crescido no Brasil nos últimos anos.

8. *Eletrodomésticos.* Nesses grupos de produtos, foram constatados três fatos na década de 1990: aumento de produção, melhoria de qualidade e queda de preços. No biênio 1996-1997, mais de 30 milhões de unidades foram adquiridas pelos consumidores brasileiros graças aos planos de prestações, uma criativa 'invenção' nacional, que permite às pessoas de baixa renda adquirir eletrodomésticos em 'suaves' prestações (contudo, muitas vezes, por causa dos elevados juros, paga-se o equivalente a três bens para levar apenas um).

9. *Informática.* A abertura de mercado favoreceu muito os consumidores brasileiros no tocante à informática, nos seguintes aspectos: queda de preços, equipamentos mais velozes e melhores, e rapidez na inovação. Antes, uma inovação chegava ao Brasil com dois anos de atraso; hoje, chega quase em tempo real. Atualmente, quase 100% dos que fazem declaração do imposto de renda a enviam pela Internet, ou seja, o computador tem sido um aliado das pessoas, facilitando-lhes a vida. Ainda sobre o preço, em 1990, um microcomputador XT custava mais do que um Pentium IV atualmente, ainda que a qualidade deste último seja superior à do primeiro!

10. *Sindicalismo.* É bastante positiva a mudança de mentalidade dos dirigentes sindicalistas brasileiros. Eles estão deixando o radicalismo para trás e se tornando mais realistas. Em vez de reivindicar somente reposição salarial, já estão entendendo que, por exemplo, pressionar o governo para reduzir impostos a fim de estimular a produção e manutenção dos empregos é uma reivindicação mais eficaz. Estão também mais preocupados em requalificar ou 'retreinar' seus filiados, de modo que se tornem mais bem preparados para o trabalho. No início de 2009, por causa da crise financeira mundial, alguns dirigentes de sindicatos, no Brasil, chegaram a concordar com a redução de salários para evitar demissões. Isso é um avanço, pois desemprego é pior.

11. *Correios*. Não faz muito tempo que, para colocar uma correspondência no correio, o usuário brasileiro tinha poucas agências disponíveis, em geral no centro da cidade. Alguém que morasse em um bairro tinha de pegar um ônibus e ir ao centro para ser atendido. Hoje, as franquias dos correios estão favorecendo os usuários, que encontram os serviços disponíveis em vários pontos das cidades, sem mencionar a Internet, que, por intermédio do e-mail, elimina a necessidade de envio de carta ou outro tipo de correspondência.

12. *Investimentos estrangeiros*. No início da década de 1990, o Brasil recebia menos de US$ 1 bilhão por ano em investimentos estrangeiros porque não se acreditava no país. No biênio 1999-2000 ele recebeu, em média, mais de US$ 30 bilhões por ano. Na média de 2001-2002, o volume caiu (cerca de US$ 20 bilhões por ano), mas, mesmo assim, ficou muito acima dos níveis que o país recebeu no período de 1985-1992. Em outras palavras, no período de 1996-2008, o Brasil recebeu ao redor de US$ 300 bilhões de investimentos estrangeiros, o que é algo altamente positivo e o coloca entre os países que mais recebem investimentos estrangeiros. Considerando-se que o Brasil tem baixo nível de poupança, o que inibe os investimentos, é fundamental que os investimentos estrangeiros no setor produtivo nacional ocorram para acelerar o crescimento brasileiro. Em 2008, o Brasil recebeu valor recorde de US$ 45 bilhões em investimentos estrangeiros diretos.

13. *Avaliação da educação*. Tem havido uma revolução silenciosa na educação nacional nos últimos anos. Por causa das várias modalidades de avaliações do MEC, tanto sobre o ensino médio quanto sobre o superior, as instituições de ensino têm se empenhado na melhoria das condições de oferta, investindo mais na infra-estrutura e na qualificação do corpo docente.

14. *A vez do consumidor*. Como já se afirmou, embora uma pequena parte da população brasileira conheça profundamente o Código de Defesa do Consumidor — um dos melhores do mundo —, é crescente a conscientização do consumidor, o que tem forçado as empresas a melhorar o atendimento (os famosos 'SACs', Serviço de Atendimento ao Cliente).

Em resumo, para melhor entendimento do desenvolvimento econômico brasileiro ao longo das últimas décadas, vamos dividi-las em quatro diferentes períodos, a saber:

- 1961-1973 — período de crescimento acelerado (8% a.a.).

- 1973-1979 — período do primeiro choque no preço do petróleo e o de obras públicas de difícil justificativa (como Angra I e II e a Ferrovia do Aço, entre outras).

- Década de 1980 — período do novo choque no preço do petróleo, acrescido de aumento de juros internacionais e queda nos preços das *commodities* agrícolas, cujas conseqüências foram: recessão, queda da renda, inflação, desemprego e aumento significativo da dívida externa.

- A partir dos anos 90 — período que, notadamente a partir de 1994, caracteriza-se como de efetiva mudança, principalmente para o setor privado, que teve de se adequar à abertura da economia, à globalização, à privatização, à estabilidade econômica e à crescente conscientização do consumidor brasileiro, que passou a ter mais opções e, portanto, a ser menos fiel.

12.4 PROBLEMAS ESTRUTURAIS BRASILEIROS

> Problemas estruturais são os problemas sociais, infra-estruturais, tecnológicos e econômicos que afetam a população brasileira, cuja origem é histórica e não se deve apenas aos governos recentes.

Entende-se por **problemas estruturais** os problemas sociais, infra-estruturais, tecnológicos e econômicos que afetam a população brasileira, cuja origem é histórica e não se deve apenas aos governos recentes. Muitos desses problemas vêm da época do Império, e alguns foram mencionados e analisados nos capítulos anteriores, como o elevado crescimento populacional (quase 1,2% ao ano) e a péssima distribuição de renda, tanto pessoal como regional. Outros, porém, merecem ser comentados:

a) *Distribuição de terras*. Dos estabelecimentos rurais, quase 80% ocupam menos de um quinto da área total, enquanto no outro extremo cerca de 40% da área está nas mãos de apenas 1% dos proprietários. Essa distribuição desigual de terras tem efeito adverso sobre sua utilização e explica, em grande parte, a baixa produção de alimentos no Brasil. O país possui em torno de 3 milhões de imóveis rurais, com uma área total de 340 milhões de hectares. Os minifúndios, que representam cerca de 60% dos imóveis, detêm menos de 10% da área, e as grandes propriedades, com uma participação de 3% dos imóveis, controlam mais da metade da área. Em outras palavras, pode-se dizer que metade das terras cultivadas no Brasil está concentrada nas mãos de apenas 1% dos proprietários.

b) *Ineficiência*. O Brasil apresenta um dos maiores índices de custo de produção, proveniente de baixa eficiência e desperdícios. Na indústria da construção civil, o nível médio de perdas é de 30%, e na agroindústria, de 35%. Além disso, enquanto as indústrias brasileiras levam três semanas para entregar seus produtos, no Japão isso não passa de três dias.

c) *Mentalidade*. Aqui, cabe um comentário sobre o trabalho e o relacionamento patrão–empregado, muitas vezes fruto, no Brasil, do baixo nível educacional e cultural da população. Pergunta-se: por que o jovem universitário norte-americano varre a sala de aula no final da aula e não sente vergonha disso, enquanto o universitário brasileiro não pode fazer tal tarefa? Quanto à questão do relacionamento patrão–empregado, uma das maiores frustrações para o dono de uma empresa japonesa pequena ou média é ver seu empregado pedir as contas, uma vez que, para o patrão, esse empregado é como se fosse um sócio. Será que é essa a mentalidade no Brasil?

d) *Baixo investimento em ciência e tecnologia*. No Japão, os investimentos em ciência e tecnologia ultrapassam US$ 600,00 por habitante por ano; na Alemanha, são superiores a US$ 500,00; nos Estados Unidos, são de US$ 500,00; no Brasil, entretanto, esse investimento é de apenas US$ 40,00 por habitante por ano. No país, as empresas privadas respondem por apenas 30% dos gastos anuais em pesquisa (70% são do governo) e, no total, os investimentos somam 0,5% do PIB. Nos países desenvolvidos, porém, aplicam-se 2,8% do PIB e, do total aplicado, as empresas contribuem com 60% (40% vem do governo). Não há a menor dúvida de que está havendo mudanças nesse aspecto no Brasil, nos últimos anos, uma vez que, por necessidade, as empresas estão começando a investir cada vez mais em ciência e tecnologia — é possível que o percentual de investimento da iniciativa privada esteja ao redor de 40%.

e) *Educação*. Pode-se dizer que a grande maioria dos problemas que afetam a sociedade

236 Economia: fundamentos e aplicações

brasileira tem origem no baixo nível educacional de seu povo. Infelizmente, a educação nunca recebeu dos governos a atenção que deveria. Nas escolas públicas de ensino fundamental e médio, os investimentos por aluno por ano não chegam a R$ 1.000,00, ou seja, aproximadamente R$ 3,00 por aluno por dia, o que é vergonhoso. Para fins de comparação, nos Estados Unidos, esse valor supera US$ 5 mil por aluno por ano. A grande transformação ocorrida no Japão, ao longo do século XX, deve-se única e exclusivamente aos investimentos maciços em educação básica. Cabe lembrar a chamada Revolução Meiji, em 1906, cujo principal objetivo foi 'apostar' tudo na educação, de tal maneira que, ao completar 15 anos, todo cidadão japonês deve obrigatoriamente ter nove anos de escolaridade, em tempo integral (das 8 às 17 horas). Ou seja, em termos de educação, o cidadão precisa ter quantidade e qualidade e isso é tudo o que não há no Brasil.

> Somente a educação será capaz de provocar mudanças socioeconômicas no Brasil.

Em média, o jovem brasileiro, ao completar 15 anos, não chega a ter quatro anos de escolaridade (menos da metade do jovem japonês) e com apenas 3,5 horas por dia (menos que as 4 horas que, por lei, seriam obrigatórias). É importante lembrar que o desenvolvimento econômico e social de um país depende cada vez mais do domínio da ciência e da tecnologia, e estas, por sua vez, dependem da educação. Somente a educação será capaz de provocar as mudanças socioeconômicas de que o Brasil tanto necessita. Entristece ver que os governos investem tão pouco em educação básica, mas que o governo federal gasta, com juros da enorme dívida interna (que, no início de 2009, se aproximavam de R$ 1,4 trilhão), mais de R$ 150 bilhões por ano (algo como 10 vezes mais do que investe em educação). É claro que os bancos agradecem penhoradamente! Ou seja, dinheiro existe, mas não para a educação. É uma pena.

f) *Custo Brasil elevado*. Por 'custo Brasil' entende-se um conjunto de gastos em que incorrem as empresas que têm suas plantas industriais e comerciais instaladas no país e cujos valores são muito maiores do que aqueles em que incorrem empresas semelhantes instaladas em outros países. Basicamente, podem-se incluir esses custos em três grandes grupos: os ligados à infra-estrutura, os de origem tributária e os relacionados à questão monetária.

Os custos que têm origem na infra-estrutura são transporte, portos, telecomunicações, para citar os principais. Na questão do transporte, o Brasil, infelizmente, merece o livro dos recordes (negativos) pelo simples fato de ter, historicamente, optado pelo transporte rodoviário como seu principal meio, que é o segundo mais caro, perdendo apenas para o transporte aéreo. Isso faz com que os custos de transporte encareçam em demasia. Os meios ferroviário e fluvial (sem falar na enorme costa marítima que este país tem) praticamente não foram explorados e só recentemente, por causa da privatização, tem ocorrido algum avanço, mas ainda há muito a ser feito. Apenas para fins de comparação: com praticamente a mesma dimensão dos Estados Unidos, o Brasil tem cerca de 22 mil quilômetros de ferrovias (a maioria da época do Império), enquanto os Estados Unidos dispõem de mais de 300 mil quilômetros. Por falar em ferrovias, o que dizer da mistura de bitolas largas (para altas velocidades) e bitolas estreitas (para velocidades reduzidas), estas usadas principalmente perto da fronteira com a Argentina, a fim de dificultar uma possível invasão no caso de uma eventual guerra com os platinos? E o que dizer das inacabadas ferrovias Madeira–Mamoré ou Ferrovia do Aço? Os Estados Unidos utilizam o rio Mississippi, por meio do qual exportam mais de 100 milhões de toneladas de grãos (produzidos no Meio-Oeste, o famoso *corn belt*), há mais de cem anos, enquanto, apenas recentemente, descobrimos que o rio Madeira (interligando Rondônia e região ao rio Amazonas e, portanto, ao oceano Atlântico) poderia ser um excelente e barato meio de transporte de grãos das novas fronteiras agrícolas.

> O custo Brasil, que reduz a competitividade do país, centra-se na infra-estrutura deficiente e cara e nos impostos (mais de R$ 1 trilhão por ano) e juros elevados.

Ainda quanto aos custos ligados à infra-estrutura, tem-se os portos,[4] cujos custos, comparados com portos de outros países, são muito maiores. Basta citar o caso dos práticos (técnicos especializados na orientação do atracamento dos navios), que, para cada navio que atraca, cobram cerca de US$ 4 mil; em Paranaguá, existem dezoito práticos, cujos salários médios ultrapassam R$ 40 mil por mês. No caso das telecomunicações, citemos apenas os telefones, que até há poucos anos eram considerados um bem de investimento e custavam, em Curitiba, cerca de R$ 3 mil. Ora, uma empresa que necessitasse de 50 linhas telefônicas teria de investir R$ 150 mil, enquanto uma empresa semelhante instalada nos Estados Unidos necessitaria de apenas US$ 2 mil. Felizmente, essa questão melhorou muito no Brasil nos últimos anos.

Os custos Brasil relacionados à questão tributária prejudicam muito as empresas brasileiras. Afinal, conforme já foi mencionado, são mais de 50 impostos e contribuições, que juntos representam mais de um terço do produto interno bruto, quando se poderia ter menos de dez impostos e contribuições. Os brasileiros pagam mais de R$ 1 trilhão por ano em impostos.

Por último, mas não menos importantes, estão os custos ligados aos juros (questão de origem monetária), que se encontram entre os mais elevados do mundo. Enquanto uma empresa nos Estados Unidos consegue recursos financeiros para o investimento com juros em torno de 4% ao ano, no Brasil, uma empresa concorrente tem de pagar quase essa taxa por mês.

Em suma, o custo Brasil, por ser tão elevado, reduz a competitividade das empresas brasileiras no exterior, e isso explica, em grande parte, por que o nosso país exporta menos de US$ 200 bilhões por ano, enquanto a China, que há 20 anos exportava menos que o Brasil, exportou em 2008 mais de US$ 1,2 trilhão, sem contar Hong Kong (cidade com menos de 7 milhões de pessoas), que exporta mais do que o Brasil. Assim, reduzir o custo Brasil é exportar mais, gerar mais empregos, maior renda e mais impostos aqui dentro.

12.5 INDICADORES DA ECONOMIA BRASILEIRA

> Indicadores são algumas variáveis que sofrem influências das políticas econômicas adotadas pelo governo, as quais afetam tanto as empresas como os consumidores.

Por **indicadores** entendem-se algumas variáveis que sofrem influências das políticas econômicas adotadas pelo governo, as quais afetam tanto as empresas como os consumidores. Para melhor compreensão, vamos separar esses indicadores em internos e externos. Como indicadores internos (aqueles que têm influência apenas dentro do país), tem-se: a inflação, o produto interno bruto, o déficit público (que é crônico) e a dívida interna do setor público. Entre os indicadores externos, podemos citar: a balança comercial (diferença entre a exportação e a importação), o balanço de pagamentos (que mede contabilmente as transações econômicas que o Brasil faz com o restante do mundo), a taxa de câmbio, os investimentos estrangeiros e a dívida externa. Portanto, as variáveis de cada um dos indicadores são:

- internas: inflação, PIB, déficit público, dívida interna

- externas: balança comercial, balanço de pagamentos, câmbio, investimentos estrangeiros, dívida externa

A seguir, faremos considerações sucintas sobre cada uma dessas variáveis.

12.5.1 Inflação

Como sabemos, a partir de 1983, a inflação no Brasil passou a ser um problema crônico. De 1986 a 1991, foram tentados cinco planos (Cruzado, Bresser, Verão, Collor I e Collor II)

---

4 O Brasil tem cerca de 40 portos, sendo 25 administrados pela União, 14 administrados por estados e municípios e um administrado pela iniciativa privada.

para combatê-la, todos fracassados. Basicamente, esses cinco planos tinham em comum dois fatores: tabelamento (ou seja, congelamento de preços) e economia fechada. O tabelamento gera insatisfação (por causa da falta de produtos, o que não atende às necessidades de todos os consumidores), criando as condições para o ágio (preços cobrados pelos comerciantes acima do nível tabelado). Com a economia fechada, os oligopólios (poucas, mas grandes empresas dominando um determinado setor), em geral, fazem conluio (acordo) para subir os preços, inviabilizando, assim, o plano de estabilização.

O Plano Real, concebido em abril de 1994, foi o único que não se baseou em tabelamento. Os preços foram controlados em razão da abertura da economia, o que possibilitou as importações (choque de oferta, conforme já referido anteriormente), dificultando o repasse de preços para os consumidores. O sucesso no combate à inflação no Brasil, a partir de 1994, é indiscutível: a inflação mensal, que era de 30%, está agora abaixo de 1%. Nos últimos cinco anos, a inflação anual ficou abaixo de 10%, sendo que em 1998 foi de aproximadamente 2%. Para 2003, a meta acordada com o FMI era inferior a 10%. Assim, entre 'o que era e o que é' (em termos de inflação), houve mudança radical e positiva.

A Tabela 12.1 mostra que, apesar do razoável controle da inflação no Brasil, a partir de 1995, houve descontrole dos preços de bens e serviços administrados pelo setor público, chegando em alguns casos a mais de 500%, para uma inflação oficial que não chegou nem à metade.

12.5.2 Produto Interno Bruto (PIB)

O PIB brasileiro (que é o valor monetário agregado de toda a riqueza gerada no país durante um determinado período, um ano, por exemplo), em dezembro de 2008, estava ao redor de R$ 2,9 trilhões, ou seja, próximo a US$ 1,3 trilhão por ano, o que é um pouco mais que o faturamento das três maiores empresas do mundo: Wal-Mart, GM e Exxon. Tendo em vista que o Brasil tem um crescimento populacional elevado (próximo a 1,2% ao ano), há necessidade de seu PIB crescer a taxas elevadas: o ideal seria de 7% a 8% ao ano, como ocorreu nas décadas de 1960 e 1970.

Em termos de crescimento do PIB brasileiro, pode-se dizer que houve três fases bem distintas:

TABELA 12.1 — Comparação da inflação com o aumento de preços de outros produtos e serviços no Brasil — 1995-2002

AUMENTO DE PREÇOS	1995-2002 (%)
Inflação (IPCA)	100
Preços administrados	228
Gás de cozinha	563
Linhas de telefone fixo	509
Eletricidade	262
Gasolina	261
Ônibus urbano	217
Seguro de saúde	192
Tarifa de água e esgoto	175

Fonte: IBGE

a) A primeira, que vai da década de 1950 à de 1980, período em que o Brasil cresceu a uma taxa média de 7,4% ao ano (exceto no triênio 1963-1965, quando foi de 2,1% ao ano), sendo a mais alta em todo o mundo, cuja média internacional foi de 3,2 % ao ano.

b) A segunda, que vai de 1980 a 1993, tendo sido a pior da nossa história, uma vez que a economia do país cresceu a uma taxa média de apenas 1,7% ao ano (é importante dizer que essa taxa era levemente inferior ao crescimento demográfico da época, o que significou uma queda do produto *per capita*, sendo por isso que muitos afirmam que a década de 1980 foi a 'década perdida').

c) A terceira, que é a mais recente, a partir de 1994, ou seja, a fase do Plano Real, em que o país tem crescido a uma taxa média em torno de 4% ao ano, o que é pouco para as condições nacionais — esperava-se que em 2008 o país voltasse a crescer acima de 5% ao ano para poder reduzir os níveis de desemprego, que estão muito altos, mas a crise financeira mundial se agravou e o crescimento brasileiro deve continuar muito aquém de seu potencial e das necessidades do país.

A Figura 12.2 mostra que, quanto maior for o crescimento da economia, menor será a taxa de desemprego do país.

12.5.3 Déficit público

O *déficit* resulta do fato de os gastos do governo serem maiores que a arrecadação tributária, ou seja, falta dinheiro para cobrir todas as despesas do governo.

O leitor deste livro, após ter estudado o Capítulo 8, está capacitado a fazer a distinção entre déficit (ou superávit) no conceito primário e no conceito operacional. Mensalmente,

FIGURA 12.2 Relação entre o crescimento do PIB e a taxa de desemprego no Brasil — 1993-2002

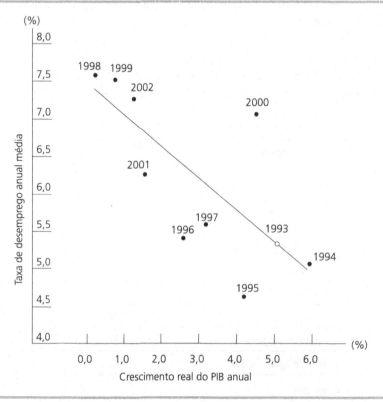

o governo brasileiro vem alardeando que tem conseguido superávit fiscal. Esse tal superávit existe no conceito primário, ou seja, a arrecadação tem sido suficiente para cobrir as despesas, sem considerar os gastos com o pagamento de juros das dívidas internas e externas, cujo montante é elevadíssimo. Já no conceito nominal, estão incluídos os pagamentos de juros das dívidas — nominalmente falando, sempre há déficit. Por exemplo, em 2008, o governo brasileiro fez ampla divulgação de ter conseguido um superávit (no conceito primário, é claro) de R$ 118 bilhões, mas, como teve de pagar R$ 162 bilhões de juros, pode-se dizer que, na verdade, houve déficit (no conceito nominal) de R$ 44 bilhões (ou seja, R$ 3,7 bilhões por mês). Pode-se dizer que o atual governo está 'trabalhando' para pagar juros (afinal, na média do decênio 1999-2008, o valor corresponde a R$ 350 milhões por dia), enquanto alega que não há recursos suficientes para a educação e para a saúde. Em 2008, a média diária de pagamento de juros do governo brasileiro foi ao redor de R$ 444 milhões.

Somente com a aprovação das reformas fiscais (tributária, previdenciária, administrativa e patrimonial), que estão tramitando no Congresso Nacional há vários anos, seria possível fazer o equilíbrio das contas do setor público, ou seja, eliminar o déficit público nominal. Quanto à reforma tributária, por exemplo, espera-se que o Brasil venha a adotar um sistema que puna efetivamente a sonegação, que a base de contribuição seja ampliada (que todos paguem e não soneguem), mas que, individualmente, todos paguem menos. Para tanto, basta instalar o chamado cupom fiscal (máquinas registradoras) em todos os estabelecimentos (pessoas físicas e jurídicas) e colocar o imposto sobre movimentação financeira à disposição da Receita Federal, para identificar os sonegadores. O Brasil tem mais de 50 tipos de impostos e contribuições, os quais já 'consomem' 37% do PIB, sendo esse um dos maiores percentuais no mundo. Com a reforma tributária, talvez seja possível ter menos de dez impostos e contribuições.

12.5.4 Dívida interna

Por causa do déficit público crônico, a dívida interna vem crescendo assustadoramente. A razão é simples: como há déficit, o governo procura financiá-lo vendendo títulos públicos (papéis que o setor privado adquire do governo, os quais rendem juros; isso constitui, na verdade, um tipo de aplicação para pessoas e empresas) e, com essa operação, o governo cria a dívida, que será paga nos períodos (meses ou anos) seguintes.

Com relação à *dívida interna*, sua evolução ao longo dos últimos anos foi a seguinte: o bloqueio dos cruzados, praticado no início do governo Collor, contribuiu substancialmente para reduzir a dívida interna, que havia subido de US$ 54,3 bilhões em 1987 para cerca de US$ 100 bilhões em 1989. Ao final de 1990, o valor da dívida interna pública federal havia caído para US$ 71 bilhões, e em dezembro de 1992 era de US$ 57,6 bilhões. Essa redução foi alcançada pelo alongamento compulsório do prazo médio dos papéis em circulação e pela redução nos encargos financeiros correspondentes. Nos últimos anos, porém, a dívida do governo federal no mercado financeiro (dívida mobiliária) voltou a subir substancialmente, saindo de R$ 60 bilhões em setembro de 1993 para mais de R$ 800 bilhões em dezembro de 2002 (final do governo FHC), e continuou crescendo no governo Lula (em torno de R$ 1,4 trilhão em dezembro de 2008).

Historicamente, a dívida interna brasileira tem como principal origem o déficit público. Na década de 1980 e início da de 1990, além do déficit público, duas outras fontes alimentaram o crescimento da 'nossa' dívida interna: o superávit da balança comercial (no período de 1983-1994, conforme já citado, os saldos positivos acumulados totalizaram US$ 145 bilhões, o que, em parte, forçou a emissão de moeda para a troca pelos dólares gerados pelas exportações) e a própria dívida externa (forçado a adquirir mais dólares, o governo o fazia vendendo títulos públicos). Se, historicamente, o déficit crônico gerou a dívida interna, nos últimos anos, pode-se dizer que a dívida interna (devido ao pagamento de juros) está gerando déficit.

> Entre os piores indicadores da economia brasileira estão o déficit nominal e a dívida interna.

Capítulo 12 – Brasil: economia e sociedade **241**

A explosão do endividamento do governo federal brasileiro constitui uma rentável fonte para os bancos. Cerca de 40% da receita total dos bancos no Brasil, em média, vem de 'investimentos' em títulos da dívida mobiliária, em comparação com 22,5% em 1994. É importante registrar que entre os principais compradores dos títulos públicos estão: os bancos (carteira própria); os fundos de investimento financeiro; os depósitos compulsórios (retidos no Bacen) e judiciais; as empresas e as pessoas físicas.

12.5.5 Balança comercial

> Balança comercial é a diferença entre o valor global das exportações e das importações de mercadorias.

Por **balança comercial**, conforme explicado no Capítulo 10, compreende-se a diferença entre o valor global (em dólares) das exportações e o das importações. Já se mencionou também que o Brasil, que teve um enorme superávit na balança comercial (em torno de US$ 145 bilhões) na década de 1980 e até 1994, apresentou um déficit de aproximadamente US$ 25 bilhões no período de 1995 a 2000, para voltar a ter superávit somente em 2001 (US$ 2,6 bilhões). Em 2006, a balança comercial teve um superávit de US$ 46 bilhões, o que foi um recorde histórico, caindo nos dois anos seguintes: 2007 foi de US$ 40 bilhões e em 2008 foi de US$ 24,7 bilhões.

É importante registrar que foi no período de superávit comercial (até 1994) que o Brasil enfrentou seus maiores problemas: inflação, desemprego, dívida externa e recessão. Entretanto, no período de 1995 a 2000, o de déficit na balança comercial, tivemos as maiores mudanças na economia brasileira (conforme foi mencionado na Seção 12.5.1), ou seja, apesar do déficit (por causa do aumento nas importações), o país melhorou: inflação baixa, maior competitividade, maior produtividade da indústria, melhoria da qualidade dos produtos, entre outras tendências.

12.5.6 Balanço de pagamentos

O balanço de pagamentos, que apresenta contabilmente as transações econômico-financeiras de um país com o restante do mundo, tem três importantes componentes: a balança comercial, a balança de serviços e a balança ou o movimento de capitais, além das transferências unilaterais. Embora a mídia dê maior espaço para a balança comercial, é preciso deixar claro que o maior problema no balanço de pagamentos do Brasil advém do déficit, historicamente crônico, na balança de serviços — de um patamar em torno de US$ 15 bilhões no início da década de 1990, o déficit, a partir de 1994, aumentou para um nível próximo a US$ 30 bilhões. Nos dois últimos anos, o déficit aumentou muito: foi de US$ 42,5 bilhões em 2007 e alcançou o recorde de US$ 57,3 bilhões em 2008.

Conforme registrado no capítulo anterior, o déficit das transações correntes (que é a soma da balança comercial, da balança de serviços e das transferências unilaterais), que vinha crescendo a partir de 1995 (de US$ 18,4 bilhões em 1995 para US$ 33,4 bilhões em 1998), passou a decrescer a partir de 2002, voltou a ficar positivo no qüinqüênio 2003-2007, mas, em 2008, ficou negativo em US$ 28 bilhões.

O Balanço de Pagamentos do país encerrou 2008 com superávit de US$ 2,969 bilhões, resultado bem inferior aos US$ 87,484 bilhões apurados em 2007, sendo que a conta de capital e a financeira em 2008 foi positiva em US$ 32,986 bilhões.

12.5.7 Câmbio

A taxa de câmbio, como já mencionado, é o preço, em moeda corrente nacional, de uma unidade de moeda estrangeira. Assim, quando se diz que o câmbio está em 2,30, significa que são necessários R$ 2,30 para trocar (ou comprar) um dólar, por exemplo. Por meio da taxa de câmbio, que indica quantos reais são necessários para comprar um dólar ou outra moeda, pode-se estimular a exportação (**E**) e desestimular a importação (**M**), ou

242   Economia: fundamentos e aplicações

vice-versa. A determinação da taxa de câmbio pode ocorrer por interferência direta das autoridades econômicas ou não. Com a interferência governamental, o Brasil experimentou, nos últimos 15 anos, dois tipos diferentes de condução da política cambial. Até o início de 1990, o Banco Central exerceu um poder absoluto ao fixar a taxa de câmbio sem nenhuma consulta ao mercado, determinando-a diretamente. A partir de 1990, houve uma interferência relativa do governo, que permitiu a flutuação da taxa, mas dentro de certos limites, como foi o caso do sistema de bandas, que funcionou de 1995 até meados de janeiro de 1999. A partir de então, a política cambial brasileira passou a sofrer menos interferência governamental, uma vez que o câmbio flutua livremente. A interferência do governo ocorre normalmente como em qualquer país desenvolvido.

Na questão cambial (leia-se: a política de taxa de câmbio), pode-se dizer que o Brasil, desde janeiro de 1999, vem tendo uma política bastante acertada, ao contrário do que foi praticado na Argentina, onde o peso foi fixado ao dólar, na proporção de um para um, de 1991 até o início de 2002. Em meados de 2008, a taxa de câmbio estava abaixo de R$ 1,60, mas a partir de agosto subiu rapidamente e no final de abril de 2009 estava ao redor de R$ 2,20.

12.5.8 Investimentos estrangeiros

Por um longo período, praticamente não existiu o ingresso do capital estrangeiro para investimentos no Brasil. Basta dizer que, em todos os anos de 1980 até 1994, o país recebeu sempre menos de US$ 2 bilhões por ano em investimentos estrangeiros, sendo que, em todo o período de 1982 a 1991, foram apenas US$ 6,2 bilhões, porque não se acreditava no país. Entretanto, a partir de 1993, o volume de recursos voltou a crescer substancialmente: em 2000, o Brasil recebeu US$ 32 bilhões. Nos últimos seis anos (2003-2008), o Brasil recebeu cerca de US$ 145 bilhões de investimentos estrangeiros, passando a figurar entre os países que mais receberam esses investimentos. Em 2008, como já mencionado, o Brasil recebeu o valor recorde de R$ 45 bilhões em investimentos estrangeiros. Considerando que o Brasil tem baixo nível de poupança, o que inibe os investimentos, é fundamental que os investimentos estrangeiros no setor produtivo nacional ocorram para acelerar o crescimento brasileiro.

12.5.9 Dívida externa

Em dezembro de 1995, a dívida externa total era de US$ 129 bilhões, dos quais US$ 95,1 bilhões (73,6%) pertenciam ao governo e US$ 34,2 bilhões ao setor privado. Cabe ressaltar que, na década de 1990, não houve aumento da dívida externa do setor público, mas sim do privado. Basta dizer que, em dezembro de 1990, a dívida total era de US$ 96,5 bilhões (US$ 86,9 bilhões, ou seja, 90,1%, eram do governo, enquanto o setor privado era responsável por apenas US$ 9,5 bilhões, ou seja, 9,9%). Em dezembro de 1996, a dívida externa se situava em US$ 179 bilhões; em dezembro de 1997, estava em US$ 200 bilhões; e, em dezembro de 1999, era de US$ 227 bilhões, sendo que 40,8% (US$ 92,6 bilhões) pertenciam ao setor público e quase 60% (US$ 130,4 bilhões) ao setor privado, ou seja, o perfil da dívida, em termos de responsabilidade, mudou significativamente. Em dezembro de 2008, a dívida externa brasileira estava ao redor de US$ 200 bilhões, ou seja, em um nível muito próximo ao das reservas internacionais.

> Entre os indicadores positivos da economia brasileira, estão a inflação e os investidores estrangeiros.

Resumindo, eis alguns indicadores econômicos do Brasil (valores aproximados):

- PIB (produto interno bruto) = próximo a R$ 3,0 trilhões

- Exportações brasileiras = próximo a US$ 200 bilhões

Capítulo 12 – Brasil: economia e sociedade **243**

- Importações = em torno de US$ 175 bilhões

- Dívida externa brasileira = US$ 200 bilhões

- Dívida total do setor público = R$ 1,4 trilhão

- Investimentos estrangeiros no Brasil = US$ 45 bilhões, em 2008 (valor recorde)

RESUMO

Os principais pontos a serem destacados neste capítulo são:

1. O Brasil foi um dos países que mais cresceu nos decênios de 1960-1980. A partir de 1980, entretanto, a taxa de crescimento ficou muito aquém do potencial e das necessidades do país.

2. Pode-se dizer que, desde o início da década de 1990, cinco processos estão em andamento na economia brasileira: globalização, abertura da economia, estabilização dos preços (leia-se: inflação mais controlada), privatização e crescente conscientização do consumidor brasileiro. Todos esses processos, juntos, têm provocado mudanças significativas na economia e na sociedade do país.

3. Entre os principais problemas estruturais brasileiros, encontram-se: nível educacional, distribuição de riquezas (renda), distribuição de terras, ineficiência, mentalidade, baixo investimento em ciência e tecnologia e custo Brasil.

ATIVIDADES DE FIXAÇÃO: TESTE SUA APRENDIZAGEM

Caro leitor, procure desenvolver as seguintes questões, pois assim você estará fazendo uma revisão de sua aprendizagem:

1. Descreva as bases do capitalismo brasileiro no período que vai de 1930 ao início da década de 1990.

2. De que maneira essas bases mudaram na década de 1990? Quem mais se beneficiou com essas mudanças e por quê?

3. Discorra sobre os cinco processos em andamento na economia brasileira na década de 1990.

4. Cite outras mudanças, além das já citadas, que vêm ocorrendo no Brasil mais recentemente e têm melhorado a vida das pessoas.

5. Diz-se atualmente que o baixo crescimento econômico brasileiro se deve à pequena poupança (porque a renda é baixa), que não permite maiores níveis de investimentos. Como você explica, então, a elevada taxa de crescimento econômico brasileiro na segunda metade da década de 1960 e em grande parte da década de 1970, considerando que a poupança naquela época era menor do que é hoje?

6. Quais foram os principais erros do governo brasileiro no período de 1974 a 1979 (lembre-se de que há fundamentalmente dois)?

7. O que o governo brasileiro deveria ter feito quando os Estados Unidos elevaram os juros, no início da década de 1980, levando em conta que, na época, o Brasil, por causa da Guerra Fria, tinha maior importância do que tem hoje?

8. Quais os maiores acertos do governo brasileiro, sob o ponto de vista de decisão econômica, em face do aumento no preço do petróleo?

9. "Os três tipos de problemas de distribuição. É por eles que se diz que o Brasil é um país injusto." Discuta essa frase.

244   Economia: fundamentos e aplicações

10. "A educação é a única alternativa para resolver o problema social do Brasil." Comente essa frase.

11. "O custo Brasil reduz a competitividade brasileira no exterior, sendo uma das principais causas de o país exportar apenas US$ 60 bilhões por ano." Discuta essa afirmação.

12. Comente a evolução dos principais indicadores internos, principalmente, comparando as mudanças ocorridas na década de 1990 (entre os indicadores existentes no início de 1990 e os existentes agora, no início do novo milênio).

13. Faça o mesmo relativamente aos indicadores externos.

capítulo 13

Direito e economia

Fernando Muniz Santos[1]

São inúmeras as possibilidades de diálogo entre o direito e a economia; afinal, ambos tratam do fenômeno da escassez, embora cada qual à sua maneira: a economia, como foi observado, estuda as escolhas que as pessoas fazem em face da escassez; o direito, por sua vez, visa a prevenir ou a remediar conflitos que, na grande maioria das vezes, ocorrem exatamente em conseqüência da escassez de bens aptos a suprir as necessidades das pessoas.

Como bem apontam Cooter e Ulen (1998, p. 13), a economia pode auxiliar os operadores do direito (advogados, juízes, promotores, legisladores, administradores públicos) em sua busca por respostas a questionamentos acerca de como determinada pena coibirá ou não efetivamente a prática de um delito, de como a responsabilização de uma empresa por um produto ou serviço defeituoso terá ou não reflexos duradouros no preço final do produto (ou na garantia de sua qualidade para o consumo) ou, ainda, de como determinado incentivo fiscal contribui para reduzir a sonegação fiscal (ou se a promove), entre vários outros aspectos que se manifestam no cotidiano das atividades dos tribunais, da estruturação de negócios jurídicos, da elaboração de leis e da promoção de políticas públicas.

Entre os vários pontos de contato possíveis, é fato que, a partir do momento em que se considera a sanção legal como um preço a ser pago pelo indivíduo pela prática de ato ilícito, ou mesmo uma recompensa pela prática de ato incentivado por meio de leis, o binômio *sanção = preço* aproxima a economia do direito, e vice-versa, tornando possível o diálogo entre esses campos do conhecimento.

Cooter e Ulen (1998, p. 13) expõem que a economia conta com teorias matematicamente precisas (teoria dos preços e teoria dos jogos), bem como com métodos empiricamente razoáveis (estatística e econometria), para analisar os efeitos dos preços sobre o comportamento.

O fato de um indivíduo optar pela prática de uma conduta ilícita em detrimento de outra, considerada lícita, está relacionado, muitas vezes, às vantagens que ele obterá *em face do comportamento alternativo*. Ora, uma vez que o indivíduo aceite o *risco* de sofrer a sanção pelo ato ilícito, permite-se toda espécie de análises, não só a respeito da aplicabilidade de dispositivos legais à conduta submetida a julgamento, *mas também a respeito de quais foram os fundamentos para o indivíduo efetuar a escolha*.

A economia, nesse caso, encontra fácil recepção, visto que oferece ao operador do direito uma teoria do comportamento humano apta a prognosticar (ou compreender) como os indivíduos respondem ante o preço ou, em outras palavras, ante a expectativa

---

1 Este capítulo foi escrito pelo professor Fernando Muniz Santos, doutor em direito pela UFPR.

de sanção ou de recompensa. Assim, diversos conceitos como *valor, custo, oferta, demanda, utilidade, eficiência,* entre muitos outros fornecidos pelas teorias econômicas, servem como ferramentas analíticas que conferem alto rigor à investigação dos fatos sujeitos aos dispositivos legais.

Direito e economia ainda dialogam cotidianamente em situações como as que envolvem a elaboração e a execução de contratos. A celebração de um contrato sem prévia investigação dos *riscos* a que se submetem as partes, dos *custos* decorrentes da adversidade esperada e das *garantias* que podem ser licitamente exigidas para mitigar ou afastar os riscos identificados é fato mais do que usual na rotina de trabalho de operadores jurídicos, como os advogados. O que tais operadores aprendem, muitas vezes, por meio da experiência (e de reveses que podem significar a ruína de seus clientes) encontraria maior respaldo, caso fosse utilizado com maior freqüência o arsenal teórico das denominadas *análises de custos* ou *análises de risco,* por exemplo.

Os raciocínios econômicos, aliás, auxiliam não apenas a aplicação da lei, mas também sua *elaboração.* Uma vez que a análise econômica centraliza sua atenção nos comportamentos *antes* de eles ocorrerem, as conseqüências possíveis da aplicação de sanções podem ser avaliadas no momento em que se está debatendo a respeito da viabilidade (ou não) da promulgação de determinada lei. Os debates legislativos, portanto, teriam muito a ganhar, caso os projetos de lei em tramitação nos parlamentos fossem submetidos com freqüência a uma avaliação dos potenciais efeitos das sanções neles previstas sobre os comportamentos que se pretende normatizar por meio das leis.

Mas as possibilidades de diálogo entre direito e economia não se resumem ao que foi exposto. O acentuado apuro terminológico das construções teórico-jurídicas pode auxiliar a atividade cotidiana do economista, de diversas maneiras. É plausível afirmar que as palavras, a matéria-prima dos operadores do direito, recebem destes um tratamento rigoroso. Isso porque as palavras comportam distintos significados possíveis, e a incerteza quanto ao significado de termos pode potencializar, muito mais que diminuir, os conflitos sociais.

Assim, as elaborações teóricas do direito a respeito de institutos como propriedade, família, empresa, contrato, responsabilidade, dano, vício, entre muitos outros, além de auxiliar os operadores do direito a resolverem conflitos, são de grande valia ao economista, que, muitas vezes, não se preocupa com a precisão terminológica desses conceitos. O emprego de termos como *contrato,* por exemplo, de modo pouco técnico pode prejudicar a construção de modelos e cenários econômicos, distanciando-os da realidade (Cooter e Ulen, 1998, p. 19).

Apesar de tais possibilidades, até o início da década de 1960, a utilização da economia pelos operadores do direito estava circunscrita à compreensão do funcionamento dos mercados e da formação de monopólios e oligopólios, no âmbito do direito antitruste (Posner, 1999, p. 25). Os casos levados a julgamento pelas cortes norte-americanas serviam como uma fonte valiosa de informações para os economistas compreenderem as razões e conseqüências legais das práticas monopolísticas, e, uma vez compreendidas, as conclusões dos economistas freqüentemente influenciavam a elaboração de leis ou mesmo a elaboração teórica, pelos juristas, do direito antitruste.

O *turning point* no que se refere às especulações econômicas no campo do direito se deu a partir de um trabalho de Ronald Coase (Prêmio Nobel de Economia em 1991), o qual, no texto *The problem of social cost* (O problema do custo social), de 1960, discutiu as implicações econômicas da condenação de uma fábrica poluidora a ressarcir seus vizinhos dos danos que causou. Suas conclusões nesse trabalho acabaram por se tornar conhecidas como o teorema de Coase, objeto de intensas discussões desde então.

A partir do trabalho de Coase (1998), o estudo de institutos jurídicos à luz da economia estendeu-se para a prática de delitos, discriminação racial, casamento e divórcio, falências e concordatas etc., tornando-se disciplina comum nas faculdades norte-americanas, sob o nome de 'Direito e Economia' ou 'Análise Econômica do Direito'.

248   Economia: fundamentos e aplicações

Aliás, o sucesso dessa especulação multidisciplinar nos Estados Unidos deve-se precisamente à qualidade 'prognosticadora' da economia no tocante às conseqüências da aplicação do direito, que faz todo sentido em um sistema do direito como o norte-americano, com base em *precedentes judiciais*, sentenças que servem como diretrizes para a tomada de decisões judiciais futuras.

Uma vez que o juiz deve considerar muito seriamente o provável impacto de decisões judiciais no comportamento das pessoas — pois uma sentença leviana pode, às vezes, servir como incentivadora, muito mais que repressora, de comportamentos lesivos —, a economia e o rigor de suas construções teóricas auxiliam quem vai decidir o caso concreto a optar por uma decisão com a menor probabilidade de gerar efeitos negativos, especialmente em casos altamente complexos (Posner, 1999, p. 28).

Mas isso não significa que o diálogo entre direito e economia não seja possível em países filiados ao sistema de direito romano-germânico (como o Brasil), que se baseia na *lei* como fonte primordial do direito. Tendo em vista que os diplomas legais são elaborados com *palavras*, não com fórmulas matemáticas, as distintas *interpretações* dadas ao texto legal e construídas por juízes, advogados ou promotores podem ou não acarretar conseqüências desastrosas, comprováveis em termos econômicos.

Uma vez que a economia trata de estudar a escassez e o modo pelo qual os indivíduos se comportam ante seu espectro, é extremamente profícuo o diálogo entre direito e economia, especialmente no momento em que, a pretexto de solucionar determinado conflito, diversas interpretações possíveis podem ser dadas aos dispositivos legais aplicáveis ao caso. A economia e seu instrumental teórico transcendem o papel de investigar a sanção enquanto preço e permitem ao operador do direito vislumbrar as conseqüências da adoção de determinada interpretação em detrimento das outras, o que amplifica o papel do operador do direito de mero aplicador das leis para alguém que *opta*, consciente e consistentemente, por uma solução em vista dos resultados esperáveis.

Assim, a análise econômica pode servir como baliza, parâmetro e auxílio na tarefa de formação dos argumentos jurídicos, mesmo em um sistema jurídico com base na lei, não no precedente judicial, como o brasileiro. Todavia, apesar do rigor teórico ofertado pela economia, não se pode esquecer de que o direito está construído sob premissas *distintas* das que animam a economia.

O operador do direito, ao elaborar seus argumentos em face de um caso concreto, muitas vezes efetua considerações valorativas ou distributivas, de cunho ético e moral, freqüentemente sob o manto da *justiça* ou *eqüidade*, as quais encontram respaldo em leis e na própria Constituição do país, mas que podem se afastar de premissas como utilidade ou eficiência, invocadas em geral pelos economistas para justificar seus raciocínios (Salomão F., 2001, p. 11-12).

Em outras palavras, para o juiz, nem sempre é eticamente justificável (ou mesmo justo) o que é eficiente ou útil para o economista, levando-se em consideração o caso concreto. Tal peculiaridade do pensamento jurídico não pode ser suprimida, sob pena de se submeter, literalmente, o raciocínio jurídico a premissas divorciadas da própria função social que o direito cumpre. Premissas essas que, muitas vezes, significam proteger determinado agente econômico mesmo à custa da maximização geral da riqueza. Afinal, a satisfação da escassez não se despede (e não é justificável que se despeça) da investigação ética a respeito de como essa escassez é satisfeita.

Em última análise, a relação entre direito e economia se torna frutífera caso seja *complementar*, com um campo do conhecimento suprindo o outro em suas eventuais limitações, sem reduzir uma disciplina em benefício da outra.

Glossário

Balança comercial É a diferença entre o valor global das exportações e das importações de mercadorias. Historicamente, o Brasil tem superávit na balança comercial, exceto no período de 1995 a 2000, quando decidiu abrir sua economia. A partir de 2001, o superávit voltou, aumentou até o máximo de US$ 46,4 bilhões em 2006, para decrescer nos anos seguintes.

Balança de capitais Engloba os investimentos, empréstimos e financiamentos de curto, médio e longo prazos e amortizações de um país com o restante do mundo.

Balança de serviços É a diferença entre o valor global de tudo o que um país exporta e importa de serviços, incluindo fretes, seguros, viagens internacionais, turismo, rendas de capital, como lucros, e juros. Historicamente, o Brasil apresenta déficit na sua balança de serviços, que tem sido crescente.

Balanço de pagamentos É um resumo contábil das transações econômicas de um país com o restante do mundo durante certo período de tempo. Os componentes do balanço de pagamentos são: a balança comercial, a balança de serviços, a balança ou movimento de capitais e as transferências unilaterais (que se referem ao fluxo de recursos provenientes de pessoas que trabalham fora do país).

Bens São os produtos (que são meios de satisfação das necessidades humanas) tangíveis provenientes das atividades produtivas (agropecuária, indústria de transformação e da construção civil).

Breakeven point É conceituado como o nível de produção e vendas (q) em que o custo total (incluindo os custos fixos e variáveis) se iguala à receita total, ou seja, é o ponto de lucro zero.

Capital Como um fator de produção, o capital abrange todos os meios materiais produzidos pelo homem e que são usados na produção. Inclui o conjunto de riquezas acumuladas por uma sociedade, tais como: infra-estrutura econômica e social, construções e edificações, equipamentos de transporte, máquinas e equipamentos, e matérias-primas ou insumos.

Capitalismo É um tipo de sistema econômico que depende das forças de mercado para determinar os preços, alocar os recursos e distribuir a renda e a produção. No capitalismo, quem comanda a economia são as forças de demanda e de oferta. A propriedade privada dos fatores, a competição e o lucro fazem parte do capitalismo.

CDB São os Certificados de Depósitos Bancários controlados pela Central de Custódia e de Liquidação de Títulos (Cetip), ou seja, são títulos que os bancos emitem com o objetivo de captar dinheiro para suas operações de empréstimos para empresas e pessoas físicas.

Competição monopolística Esta estrutura de mercado é determinada pela existência de muitos vendedores em um dado mercado, e o produto de cada um deles é, de algum modo, diferente. Há um número suficiente de produtores, de tal modo que as ações de um não influenciam significativamente o preço ou a quantidade vendida pelos outros.

Competitividade Diz respeito à capacidade de uma empresa ser competitiva. Para ser competitiva, uma empresa precisa ter três elementos: maior produtividade dos fatores de produção, menor custo unitário e qualidade dos produtos e serviços.

Concorrência perfeita ou competição perfeita É o mesmo que concorrência pura, à qual se adiciona apenas a condição de perfeito conhecimento das informações.

Concorrência pura Um mercado em competição pura apresenta: grande número de compradores e vendedores, produto homogêneo, ausência de restrições artificiais (como tabelamento e racionamento), mobilidade dos produtos e dos recursos.

Conduta É definida como a política da empresa em relação às demais concorrentes no mercado, e seu comportamento pode ser subdividido em três áreas, ou seja, com respeito à política de preço, produto e coação.

Consumo É o resultado final da fabricação e distribuição de todos os insumos ou matérias-primas utilizados na produção de alimentos, de bens industrializados em geral e de processos de coleta, estocagem, transporte, processamento, manufatura e do comércio de atacadistas e varejistas.

Curtíssimo prazo É um período tão curto que não há possibilidade de mudança nem nos fatores variáveis; normalmente, é um período de um ou poucos dias e, nesse caso, a oferta será limitada à quantidade disponível em estoque.

Curto prazo É um período de tempo em que um ou mais dos fatores de produção não podem variar.

Curva de aprendizagem Mostra a redução do custo médio à medida que os fabricantes ganham experiência e maior domínio das novas tecnologias, aumentando, assim, a produção de bens. O custo médio de longo prazo cai à medida que a produção acumulada aumenta.

Curva de demanda Resulta da soma horizontal de todas as curvas de demanda individuais para um determinado produto.

Curva de Engel Mostra as quantidades de um produto que o consumidor adquirirá por unidade de tempo com relação aos vários níveis de renda. Ela mostra uma relação entre o consumo e a renda do consumidor.

Curva de Laffer Mostra a relação entre as alíquotas (taxas) de impostos e o volume total arrecadado pelos governos. À medida que a alíquota aumenta, a arrecadação também aumenta; mas há limites, uma vez que, para alíquotas muito altas, a arrecadação pode até diminuir, devido ao estímulo à sonegação e/ou à evasão fiscal.

Curva de oferta Pode ser derivada por meio de alterações nos preços do produto, computando-se o uso ótimo dos fatores e, então, substituindo-se esses insumos na função de produção, a fim de estimar a produção, ou seja, a oferta.

Curva de oferta de mercado É uma relação que descreve quanto de um bem os produtores (todas as firmas) estão dispostos a ofertar, a diferentes níveis de preços, em um determinado período de tempo, dado um conjunto de condições.

Curva de possibilidade de produção Mostra a quantidade de bens e serviços que podem ser produzidos por uma sociedade, considerando as limitações dos recursos disponíveis e a tecnologia que ela domina.

Custo Engloba as despesas nas quais uma empresa incorre para produzir determinado bem ou serviço e colocá-lo no mercado.

Custo de oportunidade É o que sacrificamos para produzir um produto em detrimento de outro, visto que os recursos são limitados e podem ser usados em diferentes alternativas.

Custo marginal É definido como a variação no custo variável total (ou mesmo no custo total), devido à produção de uma unidade adicional de produto.

Custos fixos Incluem todas as formas de remuneração ou os ônus decorrentes da manutenção dos correspondentes recursos; esses custos, portanto, existem mesmo que a empresa não esteja produzindo. Em outras palavras, os custos fixos não dependem da produção.

Custos variáveis Decorrem de todos os pagamentos dirigidos aos recursos que variam diretamente com a produção, ou seja, eles não devem existir se não houver produção.

Déficit Está associado à necessidade de financiamento do setor público, ou seja, à parte das despesas realizadas que, pela falta de recursos próprios para financiá-la, necessita de dinheiro público.

Déficit nominal É uma situação em que as despesas superam as receitas, sendo que nas despesas estão incluídos juros, correção monetária e correção cambial.

Déficit primário Considera apenas o excesso de gastos não financeiros sobre as receitas não financeiras, ou seja, não se levam em conta, nas despesas, nem o pagamento de juros nem as correções monetárias e cambiais. Ao contrário de déficit, o governo brasileiro vem conseguindo superávit no conceito primário, isto é, a arrecadação vem superando as despesas, sem considerar os juros.

Déficit público Diz-se que há déficit quando os gastos do governo superam sua arrecadação. Do contrário, há superávit.

Demanda A curva de demanda de mercado é uma relação que descreve quanto (ou seja, quantidade) de um bem os consumidores estão dispostos a adquirir a diferentes níveis de preço. Ela mostra uma relação entre preços e quantidades.

Demanda agregada É a soma dos fluxos de dispêndio em bens e serviços de consumo e em investimento realizado pelos consumidores, pelas empresas, pelo governo e pelo setor externo. Ela é composta pelo consumo agregado (**C**), pelo investimento privado (**I**), pelos gastos públicos (**G**) e pelas exportações (**E**).

Demanda por moeda É inversamente relacionada à taxa de juros. Pode-se chegar a essa relação ao pensar na taxa de juros como o custo de oportunidade para reter moeda, ou seja, o que se perde pelo fato de guardar moeda.

Demografia É o estudo das populações no que tange ao número de pessoas, onde elas vivem e como vivem.

Economia É uma ciência social que trata do estudo da alocação (utilização) dos recursos escassos na produção de bens e serviços para a satisfação das necessidades ou dos desejos humanos. É também conceituada como a 'ciência da escassez ou das escolhas'.

Economia de escala Mostra a relação entre o custo médio de produção e a quantidade produzida. Nesse caso, o custo unitário cai à medida que o tamanho ou a escala de operação de um empreendimento se torna maior.

Economia de escopo Mostra a relação entre o custo médio e a produção conjunta de uma variedade de produtos, isto é, uma mesma planta industrial produzindo vários produtos simultaneamente.

Eficiência É medida como uma razão produto–insumo; um mercado para ser eficiente tem de maximizar essa relação.

Eficiência alocativa Implica que os recursos estejam no lugar e no tempo certos e realizem as funções apropriadas pelo valor adequado de retorno.

Eficiência ou performance de mercado Refere-se ao resultado final do padrão de conduta que as firmas adotam, medida pela razão produto–insumo. Em geral, procura-se maximizar a relação 'valor da produção sobre o valor (custo) dos insumos'. Níveis de preços do produto, as margens de lucro são medidas de eficiência.

Elasticidade É uma medida de resposta, que compara a mudança percentual em uma variável dependente (Y) devido a uma mudança percentual em uma variável explicativa (X).

Elasticidade cruzada da demanda É uma medida da sensibilidade de resposta na quantidade demandada do produto X em razão da mudança no preço do produto Y (concorrente).

Elasticidade da oferta É uma função das oportunidades alternativas de usos para os fatores utilizados na produção de uma mercadoria.

Elasticidade-cruzada É uma medida da variação na quantidade demandada de um produto resultante da variação no preço do produto substituto.

Elasticidade-preço Mostra uma variação percentual na quantidade, devido à variação percentual nos preços, que tanto pode ser usada na demanda quanto na oferta. Ela mostra o grau de sensibilidade do consumidor (no caso da demanda) e do produtor (no caso da oferta) a variações nos preços dos produtos.

Elasticidade-renda Mostra uma variação percentual no consumo, devido à variação percentual na renda do consumidor. Ela mede o grau de sensibilidade do consumo a variações no poder aquisitivo do consumidor.

Escassez Entende-se a situação na qual os recursos são limitados (em quantidade e/ou qualidade) e podem ser utilizados de diferentes maneiras, de tal modo que devemos sacrificar uma coisa por outra.

Estrutura de mercado Refere-se às características organizacionais de um mercado, ou seja: grau de concentração, grau de diferenciação do produto, grau de dificuldade ou barreiras para entrada. Ela determina como as empresas se comportam no mercado.

Função de produção É uma relação física entre as quantidades utilizadas de certo conjunto de insumos e as quantidades físicas máximas que se podem obter de produto (ou de produção) para uma dada tecnologia conhecida. Ela mostra a transformação dos recursos em produtos.

Globalização É um termo recente para designar uma prática que vem sendo observada no mercado há décadas. Ela é fruto, fundamentalmente, da telemática e trata da ampliação e do aprofundamento das operações das grandes corporações entre diferentes países, com a finalidade de produzir e vender bens e serviços em um número maior de mercados e/ou de fazer transações financeiras.

Globalização produtiva É a produção de bens e serviços dentro de redes em escala mundial, com o acirramento da concorrência entre grandes grupos multinacionais.

Indicadores São algumas variáveis que sofrem influências das políticas econômicas adotadas pelo governo, as quais afetam tanto as empresas como os consumidores.

Índice de concentração de mercado É um indicador que procura medir se o mercado de determinado produto se aproxima mais de uma situação de competição ou de monopólio, ou de algo intermediário. Há basicamente dois índices: o das quatro maiores empresas (que é o percentual de mercado de cada uma delas, isto é, o *market share*) e o índice de Herfindahl-Hirschman, que é calculado como a soma do quadrado da participação de cada uma das empresas no mercado.

Índice de Desenvolvimento Humano É um indicador do padrão de desenvolvimento de um país ou de uma região, proposto pelas Nações Unidas, que inclui a expectativa de vida ao nascer, a taxa de alfabetização de adultos e a paridade do poder efetivo de compra da renda interna. O IDH, como é conhecido, leva em conta a renda das pessoas, a longevidade e a educação.

Índice de Gini É calculado com base na chamada curva de Lorenz, em homenagem ao estatístico norte-americano, que mostra a relação entre os grupos da população e suas respectivas participações na renda nacional.

Índice de Herfindahl-Hirschman (IHH) É calculado como a soma do quadrado da participação (porcentagem) de cada uma das 50 (ou de todas, se forem menos de 50) maiores empresas no mercado (ou na indústria).

Indústria É o conjunto de firmas que produzem um certo produto.

Inflação Diz respeito ao aumento generalizado nos preços de bens e serviços.

Integração econômica Por este termo, entende-se um processo de facilitação das relações econômicas entre um grupo de países com diferenças em vários aspectos (políticos, humanos, naturais e tecnológicos), com o intuito de aumentar o comércio de bens e serviços entre eles. Há vários tipos de integração econômica, a saber: zona de livre comércio, união aduaneira, mercado comum, união econômica e integração econômica total.

Lei da demanda Possui o seguinte enunciado: tende a haver uma relação inversa entre os preços de um produto e as quantidades que os consumidores estarão dispostos a comprar desse produto, por unidade de tempo, em condições *ceteris paribus*.

Lei da oferta Possui o seguinte enunciado: existe uma relação positiva entre o preço de um bem e sua quantidade ofertada.

Lei dos rendimentos decrescentes Estabelece que, se a quantidade de apenas um recurso for aumentada enquanto a de outros recursos permanecer constante, a quantidade total de produção aumentará; mas, além de certo ponto, o acréscimo resultante do produto se tornará cada vez menor, podendo o produto total alcançar um máximo e, eventualmente, diminuir.

Livre mercado Significa que cada mercado opera livremente, ou seja, que não há forças externas influenciando-o nem estabelecendo condições artificiais, às quais uma empresa deva se ajustar.

Longo prazo É um período de tempo em que todos os recursos são variáveis.

Macroeconomia Tenta explicar as relações entre os grandes agregados (ou variáveis) econômicos, a saber: consumo, poupança, investimento, produto e renda nacionais, níveis de emprego nacional, nível geral de preços, controle da inflação, oferta e demanda monetárias e o desequilíbrio externo (balança comercial, de serviços e de capital).

Marginal Este termo é empregado em economia com o significado de adicional ou unidade a mais.

Markup É uma das práticas de política de preços em que o preço de venda de um produto é determinado pela adição (acréscimo) de um percentual, em geral fixo, sobre o custo unitário de produção ou, nos casos de revenda, sobre o preço de compra.

Médio prazo É um período de tempo suficiente não apenas para alterar as quantidades utilizadas dos fatores variáveis, mas também para ajustar alguns fatores fixos.

Megabloco econômico É entendido como a reunião de países em torno de alguns interesses comuns (maior liberação do comércio entre si, maior facilidade de transação comercial e financeira, e, se possível, até chegar à união monetária, como é o caso da Europa, com o euro, desde 2002), mantidas suas instituições políticas, jurídicas, sociais e econômicas relativamente independentes. Os principais blocos são: Nafta, União Européia, Apec e Mercosul.

Melhoria na tecnologia É um conjunto de condições que capacitam as firmas a gerar maior produção com a mesma quantidade de insumos anterior e/ou obter o mesmo nível de produção anterior com uma menor quantidade de insumos.

Mercado É uma área geográfica dentro da qual vendedores e compradores realizam a transferência de propriedade de bens e serviços.

Mercados contestáveis A teoria dos mercados contestáveis procura contornar a pressuposição da análise convencional da estrutura de mercado, que pressupõe que o número de empresas na indústria determina o poder de mercado e os preços, ao argüir que os preços que os consumidores estão dispostos a pagar por uma determinada quantidade de produto determina o número de empresas em uma indústria, caso haja uma ampla e livre entrada de novas firmas nesse mercado.

Microeconomia Estuda as unidades (consumidores, empresas, trabalhadores e proprietários dos recursos) componentes da economia e o modo como suas decisões e ações são inter-relacionadas. Ela é também chamada 'teoria dos preços' porque, nas economias liberais, é o funcionamento do livre mecanismo do sistema de preços que articula e coordena as ações dos produtores e consumidores. Diz-se que a microeconomia enxerga a árvore, enquanto a macroeconomia se preocupa com a floresta.

Moeda É o ativo utilizado para realizar as transações, porque é o que possui maior liquidez.

Monetização É um fenômeno que se caracteriza pelo aumento do volume de recursos mantidos em depósitos à vista (que não rende juros), e isso ocorre no período após a inflação diminuir drasticamente.

Monopólio É um tipo de estrutura de mercado oposto ao da competição (concorrência) pura, em que há apenas uma empresa produzindo e vendendo um determinado produto ou serviço. É um mercado de uma única empresa ofertante.

Monopsônio É um tipo de estrutura de mercado caracterizada pela existência de um único comprador para o produto. Por exemplo, na indústria do fumo, a empresa processadora, em geral, atua como a única compradora da folha de fumo, na região produtora.

Necessidades humanas Constituem a razão de ser (ou seja, a força motivadora) da atividade econômica e incluem: alimentação, vestuário, habitação, saúde, transporte, educação, segurança social, previdência social, comunicação, cultura, esporte e lazer, entre outros fatores.

Oferta A curva de oferta de mercado descreve quanto de um bem os produtores estão dispostos a ofertar, a diferentes níveis de preços, em um determinado período de tempo considerando um conjunto de condições. Ela mostra uma relação positiva entre preços e quantidades, ou seja, os produtores só estão dispostos a produzir mais e vender se receberem um preço melhor.

Oferta agregada Compõe-se da produção nacional (**Y**) e das importações (**M**).

Oferta total de mercado É obtida pela soma das quantidades de todas as firmas individuais que produzem o produto.

Oligopólio É um tipo de estrutura de mercado em que há poucas, mas grandes, empresas produzindo e ofertando um determinado produto, sendo que a decisão de uma empresa provoca reações nas demais concorrentes. Há interdependência entre as decisões das empresas no mercado.

Oligopsônio É um tipo de estrutura de mercado caracterizado pela existência de poucos compradores, de modo que as ações de um ou mais podem ter efeito significativo sobre o preço de mercado dos outros compradores.

Open market É um dos mais importantes instrumentos de política monetária e representa operações de mercado aberto em que o governo negocia (vende e compra) seus títulos públicos.

Operações de redesconto Constituem um instrumento de política monetária pelo qual o Banco Central supre, a uma taxa prefixada, as necessidades eventuais de caixa dos bancos comerciais. É também conhecida como empréstimo de liquidez.

Política cambial É um tipo de política econômica que se fundamenta, em geral, na administração da taxa de câmbio e no controle das operações cambiais. Ela tem influência direta sobre as variáveis ligadas às transações econômico-financeiras de um país com o restante do mundo. Além do câmbio, compreende também as políticas comerciais e o tratamento ao capital estrangeiro.

Política de *markup* Estabelece que o preço de venda de um produto é determinado pela adição (acréscimo) de um percentual — geralmente fixo, mas que pode ser variável — sobre o custo unitário de produção ou sobre o preço de compra, nos casos de revenda.

Política fiscal Compreende a atuação do governo no que diz respeito à arrecadação de impostos (as chamadas receitas públicas) e aos gastos públicos.

Política monetária Diz respeito às intervenções governamentais sobre o mercado financeiro, seja atuando ativamente ao controlar a oferta de moeda, seja atuando passivamente sobre as taxas de juros.

Ponto de nivelamento (*breakeven point*) Mostra o nível de produção e vendas em que o custo total (incluindo os custos fixos e variáveis) se iguala à receita total, ou seja, é o ponto de lucro zero.

Poupança É a parcela da renda não consumida pela comunidade na satisfação de suas necessidades imediatas.

Preço É o valor que os compradores pagam por um produto.

Privatização Visa eliminar uma perna do tripé do capitalismo brasileiro, que é a empresa estatal.

Problemas estruturais São os problemas sociais, infra-estruturais, tecnológicos e econômicos que afetam a população brasileira, cuja origem é histórica e não se deve apenas aos governos recentes.

Produção Pode ser definida como o processo pelo qual um conjunto de fatores (recursos) pode ser transformado em um produto.

Produção eficiente Diz-se que a eficiência da produção é alcançada se não pudermos produzir mais de um produto sem produzir menos de algum outro bem. Quando a produção é eficiente, a combinação de produtos está sobre a curva de possibilidade de produção.

Produtividade É uma relação física entre a quantidade produzida de bens e a quantidade empregada de recursos. No meio rural, é também conhecida como 'rendimento' da terra (que é a produção por hectare, por exemplo).

Produto físico marginal Mede a variação no produto físico total resultante de uma unidade adicional no uso do fator variável.

Produto físico médio Ou produtividade física média. Mede a relação entre a quantidade produzida e a quantidade correspondente de insumo utilizada. É uma relação entre a quantidade de produção e a quantidade de recursos usados.

Produto Interno Bruto (PIB) Representa o valor da riqueza gerada em um determinado período de tempo. O PIB de um país inclui o valor da produção situada dentro de seus limites geográficos, não importando se essa produção foi obtida de recursos nacionais ou estrangeiros. O PIB representa o valor monetário agregado de toda a riqueza gerada no país durante um determinado período, como um ano, por exemplo.

Produto nacional bruto Mede o valor da produção de um país em um determinado período de tempo pelo cálculo apenas da produção oriunda de recursos a ele pertencentes, ou seja, inclui a produção pertencente apenas aos indivíduos de uma nação, não importando se eles estão localizados dentro ou fora do país.

Receita marginal É definida como o valor adicionado à receita total quando uma unidade adicional de produto é produzida e vendida.

Recolhimentos compulsórios São os depósitos que os bancos devem fazer no Banco Central e que correspondem a uma parcela dos depósitos que recebem. Por meio deles, o governo regula a oferta monetária, ou seja, o volume de dinheiro em circulação na economia.

Recursos econômicos São escassos, versáteis e podem ser combinados em proporções variáveis.

Recursos humanos Incluem toda atividade humana usada na produção de bens e serviços.

Recursos naturais São todos os bens econômicos usados na produção e que são extraídos diretamente da natureza, como: os solos, os minerais, as águas, a fauna, a flora, o sol e o vento, entre outros. Esses recursos são um presente da natureza.

Renda É a remuneração pelo uso dos fatores (recursos) de produção. Entre as formas de renda estão: salário, aluguel, arrendamento, juros, lucros, dividendos, entre outros.

Serviços Compreendem os produtos intangíveis, resultantes de atividades terciárias de produção.

Sistema econômico Engloba todos os métodos pelos quais os recursos são alocados e os bens e serviços são distribuídos. Os dois sistemas mais conhecidos são: capitalismo e socialismo.

Taxa de câmbio É o preço, em moeda corrente nacional, de uma unidade de moeda estrangeira. Em outras palavras, é o preço de uma moeda em relação a outra.

Taxa de juros É o preço do dinheiro ou da moeda. É aquilo que se ganha pela aplicação de recursos financeiros durante determinado período de tempo ou, inversamente, o que se paga pela obtenção de recursos de terceiros (tomada de empréstimos).

Taxa nominal de juros É o ganho monetário que se obtém em determinada aplicação financeira, ou o custo monetário de determinado empréstimo.

Taxa real de juros É a taxa nominal de juros (a taxa Selic), descontada a taxa de inflação, ou seja, deflacionada pelo IGP-M.

Taxa Selic É a taxa de juros de negociação dos títulos públicos negociados no Sistema Especial de Liquidação e Custódia (Selic). A Selic é considerada a taxa básica de juros da economia, porque é usada nos empréstimos que o Banco Central faz a instituições financeiras.

Técnicas de produção Consistem no *know-how* (conhecimentos técnicos, culturais e administrativos, capacidade empresarial e tecnológica) e nos meios físicos para transformar os recursos em bens e serviços que irão satisfazer as necessidades humanas.

Tecnologia É um termo utilizado para englobar uma ampla variedade de mudanças nas técnicas e nos métodos de produção, tais como: novas variedades e aperfeiçoamento das técnicas administrativas e de combinações dos fatores de produção.

Tecnologia boa É aquela que resulta em processos de produção com custos médios (isto é, unitários) menores.

Tecnologia no processo Contribui apenas para a redução dos custos unitários de produção, pelo aumento de produtividade. É o caminho da produção em massa ao menor custo possível, o que pode resultar em preços menores para o consumidor. Ela tem mais a ver com a oferta.

Tecnologia no produto É voltada apenas para a alteração de um determinado produto, modificando sua aparência ou suas características de modo a atrair os consumidores. Esse tipo de tecnologia visa a tornar o produto diferenciado aos olhos dos consumidores. Ela tem mais a ver com a demanda.

TJLP É a Taxa de Juros de Longo Prazo utilizada nos financiamentos do BNDES.

TR É a Taxa Referencial de juros, utilizada na remuneração da caderneta de poupança e na correção dos saldos do SFH.

Utilidade É o benefício ou a satisfação (psicológica) que uma pessoa consegue ter, resultante do consumo de uma ou mais unidades de um produto ou serviço.

Valor É o grau de utilidade que os bens e serviços possuem para satisfazer as necessidades dos consumidores.

Sugestões de bibliografia

BANAS, G. (org.). *Globalização*: a vez do Brasil. São Paulo: Makron Books do Brasil, 1996.

BAUMANN, R. (org.). *O Brasil e a economia global*. Rio de Janeiro: Campus: SOBEET, 1996.

CABRAL, L. *Economia industrial*. Madri: McGraw-Hill/Interamericana de España, 1997.

CARNEIRO, R. *Desenvolvimento em crise*: a economia brasileira no último quarto do século XX. São Paulo: Editora UNESP, IE – Unicamp, 2002.

CARVALHO, L. C. P. *Microeconomia introdutória*. São Paulo: Atlas, 1996.

COASE, Ronald H. "The problem of social cost", Journal of Law & Economics. In: DAU-COOTER, Robert e ULEN, Thomas S. *Derecho y economía*. Tradução de Eduardo L. Suárez. México: Fondo de Cultura Económica, 1998.

LAMOUNIER, Bolívar e FIGUEIREDO, Rubens (orgs.). *A era FHC*: um balanço. São Paulo: Cultura Editores Associados, 2002, 656 p.

HEYNE, P.; BOETTKE, P. e PRYCHITKO, D. *The economic way of thinking*. 10. ed. Nova Jersey: Prentice Hall, 2003.

LANZANA, A. E. T. *Economia brasileira*. São Paulo: Atlas, 2001.

LEITE, A. D. e VELLOSO, J. P. R. (coords.). *O novo governo e os desafios do desenvolvimento*. Rio de Janeiro: José Olympio, 2002.

MARTINS, I. G. (org.). *Desafios do século XXI*. São Paulo: Pioneira, 1997.

MENDES, J. T. G. *Economia agrícola*: princípios básicos e aplicações. Curitiba: ZNT, 1998.

MENDES, J. T. G. *Economia empresarial*. Curitiba: Editora do Autor, 2002, p. 203.

MINGS, T. e MARLIN, M. *The study of economics*: principles, concepts & applications. 6. ed. Duskin: McGraw-Hill, 2000.

NOBREGA, M. *O Brasil em transformação*. São Paulo: Infinito, 2000.

O'SULLIVAN, A. e SHEFFRIN, S. M. *Economics*: principles and tools. 1. ed. Nova Jersey: Prentice Hall, 1998.

PARKIN, M. *Economics*. 5. ed. Addison Wesley Publishing Company, Inc., 2000.

PASSOS, C. R. M. *Princípios de economia*. São Paulo: Pioneira, 1998.

PEREIRA, J. M. *Economia brasileira*. São Paulo: Atlas, 2003.

PINHO, D. B. e VASCONCELLOS, M. A. S. (orgs.). *Manual de economia*. 3. ed. rev. São Paulo: Saraiva, 1998.

POSNER, Richard. *Economic analysis of law*. 5 ed. Nova York: Aspen, 1999.

RIANI, F. *Economia e introdução à microeconomia*. São Paulo: Saraiva, 1998.

ROSSETTI, J. P. *Introdução à economia*. 18. ed. São Paulo: Atlas, 2000.

SACHS, Ignacy; WILHEIM, Jorge e PINHEIRO, Paulo Sérgio (orgs.). *Brasil*: um século de transformações. São Paulo: Companhia das Letras, 2001.

SALOMÃO FILHO, Calixto. *Regulação da atividade econômica*: princípios e fundamentos jurídicos. São Paulo: Malheiros, 2001.

SCHMIDT, Kenneth G. e ULEN, Thomas S. (orgs.). *Law and economics anthology*. Cincinnati: Anderson Publishing Co., 1998, p. 81-101.

TROSTER, R. L. e MORCILLO, F. M. *Introdução à economia*. São Paulo: Makron Books, 2002.

VASCONCELLOS, M. A. S. de e GARCIA, M. E. *Fundamentos de economia*. São Paulo: Saraiva, 1998.

VASCONCELLOS, M. A. S. de; GREMAUD, A. P. e TONETO JUNIOR, R. *Economia brasileira contemporânea*. 4. ed. São Paulo: Atlas, 2002.

W. BAUMAL, J. P. e WILLIG. R. *Constestable markets and the theory of industry structure*. Nova York: Harcourt Brace Jovanovich, 1982.

Índice remissivo

A

Agronegócios, 201
Ajustes no mercado, 112
Alimentos *in natura*, 47, 50, 55,
Alocação dos recursos, 2-3
Análise de mercado, 109
Análise de uma empresa com prejuízo, 75-76
Atividades econômicas
    primárias, 6
    secundárias, 6
    terciárias, 6

B

Balança
    comercial, 205, 206, 242
    de serviços, 205, 206
    de capitais, 205, 206
Balanço de pagamentos, 205, 206, 242
Banco Nacional de Desenvolvimento Econômico e Social (BNDES), 187
Bens de consumo, 5, 12, 14, 17, 20
Bens e serviços de consumo
    duráveis, 5
    de produção, 5
    intermediários, 5
    uso imediato, 5
Bloco econômico, 213
Breakeven point, 77. *Veja também* Ponto de equilíbrio

C

Capital, 4
Capital fixo, 66
Capitalismo brasileiro, 230
Capitalismo, 11-14
    características, 3
Carga tributária no Brasil, 173
Cartel, 116, 122, 123
Certificado de Depósito Interfinanceiro (CDI), 188
Certificados de Depósitos Bancários (CDBs), 187-188, 190, 191
Ciência da escassez, 2
Ciência das escolhas *veja* Ciência da escassez
Código de Defesa do Consumidor (1991), 9
Comércio exterior brasileiro, 200-201
Comparação entre o PIB brasileiro e o norte-americano, 145

Competição entre empresas, 12
Competição monopolista, 119-121
Competitividade, 8, 11, 12, 226, 230, 231, 238, 242
Comunismo, 11
Concentração de mercado, 122-123
Concorrência
    monopolística, 120
    perfeita, 107, 108, 110, 120
    pura, 106, 107, 121, 125
Conduta, 125
Conselho Monetário Nacional (CMN), 192
Consumo, 23, 24-27, 32, 34, 37-38, 40, 136-140, 143, 149, 151, 192-193
    das famílias, 153
    privado, 152-153
Controle de preço, 117
Controle de um fator estratégico, 106
Controle econômico do monopólio, 117
Criação de novas marcas, 105
Curva
    de aprendizagem, 81-83
    de demanda, 39-40
    de demanda inelástica, 47
    de demanda linear, 48
    de Engel, 37-38
    de Lafer, 172-173
    de oferta, 97-98
    de oferta perfeitamente inelástica, 110
Curva hipotética de oferta de um produto, 92
Curva de demanda de uma firma individual (agricultor) em competição perfeita, 109
Curvas de custo de curto prazo, 69-72
Curvas de custo de longo prazo, 78-79
Curvas de demanda, segundo a diferenciação do produto, 104
Curvas de demanda individual e de mercado, 28
Custo de oportunidade, 1, 67, 68-69, 71, 83
Custo
    fixo, 69, 71
    fixo médio, 70, 83
    marginal, 70, 71, 74, 75
    variável médio, 70, 83
Custos Brasil, 238
Custos contábeis e econômicos, 67-68
Custos unitários menores, 7

D

Déficit
- nominal, 174
- primário, 174
- público, 174, 190

Demanda
- agregada, 139, 151-153, 157, 158-159, 160, 165-166, 178-180
- curva de, 27-31
- de moeda, 184-185
- de um produto, 103

Demografia, 33-35

Descontrole do capital financeiro, 219

Desemprego, 221

Desigualdade de renda, 146-148

Deslocamentos da curva hipotética de demanda, 32

Desvalorização do Real, 203

Determinação do ponto de nivelamento, 78

Diferenciação efetiva, 105

Direito, 245-247

Discriminação de preço, 117

Dívida externa, 243-244

Dívida interna, 241-242

Divisão e especialização do trabalho, 80

E

Economia
- conceito, 1-2
- de escala, 79-80, 105, 113-114
- de escopo, 80-81

Efeito da adoção tecnológica sobre a produção, 8

Efeito econômico da propaganda, 113

Efeito-substituição, 31

Eficiência, 13, 17, 124-127
- alocativa, 127
- ou performance, 125

Elasticidade
- arco, 46
- conceito de, 44
- cruzada, 53-54
- fórmula geral da, 44
- renda, 54-57
- ponto, 45
- preço, 44
- preço da demanda, 43-44

Elasticidade da oferta para curvas de ofertas lineares, 91

Elasticidade pelo método geométrico, 45

Elasticidade-preço da oferta
- elástica, 90
- elasticidade unitária, 91
- inelástica, 91

Emissão de moeda, 175

Empreendedorismo, 4

Empresa competitiva, 230-231

Empresa com prejuízo, 75-76

Empréstimo de liquidez, 192

Equilíbrio de mercado, 107, 110, 111

Escassez, 1-3, 108

Estrutura de mercado, 103

Estruturas de mercado quanto à competitividade, 106

Estruturas de mercado quanto à venda do prduto, 106

Estrutura–conduta–eficiência, 124

Exportações, 158, 200-201, 207
- do agronegócio, 201

Extensão de linhas produtivas, 104

Extensão de marcas, 105

F

Facilidade de realocação dos recursos, 95

Famílias, 14-15

Fascismo, 11

Fatores
- de produção, 3-4, 64, 67, 69, 78, 81
- deslocadores da demanda, 31-32
- deslocadores da oferta, 95-96

Filosofia empresarial, 234

Flexibilidade/preço da demanda, 43, 57-58

Fluxo
- circular da renda, 15
- fluxo da despesa nacional, 139
- fluxo de capitais externos, 195

Formação de preço, 103

Função de produção, 8, 64-65, 69, 73

Funções do setor público, 160-161

Fundo de Amparo ao Trabalhador (FAT), 187

Fundo Monetário Nacional (FMI), 225

G

Globalização, 214-218
- da produção, 39
- de capitais. 217
- econômica, 213
- financeira, 216-218
- irreversível, 211, 218
- no comércio, 216
- nos países emergentes, 214
- produtiva, 215

Grau de estabilidade das expectativas dos empresários, 94-95

I

Ilusão monetária, 151

Impacto de aumento na demanda sobre o equilíbrio de preço, 111

Importação, 201-204, 206

Importância da elasticidade para a empresa, 51-53

Imposto sobre Operações Financeiras (IOF), 188

Impostos, 169-177, 179
- diretos, 171
- indiretos, 171

Indicadores, 238

Índice
- de concentração de mercado, 147-149
- de Desenvolvimento Humano (IDH), 148
- de Desenvolvimento Social (IDS), 148
- de Gini, 147
- de Herfindahl-Hirschman (IHH), 123

Indivisibilidade de equipamento, 80

262 Economia: fundamentos e aplicações

Indivisibilidade de operações financeiras, 80
Indústria, 88
Inflação, 136, 228, 238, 175, 289
Inovação tecnológica, 7
Inovadores, 113
Integração econômica, 261
Integração econômica completa, 214
Interno bruto (PIB), 136-146
Investimento, 141, 185-187, 237
Investimento agregado privado, 155-157
Investimentos estrangeiros, 243

J

Juros, 15, 19, 135, 138-139, 142, 148, 154-155, 187-189
Juros sobre os preços, 196
Juscelino Kubitschek, 225

K

Kendall, Henry (Prêmio Nobel da economia), 219

L

Lei
 da demanda, 23, 30-31, 39-40
 da oferta, 90
 dos rendimentos decrescentes, 66-67
Lei da procura, 30-31
Livre mercado, 102

M

Macroeconomia, 18-19, 135-136
 market share, 83
 objetivos, 136
Marketing, 40
Markup, 127
 matérias-primas ou insumos, 5
 maximizada, 27
 médio prazo, 94
Marshall, Alfred, 2
Matérias-primas ou insumos, 5
Megabloco econômico, 212-213
Megatendências mundiais, 212
Melhoria na tecnologia, 97
Mercado comum, 102, 214
Mercados
 contestáveis, 124
 geográficos, 103
Microeconomia, 17-18
Mobilidade dos produtos e dos recursos, 107
Modelo keynesiano, 148-152
Moeda, 184-186
Monetaristas, 194
Monopólio, 116-119
Monopsônio, 121
Mudanças no ponto de nivelamento, 77-78
Mudança na quantidade ofertada versus mudança na oferta, 96

N

Nazismo, 11
Necessidades

 humanas, 5
 primárias, 5
 secundárias, 5
Nível ótimo de produção, 73-75

O

Objetivos
 da intervenção governamental, 161
 das políticas econômicas, 161
Obrigações do Tesouro Nacional, 189
Oferta
 agregada, 88, 90
 curva de, 88-91
 de divisas estrangeiras, 203
 de moeda, 185-187
 inelástica, 91
 perfeitamente inelástica, 93
 relativamente inelástica, 93
 total de mercado, 88
Oligopólio, 114-116
Oligopsônio, 122
Open market, 189
Operações de redesconto *veja* Empréstimo de liquidez
Operações de redesconto, 192
Organização dos Países Exportadores de Petróleo (Opep), 23

P

Papel do governo, 12
Patente de invenção, 105
Período de tempo para ajustes na produção
 curtíssimo prazo, 93
 curto prazo, 94
 longo prazo, 94
 médio prazo, 94
Pesquisa de Orçamentos Familiares (POF), 37
Plano de Ação Econômica do Governo (PAEG), 225
Plano Real, 226
Política
 cambial, 199-208
 coerciva, 125
 de markup, 127
 de preço, 125
 de produto, 125
 de taxação, 117
 fiscal, 169-181
 monetária, 183-197
Políticas de taxação, 117
Ponto de equilíbrio, 77, 179. *Veja* Ponto de nivelamento
Ponto de nivelamento, 77-78
População, 33-35, 213, 219-220
Poupança, 17, 18, 19, 151, 153-154
Preço *in natura*, 50
Preço, 44, 102, 128
Preços
 dos fatores de produção, 71
 dos insumos, 80, 96-97
 dos produtos competitivos, 98
Privatização, 232

Índice remissivo **263**

Problema econômico, 2-3
Problemas estruturais brasileiros, 236
Processo de troca, 103
Produção, 7
    função de, 8, 64-65, 69, 73
    técnicas de, 6
Produtividade, 9-10
Produto
    físico marginal, 65
    físico médio, 65, 66, 71
    função de, 8, 64-65, 69, 73,
    nacional bruto, 136, 137
    técnicas de, 6
Produto interno bruto (PIB), 136
Produto nacional bruto (PNB), 136
Produtos concorrentes, 39
Projeção da demanda de um produto, 58-59
Propaganda, 39-40, 113-114

R

Receita, 51-53
Receita marginal, 73, 109
Recolhimentos compulsórios, 191
Recursos, 2-4
    escassos, 3
    escassos públicos, 3
    fixos, 65, 67, 69
    humanos, 4
    naturais, 3
    variáveis, 65, 67, 69
    versáteis, 3
Recursos econômicos
    características, 3
    combinados em proporções variáveis, 3
    produtivos, 2
Redução de custo pela curva de aprendizagem, 81-83
Regimes cambiais, 203
Relação inversa entre custo médio de produção e produtividade, 10
Relações entre produção e custos, 68
Renda, 15, 35-40, 54-57
    agregada, 36
    nacional, 165-166
    per capita, 35
Revolução *keynesiana*, 151
Risco do país, 195
Ronald Coase, Prêmio Nobel de Economia (1991), 246

S

Salários, 15
Serviços, 5
Setor público, 155, 169-173, 174, 190
Setores econômicos, 6
Sistema de preço, 12
Sistema econômico capitalista, 10, 11, 13-14
Sistema Especial de Liquidação e Custódia (Selic), 187
Socialismo, 17
Spread veja Risco do país

status oligopsônico, 122
Superávit
    conceito primário, 174
    conceito nominal, 174-175

T

Taxa
    cambial, 199-208
    de crescimento anual, 43
    de desemprego, 1
    de juros, 154, 187-189
    nominal de juros, 189
    real de juros, 189
    Selic, 187
Taxa Básica do Banco Central (TBC), 192
Taxa de Juros de Longo Prazo (TJLP), 187
Taxa Referencial de juros (TR), 187
Técnicas de produção ou tecnologia (*know-how*), 2, 6, 7, 65
Tecnologia, 7-8, 97-98
    boa, 7
    no processo, 7-8
    no produto, 7-8
    temporais, 103
Teoria clássica do emprego, 148-149
    na versão keynesiana, 150-152
Teoria da produção, 64
Teoria da utilidade marginal, 26
Teoria dos oligopólios, 114
Títulos privados (CDBs), 1
Títulos públicos (Selic), 1
Tomador de preço, 109, 120, 128
Transamazônica, 227
Trinômio preço–custo–lucro, 128
Tripé custo, preço e valor, 128

U

União aduaneira, 214
União econômica, 214
Utilidade, 5, 24-27
    marginal, 26
    marginal decrescente, 24-25
    maximizada, 27
    teoria, 26
    total, 26

V

Valor, 128
    corrente, 145
    nominal, 145, 167
Variáveis, 71, 77

Z

Zona de livre comércio, 213